高等学校经济管理类主干课程教材

◀市场营销系列▶

营销管理

营销机会的识别、界定与利用（第3版）

庄贵军　著

中国人民大学出版社
·北京·

第3版前言

这是一本慢热的书。第1版只印刷1次，最后出版社还有一些剩余，作为礼物在一次开会时送给了与会者。第2版已经印刷3次，有过两次断货的情况。自第2版出书后，我在多个场合与高校教师和企业界管理者交流，很多人对我提出的“利价比”概念有强烈的共鸣，对我给出的“确定营销因素组合方案的逻辑框架”也赞不绝口。第3版没有改变这些内容，也没有改变前两版的体系，只是根据读者的反馈和我自己的一些新思考，做了以下修改：

第一，将顾客价值中的“产品价值”改为“功能价值”、“人员价值”改为“社交价值”（见第1章图1-2）。将“产品价值”改为“功能价值”比较容易理解，因为它本来讲的就是产品功能给顾客带来的利益。因此，将其称为“功能价值”才更加精确。将“人员价值”改为“社交价值”则需要做一些解释。“人员价值”原本指的是企业通过员工与顾客沟通和互动而给顾客带来的社交利益。如果说此前社交利益主要是由企业员工与顾客的沟通和互动带来的，那么在顾客之间存在大量沟通和互动的网络环境下，就不能再称其为“人员价值”了。“社交价值”包括企业员工为顾客带来的社交利益，也包括企业搭建交互平台为顾客创造的社交利益，即顾客由企业营销活动所获得的归属感以及沟通与互动的愉悦感。

第二，对全书的文字加以修改和整理，在多处增加了大数据的内容。

第三，更新了书中的示例和案例，增加了几个新案例。

第3版的完成，要感谢中国人民大学出版社石岩老师的催促。否则，我不知道要拖到什么时候。在写作本书的时候，正值新型冠状病毒在中国大地肆虐。把自己锁在家里专心修书，算是没有虚度。愿祖国不再受此类邪恶病毒的侵袭！

庄贵军

第 2 版前言

自本书第 1 版 2011 年出版后，我应邀在多个不同的场合与高校市场营销系的教师交流，宣讲“基于顾客价值的营销逻辑”。听了的教师反响强烈，因为困惑了我近 20 年的问题，同样也困惑着他们，尤其是我提出的“确定营销因素组合方案的逻辑框架”（本书第 7 章），更是得到了很多教师的赞赏。记得一次和东北财经大学市场营销系的老师们说起这个框架，一个老师拍着桌子说：“庄老师，太好了，我终于知道怎么讲这个内容了！”

用这个框架教学生，尤其是 MBA、EMBA 学生，也很适用，他们会发现原来营销策划也是可以“图上作业”的。

让我唯一感到遗憾的是中国营销学界缺乏对营销书籍的评论。尽管我在书中表达的一些想法既有新意，又言之成理，解开了很多教师的困惑，但是到目前为止，没有看到有人进行过评论或批评。我一直期待着，望有志者与我共同探讨，推动中国营销理论的发展。

第 2 版与第 1 版的逻辑和体系一致，只是根据教师和学生的意见和反馈，做了一些修改或调整：

第一，把第 1 版的第 3 章，即介绍企业的营销信息系统（包括市场调查与预测）的一章删掉了。市场调查与预测是一本书或一门课的内容，作为一章来讲，实际上是讲不透的。因此，第 2 版假设企业在进行营销管理时可以获得需要的信息，我们只关注营销管理的核心内容。不过，在第 2 章讲营销管理程序时，在相应的地方加入了对企业的营销信息系统的必要说明，并建议有兴趣的教师和学生参考市场调查与预测的教材和内容。这使第 2 版的重点更加突出。

第二，在第 1 章中，在顾客价值部分加入了顾客体验价值，并做了详细说明。

第三，重写了第 10 章（营销渠道管理）的主要内容，突出了渠道治理和渠道组织形式在渠道管理中的作用。

第四，对其他各章的内容进行了精简，尤其是第 14 章（营销绩效评估与营销审计）的内容，删除了其中一些过分技术性的说明。

第五，更新了书中的示例和案例，对全书的文字重新加以整理。

经过这样的修改，第 2 版比第 1 版的逻辑更清晰，重点更突出，体系更完整。

庄贵军　博士
西安交通大学管理学院市场营销系教授

第1版前言

自1985年始，我一直从事营销管理相关课程的教学与研究工作，教授过本科生、研究生、MBA、EMBA以及企业培训等各种层次的学生。讲授的课程包括“营销管理”“市场调查与预测”“营销渠道管理”“企业战略管理”“零售管理”等，编著出版了《营销渠道管理》《市场调查与预测》《企业营销策划》等教材。

国内外有不少以“营销管理”或“市场营销”为书名的教材，其中最著名的就是菲利普·科特勒的《营销管理》。科特勒的著作内容丰富，堪称营销管理的百科全书，也是全球采用最为广泛的一本营销管理教材。不过，我在使用的过程中发现，正因为其内容丰富、面面俱到，令学生感到重点不突出、内容繁杂，难以在短时间内掌握营销的要义。尤其在给本科生上课时，由于学生对营销学的相关内容缺乏感性认识，使用这本教材常有一种云里雾里的感觉。我曾经建议学生把这本教材当辞书用，可以用一辈子，当遇到一个词汇不知如何界定时，先看一看科特勒怎么讲，我本人就是这样用的。

另外，书中内容主要是以西方国家的经验为基础编著的，所用示例（example）与案例（case）也主要是西方发达国家的，在中国这个具有浓厚东方文化底蕴的发展中国家使用，有一些水土不服。根据我自己上课的经验，营销管理的内容如果能够结合中国本土的例子进行讲解，学生一是感觉更亲切——因为它们就发生在自己身边；二是更容易接受——因为他们了解相关事件的来龙去脉。

鉴于此，大多数国内学者在编写营销管理教材时，基本上是沿用科特勒逻辑框架的基础，加上一些中国企业的营销案例，在内容上没有大的变化，而且大多没有自己的特色。

本书将结合中外营销管理著作的优点，以“营销机会的识别、界定与利用”和“ASTP+4P&G”[①]为分析框架，突出营销管理理论的本土化和可操作性。

本教材要达到的主要目标是：（1）通过“营销管理”课程的讲授与训练，使学生掌握营销管理的基本理论与原则，拥有较强的实际动手能力；（2）学生在学完本课程以后，能够胜任一般营销项目的策划和管理工作。

根据课程目标，本教材突出以下四个特色：

---

① “ASTP+4P&G”指分析（analyzing）、市场细分（segmenting）、确定目标市场（targeting）、市场定位（positioning）、产品（product）、价格（pricing）、分销（place）、促销（promotion）、关系与关系营销（guanxi）。

第一，框架清晰。具体表现在：

（1）明确提出营销管理有机会利用型、问题解决型、市场定位型、关系发展型和价值提供型等几种不同的逻辑框架，并指出本书根据企业营销管理的内在逻辑，以“营销机会的识别、界定与利用”和“ASTP+ 4P&G”为分析框架（机会利用型的逻辑框架），构建营销管理的理论体系。

（2）厘清企业发展战略、竞争战略和营销战略之间的关系，强调营销中的战略意识以及企业营销战略与企业发展战略、竞争战略之间的衔接（根据我的了解，目前对这方面内容的表述是混乱的）。比如，几乎所有的教材都用波士顿矩阵对企业的产品组合进行分析，但是产品组合问题更多是与企业的发展战略有关。当企业由专业化公司转变为多元化公司以后，它的产品组合也会由单一产品线发展为多条产品线。另外，波士顿矩阵实际上是企业制定发展战略的主要工具——企业通过业务或产品的选择与组合确定企业发展方向。一旦企业确定了发展方向，营销部门只能贯彻执行，而不能根据自己的分析和需要去调整企业的业务或产品组合。因此，本书强调：对于企业的产品组合，营销部门能做的，是在企业的发展方向已经明确、产品组合的宽度已经确定的条件下，对产品线的深度以及产品项目进行调整，或者根据产品组合的关联性进行公司层面的协同，以获取营销的协同效应。

（3）关于目标市场与企业营销因素组合的衔接问题，作者曾遍查国内外各种营销管理教材，也翻阅了大量的中外文献，但是一直没有找到一个让人信服的答案。本书提出了一个“确定营销因素组合方案的逻辑框架”，可以将目标市场与企业的营销因素及其组合紧密地衔接起来，使营销组合中的每一个因素都有据可依。

第二，战略意识。在“ASTP+ 4P&G”分析框架中，ASTP 是企业的营销战略，4P&G 是企业的营销战术与策略。本书强调企业的营销管理要战略优先，即按照 ASTP 的顺序，先进行分析、市场细分、确定目标市场和市场定位，再根据目标市场特点选择和组合企业的营销因素，即 4P&G。这使得营销管理成为一项专业性和技术性很强的工作，而不是一些人所理解的，只要知道 4P 就可以为企业进行营销咨询和诊断，给出一些产品质量要提高、产品价格要降低、营销渠道要拓宽、宣传推广要加强之类“不错但无用”的方案。根据本书“确定营销因素组合方案的逻辑框架”，企业营销组合中的每一个要素都要与企业的目标市场有逻辑上的内在联系，而不只是原则性的要求。当然，要做到这一点非常困难，至今还没有发现比较满意的案例。

第三，本土化。具体表现在：（1）充分考虑中国的政治、经济、社会与文化对于企业营销活动的影响；（2）加入一些营销学科较新的、较为适合中国环境下营销活动的内容，如中国的关系与关系营销；（3）采用本土化示例讲解，应用本土化案例训练。

第四，可操作性。具体表现在：（1）以“营销机会的识别、界定与利用”和“ASTP+ 4P&G”为分析框架，简化内容，突出重点；（2）强调理论的理解和应用，淡化理论分析与解释；（3）案例教学，各章后附一两个案例，让学生自己动手根据案例提供的信息进行分析，教师则主要根据学生的分析能力对学生进行考核。

本书适合大学本科生以及市场营销专业方向的硕士研究生作为教材，也适合从事营销实践工作的专业人士作为自学参考书，以及有志于从事营销管理理论研究的人士作为营销管理基础理论的入门书籍。

庄贵军

于西安交通大学管理学院

目 录

第1章

导 论

营销管理理论也称为营销学、市场营销学或行销学等，是20世纪初从经济学中分离出来的一门实用性很强的管理学科。它建立在经济学、心理学、管理学和社会学等学科的基础之上，形成于人们对企业营销实践的归纳、概括、总结和探讨。然而，就其研究的问题而言，它却是很古老的。自从人类社会有了分工，出现了商品交换，营销以及与之相关的问题就出现了，只不过在营销管理理论诞生之前，这些问题只是在经济学中给予一般性的研究，没有形成一门独立的学科而已。本章内容包括营销的内涵与定义、营销系统与营销参与者、营销理论的发展历史、营销理论在中国的传播与发展以及本书的内容与结构。

第1节 营销的内涵与定义

营销是营销管理理论或营销学中的一个基本概念。对营销概念的表述不同，往往意味着对于这门学科认识上的差别。自营销学从经济学中独立出来，成为一门独具特色的学科之日起，理论界对于营销概念的表述就一直存在争议。

一、营销与市场交换

中文的营销是从英文的marketing翻译而来，而marketing是market的动名词。在英文中，market有两种基本词义：一是作名词用，用于称谓一个事物；二是作动词用，用于描述一种行为。它作名词用时，对应汉语中的“市场”，即商品买卖的场所；它作动词用时，指与市场交换有关的活动。因此，营销是与市场交换有关的活动。换一句学术语言来讲，市场交换是营销的核心概念。①

市场交换是通过提供某种东西作为回报，从其他人那里获取利益的行为。② 在人类发明市场交换以前，人们要获得某种能够满足自己需要的东西，只能采用以下五种方式：（1）自己生产；（2）掠夺；（3）偷盗；（4）乞讨；（5）骗取。其中，只有第一种方式是正当的，其他的方式都会以损害他人的利益为代价。如果在一个社会里大家都不生产，都去偷、抢、乞或骗，那么这个社会就难以为继，无法持续。不过，骗取与交换很接近，它常

① Bagozzi R P. Marketing as Exchange. Journal of Marketing，1975，39（October）：32-39.

② Kotler P. Marketing Management. 10th ed. Beijing：Tsinghua University Prees，2001.

常以交换的形式出现，有时很难识别。

市场交换不但使人类有了一种新的获取产品或服务的正当方式，还使社会分工和专业化成为可能。社会成员在那些他们具有相对优势的生产活动上实现专业化，一方面给他们的生产活动带来规模效益（这是专业化的主要动力），另一方面使他们相互依赖——他们只有与他人交换，才能通过正当手段不以损害他人的利益为代价满足自己多方面的需要。

交换的发生必须符合五个条件：（1）至少要有两方；（2）每一方都有被对方认为有价值的东西；（3）每一方都能沟通信息和传送货物；（4）每一方都可以自由接受或拒绝对方的产品；（5）每一方都认为与另一方进行交易是有利的，因此也是自愿的。简而言之，交换能否发生，取决于交换双方能否通过交换获取利益。

对此，经济学家有一个经典解释，称为艾奇沃斯方格理论（Edgeworth Box）。[①] 该理论假设一个社会只有两个行为主体 S 和 R，各拥有两种资源 x 和 y；他们的无差异曲线分别为 s_1s_2 和 r_1r_2，并且在考察期间内其形状不变，如图 1-1 所示。二者就 x 和 y 的交换形成一个市场交换关系，记为 $S_x|R_y$。那么，在上述假设条件下，$S_x|R_y$ 怎样才能达到对 S 和 R 双方都有利呢？

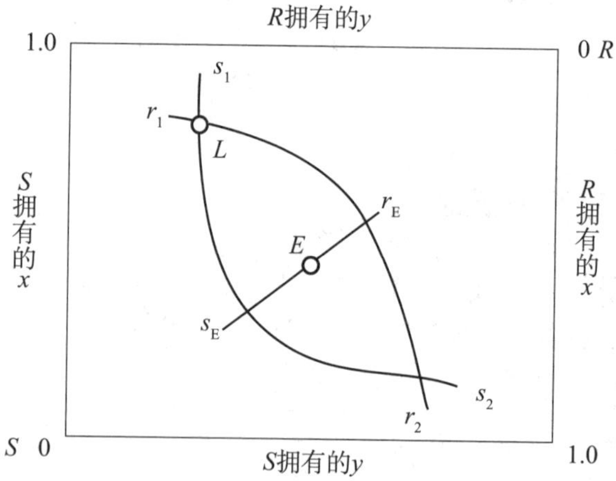

图 1-1　二人社会的交换理论

在图 1-1 中，无差异曲线 s_1s_2 和 r_1r_2 的位置表示的是 S 和 R 的利益水平或满足程度，即不管 S 或 R 所拥有 x 和 y 的组合落在 s_1s_2 或 r_1r_2 上的哪一点，S 或 R 所得到的利益或满足程度都是一样的。当两条无差异曲线的形状不变时，S 和 R 要获得更多的利益，方法只有一个，那就是想办法使自己的无差异曲线的位置外移，即 S 使 s_1s_2 移向 R，R 使 r_1r_2 移向 S。

怎样才能通过交换做到这一点呢？由图 1-1 可见，s_1s_2 和 r_1r_2 有两个交点，且 s_1s_2 和 r_1r_2 所围的区域面积大于 0。这一点很重要。如果不满足这个条件，二者没有通过交换改善双方处境的余地，因此交换不可能发生。s_1s_2 和 r_1r_2 所围的区域称为“可能的交换

① Creedy J. The Edgeworth Box//Blaug M, Lloyd P. Famous Figures and Diagrams in Economics. Camberley (UK): Edward Elgar Publishing, 2010: 233-248; Perloff J M. Microeconomics. 6th ed. Boston: Pearson Education, Inc., 2012: 324-328; Pindyck R S, Rubinfeld D L. Microeconomics. 6th ed. Boston: Pearson Education, Inc., 2013: 602-607.

区域”；此区域的任何一点，均会使双方的处境比 s_1s_2 或 r_1r_2 有所改善。比如，L 点是两人拥有资源的初始状态，此时，不管他们以什么比例交换，只要能使他们拥有资源的状态向“可能的交换区域”内移动，他们交换之后的处境都要优于不交换。不过，要使这个二人社会的资源得到最大的社会效益，两个人的交换倾向于向 s_Er_E 这条直线靠近，如 E 点。此时，通过交换，S 得到了 $|s_EE|$ 的利益，R 得到了 $|r_EE|$ 的利益。没有到达这条直线之前，在任何一点上的资源配置都有改进的余地。这条直线称为“合约线”（contract line）。至于 E 在 s_Er_E 上的哪一点，经济学家没有给出答案。[①]

由二人社会的交换理论可以看出，人们之间之所以进行交换，是因为他们都有对方想要的物品（x 或 y），而且通过交换，虽然整个社会的财富并没有增加，但是双方都会改善自己的处境——获得更大的利益和满足。更进一步，一个人用于交换的物品与他所得到的物品，在其眼中有不同的价值，能给他带来大小不同的利益或满足感。在二人社会的交换理论中，由于抽象掉了物品的各种属性，因此一个物品（x 或 y）的价值，取决于这个物品的相对稀缺性——越是相对稀缺的物品，对于需要它的人而言，价值就越高。比如，在图 1-1 中，对于 S 而言，y 的价值大于 x，因此他愿意用 x 交换 y；对于 R 而言，x 的价值大于 y，因此他愿意用 y 交换 x。

如果这一过程中一方用以交换的是货币，那么用货币交换的一方称为买方，另一方称为卖方。从买方角度看，这一过程是购买；从卖方角度看，这一过程是营销。

二、顾客价值

由二人社会的交换理论可知，一个人之所以会购买，是因为他认为他所购买物品的价值大于他手中货币的价值。否则，他为什么要购买呢？因此，市场交换不是按照“等价交换”的原则进行的。为了理解这一点，我们需要对商品价值有一个正确的认识。

（一）顾客价值、顾客成本和顾客让渡价值

商品价值有两种不同的定义方法：一种是从生产者角度定义，认为商品价值是凝结在商品中的一般的人类劳动，是人们在生产商品时所花费的劳动时间；另一种是从购买者或消费者角度定义，将商品价值看作商品能够给购买者或消费者带来的利益或满足感。

有人认为，将商品价值定义为凝结在商品中的一般的人类劳动，品牌价值将很难解释。[②] 品牌价值形成于两个方面：一方面形成于产品的质量，这与凝结在商品中的劳动有关；另一方面，也是更重要的，形成于企业的营销活动，这与凝结在商品中的劳动关系不大。产品质量是品牌的基础，质量不过硬的产品肯定成不了名牌。不过，在充分肯定产品质量重要性的同时，也不能忘记：产品质量仅仅是品牌价值形成的一个必要条件，而不是充分条件。质量不高的产品肯定不会有很高的品牌价值，更不可能成为名牌，但高质量的产品不一定就会有很高的品牌价值或必然成为名牌。比如，一双运动鞋标上耐克可以卖到 1 000 元，而标上双星只能卖到 200～300 元，这恐怕很难用“凝结在商品中的一般的人类

① Karen S C，Emerson R M. Power. Equity and Commitment in Exchange Networks. American Sociological Review，1978，43（October）：721-739.

② 周筱莲．市场营销创造价值刍议．陕西经贸学院学报，1998（6）：32-33.

劳动”来解释。

现代营销理论从购买者或消费者的角度理解商品价值，提出了顾客价值、顾客成本和顾客让渡价值的概念，其构成如图 1－2 所示。注意，图 1－2 源自科特勒的《营销管理》①，但有较大的改变。首先，在顾客价值中，将“产品价值”改为“功能价值”，将“人员价值”改为“社交价值”，加入了“体验价值”；其次，在顾客成本中，以虚线框表示“时间成本”、“精力成本”和“体力成本”，意在提醒读者，购物常常是一件令人愉快的事情，为购物而花费的时间、精力和体力不一定总是成本，还可能是利益。

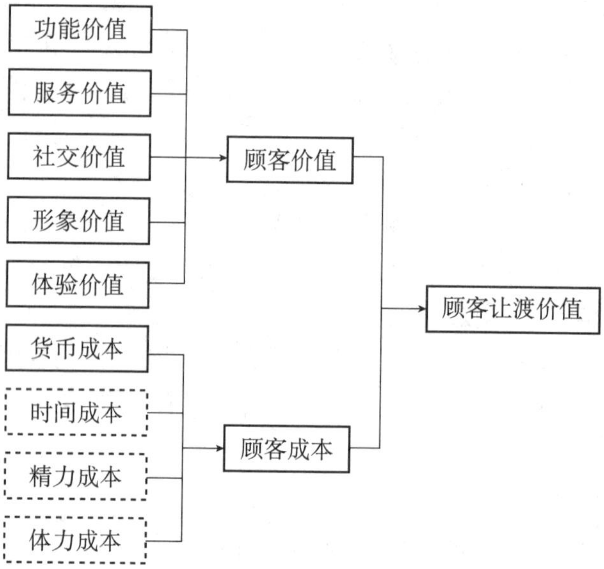

图 1－2　顾客价值与顾客成本

还需要说明一点，科特勒在其后与凯勒合著的《营销管理》第 14 版②中，把“顾客让渡价值”（customer delivered value）改为“顾客感知价值”（customer perceived value），而把顾客价值下的各种“价值”（value）改为“利益”（benefit）。我不认同这种修改。首先，没有看出这种改变的必要性；其次，也是更重要的，这种改变容易产生误解。按照科特勒和凯勒的定义，顾客对一个产品的感知价值是顾客期望从这个产品得到的利益与购买这个产品需要花费的成本之差，因此，顾客感知价值可能大于 0、等于 0 或者小于 0。实际上，顾客在感知一个产品的价值时，并不需要考虑价格或购买成本。宝马 X5 不管以什么价格出售，一个顾客对它的感知价值应该是一样的，不会随着它的价格提高而降低。不能说宝马 X5 在卖到 100 万元时顾客感知价值就没有或为负了，只有在不要钱白送时它的顾客感知价值才最大。如果我们说“宝马 X5 的顾客感知价值高于比亚迪 S6”，应该没有人反对。然而，按照科特勒和凯勒的定义，这种说法可能是错误的，因为比亚迪 S6 的顾客期望利益与购买成本之差可能大于宝马 X5。使用顾客让渡价值的概念，可以避免这种混乱。从顾客的角度看，顾客让渡价值相当于一次交换给顾客带来的价值增值，与顾客期

① Kotler P. Marketing Management. 10th ed. Beijing：Tsinghua University Press，2001：40-45.
② Kotler P，Keller K L. Marketing Management. 14th ed. New Jersey：Prentice Hall，2012：125.

望从一个产品得到的利益与购买这个产品需要花费的成本之差意义相同。当然，因为它是顾客对交易得失的评估，所以将其称为顾客感知交换价值（customer perceived exchange value）应该也没有大的问题，但是不能将其称为顾客感知价值。

顾客价值（customer value）是指购买者或消费者从某一特定产品或服务中获得的利益总和，包括功能价值、服务价值、社交价值、形象价值和体验价值。因为购买者不可能无偿地得到顾客价值，必须为其付出代价，所以从购买者的角度看，产品价格就是购买者为获得顾客价值而必须支出的成本或费用，称为顾客成本（customer cost）。实际上，除了货币成本以外，顾客成本还包括时间成本、精力成本和体力成本。需要注意的是，为购物而花费的时间、精力和体力具有属性上的不确定性，它们有可能带来快乐，因此有可能是利益。在图1-2中，用虚线框表示这种不确定性。

将顾客价值与顾客成本进行比较，我们得到一个购买者购买某一产品的必要条件：顾客价值大于顾客成本。顾客价值与顾客成本之所以能够进行比较，是因为对购买者或消费者而言，它们都意味着利益、效用或满足感。购买者消费某一产品，从中获得利益，而利益的最终形式是一定程度的满足感；购买者不购买而拥有货币，拥有货币本身就有满足感。因此，顾客价值大于顾客成本的真实含义就是：通过购买、拥有与消费某一产品或享受某一服务，购买者从中得到的满足感大于拥有货币的满足感。

顾客价值减去顾客成本多出来的部分，称为顾客让渡价值，相当于经济学中消费者剩余（consumer surplus）的概念。实际上，顾客让渡价值是顾客成本的价值增值：购买者放弃了代表一定量满足感的货币并耗费了时间、体力和精力，但是通过拥有或消费获得了更大的满足感。

实际上，从购买者或消费者角度看，商品价值与顾客价值、顾客利益、顾客满足感或效用（utility）是等价的。关于效用，经济学有这样的定义：效用是一个人选择或从事一项活动所期望获得的利益或满足感。[①] 从购买者或消费者角度看，一个人选择购买、拥有与消费某一产品或享受某一服务，是因为其由此获得了更大的利益或满足感。

（二）性价比、利价比与顾客购买的前提条件

性价比是我们日常活动中常用的一个概念，可以写成式（1-1）。

$$\text{性价比}=\frac{\text{产品性能}}{\text{产品价格}} \tag{1-1}$$

式中，产品价格指购买者购买产品的价格。产品性能的含义则有一些歧义，既可以指产品的质量，又可以指产品的功能，但其本质是购买者从某一特定产品的功能上获得的利益。然而，根据上面所讲的顾客价值和顾客成本，性价比这一概念没有涵盖购买者从购买某一产品或服务中获得的所有利益。一个更有意义的概念是顾客价值和顾客成本之比，称为利价比，用式（1-2）表示。

$$\text{利价比}=\frac{\text{顾客价值}}{\text{顾客成本}} \tag{1-2}$$

① Gwartney J D，Stroup R L. Economics：Private and Public Choice. 7th ed. Orlando：The Dryden Press，1995：8；Samuelson P A，Nordhaus W D. Economics. 12th ed. Singapore：Singapore National Printers（Pte）Ltd，1985：411-412.

利价比在顾客成本里强调价格，是因为为购物而花费的时间、精力和体力具有不确定性，不一定是成本，还可能是利益——顾客因购物而花费的时间、精力和体力给他带来了快乐。所以，尽管称为利价比，但是当购物过程所花费的时间、精力和体力是成本时，其中的“价”也包括顾客成本之中的时间成本、精力成本和体力成本。

此处特别提示，科特勒（Kotler，2000）关于价值的另外一个定义是有问题的，其将价值定义为利益与成本之比，即价值=利益÷成本。① 显然，他误把利价比当成了价值。按照他的定义，我们会得到非常荒谬的结论。比如，假设一台电脑的利益是给购买者带来100 单位的效用或满足感，而其成本相当于 90 单位的效用或满足感，那么这台电脑的价值就等于 1.11；一只水杯能给购买者带来 1 单位的效用或满足感，而其成本相当于 0.5 单位的效用或满足感，则其价值为 2。因此，一只水杯的价值大于一台电脑的价值。但是，有人愿意用一台电脑换一只水杯吗？后来，他自己也放弃了这种说法（Kotler and Keller，2012）。②

根据利价比的内涵，一个购买者购买一件产品的前提条件是：他认为此产品的利价比大于 1。因为只有这样，他才认为这件产品物有所值，即顾客价值大于顾客成本，或者顾客让渡价值大于 0。

由此观之，企业的营销活动实际上是一种为顾客创造价值，进而提升顾客让渡价值的活动。表 1-1 显示了营销创造价值的一些具体方法。比如，企业生产和提供符合质量标准的商品，进行花色、品种、样式、特色等因素的设计与组合，满足顾客对于产品核心利益、功能和特性等方面的要求，由此创造功能价值。再如，企业也可以提供各种附加服务，如商品展示、产品介绍、免费送货、包装、广告、顾客咨询、融资、安装、调试、维修、技术培训和产品保证等，给顾客带来产品使用或消费上的便利以及愉悦感，为顾客创造服务价值。企业还能够通过员工与顾客的沟通与互动以及搭建顾客之间沟通与互动的交互平台，为顾客创造社交价值——归属感以及沟通与互动的愉悦感。如果说此前这种社交价值主要是由企业员工与顾客的沟通与互动带来的，称为“人员价值”，那么在网络环境下，在顾客之间存在大量沟通与互动的情况下，再称其为“人员价值”就不合适了。

表 1-1　营销创造价值

		内涵	营销创造价值的方式
顾客价值	功能价值	(1) 功能：产品满足顾客某一种需求的基本属性和核心功能 (2) 特性：顾客在品牌、品质、材料、品种或式样等方面对商品的感知差异	提供符合质量标准的产品，进行花色、品种、样式、特色等因素的设计与组合，满足顾客对于产品核心功能和特性等的要求
	服务价值	(1) 核心利益：服务性企业提供的核心服务给顾客带来的利益 (2) 附加利益：附加于产品或核心服务之上的附加服务给顾客带来的利益	提供符合质量标准的核心服务；为顾客提供各种附加服务，如安装、调试、维修、产品保证等；将服务打包，以组合方式提供给顾客，如“三包”

① Kotler P. Marketing Management. 10th ed. Beijing：Tsinghua University Press，2001：15.

② Kotler P，Keller K L. Marketing Management. 14th ed. New Jersey：Prentice Hall，2012：125.

续表

		内涵	营销创造价值的方式
顾客价值	社交价值	企业员工与顾客接触、顾客与顾客接触时给顾客带来的愉悦和归属感	端正员工的服务态度，提高员工的服务能力和水平，为顾客营造一个愉悦的接触介面；构建顾客之间沟通与互动的交互平台，维护平台秩序，提高平台给顾客带来的归属感以及沟通与互动的愉悦感
	形象价值	顾客对品牌、购物场所或企业各种有形或无形要素在精神和心理上感受到的信任、愉悦与满足	通过品牌和商标设计以及其他有形或无形的要素来塑造、体现和维护品牌和企业形象
	体验价值	顾客通过自己的感官看、听、触摸、使用、参与和感悟而获得的愉悦、满足甚至惊喜	通过创意、设计和提供“零缺陷”的产品或服务为顾客带来超乎寻常的体验；鼓励顾客参与，与顾客进行价值共创；对顾客进行消费体验教育，使其不但知道如何消费，而且懂得如何品鉴
顾客成本	货币成本	(1) 直接成本：顾客为购买产品或服务而支付的费用，如价格、消费税、小费和包装费 (2) 间接成本：顾客为购买和使用产品而耗费的相关费用，如交通费、运费、安装费和维修费等	在生产和定价时，注重产品的利价比，提供物有所值甚至物超所值的产品，为顾客节省直接成本；通过广告、分销和服务，减少顾客的信息收集成本、交通费、运输费、安装费和维修费等，为顾客节省间接成本
	时间成本	顾客为得到和使用商品而耗费的时间	通过营销的各种职能，尤其是营销渠道的选择，节省顾客在选择、购买和结算等方面花费的时间
	精力成本	顾客在寻找、购买、使用和维修产品时所耗费的精力或心力	通过营销的各种职能，尤其是营销渠道的选择，节省顾客在选择、购买、结算、使用和维修等方面花费的精力
	体力成本	顾客在寻找、购买、使用和维修时所耗费的体力	通过营销的各种职能，尤其是营销渠道的选择，节省顾客在选择、购买、结算、使用和维修等方面花费的体力

体验价值比较独特，它是顾客通过自己的感官看、听、触摸、使用、参与和感悟而获得的愉悦、满足甚至惊喜以及其他利益，如痛苦和悲伤的减少。实际上，功能价值、服务价值、社交价值和形象价值的获得都需要顾客在某种程度上的体验。不过，体验价值更强调顾客个性化的经历或感同身受的经验过程。比如，一个人可能会因为拥有一辆汽车并能够用它来解决运输问题而满足（功能价值），但是他对这辆汽车的体验价值则更多地来源于驾驶的方便性和舒适度。当他在驾驶时，他可能会发自内心地感叹：这车开起来真带劲！一位游客可能会因为一次旅游去了自己想去的地方而满足（服务价值），但是他对这次旅游的体验价值则更多地来源于他在旅途中的快乐心情。五星级宾馆可能提供很好的服务（服务价值高），但是并不能保证每一位旅客对宾馆都有一个高的体验价值，这在很大程度上取决于旅客能否睡一个好觉。导游可能在旅游中提供了糟糕的服务（服务价值低），

但是如果一个游客有好的心情，又不特别在意导游的低劣表现，甚至把导游的低劣表现也作为旅游的一部分去体验，那么他可能还是会有较高的体验价值。这说明：第一，体验价值虽然常常与其他价值相关，但是并不完全相同，可以独立变化；第二，体验价值蕴涵于使用或经历之中，是一种使用或经历中的价值（value-in-use 或 value-in-experience）；第三，体验价值来自顾客参与——感官参与（看、听、触摸、使用），用心经历，心灵感悟。在上述例子中，旅客或游客实际上已经参与到价值的创造过程中了。

当然，体验并非总是给顾客带来价值，有时还带来不适、不满，甚至痛苦或悲伤。比如，用惯了速度快的电脑上网，再去用速度慢的电脑上网；刚看过一部好电影，再去看一部烂电影；从一个山清水秀的地方，突然到了一个深陷雾霾的城市；开惯了好车的人，让他去开不好的车。另外，体验价值也有长期与短期之分。例如，网络游戏会给玩家带来快乐的体验，但是一旦成瘾，则贻害无穷，很多学生就因为沉迷于网络游戏而荒废学业。而且，人的经历是有限的，很多人生体验只有通过绘画、小说、戏剧、电影、电视等艺术形式的“造梦”才能实现。网络游戏从本质上讲，也是在“造梦”。通过这些产品，人们去经历现实生活中难以获得的情感体验，包括那些令人恐惧、惊慌、悲伤或绝望的情感体验。在欣赏艺术作品时，由于心理距离的存在，即使观看悲剧，人们也会由同情、怜悯、恐惧和崇高感而获得体验的快感。[①]

企业可以通过创意、设计和提供“零缺陷”的产品或服务，为顾客带来超乎寻常的体验和体验价值。不过，更重要的是，企业可以通过鼓励顾客参与，与顾客进行多层面的价值共创，由企业和顾客共同开发产品、服务以及设计或完成体验的过程，为顾客带来更高的体验价值。以下是价值共创的几个层面：

（1）顾客对产品功能的使用——顾客不使用，对顾客而言便没有价值。顾客对产品功能的使用，是最低限度的价值共创。[②] 当然，顾客不使用产品的某些功能，可能不是顾客不想用，而是不会用。因此，企业不但要让顾客购买本企业的产品或服务，还要教育顾客了解产品的使用方法和服务的内容。这是企业参与到顾客的消费过程中进行的价值共创。而从顾客的角度看，主动学习产品的使用方法，了解服务的内容，也是顾客针对企业产品或服务的价值共创。

（2）顾客不但使用某种产品的某种功能，而且体验其独特的好处。不但喝茶，而且品茶；不但喝酒，而且品酒；不但看戏，而且赏戏。此时，企业需要以更专业的知识教育顾客如何品、如何赏。从顾客的角度看，主动学习相关的知识，提高自己的品鉴能力，在品鉴中获得更高的体验价值，也是在与企业进行价值共创。

（3）顾客不但自己体验，获得体验价值，而且参与企业的价值创造过程，惠及其他顾客，带给其他顾客更高的体验价值。比如，一位游客不但自己有愉快的心情，充分体验旅游给他带来的乐趣，而且在旅途中积极配合导游组织娱乐活动，带给所有参与者更多的欢乐。这位游客实际上参与到企业的价值创造过程，成为服务价值的共同创造者。

（4）顾客参与企业主导的价值共创活动，帮助企业提升创新与服务能力，更好地满足

---

① 朱光潜．悲剧心理学．南京：江苏文艺出版社，2009.

② 从概念上讲，从来不使用的功能对一个顾客而言就是没有价值的。因此，要使一个顾客获得产品的所有价值，就需要顾客参与最低限度的价值共创——使用产品的各种功能。

顾客需求。比如，鼓励顾客参与创意设计、创意竞赛、创意评价、创新产品试用和评价、定制化以及顾客之间的互动和互助活动①；鼓励顾客通过告知需求、提供建议等方式参与企业的服务提供过程，与企业共同制定服务提供方案②；鼓励顾客与企业互动，提高顾客的感知效用③。

这些凸显出营销中顾客教育的重要性。顾客教育可以使顾客了解产品的使用方法，不但购买产品，而且懂得如何使用产品的各种功能，最大限度地实现功能价值。不仅如此，它还帮助顾客懂得如何品鉴，由此大幅度提高顾客的体验价值。一旦顾客认可某种产品独特的、超乎寻常的体验价值，其他产品对它的替代性将大大降低。比如，品龙井的人，用别的茶替代往往难以忍受；品茅台的人，用别的酒替代也比较困难；赏京剧的人，用别的戏种或别的文艺形式替代，也无法得到同样的体验快感。

除了为顾客创造以上各种价值以外，企业通过营销活动还能够降低顾客成本，并由此提高产品的利价比和顾客让渡价值。比如，企业既可以通过生产和定价，提供物有所值甚至物超所值的产品，为顾客节省直接的货币成本；也可以通过广告、分销和服务，减少顾客的信息收集成本、交通费、商品运费、安装费和维修费等，为顾客节省间接的货币成本。再如，通过营销的各种职能，尤其是营销渠道的选择，企业能够节省顾客在选择、购买、结算、使用和维修等方面所花费的时间、精力和体力。

企业为顾客创造价值的效率，可由企业产品的利价比（式（1－2））测量。企业产品的利价比越高，企业为顾客创造价值的效率就越高；反之，则越低。

（三）利价比、产品竞争力与企业竞争优势

虽然利价比大于1是顾客购买的必要条件，但是在一个竞争市场上，它不是充分条件。因为有同类产品的竞争，所以一个产品让购买者觉得利价比大于1，并不足以保证购买者会购买它。顾客会在同类产品中进行比较，购买他们认为利价比最高或较高的一个。

因此，仅仅满足购买者某方面的需要，让购买者觉得物有所值，还不足以保证一个企业的产品在市场竞争中胜出。要想在市场竞争中胜出，企业必须使其产品比竞争对手的产品有更高的利价比。更高的利价比意味着更大的竞争力（competitive power）。当与其他竞争对手的同类产品相比，一个企业的产品有更大的竞争力时，这个企业在这个产品上就有了竞争优势（competitive advantage）。一个企业与其他企业相比在一种产品上的竞争力越高，这个企业在这个产品上的竞争优势就越大。于是，有下面的公式：

$$\text{企业竞争优势}=\text{产品竞争力优势}=\text{利价比优势}=\left(\frac{\text{顾客价值}}{\text{顾客成本}}\right)\text{优势} \qquad (1-3)$$

图1－3可以更生动地表示这种含义。图中有A，B，C，D四个同类产品，斜线表示

① Gebauer J，Füller J，Pezzei R. The Dark and the Bright Side of Co-creation：Triggers of Member Behavior in Online Innovation Communities. Journal of Business Research，2013，66（9）：1516-1527；Zwass V. Co-creation：Toward a Taxonomy and an Integrated Research Perspective. International Journal of Electronic Commerce，2010，15（1）：11-48；万文海，王新新．消费领域共同创造价值的形成机理研究．经济管理，2010（7）：104-111.

② Yim C K，Chan K W，Lam S S K. Do Customers and Employees Enjoy Service Participation? Synergistic Effects of Self-and Other-efficacy. Journal of Marketing，2012，76（4）：121-140.

③ Yi Y，Gong T. Customer Value Co-creation Behavior：Scale Development and Validation. Journal of Business Research，2013，66（9）：1279-1284.

一个市场上该类产品一般的顾客价值与顾客成本之比，可称为平均利价比。尽管 A_1，B，C，D 四个产品带来的顾客价值不同，但是其利价比相同。此时，各产品的竞争力和竞争优势基本相同。如果 A 产品降价或给顾客提供了更多的服务，使其产品的位置由 A_1 移到 A_2，那么顾客可以用相同的成本获得更多的利益或用较小的成本获得相同的利益，产品的利价比就提高了，也就有了更大的竞争力和竞争优势。其结果是越来越多的顾客会转而购买它的产品，它的市场占有率就会提高。如果 A 产品价格提高或给顾客提供的服务减少，使其产品的位置由 A_1 移到 A_3，就会出现相反的情况。

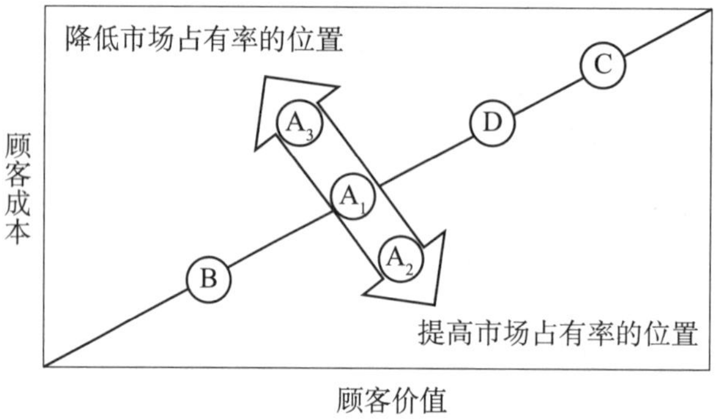

图 1-3　利价比、产品的竞争优势和市场占有率

一般而言，斜线以下是能够提高市场份额的位置，斜线以上是会失去市场份额的位置；斜线以下的企业有竞争优势，斜线以上的企业有竞争劣势。

企业产品的竞争优势有两种：一种是成本优势，一种是特色优势。① 成本优势指一个企业的产品在一个行业中生产成本和经营费用最低，因此即使按照行业平均价格或略低的价格销售，也能够获得较高的利润。特色优势指企业通过特色化生产和营销，使自己的产品成为行业内独一无二的，能给购买者带来较大的或其他产品无法替代的利益，很多购买者愿意为其支付较高的价格。当具备了其中的一种优势，企业就能够构筑起有效的防御工事，抵御行业五种力量（新进入者、替代者、购买者、供应者和业内竞争者）的攻击，稳定发展。当不具备这些优势时，企业在一个行业中就处于比较危险的境地，随时会面临生存危机。

式（1-2）和（1-3）已经暗示了企业产品的这两种竞争优势：在产品的顾客价值基本相同的情况下，一个企业产品的顾客成本低于其他企业，那么这个企业在这个产品上就具有成本优势；在产品的顾客成本基本相同的情况下，一个企业产品的顾客价值高于其他企业，那么这个企业在这个产品上就具有特色优势。

一般而言，一个企业所提供的产品在利价比上越有优势，即利价比越是大于其他企业所提供的产品的利价比，它的竞争优势就越大，不管这个优势是来自顾客成本的节约，还是顾客价值的增加。反之，则竞争优势越小。

产品的利价比一方面代表企业为顾客创造价值的效率，另一方面代表企业的竞争力，所以我们可以得出一个结论：企业的营销活动不但能为顾客创造价值，而且通过高效率地为顾客创造价值，还能提高企业产品的竞争力，为企业创造竞争优势。在这里，企业与顾

① Porter M E. Competitive Strategy: Techniques for Analysis Industries and Competitors. NY: The Free Press, 1980.

客的利益达到了高度一致——企业为顾客创造价值的效率越高，它的产品就越有竞争力和竞争优势，也就越能在市场竞争中胜出，获得合理甚至超额利润。

三、营销概念的表述

由于营销把为顾客创造价值、满足顾客需求与企业自身的利益（即获取竞争优势和利润）联系起来，内涵极为丰富，用一句话概括极为困难，所以营销概念的表述多种多样。本书从企业的角度界定营销的内涵。

（一）麦卡锡模型

1960年，麦卡锡（McCarthy）从企业管理的角度来说明营销的内涵，构建营销学的理论体系（见图1-4）。[①] 麦卡锡模型体现着营销学的基础内容，直到现在仍被大家广泛采用。

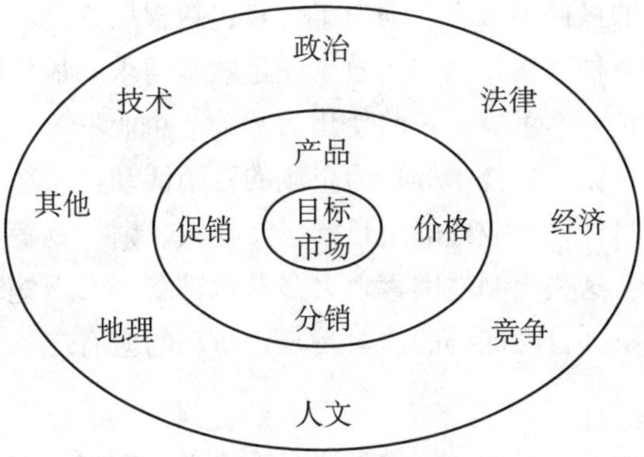

图1-4 麦卡锡模型

图1-4的中心是企业从事营销活动的对象，称为目标市场。它由企业欲提供产品或服务满足的购买者构成。企业通过与其交换从中获得利润。围绕图的中心有两层：第一层是企业可控因素，包括产品（product）、价格（price）、分销（place）、促销（promotion），企业在一定程度上能够根据自己的意愿改变这些因素；第二层是企业不可控因素，包括政治、法律、经济、竞争、人文、技术、地理和其他环境因素，这些因素不受企业控制，企业只能了解并在了解的基础上利用。

据此，结合上面关于市场交换和顾客价值的讨论，我们将营销定义为：企业根据不可控因素的变化，通过目标市场的选择和对企业可控因素的动态组合，以高效率为目标市场创造价值的方式实现与顾客的交换，达到企业的营销目标。

此定义有如下几层含义：

第一，营销的主体是以营利为目的的企业，因此获得合理的利润是企业营销目标的根本。除此之外，企业的营销目标还包括销售额、市场占有率、销售增长率和社会责任等。不过，这些目标最终都要转化为利润才有意义。从这个角度讲，“实现企业的营销目标”与“企业盈利”的含义在根本上是一致的。当然，这一定义并不排除非营利组织（如医院、学校、教会、政党和慈善组织）应用营销原理进行类似的活动。实际上，只要把“企

---

① McCarthy E J. Basic Marketing：A Managerial Approach. Homewood：Richard D. Irwin，Inc.，1960.

业”改为“组织”，这一定义也适合于非营利组织的营销活动。不过，为了避免不必要的混乱，本书只将营销看作企业活动。

第二，虽然营销以营利为目的，但是根据上面关于市场交换和顾客价值的讨论，营销还要求企业采用高效率为目标市场创造价值的方式通过市场交换实现这一目的。因此，满足顾客需求就成为企业营销活动的出发点和中心，所有营销活动都要围绕这个中心展开。满足顾客需求既可以是为顾客带来舒适、快乐和幸福，也可以是为顾客解除或减少痛苦。市场交换体系将通过竞争机制，以利润或超额利润的形式，奖励那些在满足顾客需求过程中效率高的企业。为了提高效率，在竞争激烈的市场上，企业需要对顾客的需求进行市场细分，也需要对自己要满足的目标顾客进行选择。

第三，营销活动的具体内容表现为：(1) 选择目标市场，包括对市场和环境因素进行分析，对市场进行细分和评估，选择那些自己具有相对优势的行业和市场开展有针对性的营销活动；(2) 对企业的可控因素进行动态组合，包括根据选定的目标市场，综合和动态地运用企业可以控制的各种因素，确定高效率满足顾客需求的最佳因素组合。

第四，营销活动以企业不可控因素的变化为基础。企业不可控的环境因素（如一个国家的政治、法律、经济、竞争和技术等）为企业的营销活动提供舞台，企业必须对这个舞台有一个基本的了解。另外，企业的战略目标以及在人、财、物等方面的配置，也是企业营销能力的限制性因素。这些限制性因素，大多是营销管理人员短时间内难以改变的，是不可控的。在约束条件下办自己能办的事，是营销活动的应有之意。

（二）科特勒模型

在麦卡锡模型的基础上加入企业管理系统，再将企业不可控因素分为内外两层，就成为大家普遍接受的科特勒模型，如图 1－5 所示。①

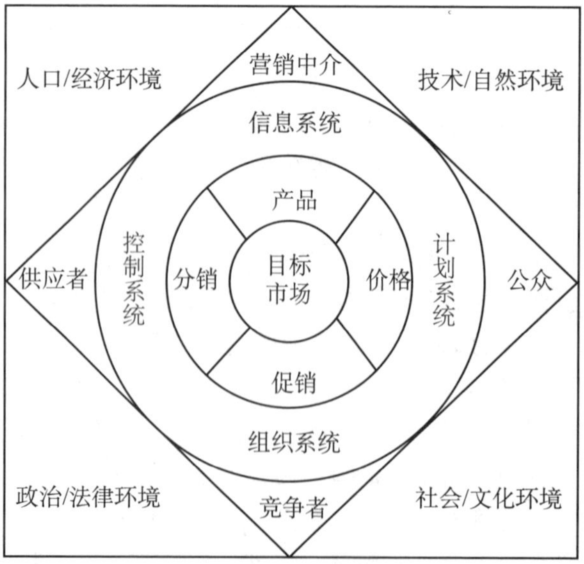

图 1－5　科特勒模型

① Kotler P. Marketing Management. 10th ed. Beijing：Tsinghua University Press，2001：88.

科特勒模型与麦卡锡模型的最大区别在于：科特勒模型加入了企业管理系统（图1-5中信息、计划、组织和控制四大系统），从形式上完善了营销从管理视角的表述——企业根据信息系统提供的信息，通过计划系统制定营销战略（包括确定目标市场和对各种可控因素进行组合），再通过组织和控制系统的运行，为目标市场创造价值，实现企业的营销目标。

另外，科特勒还将企业可控因素由传统的产品、价格、分销和促销4个P，扩充为包括探测（probing）、划分（partitioning）、优先（prioritizing）和定位（positioning）因素在内的8个P。传统4P称为营销战术要素，新增的4P称为营销战略要素。

营销战略4P可以进一步简化为更容易理解和操作的ASTP，即分析、细分、确定目标市场和定位。这样，企业在进行营销决策时，就可以按照先ASTP后4P的顺序进行。ASTP主要由信息系统和计划系统综合考虑企业的内部条件和外部环境做出决策，而战术4P围绕着ASTP所确定的目标市场来进行设计。在整个营销战略（ASTP＋4P）的策划与执行过程中，需要组织系统和控制系统提供组织和控制方面的支持。

此外，科特勒模型还将企业不可控因素分为两层。最外面一层表示宏观环境，包括政治/法律、经济/人口、社会/文化、技术/自然环境。由外向内数第二层表示微观或运营环境（operational environment），包括营销中介、公众、竞争者和供应者。该模型虽然比麦卡锡模型全面，但是并不完全。实际上，环境因素还可以再分出一个行业环境，包括波特（Porter，1980）所讲的影响行业盈利能力的五种力量（five forces），即新进入者、替代者、购买者、供应者和业内竞争者。[①] 一般而言，运营环境对企业营销活动的影响最直接，其次是行业环境，而宏观环境则大多通过行业环境或运营环境间接影响企业的营销活动。

以上环境因素都是指企业的外部环境。一些企业的内部因素，也是营销管理人员短时间难以改变而不得不想办法适应的，如企业的战略目标、业务组合以及企业在人、财、物等方面的配置。如果环境意味着不可控，那么这些企业内部因素也是环境因素，可以与企业外部环境相对应，称为企业内部环境。这样做的好处就是企业营销管理人员在考虑营销问题时，一方面把企业的战略目标、发展战略和业务组合等因素作为制定营销战略的前提或背景；另一方面不会越俎代庖，把制定企业的营销战略变成制定企业的发展战略或竞争战略。对此，后面有详细论述。

相对于麦卡锡模型，科特勒模型的最大优点是从形式上完善了企业营销从管理视角的表述，并以新4P的形式强调了营销战略的重要性。不过，它没有改变营销的本质，即根据不可控因素的变化，通过目标市场的选择和对企业可控因素的动态组合，以高效率为目标市场创造价值的方式与顾客进行交换，实现企业的营销目标。

（三）营销的目标函数模型

营销的内涵可以更确切地用一个目标函数模型表示，如式（1-4）所示。[②]

$$\begin{cases} G=H\left(\dfrac{CV}{CC}\right)=F(P_1+P_2+\cdots+P_n) \\ D \end{cases} \tag{1-4}$$

---

① Porter M E. Competitive Strategy: Techniques for Analysis Industries and Competitors. NY: The Free Press, 1980.

② 庄贵军．四P营销组合模型的不足及其修正．北京商学院学报，1998（6）：20-24.

式中，G 为企业要达到的营销目标，如销售额、利润额或市场占有率；CV 为顾客价值；CC 为顾客成本。$G=H\left(\frac{CV}{CC}\right)$指企业的营销目标是利价比的函数。另外，用 H 表示函数，取“更高”（higher）之意，即用不断提高利价比的方式达到企业的营销目标。P_n 为企业可以控制或利用的各种手段，既包括战术 4P，也包括战略 4P，还包括其他企业可以控制的各种营销因素。D 为企业从事营销活动的一组约束条件，也就是企业营销所不能超越的各种条件，既包括企业外部的环境因素，如一个国家的政治、法律、经济、竞争和技术等，也包括企业内部的环境因素，如企业的战略目标、发展战略和业务组合以及在人、财、物等方面的配置。D 可以具体化为：

$$D\begin{cases}b_1+b_2+\cdots+b_n\leqslant B\\ b_1,b_2,\cdots,b_n\geqslant 0\\ \text{其他约束}\end{cases}$$

式中，B 为企业从事营销活动的总预算；b_i 为企业投入 $P_i(i=1, 2, \cdots, n)$ 的费用。其他约束包括企业内外部一时难以改变而营销管理人员又必须考虑的各种约束条件和因素。

这样，营销的含义就可以表述为：在既定的约束条件（D）下，企业综合运用一切可以利用的手段（P_i），以高效率为目标市场创造价值的方式$\left(H\left(\frac{CV}{CC}\right)\right)$实现与顾客的交换，达到企业营销目标（$G$）的整体优化。

这个模型有如下优点：

第一，抓住了营销的本质内涵。前面我们多次提到，营销的本质是以高效率为目标市场创造价值的方式获取利润或实现企业的其他营销目标。营销的目标函数模型用 $G=H\left(\frac{CV}{CC}\right)$表示。不仅如此，$G=H\left(\frac{CV}{CC}\right)$还明确了“高效率为目标市场创造价值”的具体含义——企业产品较高的利价比。

第二，用 P_1，P_2，…，P_n 表示企业可以控制的营销因素，使其具有很高的概括性。概括性地表示企业营销可以利用的各种因素，可以避免人们在营销因素的多与少以及包括或不包括什么因素等问题上的纠缠，从而把研究的注意力放在更重要的问题上。麦卡锡的 4P 模型简单明了，容易操作和普及，被大家广泛采用，但是也因其将营销因素归结为 4 个 P 而被诟病。实际上，企业可以利用的营销因素远不止这 4 个 P。比如，在中国进行营销活动时，有一个企业不能不考虑的重要因素，那就是人际关系。在企业对企业（B2B）的市场营销中，卖方企业可以通过有计划地建立、发展和维持与买方企业良好的跨组织人际关系，提升双方组织的关系质量，从而提高企业的销售业绩。[①] 另外，在不同的行业或市场环境下，这 4 个 P 的相对重要性也不一样。比如，零售企业的营销因素就与一般生产制造企业不同，常用的分类方法是店址（location）、商品（merchandise）、服务（services）、定价（pricing）、商店设计与展示（store design and display）、广告与促销（advertising and

---

① 庄贵军，周筱莲．基于关系营销动态组合模型的研究命题．西安交通大学学报（社会科学版），2008（4）：44-49.

promotion）和人员推销（personal selling）。[①] 营销理论界有很多人试图用不断加 P 的方法（最多加到 12 个 P）建立一个放之四海而皆准的营销因素清单。这种尝试从根本上讲是徒劳的，因为一个清单不管有多长，都无法穷尽所有企业可以利用的所有手段。营销的目标函数模型解决了这一问题，它用 P_1，P_2，…，P_n 抽象地代表营销因素，而营销因素的具体化则由从事营销活动的企业自己来完成。营销理论只是在为营销者提供例证，如 4P 模型实际上就是一个例证，它主要适用于消费品制造企业在一个国家内从事的营销活动。有了式（1-4）这个模型，一切往 4P 上加 P 的行为都显得毫无意义，而是将人们的注意力由加 P 的游戏，引向对于营销本质内涵的把握。

第三，得益于其概括性，营销的目标函数模型具有很强的适应性，不仅适合消费品的营销，也适合各个行业、各种产品在各个时期的营销。因为没有给出具体的营销因素，所以研究者可以根据自己的研究对象，找出适合这些研究对象的营销因素，并加以探讨，找出规律性，指导企业的实践。实践者也不必拿着营销教材，把自己可以利用的手段硬往 4P、5P 上套，而应该根据自己所处的营销情境确定适合的营销因素。

第四，强调企业所有营销因素的综合运用。式中的 P_1，P_2，…，P_n 代表企业可以控制的所有营销手段，它们或多或少都在一定程度上影响着企业的营销业绩。不仅如此，它们之间还有相互强化或相互抵消的交互影响。企业在进行营销活动时，目的不是使某一个 P 或几个 P 处于最佳状态，而是使所有的 P 达到一种最佳的或相对满意的配合状态，使企业为目标市场创造价值的活动达到相对较高的效率，实现企业营销目标（G）的最优化。

第五，把企业进行营销活动的内外部约束条件作为一个重要内容在模型中表现出来。企业从事营销活动要受很多条件的限制。常有这样的事，企业明知广告重要，但是拿不出钱做广告，这说明企业的财务状况限制了企业的营销行为。实际上，没有不受限制的企业，再大的企业，也有它办不到或办起来力不从心的事情。营销的目标函数模型要求企业在进行营销活动时，充分考虑内外部限制性因素。

第2节 营销系统与营销参与者

二人社会的交换理论揭示了市场交换的本质——通过交换，双方都能得到更大的价值或利益，也因此双方能够获得更大的满足。实际上，市场交换远比二人社会的交换复杂得多，它是在一个营销系统或市场交换系统中完成的。

一、简单的营销系统

系统是由若干相互联系、相互影响的部分结合而成的具有特定功能的有机整体或集合。它的基本特性是整体性，其功能是各组成要素在孤立状态下所没有的。简单的营销系统是由企业、竞争者和购买者组成的，如图 1-6 所示。

---

① Levy M，Weitz B A. Retailing Management. 4th ed. NY：McGraw-Hill/Irwin，2001.

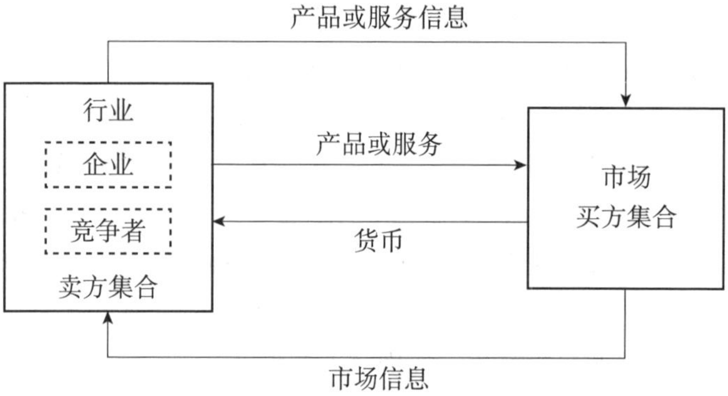

图 1-6 简单的营销系统

图 1-6 中有两个集合：卖方集合和买方集合。卖方集合是一个行业，由所有提供相同或相似产品的企业组成。因为产品相同或相似，满足的市场需求相近，所以一个行业中的企业互为竞争者——它们为获得更多的市场份额而竞争。因此，从一个企业的角度看，在这个简单的营销系统中，实际上有三方参与者，即企业、竞争者和购买者。

买方集合指产品或服务的所有购买者，通常称为市场。这里要注意购买者、顾客、消费者与用户（或客户）之间的差别。这些名词经常被混用，但是严格来讲它们之间是有区别的。顾客的含义最广，对应英语中的 shopper 或 customer，不仅包括购买者与消费者，还包括那些只看不买的人（window shopper）。一个人不管买不买东西，只要进入商店，只要对企业的产品或服务有兴趣，他就是顾客。购买者是那些购买东西的顾客，对应英语中的 buyer。购买者可以是消费者，如一个人买了啤酒自己喝；也可以不是，如一个母亲为婴儿购买奶粉，此时婴儿才是真正的消费者。从严格意义上讲，消费者是那些实际使用或消费某一产品或服务的人，即英语中的 consumer。有时，他们并非实际的购买者。用户或客户则用来指工业品（生产资料）的购买者和使用者，以便与消费品（生活资料）的购买者和使用者相区别。以下，除非特别说明，顾客包含购买者、消费者和用户等含义。

此外，市场也有两种主要的含义：一是指产品买卖的场所，如当我们讲家具市场、服装市场或古玩市场时；二是指产品或服务的顾客及其需求，如当我们说某种产品在某地有市场或没有市场时。两种含义的市场都经常使用，具体所指很容易根据上下文判断。此处的市场用第二种含义，指产品或服务的顾客及其需求。

简单的营销系统实际上是企业（company）、竞争者（competitor）和顾客（customer）这三个 C 之间的互动——企业要想在市场竞争中取胜，有好的业绩，不仅要为顾客创造价值，满足顾客需求，而且要比竞争者更有效率地为顾客创造价值，更好地满足顾客需求。正因为有这三个 C 之间的互动，营销系统才能健康地运转下去——企业以越来越有效率的方式为顾客创造价值，并因此获得市场的奖励（利润或超额利润），而那些效率低下的企业则被淘汰出局。因此，企业要长两只眼睛，一只盯着顾客，一只盯着竞争者。

卖方集合通过四个流程与买方集合联系起来。首先，卖方通过市场调查和分析获得市场信息，了解市场需要什么，并根据市场信息组织生产或设计服务；然后，通过传播系统（如广告）向市场传送产品或服务信息，以吸引买方来购买；接着，通过分销系统将产品或服务以便于购买或消费的形式置于便于购买或消费的地点；最后，买方购买并拥有产品或享受服务，卖方得到货币和利润。

当然，这个过程也可以从买方的角度描述。比如，一个顾客有购买某种产品的需求（对于这种产品的生产者而言，这就是市场信息）；然后，他有意（有意识地收集这种产品的信息）或无意地（如通过生产者的产品广告）获得关于这种产品的信息；接着，向生产者支付货币；最后，通过生产者的分销系统获得产品。

二、现代经济中的市场交换系统

简单的营销系统是站在企业的视角，对市场交换系统进行描述。若站在国家的视角描述现代经济中的市场交换系统，我们会看到更多的参与者和更复杂的市场构成要素和结构。图1-7根据一个称为巨型市场（megamarket）的现代交换经济系统绘制[①]，只是在用词上有一些小的改变。

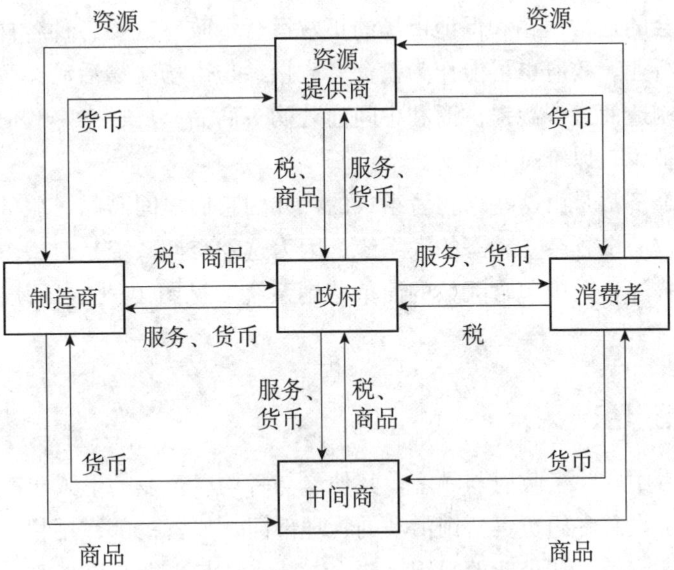

图1-7 现代经济中的市场交换系统

图1-7中有制造商、政府、消费者、中间商和资源提供商五种参与者。他们互为商品、服务或资源的提供者和购买者，相互之间有如下的交换流程：制造商首先从资源提供商（如原材料生产者、劳动力市场或银行）购买各种资源，然后把资源转变为商品，再将其售卖给中间商，最后由中间商把商品转售给消费者。消费者出售自己的劳动力，得到货币收入，用以支付他们所购买的商品。

政府是一个很特殊的参与者。从市场交换的角度讲，它的根本职能是保证满足顾客需求的效率与企业获利之间的高度相关性。二者的相关度越高，政府参与的效率就越高。为此，它要为所有其他参与者提供各种必要的公共服务，最重要的就是稳定的政治环境、公平的法律制度和健全的市场体系。只有在一个政治环境稳定、法律制度公平和市场体系健

① Kotler P. Marketing Management. 10th ed. Beijing：Tsinghua University Press，2001：9.

全的社会里，市场交换体系才能真正地“通过竞争机制，以利润或超额利润的形式，奖励那些在满足某种顾客需求过程中效率高的企业”。如果真正做到了这一点，这个社会的经济运行效率就会非常高，经济也会健康稳定地发展。因为大部分国家没有这样的环境，所以我们常常看到一些满足顾客需求的效率与企业获利不完全一致的现象。比如一些效率高的企业被淘汰，而效率低下的企业反而得以生存，这被经济学家称为“劣币驱逐良币”。政府虽然不可能解决所有问题，但是通过提供公共服务，尤其是建立公平的法律制度和健全的市场体系，可以尽可能地提高满足顾客需求的效率与企业获利之间的相关度。

这里要特别注意：当我们在界定营销的内涵时所提倡的“高效率为目标市场创造价值”与“实现企业的营销目标”之间一致的观点，实际上只能出现在一个理想的市场环境里，而在现实社会里，二者之间常常不一致。不过，我们不能因此而否定它们之间的正相关关系。一个国家的法律制度越完善，市场体系越健全，企业从事营销活动时就越可能获得公平的对待，也越可能通过“高效率为目标市场创造价值”的方式而“实现企业的营销目标”。二者的相关性越强，意味着政府参与经济活动的效率越高。

为了维护社会的正常秩序和保证市场的正常运行，政府需要各种各样的行政开支。在一些特殊时期或行业，政府也可能作为投资者直接参与市场交易活动。政府作为一个购买者，需要付钱从制造商、资源提供商和中间商处购买商品。反过来，政府也需要向所有市场交易的参与者征税，以维持其开支。

每个国家的经济都是由这些参与者组成的，并因它们之间商品、服务和货币的流动而联结在一起，构成一个复杂、动态的大系统。因为这一交换系统是对整个社会经济构成要素和要素流动的描述，其中包含无数的简单营销系统（见图 1－6），所以也称为宏观营销系统。①

三、企业的营销组织

在以上参与者中，除了政府与顾客，其他参与者均以企业的形式出现。在现代市场经济中，企业一般都设有专门负责营销活动的管理部门，如营销部、销售部或市场部。尽管其重要性不断提高，但是从企业的组织结构上看，它还是一个与财务部、生产运营部、人力资源部和研发部等平行的职能部门，如图 1－8 所示。营销部经理受公司总经理的领导，负责企业各业务单位产品或服务的营销活动。

营销部门的组织结构受多种因素的影响，包括企业规模、市场的覆盖范围、产品特点、企业所采用的营销理念等。一般有下列几种不同的形式：职能式营销组织、产品式营销组织、市场式营销组织、产品＋市场式营销组织、地区管理式营销组织和事业部式营销组织。

（一）职能式营销组织

职能式营销组织是按不同的营销职能分别设立营销职能部门，统一由负责市场营销的副总经理进行协调和管理。其结构如图 1－9 所示。

---

① McCarthy E J，Shapiro S J，Perreault W D. Basic Marketing：A Managerial Approach. Homewood：Richard D. Irwin，Inc.，1989：10-23.

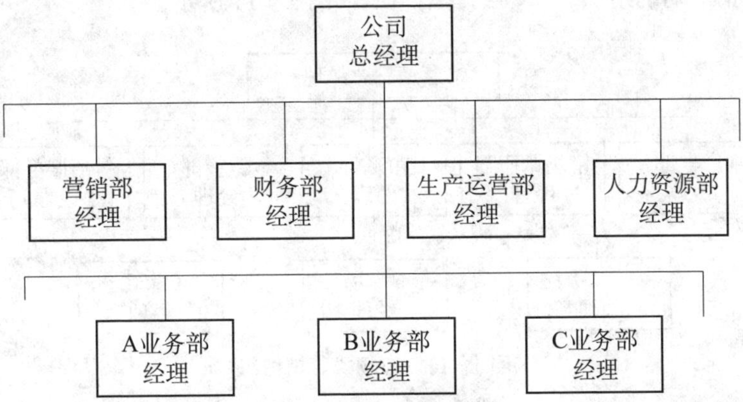

图 1-8 企业的组织结构

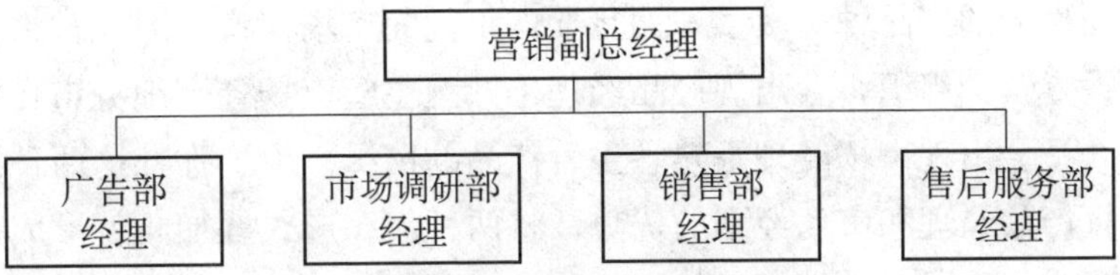

图 1-9 职能式营销组织

在职能式营销组织中，按广告、销售、市场调研、售后服务等不同职能分设若干部门，负责其职能范围内的营销管理与决策。不同企业在按职能划分组织形式时，由于对职能划分、归类不同，所以具体的组织设置也有差异。

（二）产品式营销组织

企业为了适应产品或品牌多元化的需要，除了按职能分工设立部门外，还可以按不同的产品或品牌设立部门，分管不同的产品项目、产品线或品牌。这种组织形式的关键是实行产品经理负责制，即企业按品牌、产品线、产品项目设立专职经理，全权负责某一类或某一品牌产品的营销工作。产品式营销组织如图 1-10 所示。

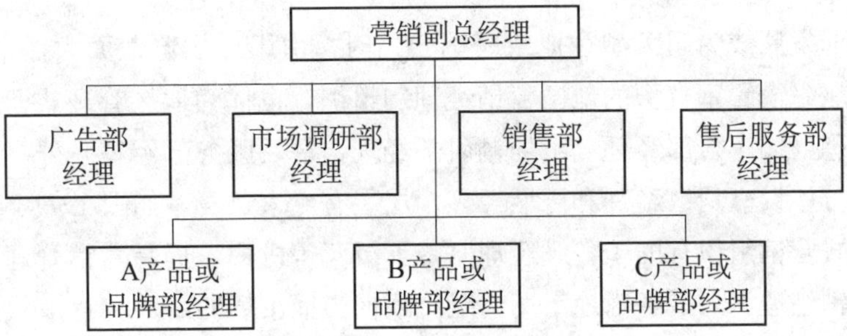

图 1-10 产品式营销组织

（三）市场式营销组织

建立市场式营销组织形式，首先必须对市场进行细分，然后针对每一个细分市场设立营销机构，任命部门的负责人。各细分市场经理主要负责某一细分市场上各种产品营销计划的制定和营销活动的组织。市场式营销组织如图1-11所示。

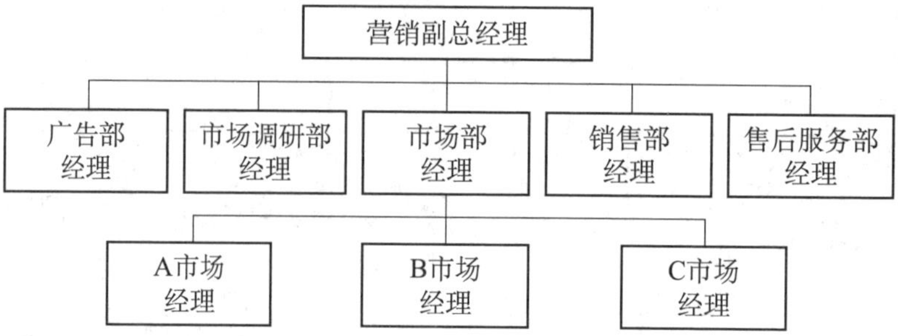

图1-11 市场式营销组织

（四）产品＋市场式营销组织

一些大公司生产的产品种类较多，而且要向不同的市场销售，因此常常会遇到下面的问题：按产品设置营销组织，会出现产品经理不熟悉主管市场各个细分市场的情境，而按市场设置组织，又会出现市场经理不熟悉主管产品的情况。为了弥补这两种组织形式的不足，更好地发挥产品经理和市场经理的优势，将两种组织形式叠加，就形成产品＋市场式营销组织，也称为矩阵式营销组织，如图1-12所示。

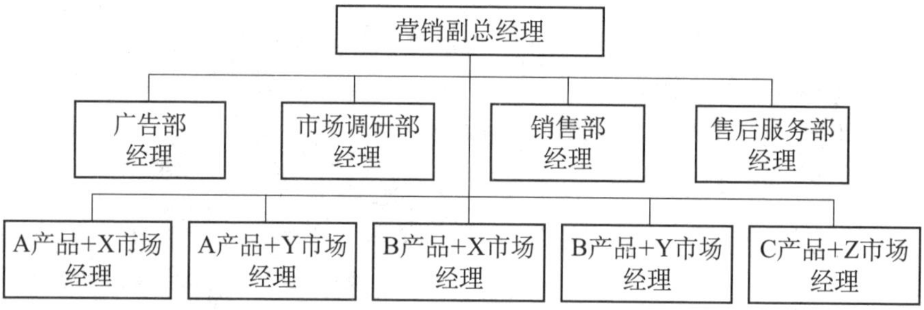

图1-12 产品＋市场式营销组织

（五）地区管理式营销组织

当一个企业发展成为超大型企业或跨国公司时，由于市场覆盖面大，市场地域性强，所以需要按地域来设置垂直型的地区营销经理制组织，也称为地区管理式营销组织。它除了设有职能经理（如广告部经理、市场调研部经理、售后服务部经理）外，在营销副总经理领导下，还分层设立地区经理和区域经理，层层有专人负责，如图1-13所示。

地区管理式营销组织有助于各级经理监督下级营销机构，提高营销管理效率，也有助于各地区的营销经理深入了解当地市场情况，根据当地市场的需求和竞争状况制定有针对性的营销战略，从事有针对性的营销活动。

（六）事业部式营销组织

规模大的企业还可以按照事业部制来设立营销组织形式。事业部式营销组织形式一般是按产品或服务的类别先分设事业部或业务部（strategic business unit，SBU），然后在各事业部内设立营销组织，总公司的各项营销职能被分散到各事业部中，如图1-14所示。

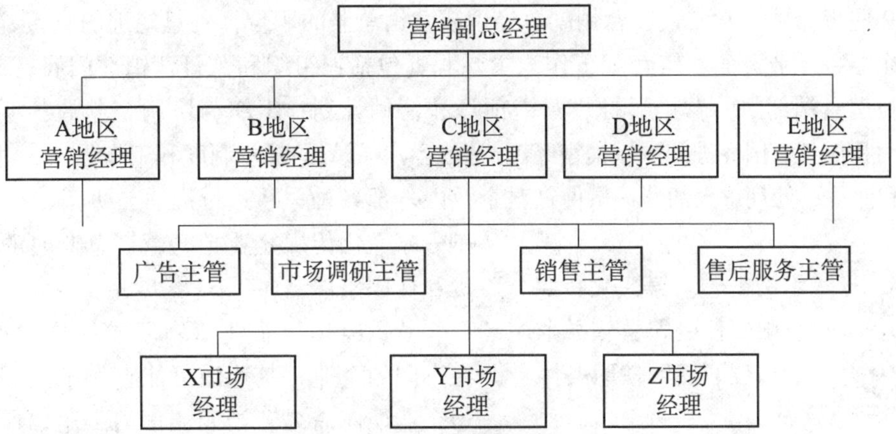

图 1-13 地区管理式营销组织

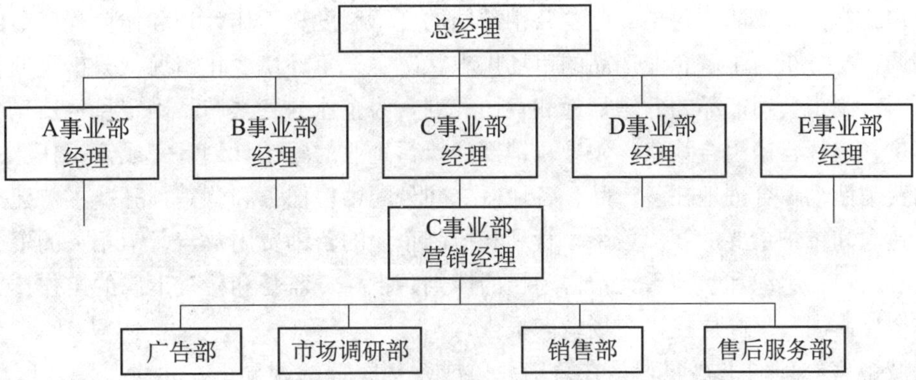

图 1-14 事业部式营销组织

在这种组织形式中，总公司之下也可能设立营销部门。因此，总公司和事业部下设营销部门在营销职责分工和管理权限划分上有四种组合：第一，总公司不设营销部，将营销职能全部下放到事业部；第二，总公司设立小规模营销部，起参谋作用，协助最高决策层对市场机会进行评估，做出重大的营销决策，并对事业部的营销业务予以咨询指导，帮助力量较差的事业部开展营销活动；第三，总公司设立中等规模的营销部，除起参谋作用外，还为总公司和事业部提供广告宣传、市场调研、人员培训等方面的服务；第四，总公司设立强有力的营销部，参与各事业部的营销策划及其执行和控制活动，并对营销策划行使最终审批权。

四、营销的就业机会

由企业营销的组织结构可以看出，企业对不同层次营销人才的需求很大。与营销有关的工作职位包括：营销副总经理或营销总监、营销经理、区域销售经理、营销管理人员（如营销策划主管、营销传播主管、广告主管、大客户主管、市场调研主管、品牌项目主管等）和销售人员以及与营销工作有关的其他职位，如市场调研员、数据分析师、营销策划师等。

在一些大企业，常常设有营销副总经理或营销总监的职位，受总经理的直接领导，负责整个企业各项业务的营销管理工作。主要职责包括：组织和监督营销部门履行其职能；审批和报送营销部门的营销目标、营销预算和营销计划；组织与协调企业的各项营销活动；聘用和任免营销经理和区域销售经理；拟定营销部门的规章制度和工作程序；对下属进行激励和评估；处理重大的营销事件；对企业内外部各种关系进行沟通与协调。示例 1－1 是一家文化传媒企业招聘营销总监时的岗位职责和任职条件描述。

示例 1－1　某文化传媒有限责任公司营销总监的岗位职责和任职条件

营销经理是企业营销职能的具体执行者。在不同的企业，其称谓可能有所不同，这取决于企业如何命名营销职能部门。比如，如果叫市场部，就是市场经理；如果叫销售部，就是销售经理。不管如何称谓，这一职位的主要职责大同小异。在营销总监或营销副总经理的直接领导下，营销经理负责本部门的日常组织和管理工作。主要职责包括：起草营销部门的规章制度、工作计划和作业程序；组织实施市场调查与分析，了解企业产品的市场供求状况、竞争环境变化情况，分析企业营销成败的原因；制定公司产品的营销目标和营销计划，为企业的各类产品确定目标市场、进行市场定位、选择营销组合策略；领导营销部门执行企业的营销计划，完成营销任务；协调企业的营销活动，合理地在各产品、各地区之间分配销售任务和营销预算；主持建立客户档案，建立和维护重要的客户关系；管理和控制企业的营销费用及与营销相关的资金风险（如货款回收）；组织和参与重大销售项目的谈判；指导、监督和检查下属的工作；主持销售工作会议，向公司高层提供市场动态报告。

区域销售经理的主要职责是在营销总监或营销经理的领导下，负责某一地区的日常销售和管理工作。包括：拟定地区的年度、月度销售计划和市场开发计划；主持辖区内的营销例会，指导、监督和检查辖区内销售人员的工作；预测辖区内市场变化趋势，拟定辖区内产品的营销策略；与辖区内重点客户联络、沟通，并定期拜访；根据公司营销政策和方针，对经销商进行考察和筛选；对企业在辖区内的大型促销活动进行现场指挥；主持辖区内企业的重大销售谈判及合同签订；对企业在辖区内销售的各种品牌进行销售分析。

营销管理人员包括与企业营销管理活动直接相关的管理人员，如营销策划主管、营销传播主管、广告主管、大客户主管、市场调研主管、营销渠道主管、品牌项目主管等。他们的主要职责是负责相关营销活动的策划、执行、指导和监督。比如，营销策划主管的主要职责是拟定企业营销计划和对营销计划的执行过程进行指导；营销传播主管的主要职责是拟定促销计划与预算，指导和监督促销计划实施，对促销效果进行评估；营销渠道主管的主要职责是拟定企业产品的营销渠道拓展的终端建设计划，对渠道拓展计划的实施进行指导与考评，建立与维护渠道合作关系；品牌项目主管的主要职责包括拟定产品发展、新产品上市、产品组合以及产品定位、包装和价格的规划，提交新产品开发提案，选择产品分销模式，以及对经销商进行产品知识培训。

销售人员是企业营销组织中的基层岗位，需要量最大，包括推销员、销售代表、业务代表、商店营业员和导购员、电话营销员等，他们接受企业营销管理人员的领导，与顾客面对面接触，是企业营销部门的一线员工。销售人员的主要职责是销售企业的产品或服务，包括向顾客推荐和介绍产品或服务，刺激消费需求，解答顾客疑问，与顾客洽谈和成交，收回货款等。示例 1－2 显示了一家企业在招聘销售代表时对岗位职责和任职条件的描述。

示例 1－2 SK 创新科技有限公司招聘启事

随着信息技术的发展，尤其是进入大数据时代，数据分析师将会是一个热门岗位。数据分析师特指那些专门从事行业、企业数据整理和分析的专业人员。在数据量比较小的时候，数据分析师的地位和作用还不是特别重要。当企业积累了大量的行业和营销数据以后，能否通过数据分析获得对市场的洞见，取决于企业是否具备数据分析能力及能力高低。此时，数据分析师的重要地位和作用就显现出来。

“大数据”（big data）一词最早在 1997 年由美国国家航空航天局（NASA）的两位研究人员提出。他们感觉产生于飞机周围的模拟气流数据量太大，对电脑主机内存、本地磁盘甚至远程磁盘都形成挑战，难以用当时的电脑和信息系统处理，也难以可视化，于是将这种数据称为大数据。① 之后，1998 年《科学》杂志刊载《大数据的处理程序》一文，将大数据的概念引入科学领域；2008 年 9 月《自然》杂志出版了大数据专刊，推动了大数据概念的普及和大数据研究的展开。②

与传统的数据分析师相比，大数据时代的数据分析师面对的不是数据匮乏，而是海量的大数据。大数据的特点可以归纳为 4 个 “V”③：第一，volume，即数据体量巨大，在互联网中每一秒钟产生的数据量都是惊人的，让人难以想象；第二，variety，即数据类型多，包括文本、图像、音频、视频以及网络日志、地理位置等；第三，value，即数据的价值稀疏性，在大量的数据中真正有价值的数据可能只有很小的一部分；第四，velocity，即数据的变化速度快，及时、快速地处理数据对大数据应用非常重要。作为一种信息存在方式，大数据中因果关系和相关关系错综交织，一方面对传统的因果关系理论提出挑战，另一方面又给因果关系的研究提供了更高层次的整体观照。④ 在海量的大数据中，找出企业营销与消费者行为以及其他相关事物之间的关联性，是数据分析师的主要任务，这也对他们形成了挑战。大数据时代的数据分析师必须学会借助技术手段进行高效的数据处理和分析，包括寻找可靠的数据源，抓取、整理和清洗各种来源的数据，利用多种工具分析数据，通过可视化展示分析结果。⑤

第 3 节 营销理论的发展历史

营销学是 19 世纪末 20 世纪初从经济学中分离出来的一门学问，其诞生地在美国。关

① 何克抗．大数据面面观．电化教育研究，2014（10）：8-16，22.

② 王天思．大数据中的因果关系及其哲学内涵．中国社会科学，2016（5）：22-42.

③ 叶英平，陈海涛，陈皓．大数据时代知识管理过程、技术工具、模型与对策．图书情报工作，2019（5）：5-13.

④ 同②.

⑤ 朝乐门．信息资源管理理论的继承与创新．大数据与数据科学视角．中国图书馆学报，2019（2）：26-42；叶英平，陈海涛，陈皓．大数据时代知识管理过程、技术工具、模型与对策．图书情报工作，2019（5）：5-13.

于营销学在美国的发展历史以及相关的人物和事件，有许多不同的说法，我们这里参考多种不同的说法[①]，将营销学在美国的发展历史分为四个阶段：初步形成期、职能研究与应用期、管理研究与成熟期、发展与创新期。郭国庆教授对营销学在美国发展历史中相关的人物和事件做过专门的回顾与考证，此部分我们主要采用他的说法。

一、初步形成期

自 1900 年起的 20 多年，是营销理论的初创时期。当时，世界各主要市场经济国家先后完成了工业革命，工业化程度不断提高。美国后来居上，城市人口和商品需求量急剧增加，市场供不应求，企业要解决的主要是如何增加生产、降低成本的问题，泰罗（Frederick W. Taylor）所倡导的“科学管理”因此受到企业主的重视和欢迎，许多企业纷纷效法“泰罗制”，提高生产效率，扩大生产规模。这使得一些产品的供应开始超过市场需求，于是，少数有远见的企业主在经营管理上开始重视销售和刺激需求。一些经济学家依据经济学原理，也开始着手研究商品的销售（selling）和分销（distribution）问题，但是他们很快便发现，销售和分销的概念难以对营销活动（marketing）进行准确的描述，于是，营销一词有了不同于销售和分销的内涵，研究营销的课程也开始进入美国的一些大学。

对营销学的早期发展做出重要贡献的学者有琼斯（Edward D. Jones）、李特曼（Simon Litman）、费斯克（George M. Fisk）和海杰蒂（James E. Hagerty）。1902—1905 年间，他们分别在密歇根大学、加利福尼亚大学伯克利分校、伊利诺伊大学和俄亥俄州立大学开设营销学课程，主要探讨商品的分类、分级、品牌化、批发和零售以及其他相关活动。营销学进入大学，标志着它作为一门独立学科的诞生。

这一时期的营销理论有两个特点：一是以传统经济学为理论基础，把营销看作企业在商品流通领域的分销和广告活动，为顾客创造时间、地点和占有效用；二是理论研究在大学进行，对企业的营销活动影响较少。

二、职能研究与应用期

20 世纪 20 年代至第二次世界大战结束（1945 年），营销学者从营销的职能角度研究营销理论，并将研究结果应用到企业的经营活动中。

1929—1933 年的世界经济危机，震撼了各主要资本主义国家。由于严重的生产过剩，商品卖不出去，企业纷纷倒闭。关系企业存亡的主要问题，不再是如何扩大企业生产规模和降低成本，而是如何将产品销售出去。为了争夺市场，解决产品销路问题，企业主开始注意市场调研、分析预测和刺激消费需求等活动，为营销理论的研究提供了动力，积累了素材。

1932 年，弗雷德·克拉克（Fred E. Clark）和路易斯·韦尔德（Louis D. H. Weld）合著的《农产品营销》一书，分析了美国农产品的营销问题，认为企业营销的目的是使产

---

① 李会太，张文杰．七次浪潮：美国市场营销发展史．科学决策，2001（11）：21-25；郭国庆．论市场营销思想的发展．北京：中国人民大学，1997；万后芬，汤定娜，杨智．市场营销教程．北京：高等教育出版社，2003.

品顺利地从种植者转移到使用者。该过程包括七种营销职能：集中、储存、融资、承担风险、标准化、销售和运输。1940年，亚历山大（Raiph S. Alexander）等人在《营销原理》一书中，也对营销职能进行了类似的表述。1942年，弗雷德·克拉克和彼得·克拉克（Fred E. Clark and Peter Clark）在合著的《营销原理》一书中，把营销的功能归纳为三类：交换功能，即销售和采购；物流功能，即运输和储存；辅助功能，即融资、风险承担、信息沟通和标准化。

1937年，美国市场营销协会（American Marketing Association，AMA）成立，它逐渐发展壮大，成为营销实践、研究和教学的一个信息和知识共享平台。

三、管理研究与成熟期

第二次世界大战期间，美国的军事工业迅速发展，生产能力大幅提高。战后，美国亟待恢复遭受战争破坏的经济，刺激战时经济向民用经济转变。从20世纪40年代中期起，美国经历了第三次科技革命，促进了科学技术知识的融合以及一系列新兴工业的诞生，加速了科学技术在各个生产部门中的运用，这促进了劳动生产率的大幅度提高、商品数量的快速增长和花色品种的日益丰富。此后，美国政府又适时推行了高消费、高工资、高福利和缩短工时的政策，增强了消费者的购买力，刺激了消费者的需求和购买欲望。这为战后美国现代工商企业和经济的快速发展准备了条件。

20世纪五六十年代，美国经济进入“20年黄金时代”，买方市场开始形成，人们的生活方式发生了巨大的变化。新的形势向企业营销提出了新的要求，企业不但要善于发挥营销的销售与促销功能，更要善于分析和判断市场需求的变化，并据此提供适合的产品和服务，只有如此，企业和购买者之间的交换才能顺利进行。如果产品不适销对路，即使企业将销售与促销功能发挥到极致，产品也可能销不出去，因此，营销被赋予新的意义。过去认为营销是将产品从生产者转移到使用者手中的各种功能性活动，而新的观点则认为营销是企业为满足市场需求而对企业可控因素进行管理的方法、活动和程序。新的观点强调了买方需求的中心地位：以顾客为中心。了解顾客需求是营销的起点，满足顾客需求是营销的终点，企业所有的营销活动都要围绕顾客需求来策划与组织。这就使企业把营销在生产过程中的位置颠倒了过来，过去营销是生产过程的终点，现在营销成为生产过程的起点。营销管理活动也由此突破了流通领域，渗透到生产领域。以管理视角研究营销问题的现代营销或现代营销管理应运而生。

营销管理的思想最早体现在奥德逊（Wroe Alderson）1957年的著作《营销行为与经理行动》中。他论述了经理人员在营销活动中的作用，认为营销的核心就在于促进买卖双方的交换，因此，经理人员必须认识到市场需求的多样性，善于识别和利用市场机会，达成有利于买卖双方的交易。

首次将“营销”与“管理”结合在一起提出“营销管理”概念的是霍华德（John A. Howard，1957）。他指出营销管理的实质是企业“对于动态环境的创造性适应”。麦卡锡（Eugene J. McCarthy，1960）则对营销管理进行了更具操作性的论述。他认为应该把企业欲满足的顾客看作一个目标市场，管理者需要在综合考虑企业的各种资源和外部环境的前提下，通过企业可控因素的组合与实施，满足目标市场的需求，实现企业的盈利目标。他将企业可以控制的营销因素抽象概括为产品、价格、分销和促销，形成了著名的 4P 模型，对营销管理理论的发展有深远的影响。

此后，营销管理的概念深入人心，营销研究的管理导向占据主导地位。营销学从经济学中独立出来，在吸收心理学、社会学、行为科学和管理学等学科理论的基础上，形成了自己的理论体系，营销管理理论日渐成熟，其中的一个标志性人物是科特勒（Philip Kotler）。科特勒在 1967 年出版的《营销管理》一书中，将营销管理体系概括为以下几个步骤：（1）分析市场机会；（2）确定营销战略；（3）制定营销战术；（4）组织和实施营销活动；（5）营销控制。此书出版后，再版十多次，不但成为美国管理学院最受欢迎的教材，还被翻译成十几种语言，在其他国家的大学里用作教材。

早期的营销理论，在 20 世纪 30 年代就已从美国传播到许多国家，但是作为较为成熟的营销管理理论，50 年代才从美国传播到西欧和日本。60 年代末，营销管理理论传播到东欧的一些国家。70 年代末 80 年代初，营销管理理论传入中国。

四、发展与创新期

1979—1982 年，美国遭遇了较为严重的经济危机，促使产业结构进行了一次大调整，高技术新兴产业得以迅速崛起，日趋衰落的老产业也进行了全面的技术改造和结构优化，提高了产品的技术含量和企业的竞争实力。20 世纪 90 年代，美国又制定了一系列推动高新技术发展的政策，使美国占据了当今科学技术的制高点，进入了知识经济时代。随着互联网用户的激增，电子商务广泛应用，企业和营销学者越来越重视高新技术在营销管理中的应用，新概念和新理念层出不穷，如关系营销、直复营销（direct marketing）、网络营销、个性化定制、绿色营销、大数据营销、营销决策支持系统和营销专家系统。

在大数据时代，数据库是企业的重要资产，交易中的每一项记录和每一个客户的数据，都是帮助企业了解目标市场需求、确定营销战略、获取竞争优势的战略资源。通过数据库存储的交易信息，企业可以根据顾客需求，按需设计和生产，为顾客提供个性化服务，加强与顾客一对一的联系。比如，有人设想过这样一个理想的场景①：当某一顾客进入某一店铺后，零售商就可以搜索其数据库，发现这位顾客是零售商希望留住的有价值顾客。之后，零售商通过将该顾客过去的购物历史和各社交平台获得的有关这位顾客的信息综合起来，确定所售卖物品的合适价格和让利空间。然后，针对这位顾客给出最佳的优惠策略，进行个性化的沟通，实现在恰当的时间、恰当的渠道给一个潜在用户或者老客户提供最合适的产品和服务。当然，我们也不能将大数据过于理想化，大数据不能解决营销的所有问题。比如，利用大数据进行营销分析，虽然能够追踪到顾客行为，但是却“抓不住顾客的心”；对于一些非数据化的事物如何量化，这是一个挑战；大数据营销兴起的前提是网上数据的抓取和挖掘，而线下所发生的事件和行为因为难以搜集和数据化，则容易被大数据分析所忽略。②

---

① 冯利芳，麻震敏，孙珺，等．大数据重塑营销．成功营销，2012（8）．

② 王新刚．大数据营销：追踪到行为，却抓不住心．清华管理评论，2017（3）．

营销管理理论的发展还面临着许多挑战。① 比如，轻视理论构建，崇拜工具和方法，对研究问题本身的重要性有所忽略。研究选题较多地来源于文献，从纸堆里找问题，较少关注营销实践中的真问题，很多研究缺乏实践和教学的相关性，即很多研究的结果既无法指导企业的实践活动，也很少会在教学中使用。然而，最为严重的问题则是：过分强调研究的严谨性，使研究问题越来越小，少有真正意义上的理论创新。早在 2005 年，《市场营销杂志》（*Journal of Marketing*）就组织过一个笔谈，邀请世界知名的营销学者，就当时营销学发展所面对的挑战、机遇以及当务之急发表意见，共收到 11 份投稿，以“营销的复兴：机遇、当务之急和基础建设”为题发表。② 里面涉及很多问题，其中一个核心问题就是：不仅营销理论研究严重脱离企业的营销实践，而且学术界对于严谨性的偏爱和苛求，已经严重影响到营销学科的理论创新。2011 年，麦金尼斯（MacInnis）在一篇以贡献学术思想为主的概念性论文中，再一次表达了对营销理论研究创新不足的忧虑，并从概念创新的角度提出了一些解决方法。③ 截至目前，营销学科缺乏理论创新的窘境并没有得到明显的改善，营销学教材中大部分的范畴和概念还是来自 20 世纪 60—90 年代的美国。

第 4 节　营销理论在中国的传播与发展

营销学进入中国最早是在 20 世纪 30 年代。现存最早的营销学中文教材，包括由丁馨伯编译、世界书局于 1934 年出版的《市场学原理》和由侯厚吉编写、上海黎明书局于 1935 年出版的《市场学》。④ 当时一些大学的商学院开设了“市场学”的课程，教师主要是欧美留学归来的学者，但是限于当时的条件，没有产生太大影响。营销学在中国的真正开端，始于 20 世纪 70 年代末 80 年代初，其在中国传播与发展的历史大致分为三个阶段：引进和传播阶段、应用阶段、理论研究与国际接轨阶段。⑤

一、引进和传播阶段

1949—1978 年，由于长期受苏联经济理论与实践模式的影响，在理论上，我们不承认中国是市场经济，不承认企业是独立的商品生产者；在实践上，国家把企业的产、供、销包起来——生产制造企业根据国家的指令性计划进行生产，生产出来的产品则由商业企业按照国家计划和计划价格统一收购，统一销售，营销成为与企业毫不相干的事情，在这

① 李东进，任星耀，李研．中国营销研究的发展趋势：基于国内外主要期刊论文的内容分析（2000—2008）．营销科学学报，2010（12）：124-146；张闯，庄贵军，周南．如何从中国情境中创新营销理论本土营销理论的建构路径、方法及其挑战．管理世界，2013（12）：89-100；庄贵军．基于中国本土企业营销实践的案例分析与理论创新：以郸酒的移动互联营销为例．商业经济与管理，2019（2）：41-50.

② Bolton R N. Marketing Renaissance：Opportunities and Imperatives for Improving Marketing Thought，Practice，and Infrastructure. Journal of Marketing，2005，69（October）：1-25.

③ MacInnis D J. A Framework for Conceptual Contributions in Marketing. Journal of Marketing，2011，75（July）：136-154.

④ 李飞，贾思雪，米卜．谁把营销学带进了中国——营销学在中国早期传播的史实考证．营销科学学报，2012，8（4）：47-58.

⑤ 郭国庆．论市场营销思想的发展．北京：中国人民大学，1997；汤正如．改革开放 30 年市场营销学在中国传播应用的发展变化．市场营销导刊，2008（6）：3-10；李飞．中国营销科学 30 年发展历史回顾．市场营销导刊，2009（2）：4-15；李飞．中国营销学史．北京：经济科学出版社，2013.

种情况下，营销管理理论没有存在的基础。

十一届三中全会以后，我国确定了以经济建设为中心，对外开放、对内搞活的方针政策。农业推行联产承包责任制，工业实行经济责任制。生产者的自主权扩大了，越来越接近于独立的商品生产者。与此同时，积压商品越来越难销售。在这种背景下营销学被引入中国。此后 20 年中，经济学和管理学的专家学者通过翻译、编译、编著教材和授课等方式，传播营销管理知识。

初期，只有少数大专院校和一些政府部门聘请外籍教师讲授营销管理的基本知识。1980 年，国家经委、科委和教育部与美国政府合作在大连开办高级管理干部培训中心，由美方教师讲授营销管理，讲课内容被译为中文，以《市场学》为书名铅印作讲义。1981 年 8 月，中国人民银行所属陕西财经学院（1998 年合并到西安交通大学）举办营销学师资培训班，聘请香港中文大学闽建蜀教授主持讲座，为综合大学和财经院校培训了第一批师资，为更多院校开设营销管理课程创造了条件。

此后，我国出版了一些教材，其中，比较早的有吴凤山 1981 年编写的《市场学》，十所综合大学 1981 年合编的《社会主义市场学》，中国人民银行 1981 年组织编写的《中国社会主义市场学》，罗真斋等人 1982 年编写的《销售学原理与应用》。

1982 年 5 月在长沙召开了有 24 所院校参加的教材研讨会。会上有人建议，中国应尽早成立类似于美国市场营销协会（AMA）的学术组织。1984 年，“全国高等财经院校、综合大学市场学教学研究会”正式成立。该研究会每年进行学术交流，公开出版论文集，为营销管理理论在中国的普及做出了重要贡献。此后几年，许多省市先后成立了营销学会，广泛吸纳学者和有影响力的企业家参加研讨活动。各地学会举办多种形式的培训班，通过电视讲座和广播讲座，推广传播营销知识。

1986 年，陕西财经学院成立了中国最早的市场营销系，招收本科生和商业经济营销方向的硕士研究生。1988 年，中国国内各大学已普遍开设了营销课程，专业教师超过 4 000 人。不少学校开设了营销本科专业，有 50 多所大学开始招收营销方向的研究生。

二、应用阶段

随着营销管理理论的普及，营销管理的基本原理、方法和观念逐渐被企业接受，在实践中得到应用，并取得了初步成效，尤其是从 1988 年下半年开始持续了两年多的“市场疲软”，使企业充分认识到营销的重要性。“市场疲软”就像一块试金石，营销搞得好的企业受影响很小，反而在疲软的市场上如鱼得水，游刃有余；营销搞得不好的企业则苦苦挣扎。事实教育了中国企业，它们渴望得到营销管理理论的指导。

1991 年 5 月，中国市场学会在北京成立，这标志着营销管理理论在中国得到普遍认同，开始指导企业的营销活动。此后，中国高等院校市场学研究会、中国市场学会作为中国营销的主要学术团体，定期开展学术交流活动，创办了《市场营销导刊》，促进学术界和企业界、理论和实践的结合。

1995 年以后，中国营销学术界用请进来、派出去的方法加强与国际学术界的交流，举办了一些国际学术会议。1995 年 6 月，由中国人民大学、加拿大麦吉尔大学、康克迪亚大学联合主办的“第五届市场营销与社会发展国际会议”在北京举行，有46个国家和地区的200多位学者参加。

另有两个事件对中国营销学科的发展有着重要影响：一是1991年中国正式推出了MBA学历教育项目，全国MBA教育指导委员会确定的9门必修课程中包括营销学。由于是从西方引进的教育项目，该项目的教学内容和方法也仿照西方模式，并将此延伸至本科和研究生教学。二是20世纪90年代中期，管理学第一次列入中国大学学科目录，营销学作为本科教育专业被列入该目录，由此中国形成了完备的营销学本科和研究生教育体系。

三、理论研究与国际接轨阶段

经过多年的改革开放，到21世纪初，中国经济已经基本实现了市场化，市场成为资源配置的主要手段。营销管理理论在企业的广泛应用，带动了各种学历和非学历营销管理教育的发展。财经、理工和综合性大学都开设了相关专业。随着国际交流的增多和博士以及有海外留学经历的人员充实到营销学者队伍，中国的学术研究日益与国际接轨。表现在以下几个方面：

第一，国际学术交流。每年都有一些学者在各种项目的资助下参加国际学术会议，而且呈日益增多的趋势。一些著名大学的营销学教授应邀来中国讲学或做客座教授与国内学者开展合作研究，快速提升了他们的研究水平，这也使中国在营销理论的研究方面面貌一新。

第二，阅读、研讨和出版物。便捷的网上阅读条件使得中国学者可以第一时间阅读到国际学术期刊上发表的论文，一些高校的教师开始带领学生阅读原文，进行研讨，学习规范的研究方法，使得国内整体的学术水平得到了较大提高。2004年，涂平和谢贵枝组织翻译了《中国营销经典论文（1978—2002）》，汇集了28篇在国际顶级学术期刊上发表的与中国营销有关的学术论文，这不仅使更多的中国学者了解了规范的研究方法，而且增强了他们立足中国国情进行营销理论创新的信心。

第三，国家自然基金委的支持。国家自然基金委管理科学部启动资助项目以来，每年都有对营销理论研究的资助项目，尤其是进入21世纪，资助项目越来越多，力度也越来越大，这使得一批优秀的营销学者脱颖而出，成长为专业化的研究团队。例如，清华大学的消费者行为研究和零售管理研究，北京大学、上海交通大学和中山大学的品牌研究，南开大学和复旦大学的服务营销研究，西安交通大学和东北财经大学的营销渠道管理研究等。

第四，新学会的推动。在中国高等院校市场学研究会和中国市场学会的帮助下，中国完成了营销学的引进和普及工作。不过，这两个学术团体在营销管理理论的研究方面难以与国际接轨。虽然学会成员出版了大量教材和期刊论文，但是缺乏规范的科学研究，更缺乏具有中国特色的原创性成果。在这种情况下，清华大学赵平作为发起人，联合北京大学、复旦大学、上海交通大学、中山大学、南开大学和西安交通大学等国内知名高校，成立了一个新的学术组织——中国营销科学学会。2004年，第一届年会在清华大学举行。

因为是以一本学术期刊《营销科学学报》（*Journal of Marketing Science*）的名义把大家组织到一起，所以又简称为 JMS 学会。这是国内学者力求与国际接轨的营销学术组织，每年举办一次年会，每季出一期学报。在新学会的推动下，采用规范的研究方法研究中国的营销问题成为风尚。一些研究成果达到了国际水平，发表在国际上一些重要的营销学和管理学学术期刊上，得到了国际同行的认可。

四、讲中国故事与理论创新阶段

随着中国综合国力的增强，截至 2010 年，中国名义 GDP（国内生产总值）超过日本，成为仅次于美国的世界第二大经济体。尤为重要的是，中国的互联网和移动互联网应用在规模上已经超越美国，成为世界上互联网和移动互联网应用规模最大的国家。根据中国互联网络信息中心（CNNIC）的报告，截至 2019 年 6 月，中国网民规模达 8.54 亿，互联网普及率达 61.2%；网络视频用户规模达 7.59 亿，占网民整体的 88.8%；网络购物用户规模达 6.39 亿，占网民整体的 74.8%。[①] 这极大地带动了中国企业的营销实践，使中国企业的营销实践在很多方面走在世界的前列，处于世界的领先地位。新的概念、新的“玩法”、新的故事层出不穷，让人应接不暇。

这为中国的营销学者讲中国故事、进行营销理论的创新提供了良好的研究平台和数据基础，使中国的营销学者处于更有利的起跑线上，有望实现营销理论的超越式发展，做出中国学者对营销理论的原创性贡献。比如，王建国根据中外企业的营销实践，提出模式营销理论，也即“1P 理论”。[②] 将其称为 1P 理论，是因为王建国认为营销学中的 4 个 P 中，只有价格是收益，其他 3 个 P 都是成本。而 1P 理论就是突破定价空间这一个 P 的理论。实际上，将其称为模式营销更容易传播。它的核心是回答互联网环境下普遍存在的免费和补贴售卖的商业模式何以能够成立的问题。他将传统的营销称为战略营销，即基于竞争的营销——因为要与竞争者竞争，所以要创造竞争优势，要进行 STP＋4P 的操作；而把模式营销视为基于网络价值的营销，着眼于寻找合作伙伴，让第三方买单，是合作性思维。按照他的说法，只要能够找到愿意合作的第三方，企业就可以免费或补贴为顾客提供产品。他按照价值共创（价格支付）和成本分摊的方式，将商业模式分为 25 种，其中一种是战略营销，并提出商业模式创新与设计的程序以及模式营销中让第三方买单的策略。王建国的模式营销理论不但具有原创性，而且有很强的解释力，既能够解释一直被营销理论忽视的免费和补贴售卖的现象，也能够涵盖战略营销，解释一直受营销理论重视的战略营销问题。基于这一理论，未来营销理论有很大的拓展空间。

再如，李飞对全渠道营销的认识[③]，代表了新的环境下中国学者对营销理论创新的努

---

① 中国互联网络信息中心，http://www.cnnic.net.cn/hlwfzyj/2019/12/7.

② 王建国．商业生态网中的商业模式分类、创新和设计．营销科学学报，2016，12（1）：1-17；王建国．论模式营销．北京大学学报（哲学社会科学版），2015，52（4）：95-110；王建国．1P 理论——网状经济时代的全新商业模式．北京：北京大学出版社，2007.

③ 李飞．迎接中国多渠道零售革命的风暴．北京工商大学学报（社会科学版），2012（3）：1-9；李飞．全渠道零售的含义、成因及对策——再论迎接中国多渠道零售革命风暴．北京工商大学学报（社会科学版），2013，28（2）：1-11；李飞．全渠道营销理论——三论迎接中国多渠道零售革命风暴．北京工商大学学报（社会科学版），2014，29（3）：1-12.

力。基于对全渠道营销概念的认识，他先为全渠道营销下了一个定义，即“个人或组织为了实现相关利益者利益，在全部渠道范围内实施渠道选择的决策，然后根据细分目标顾客对渠道类型的不同偏好，实行不同或相同的营销定位，以及匹配的产品、价格、渠道和信息等营销要素的组合策略”。他特别说明，全渠道营销中的“渠道”一词，不仅仅是分销渠道和信息渠道，而且是营销渠道，包括产品设计（如顾客参与设计）和生产（如3D打印）的渠道，是营销组合四个要素的渠道。在渠道中对这些要素功能的选择和有机组合，就是全渠道营销战略。他还将渠道类型（包括线下渠道中的实体店、直达信函、商品目录、固定电话、电视等，线上渠道中台式机和移动终端所支持的搜索引擎、网站、网店、电邮、微信、微博和网络社区等）和功能（搜集信息、设计、下订单、支付货款、取货、使用和反馈）相交叉，提出一个全渠道营销功能组合图，并且指出：“对这个过程的分析、计划和实施，就是全渠道营销管理。”李飞对全渠道营销的认识是深刻的，如果按照他的构想去改造营销理论，则意味着营销理论研究范式的转变。

我本人也做过一些营销理论创新的尝试。比如，根据学术界对于关系营销的论述，结合中国传统文化对于如何发展与处理人际关系的见解，我曾经讨论过“关系营销在中国的文化基础”，提出了“关系营销的动态组合模型”。[①] 再如，在营销渠道领域，以交易治理多维度的观点为纽带，将渠道组织形式与渠道治理策略相联系，指出二者之间的对应关系，提出了一个“基于渠道组织形式的渠道治理策略选择模型”。[②] 此外，我还以解读一家中国本土企业的营销实践案例为例，提出“典型案例创新研究法”，主张中国的营销学者要讲好中国企业的营销故事，基于对中国本土企业营销案例的解读进行理论创新。[③]

虽然讲中国故事、做出中国学者自己的原创性理论贡献还不是当下中国营销学界理论研究的主流，但是“小荷才露尖尖角”，假以时日，随着中国经济的进一步发展，中国综合国力的进一步增强，中国企业的日益强大，中国文化自信的回归，通过讲中国故事做出中国学者自己的原创性理论贡献一定会成为中国学术的主流。

第5节 本书的内容与结构

营销管理理论的范围很广。表1-2是汉特（Hunt）在1976年提出的一个营销学研究分类模型。[④] 这个模型使用营利性与非营利性、微观与宏观以及实证与规范三个分类标准，将所有关于营销现象和问题的研究分成八个部分，描述了营销管理理论涉及的范围。

① 庄贵军，席酉民．关系营销在中国的文化基础．管理世界，2003（10）：98-109；庄贵军，周筱莲．关系营销的动态组合模型．北京工商大学学报（社会科学版），2007，22（1）：22-26.

② 庄贵军．基于渠道组织形式的渠道治理策略选择：渠道治理的一个新视角．南开管理评论，2012，15（6）：72-84.

③ 庄贵军．基于中国本土企业营销实践的案例分析与理论创新——以郫酒的移动互联营销为例．商业经济与管理，2019（2）：41-50.

④ Hunt S D. The Nature and Scope of Marketing. Journal of Marketing，1976，40（2）：17-28.

表1-2　营销学的研究范围

研究范围		研究方法	
		实证	规范
营利性	微观	（1）从企业出发或针对企业营销管理活动进行的实证分析和检验	（2）围绕企业营销管理活动进行的规范性研究
营利性	宏观	（3）从社会角度考察企业营销活动与社会之间发生的实际关系	（4）从社会角度考察企业营销活动与社会之间应该发生的关系
非营利性	微观	（5）对非营利组织营销管理活动进行的实证研究	（6）对非营利组织应该怎样从事营销管理活动进行的讨论
非营利性	宏观	（7）从社会角度对非营利组织的营销活动与社会之间实际发生的相互影响所进行的研究	（8）从社会角度对非营利组织的营销活动与社会之间应该发生的交互影响所进行的研究

第一部分为营利性、微观和实证，包括所有从企业出发或针对企业营销活动进行的实证分析与检验，侧重于讨论企业实际的营销活动及其原因，如消费者购买行为研究，企业营销策略以及某一营销因素（生产、定价、促销和分销）与企业营销绩效的关系研究，企业营销活动的案例分析。

第二部分为营利性、微观和规范，包括所有围绕企业营销进行的规范研究，侧重于回答企业应该怎样进行营销活动的问题，如企业应该怎样制定营销策略，怎样定价、定产、分销和促销，怎样贯彻以市场为导向的营销理念，怎样进入国际市场和进行国际营销。

第三部分为营利性、宏观和实证，是应用实证研究方法从社会角度考察企业的营销活动，侧重于考察企业营销活动与社会发展之间的实际关系，如对下列问题的研究：营销是否真正促进了一个国家经济的发展，社会的营销成本是否太高，广告是否对社会有益，刺激消费需求是否对社会发展有益，营销中存在哪些法律问题，一个国家的消费结构对企业营销有怎样的影响。

第四部分为营利性、宏观和规范，是应用规范研究方法从社会角度考察企业的营销活动，侧重于讨论企业营销活动与社会发展之间的应有关系，如对下列问题的研究：从整个社会来讲怎样才能使企业营销更有效率，怎样做才能降低社会的营销成本，广告需要怎样做才能对社会有益，用什么样的法律制约营销活动最好，企业在营销中是否应该考虑社会责任。

第五部分为非营利性、微观和实证，是对非营利组织的营销活动进行的实证分析与检验，侧重于讨论非营利组织实际的营销活动及其原因，如消费者公共产品的购买行为研究，非营利组织在实际生活中如何确定营销策略，公共产品营销的案例分析。

第六部分为非营利性、微观和规范，是对非营利组织应该怎样从事营销活动进行的规范研究，侧重于回答非营利组织应该怎样进行营销活动的问题，如非营利组织应该怎样确定营销策略，应该怎样定产、定价、分销和促销，应该怎样对营销过程加以控制。

第七部分为非营利性、宏观和实证，是应用实证研究方法从社会角度考察非营利组织的营销活动，侧重于考察非营利组织的营销活动与社会之间的相互影响，如对下列问题的研究：哪些组织在提供公共产品，广告是否影响公众对公共服务的选择行为，现存公共产品的分销系统效率如何，公共产品的再生产过程是怎样的，政治广告是否有益于社会，选举中电视广告对选民有怎样的影响。

第八部分为非营利性、微观和规范，是应用规范研究方法从社会角度考察非营利组织的营销活动，侧重于讨论非营利组织的营销活动与社会发展之间的应有关系，如对下列问题的研究：社会是否应该允许政治家“营销”自己，是否应该刺激公共产品的需求。

本教材无意也不可能涵盖上述所有内容。对应于汉特模型中的第一和第二部分，本教材采用微观视角，站在企业营销管理的角度，以企业营销管理程序为分析框架，介绍营销管理的基本理论，共分为 14 章。

第 1 章和第 2 章介绍营销和营销管理的基本概念、分析框架和程序。

第 3 章介绍企业的营销战略与发展战略、竞争战略的关系，明确企业的营销目标要根据企业的发展目标与发展战略、竞争目标与竞争战略来确定。内容包括企业战略的三个层次、企业的发展战略、企业的竞争战略、企业的职能战略，营销战略与发展战略、竞争战略的关系，以及营销目标的确定。

从第 4 章开始，按照 ASTP＋4P&G 的公式讲解。其中，G 意为“关系”（guanxi）①，它是中国企业营销实践中的一个重要因素。先讲营销分析（analysis），涵盖 4、5、6 三章。营销分析的目的在于深入了解市场需求和企业的营销环境，搞清楚企业营销的优势和劣势，为企业制定营销战略和战术提供依据。其中，最重要的是对需求的分析（第 4 章）和竞争者的分析（第 5 章）。第 6 章在对企业营销内外部环境分析的基础上，进行企业营销的 SWOT 分析，即以企业营销的优势、劣势、机会与威胁为分析框架，对以上关于企业营销内外部环境的调查和分析结果进行整理，作为确定企业营销战略的依据。

第 7 章是企业的营销战略策划，即在营销分析的基础上，对市场进行细分、确定企业的目标市场，为企业的产品或品牌确定市场地位，也就是进行 ASTP＋4P 中 STP 的策划。

第 8～12 章分别讲解产品、价格、分销、促销和关系营销等营销因素的创意和策划，这与 ASTP＋4P&G 中 4P 和 G 的策划有关。如前面的营销目标函数模型（式（1-4））所示，企业可以利用的营销因素难以穷尽，本书只介绍比较通用的一些。不过，我们特别加入了关系营销一章（第 12 章），以此突出关系与关系营销在中国营销实践中的重要性。

第 13 章讲解营销活动的组织、实施与监控。主要涉及企业的营销策划方案完成以后的执行问题，关键是如何提高营销策划方案实施过程中的执行力。包括营销组织设计、营销方案实施、营销方案实施过程中的监控。

第 14 章讲解营销绩效评估。这是对企业整个营销活动以及结果的评价，关系到企业未来的生存、发展和营销战略制定。这一章介绍如何建立一套客观、公平、合理和易于操作的营销绩效评估体系，内容包括企业营销绩效评估的内涵、企业营销绩效评估的指标体

---

① 很难把中文的“关系”与英文的 relationship，connection，contact，networking 以及 web 相对应翻译，因为与上述任何一个英文单词相对应翻译时，都会或多或少地失去其文化内涵，因此，在国际学术领域，人们在讨论中国的人际关系时，都使用“关系”的拼音 guanxi。我们这里用 G 而不用 R，也是想刻意突出 ASTP＋4P&G 中的关系营销是指中国的关系营销。

系和企业营销绩效评估的方法。

总之，本书力求根据企业营销管理的内在逻辑建立一套体系，把企业营销管理看成是企业寻找、确定和利用市场机会的活动程序。以寻找企业的市场机会为出发点，围绕确定和利用市场机会，设计和实施企业的营销战略。具体而言，有四大环节：寻找市场机会、确定市场机会、利用市场机会和营销控制。寻找市场机会，需要对市场进行调查与分析，如需求分析、竞争分析、企业内外部营销环境分析等；确定市场机会，需要对市场进行细分，并在此基础上选择目标市场和进行市场定位；利用市场机会，需要确定产品、价格、分销、促销以及关系营销的组合策略，并付诸实施；为了保证实施的成效和效率，需要对营销过程进行监控。最后，根据企业营销中存在的问题（营销绩效评估的结果）或新的营销任务，开始新一轮的营销活动。企业营销由此周而复始。

▶ 思考题

1. 营销的核心概念是市场交换，那么市场交换的本质是什么？

2. 怎样理解“市场交换实际上不是按照‘等价交换’的原则进行的”这句话？

3. 什么是顾客价值、顾客成本和顾客让渡价值？它们与顾客购买有什么关系？

4. 什么是利价比？它与性价比有什么区别？它与企业产品的竞争优势有什么关系？

5. 怎样理解企业营销的内涵？

6. 营销的目标函数模型如何表示？用自己的语言解释其含义。

7. 请用自己的语言描述简单的营销系统和宏观营销系统。

8. 在宏观营销系统中政府起什么作用？

9. 如何理解“满足顾客需求的效率与企业获利之间的相关度越高，政府参与的效率和市场效率就越高”这句话？

10. 分析书末案例 1，回答案例后面的问题。

附录

营销概念的其他表述

| 第2章 |

营销管理的理念、分析框架与程序

企业营销活动的实质是以高效率为顾客创造价值的方式实现与顾客的交换，达到企业的营销目标。而通过交换高效率为顾客创造价值则具体表现为在交换中最大限度地提高顾客的让渡价值。当顾客让渡价值小于或等于零时，企业虽然在生产与营销活动中花费了劳动，但是因为没有为顾客创造任何价值，所以等于对资源的浪费。那么，怎样才能高效率为顾客创造价值呢？这就需要对营销活动进行管理。本章将界定营销管理的内涵，介绍营销理念与道德，提出几种营销管理的分析框架，给出本书所采用的企业营销管理的程序。

第1节　管理与营销管理

营销管理是管理在企业营销中的具体应用。由于管理对象是企业的营销活动，所以它又具有自己的特点。这里，我们把营销管理纳入管理理论体系之中，按照计划、组织、领导和控制四大管理职能来理解营销管理的内涵和特点。

一、管理与管理者

管理指协调与整合他人的工作活动，与他人合作，有成效（effectively）和高效率（efficiently）地完成工作任务的程序。[①] 根据这个定义，管理是一套程序或一个过程，涉及计划、组织、领导和控制等活动，通过这些活动，人们不但要完成工作任务（有成效），而且要高效率地完成工作任务。

一个人只要通过协调与整合他人的工作活动来完成一项任务，他就是管理者。根据在组织或企业中所处的位置，管理者分为高层管理者、中层管理者和基层管理者，如图 2-1 所示。

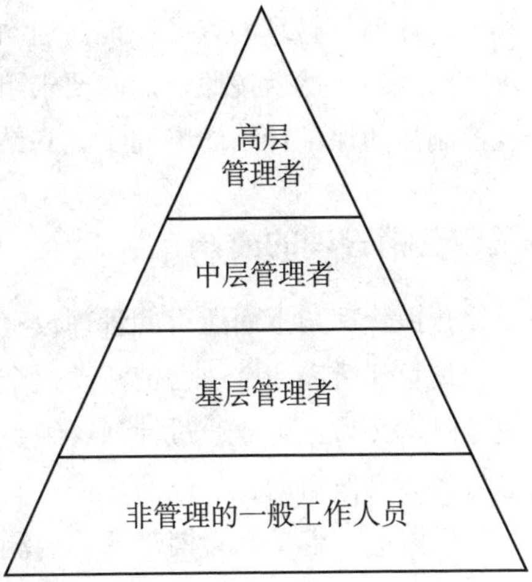

图 2-1　组织分层与管理者

高层管理者处于组织的最高层，对整个组织的活动负有全面的责任，主要职责是制定组织的总目

① Robbins S P，Coulter M. Management. 10th ed. NJ：Prentice Hall，2009：6-9.

标、总战略，掌握组织的大政方针并评价整个组织的绩效。中层管理者处于高层管理者之下，基层管理者之上，主要职责是贯彻执行高层管理者所制定的重大决策，监督和协调基层管理者的工作。基层管理者也叫第一线管理者（first-line managers），处于中层管理者和非管理的一般工作人员之间，主要职责是给下属分派具体的工作任务，直接指挥和监督现场作业活动，以保证各项任务高效率地完成。

管理者还可以按他们所从事管理工作的范围和专业性质，分为综合管理者和专业管理者。综合管理者负责管理整个组织的全部活动，如公司总经理或公司某一事业部的经理，需要统管包括生产、营销、人事、财务等各项活动。专业管理者则仅负责某一类职能的管理和执行，根据专业领域的不同，分为生产部门管理者、营销部门管理者、人事部门管理者、财务部门管理者以及研发部门管理者等。

二、管理职能

管理职能指管理者所从事的主要活动和发挥的基本作用。虽然不同的组织在目标、管理要求和管理方法上各有不同，但管理者所发挥的基本作用是相对一致的，即他们都进行计划、组织、领导和控制活动。

- 计划职能要求管理者决定和规划组织在未来某一特定时间内应达到的目标和达到目标的方式。
- 组织职能要求管理者通过组织结构设计来决定做什么、怎样做、谁去做和谁向谁负责等问题。
- 领导职能要求管理者发挥对下属的指挥、协调与激励作用。
- 控制职能指利用信息反馈，及时将执行结果与计划目标进行比较，发现并分析差异，采取相应措施促使计划按既定的目标实现。

管理的四项职能紧密联系，互相交织在一起，你中有我，我中有你，不能截然分开。其中，计划是管理的首要职能。管理活动从计划开始，先确定做什么（目标）和怎样做（行动方案），然后按照计划的要求组织人力和各种资源，再指挥计划的执行与落实，并通过控制活动保证计划的顺利实施和结果符合计划的要求。

三、营销管理的内涵

营销管理与上面所讲的管理没有根本区别，实际上是以企业营销活动为对象的管理活动，是管理活动在企业营销活动这个对象上的具体应用。因此，根据管理的定义，营销管理可以定义为：企业通过计划、组织、领导、控制等职能协调与整合企业营销活动中所有参与者的工作活动，与他们合作，有成效和高效率地完成营销任务。

根据这一定义，营销管理的内涵可以从三个方面来理解：第一，营销管理的目的，是为了使企业营销活动有更高的效率（efficiency）和更富有成效（effectiveness）；第二，营销管理的对象，是企业营销活动的所有参与者及其活动，既有可能是企业内部的员工（如企业的营销人员或外设机构），也可能是其他的企业（如中间商）或个人（经纪人）；第三，营销管理的方法，是针对企业营销活动的计划、组织、领导和控制。

营销管理与企业营销活动的关系可以用表2-1描述。首先，企业营销的主要活动可以分为调查与分析、营销战略策划、营销战略实施和营销战略监控。在这些活动中，调查与分析是其他活动的基础，为其他活动提供信息。营销战略的策划、实施和监控则对应于管理的四大职能，即计划、组织、领导和控制。

表2-1　营销管理的内涵

企业的营销活动	管理职能				管理职能
	计划	组织	领导	控制	
调查与分析	调研的对象、目标、时间和预算	调研人员调配和任务分配	对调研人员的领导与激励：方法、政策与措施	调研方法的科学性与可行性；调研结果的可靠性	管理的基础
营销战略策划	策划的目标、时间和预算	策划人员调配和任务分配	对策划人员的领导与激励：方法、原则与措施	策划方法的科学性与可行性；执行结果：企业的营销绩效	计划
营销战略实施	任务、责任人、时间和预算	人员组织和调配	对执行人员的领导与激励：方法、原则与措施	执行过程；执行结果：企业的营销绩效	组织与领导
营销战略监控	监控对象与责任人	人员调配和任务分配	对监控人员的领导与激励：方法、原则与措施	监控过程	控制

其次，在企业的每一项营销活动中，都有管理活动渗入其中。比如，在企业进行调研项目时，相关负责人首先需要明确该项目的调研对象、调研目标、时间和预算，这就是在执行管理的计划职能。然后，他需要为该项目调配人员，并为每个人分配任务，这就是在执行管理的组织职能。他需要采用一些有效的方法、政策或措施激励调研人员努力工作，领导下属完成任务，这就是在执行管理的领导职能。他还需要从调研方法的科学性与可行性、调研结果的可靠性等方面对调研项目进行监督和控制，这就是在执行管理的控制职能。再如，在企业的营销战略实施阶段，营销负责人需要按照企业的营销目标明确各相关部门的任务和责任人，并规定完成任务的时间和预算，这就是在执行管理的计划职能。各相关部门的负责人需要为完成自己部门的任务组织和调配人员，这就是在执行管理的组织职能。他们还需要想方设法领导和激励营销人员努力工作，完成任务，这就是在执行管理的领导职能。最后，他们需要对营销人员的执行过程和执行结果做评估，实施奖惩，这就是在执行管理的控制职能。

最后，营销与管理交叉渗透。从营销程序（内容）上看，企业的营销活动贯穿着计划、组织、领导和控制四大职能。从每一项具体的营销活动看，其中也渗透着对活动的计划、组织、领导和控制。正因为如此，现代营销学才认为营销与管理不分——企业营销就是企业对营销活动的管理。美国市场营销协会（AMA）1985年为营销下了这样一个定义："营销（管理）是为通过交换满足个人和组织目标而对商品、服务和创意进行构造（conception）、定价、促销和分销的计划和实施过程。"① 显然，在这个定义中，营销就是营销

① 于洪彦，刘金星．AMA官方营销定义动态演化及其启示探析．外国经济与管理，2010，32（3）：33；Kotler P. Marketing Management. 10th ed. Beijing：Tsinghua University Press，2001：8.

管理。另外，本书对营销的定义也有这种含义——“企业根据不可控因素的变化，通过目标市场的选择和对企业可控因素的动态组合，以高效率为目标市场创造价值的方式实现与顾客的交换，达到企业的营销目标。”科特勒模型明显地表达了这种意思（见图 1－5）。

这里将营销与营销管理的内涵分别讨论，目的就是要明确指出它们之间的这种关系，强调推销或销售如果只是有什么卖什么的活动，没有对相关活动的计划、组织、领导与控制。虽然从广义上讲也可称其为营销（因为它在交换），但却不是营销管理。正如彼得·德鲁克（Peter Drucker）所言：“营销的目的就是要使推销（selling）成为多余。营销的目的在于深刻地认识和了解顾客，从而使产品或服务完全适合他们的需要而形成产品的自我销售。理想的营销创造准备购买的顾客，企业要做的就是想办法让顾客便于得到这些产品或服务。”[①] 如果把其中的营销改成营销管理，意思就更清楚了：营销管理的目的就是要使推销成为多余。

四、营销管理的特点

管理对象的独特性决定了营销管理有着不同于其他管理的特点。与管理的职能相对应，营销管理人员的具体职责包括：营销策划、营销组织、营销领导和营销控制。

营销策划指在市场调研的基础上，根据企业外部环境和企业的战略目标、自身的优劣势，对企业的营销目标、营销战略、营销组合因素（营销战术）进行规划的活动。具体内容包括：分析和诊断企业营销的现状，分析和预测市场未来的发展趋势，建立营销目标，制定营销方案以及达成目标的具体行动步骤等。

营销组织指为了实现营销目标所进行的人员调配和任务分配。具体工作有两项：一是根据企业的营销战略规划选择责任人和组织队伍；二是在组织队伍之间和内部进行分工和协作，以保证营销目标顺利完成。

营销领导指营销经理或营销管理人员指导、激励和影响下属或其他合作企业的相关人员为实现本企业营销目标而努力工作的活动。主要包括：了解和研究下属或其他合作企业相关人员的需要、动机与行为；采取措施调动他们为本企业工作的积极性，协调他们之间的行动；处理工作过程中下属之间发生的矛盾或冲突等。

营销控制就是对企业销售队伍或销售分支机构的控制。主要包括：制定各种控制标准；检查工作是否按计划进行以及是否符合既定的标准；对每一个营销人员完成任务的情况进行监测；对营销人员执行计划的效率和效益进行评估，并适时加以调整。

第 2 节　营销理念与营销道德

营销理念是企业进行营销管理的指导思想，体现了企业怎样看待营销、怎样看待自己、怎样看待消费者、怎样看待竞争者和怎样看待社会。营销理念伴随着交换的产生，随着市场环境的变化而演进。在历史上，出现过一些主要的营销理念：生产导向、产品导向、推销导向、市场导向、社会导向、战略导向和关系导向。

---

① Drucker P. Management：Tasks，Responsibilities，Practices. NY：Harper & Row，1973：64-65.

一、生产导向

生产导向（production orientation）是以生产为中心的一种营销理念。它有一个基本假设：企业生产得越多，它为顾客创造的价值就越大，得到的利润也就越多。企业的生产不是从市场需求出发，而是从企业自身的能力出发，“能生产什么，就卖什么”。企业营销管理的主要任务是增加产量，降低成本，在销售上不花费太多工夫。

在产品供不应求的卖方市场，企业通常会采用这种观念指导自己的营销活动。因为消费者缺乏选择，企业能产就能销，所以企业只要在如何扩大生产能力和规模上下功夫就可以了。

二、产品导向

产品导向（product orientation）认为，消费者已经有了足够的选择，企业要开拓市场，维持盈利，就必须提高产品质量和降低生产成本。产品导向的一个经典表达是：“酒香不怕巷子深”——只要我的产品好，有高的性价比，不怕消费者不来买。

产品导向出现在市场竞争下消费者有一定选择自由的市场上。不过，企业之间的竞争主要表现为产品质量和价格的竞争。因此，企业重视产品质量的提高和生产成本的降低。企业在经营管理中以生产部门为中心，加强生产过程中质量和成本的控制。

相对于只抓产量不抓质量的生产导向而言，产品导向有了很大的进步。在市场竞争压力下，企业开始重视产品的性价比，相信企业只有为消费者带来高性价比的产品，才能在竞争中取胜。不过，在这种观念的指导下，企业容易得“营销近视症”①——企业管理者在营销中缺乏远见，只关注其产品，认为只要生产出优质产品，顾客就会找上门，而不关注市场需求的变化，他们往往把自己的经营范围定得过于狭窄，过分迷恋自己的“一亩三分地”，错把机会当成威胁，在市场发生变化时坐以待毙。

三、推销导向

推销导向（selling orientation）的基本观点是：企业卖什么，就得想办法让人们买什么。它的一个基本假设是：企业生产量多，不一定利润大；企业只有销量多，才能得到较大的利润。这种观点与前面两种观点在本质上没有区别。以这种理念指导营销活动的企业是“以产定销”，从企业的生产出发，只有在产品不好卖时，才把注意力放在销售上。

这种观点产生于卖方市场向买方市场转化的过程中，这时市场竞争加剧，除质量与价格竞争外，企业还需要与竞争对手进行推销和促销的竞争。由于推销导向的先天不足，以其为指导思想的企业只是从企业产品和利润的角度考虑营销，向销售人员压销售任务，而销售人员为了完成销售任务则常常会漠视消费者的利益，进行强行推销或过度承诺，这不但会引起消费者的反感，还可能使消费者在不自愿的情况下购买了不需要的商品，有受骗上当的感觉。

实际上，推销只是营销中的一个环节，营销做得越好，推销就越不重要。如果企业的

---

① Levit T. Marketing Myopia. Harvard Business Review. 1960（July-August）：45-56.

产品或服务是消费者真正想要的，完全适合他们的需要，消费者会主动找上门来求购，此时，推销还有那么重要吗？正是在这种意义上，德鲁克讲：“营销的目的就是要使推销成为多余。”

四、市场导向

市场导向（market orientation）也叫顾客导向（customer orientation），其基本观点是以市场需求为中心，营销活动自了解市场需求始，至满足市场需求终。市场需要什么就生产什么，就卖什么。其基本假设是：满足市场需求与企业得利之间有正相关关系——满足的市场需求越多越大，企业盈利也会越多。

这是一种以顾客为主、顾客至上的营销理念，产生于商品供过于求的买方市场。与上述三种以卖方为主的营销理念不同，在这种思想的指导下，企业一方面要深入了解顾客的需要和要求，不断改善服务态度、组织方法和销售文化，迎合顾客的要求及其变化；另一方面要设立顾客反馈与投诉机制，以顾客为本，妥善处理顾客的不满。由于商品供过于求，市场竞争非常激烈，企业需要利用各种手段与竞争对手争夺顾客。

判断一个企业是否树立了市场导向的营销理念，不仅要看它怎样说，更重要的是要看它怎样做。具体来说就是：

第一，是否进行深入细致的市场调查与研究，根据市场需求组织营销活动。当然，这并不意味着企业只是被动地适应市场的变化，跟在市场屁股后面走，而是要有超前意识，善于发现潜在需求并创造需求。[①] 市场需求可分为现实需求和潜在需求。现实需求是指市场上已经形成购买力的需求。潜在需求是指由于某种原因现在市场上还没有但将来会形成购买力的需求。生产导向、产品导向和推销导向并非一概无视需求，它们有时也考虑需求，但一般只是考虑现实需求。常常看到一些企业被市场牵着鼻子走，今天甲产品热，就上甲产品，明天乙产品热，又改上乙产品。如果这样的企业多了，大家势必争着抢着上市场现实需求较大的一种或几种产品，结果往往是抢过了头，造成产品大量积压。市场导向虽然也重视现实需求，但是更重视潜在需求，并设法将潜在需求转化成现实需求。为此只看表面现象是不够的，必须进行深入细致的市场研究。

第二，是否把企业再生产过程看作一个整体，应用系统方法，进行整合营销（integrated marketing）。现代企业之间的竞争不仅仅表现为价格、质量、销售或其他某一方面的竞争，还表现为全方位的顾客竞争。为了在竞争中立于不败之地，企业必须把再生产过程看作一个整体，其中的每个环节或因素都可能成为企业争夺市场的工具。企业不仅要善于利用每种可能的工具，而且要将它们进行系统组合，开展整合营销。

五、社会导向

社会导向（social orientation）包含市场导向的所有要点，同时强调企业在营销中要关心社会福利和整个社会的可持续发展，它不但要求营销者满足顾客需求，而且要为顾客

---

① 对于创造需求的说法，第 4 章还有专门的讨论。一个基本的认识是：营销者的任务是通过创造欲望去创造或影响需求。

的长远利益着想，特别是不能满足一些有害的社会需求。

这种营销理念产生于20世纪80年代。地球生态环境恶化，能源短缺，人口爆炸，贫穷及饥荒蔓延，使一些有责任感的企业和消费者意识到保护地球生态免遭破坏的重要性。维持地球良好的生态环境，不但是社会，也是企业的长远利益所在，因此，企业绝不能以牺牲社会利益的方式获取利润。

采用这种理念的企业，注重树立良好的企业形象及产品形象，致力于推动绿色营销和绿色消费，如少用塑料袋、木材，废物利用，不捕杀稀有动物，禁止香烟广告，采用天然元素制造化妆品等。

六、战略导向

激烈的市场竞争环境，让越来越多的企业发现以顾客为本、以社会为本，足以守成，但不足以保持企业的动态优势。要想在激烈的市场竞争中长盛不衰，成功地应对竞争者的不断挑战，企业必须尽其所能，创造和保持竞争优势。由此产生了战略导向（strategic orientation）的营销理念。

战略导向是一种以创造企业竞争优势为导向的营销理念。它强调3C之间的互动：企业（corporation）要比竞争者（competitor）更好地满足顾客（customer）的需求，并由此创造出竞争优势。由此可见，战略导向与市场导向并不矛盾，战略导向包含市场导向的内涵——不断满足顾客需求。所不同的是，战略导向强调要比竞争者更好地满足顾客需求，这也是我们此前为营销下定义时所说的“以高效率为目标市场创造价值”的含义。

在企业营销战略决策中“先STP，再4P”的策划思路，实际上贯彻了战略导向的这一理念。第一，战略导向将企业的营销战略视为企业总体战略的一个重要的组成部分，是企业创造竞争优势的一个重要方面，因此企业制定营销战略要以企业的发展战略与竞争战略为前提；第二，营销战略要服务于企业总体战略，企业的营销目标要与企业的战略目标对接，企业的营销活动要有助于企业战略步骤的实施。

七、关系导向

关系导向（relationship orientation）是一种以建立、发展和维持交换关系为重点的营销理念。它的一个基本假设是：企业在从事营销活动时，能够通过加强与营销有关各方的联系，提高竞争实力，获取竞争优势，达到双赢或多赢的局面。社会上流行的客户关系管理（customer relationship management，CRM）和大客户营销等，都贯穿着关系导向的营销理念。

传统的营销理论倾向于从企业与竞争者如何争夺消费者的角度研究营销现象，因此得出的理论更适用于指导企业如何利用内部资源，从营销过程中创造竞争优势。然而，在实践中，很多企业尤其是工业品生产者和服务企业却发现，企业的竞争优势不仅能够从内部得到，而且可以从外部（如从企业与有关各方的合作关系上）得到。20世纪80年代初，随着市场竞争的日益激烈和营销战略的广泛运用，人们发现许多精心策划的营销方案在实施过程中困难重重，难以达到预期的目标，其中的原因，并不是企业与顾客之间的关系出了问题，而是企业与其他方面的关系出了问题。于是，人们开始寻求适用性更广泛的营销理论和方法，关系营销理论与营销的关系导向脱颖而出。

关系导向把企业看作社会经济系统中的一个子系统，将企业的营销活动置于社会经济活动的大背景中来考察，视为一个与消费者、竞争者、供应商、分销商、政府机构和其他社会组织发生互动的过程。

八、营销道德

企业营销涉及法律与道德问题。法律与道德从内外两个方面规范着企业的营销活动，告诉企业在营销活动中可以或应该做什么，不能或不应该做什么。这里，只谈营销道德问题，因为守法是企业营销的道德底线，大部分违反法律的行为也是违反道德的行为。

伦理学告诉我们，道德是一种调节人与人之间关系的特殊的行为规范体系。道德规范的特殊性在于：它不是由权力机构（包括政治的、行政的或法律的）制定的，也不依靠强力去维护，它由人们约定俗成，并且依靠人的内心信念和社会舆论来维护。当一个人做出不违法但违反道德的行为时，他虽然不会受到法律的制裁，但是会受到社会舆论与良心的谴责。此外，一个人或一个组织的道德行为会通过道德形象影响其长远利益。比如，一个企业依靠某种不道德的行为销售其产品，虽然能得一时之利，但是从长远看企业形象受损，影响其未来发展。

在很多情况下，判断一种行为是否符合道德，并不像人们想象的那么容易。同一种行为，基于不同的道德理论，对其道德判断的结论有时是不同的。依照评判是非善恶标准的区别，伦理学可以分为功利论与道义论两大流派。[①] 功利论主要以行为的后果来评判行为的道德合理性——一项行为能给大多数人带来好处，则该行为就是道德的；一项行为如果以损害别人的利益，尤其是大多数人的利益为代价，给自己或少数人带来利益，那么该行为就是在道德上有问题或是不道德的。道义论从直觉和经验中推己及人地归纳出某些人类应当共同遵守的道德责任或义务，并以这些义务的履行与否作为判断一种行为是否具有道德合理性的标准，“己所不欲，勿施于人”。比如，罗斯（Ross，1930）[②] 提出了六条基本的显要义务：第一，诚实，包括信守诺言、履行合约、实情相告和对过失给予补救等；第二，感恩，即我们通常所说的知恩图报；第三，公正，即一碗水端平，不厚此薄彼；第四，行善，即乐善好施，助人为乐；第五，自我完善，即发挥自身潜能，实现自身价值，不因善小而不为，不因恶小而为之；第六，不作恶，即不损人利己。所谓显要义务是指在一定时间和一定环境中人们自认为合适的行为，这些行为对于神志正常的人来说不用深思便知应该去做，并以此成为一种道德义务。

进行有道德的营销是企业营销的一种基本要求，是企业营销理念中的应有之义，但在实际工作中，受利益的驱使，一些企业常常做出违反社会道德的营销活动。如2008年震惊全国的“三鹿问题奶粉”事件波及整个乳制品行业，导致全行业的信任危机。如果说以前营销道德问题还离企业很远的话，那么“三鹿问题奶粉”事件已经把这一问题摆在了企

---

① Hunt S D，Vitell S J. A General Theory of Marketing Ethics. Journal of Macromarketing，1986，6（Spring）：5-16；甘碧群，曾伏娥．企业营销行为的道德感知与测度：消费者视角．管理世界，2004（7）：86-92.

② Ross D W. The Right and the Good. Oxford：Oxford University Press，1930；万俊人．现代西方伦理学史．北京：北京大学出版社，1997.

业面前：企业的不道德行为，可能在一夜之间把一个企业毁掉。

本书主张战略导向、关系导向、社会导向和注重营销道德等多种理念的结合。首先，市场营销是企业获取竞争优势的一条重要途径；其次，企业通过市场营销获取竞争优势的方式是比竞争对手更有效率地为目标市场创造价值；再次，重视各种关系的处理，关心社会福利和整个社会的可持续发展；最后，也是最基本的，进行有道德的营销。

第3节 营销管理的分析框架

企业营销管理涉及很多活动，如市场调查与分析、营销战略策划、营销战略实施、营销战略监控，如何理解这些活动之间的关系是营销管理的分析框架要回答的问题。

没有这样的分析框架，营销学只是一个个“碎片化”的知识点。有了这样的分析框架，营销学才成为一个体系。从不同的角度看问题，可以得出不同的分析框架，包括：机会利用型、问题解决型、市场定位型、关系发展型和价值提供型。

一、机会利用型

机会利用型分析框架把企业营销看成是企业寻找、确定和利用市场机会的活动过程。它以寻找企业的市场机会为出发点，围绕着确定和利用市场机会，设计和实施企业的营销战略。具体而言，有四大环节：寻找市场机会、确定市场机会、利用市场机会和营销控制，如图2-2所示。

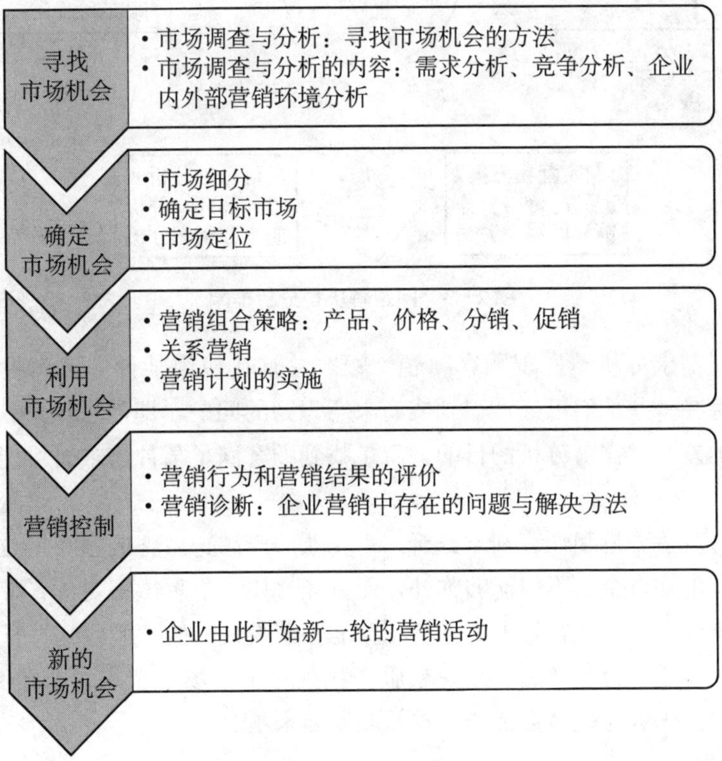

图2-2 机会利用型分析框架

寻找市场机会，需要对市场进行调查与分析，如需求分析、竞争分析、企业内外部营销环境分析等。确定市场机会，需要对市场进行细分，并在此基础上确定目标市场和进行市场定位。利用市场机会，需要确定产品、价格、分销、促销以及关系营销的组合策略，并将其付诸实施。为了保证实施的成效和效率，在实施的过程中，需要对营销过程进行监控。最后，根据企业营销中存在的问题（营销绩效评估和营销诊断的结果）或新的营销任务，开始新一轮的营销活动。企业营销由此得以循环往复。

二、问题解决型

问题解决型分析框架把企业营销看成是为顾客解决问题的活动程序。它以发现顾客问题为企业营销的出发点，围绕着解决顾客问题和发挥企业优势，设计和实施企业的营销战略。具体而言，有六大步骤：发现顾客问题、市场定位、可行性分析、制定营销方案、营销方案实施与控制、市场调研与信息反馈，如图2-3所示。

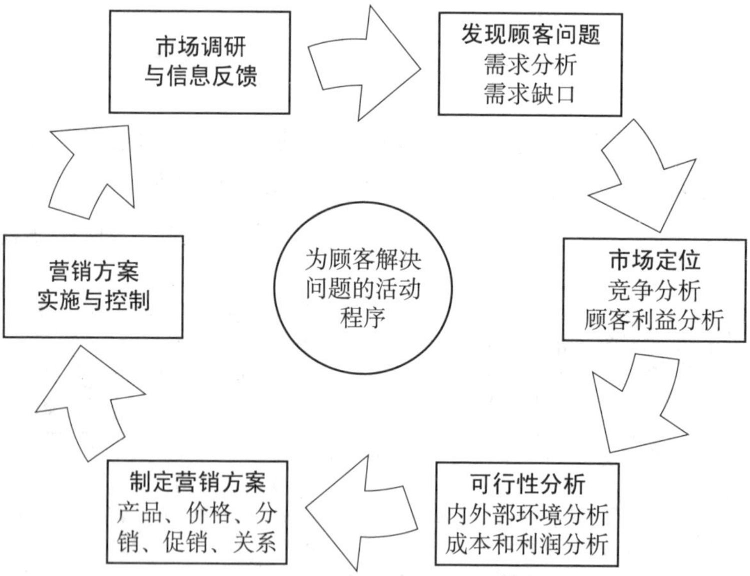

图2-3 问题解决型分析框架

第一，通过需求分析，发现顾客问题。顾客总是在使用某种方法满足他们的某种需求，但是其中存在一些他们已经意识到或尚未意识到的问题，即需求缺口——顾客期望与实际所得之间的差距。需求分析的目的，就是找到顾客满足某种需求时可能存在的各种需求缺口。

第二，通过竞争分析和顾客利益分析，为企业的产品、品牌或服务定位。一是竞争分析，考虑哪些需求缺口企业不但能够弥补，而且能够比竞争者做得更好；二是顾客利益分析，考虑怎样整合企业给顾客带来的独特利益能够获得最高的“利价比”优势，形成一个利益组合。据此，企业为其产品、品牌或服务找到一个市场定位点，如图2-4所示。这样，企业的能力、优势与顾客重视的利益就联系起来了。

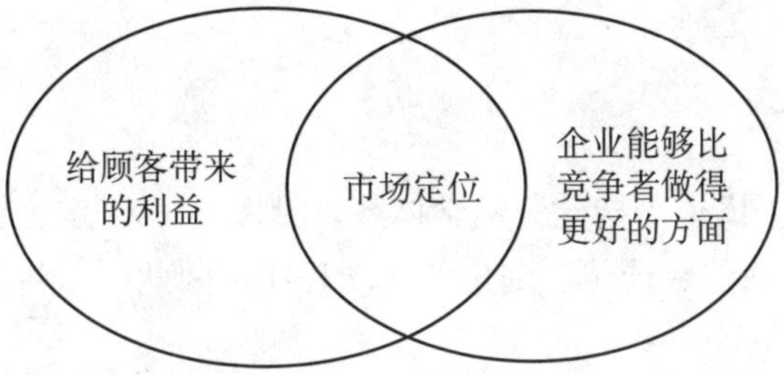

图2-4 企业的产品、品牌或服务的市场定位

第三，通过企业内外部环境分析以及成本和利润分析，确定解决顾客问题的可行性。对企业的内外部环境进行分析，主要是考虑企业解决顾客问题时可能遇到的限制性或鼓励性条件。进行成本和利润分析，主要是确定解决顾客问题的成本和利润情况。

第四，制定营销方案。如果上面的分析对企业有利，企业就需要着手设计解决顾客问题的具体营销方案。企业要回答的问题是：针对那些需求缺口做些什么？设计思路如表2-2所示，先列出企业要弥补的所有需求缺口，然后逐项考虑企业可以利用的营销因素，最后对弥补每一个需求缺口的营销方案进行整合，使各方案之间相互强化，互为补充，产生协同效应，达到整体优化。

表2-2 制定营销组合方案

营销方案	需求缺口			
	需求缺口1	需求缺口2	需求缺口3	需求缺口4
产品	企业原有产品直接应用，还是要做某些改进？	企业原有产品直接应用，还是要做某些改进？	企业原有产品直接应用，还是要做某些改进？	企业原有产品直接应用，还是要做某些改进？
价格	弥补这一缺口的成本是多少？ 可以加价多少？	弥补这一缺口的成本是多少？ 可以加价多少？	弥补这一缺口的成本是多少？ 可以加价多少？	弥补这一缺口的成本是多少？ 可以加价多少？
分销	通过什么渠道销售？ 为什么？	通过什么渠道销售？ 为什么？	通过什么渠道销售？ 为什么？	通过什么渠道销售？ 为什么？
促销	卖点是什么？ 选择什么媒体？ 如何宣传？	卖点是什么？ 选择什么媒体？ 如何宣传？	卖点是什么？ 选择什么媒体？ 如何宣传？	卖点是什么？ 选择什么媒体？ 如何宣传？
关系	哪些关系可以利用？ 如何用？	哪些关系可以利用？ 如何用？	哪些关系可以利用？ 如何用？	哪些关系可以利用？ 如何用？
其他	还可以做些什么？ 如何做？	还可以做些什么？ 如何做？	还可以做些什么？ 如何做？	还可以做些什么？ 如何做？

第五，营销方案的实施与控制。这是把营销方案转变为营销行动的过程，包括营销方案实施过程中的组织、指挥、协调与控制。

第六，市场调研与信息反馈。市场调研与信息反馈既是整个程序的最后一个环节，也是新一轮营销活动的开始。企业对顾客问题的分析要建立在市场调研所获得信息的基础之上，而新一轮营销活动又要针对企业营销中存在的问题进行，需要利用信息反馈帮助企业来确定营销中存在的问题。

三、市场定位型

有人用“定位钻石图”① 来构建营销学体系，见图2-5。定位钻石图把企业的营销活动看成是企业在市场中找位、选位、到位的活动程序，因此可以将其称为市场定位型分析框架。

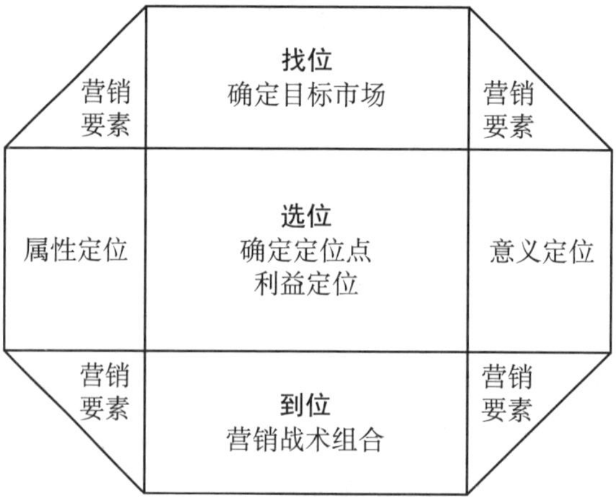

图2-5 市场定位型分析框架

找位，即企业在市场调查与分析的基础上，寻找目标市场，了解目标市场在产品、价格、分销和沟通等营销要素上的需求特征。

选位，即企业对目标市场的顾客进行利益细分，找出他们最为关注的若干利益点，再对竞争对手进行分析，找出具有竞争优势的利益点。二者结合，确定利益定位点。最后，根据利益定位点，确定属性定位点和意义定位点。定位点的选择范围包括营销要素的全部内容。

到位，即企业制定和实施营销要素的组合方案，实现前面确定的市场定位战略。

四、关系发展型

关系发展型分析框架把企业营销看成是企业与顾客以及其他重要的利益相关者建立与发展互惠关系的活动。因此，这一分析框架也就是关系营销的逻辑（见第12章）。企业的利益相关者有六大类，称为关系营销的六大市场，分别是顾客市场（产品或服务的购买者和消费者），供应者市场（原材料、零部件或产品的供应者），影响者市场（政府部门、法律部门、社会团体和一些投资基金等），相关市场（如批发商、零售商、其他各种类型的

① 李飞．定位地图．北京：经济科学出版社，2008：29．图2-5对李飞的“定位钻石图”作如下两点补充：第一，根据我们对于企业营销可控因素的理解（第1章），企业的营销可控因素不止4个P，因此将原“定位钻石图”中的“四要素”改为“营销要素”；第二，按照我们对顾客价值的理解（顾客价值是产品或服务能够给顾客带来的各种利益）以及李飞对价值定位的解释（价值定位中的价值指个人价值，即顾客通过购买要达到的终极目的），将“定位钻石图”中的“价值定位”改为“意义定位”。

分销商、代理商以及广告商、银行、市场调研机构等中介组织），内部市场（企业内部的人员和部门）和就业市场（有能力的待聘人员）。企业需要与这六大市场保持良好的关系，而营销过程则被分为确定关系、建立关系、发展关系和巩固关系，如图2-6所示。

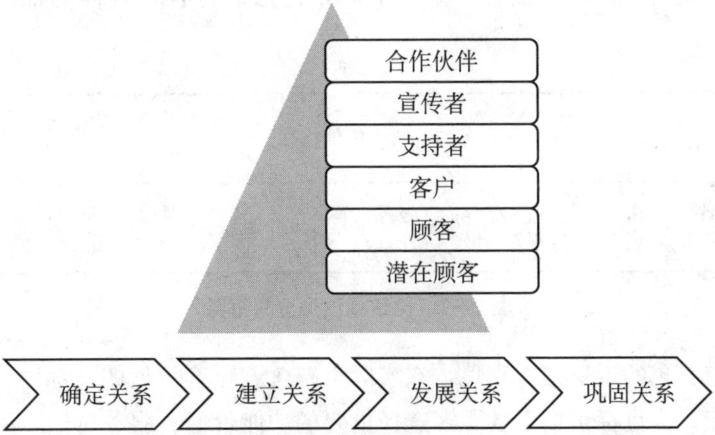

图2-6 关系发展型分析框架

顾客市场是六大市场中最重要的一个市场，处于中心地位，企业在其他市场上的关系营销活动是为了更好地满足顾客市场的需求。与其他分析框架的认识不同，关系发展型分析框架把企业与顾客之间的关系比喻为一个梯子，由下向上依次为潜在顾客（prospect）、顾客（customer）、客户（client）、支持者（supporter）、宣传者（advocate）和合作伙伴（partner）。企业营销活动的目的就是不断加深企业与顾客的关系，把潜在顾客（第一个阶梯）变成顾客（第二个阶梯），再把顾客向上发展，直至使其成为合作伙伴（最高一个阶梯）。

从营销过程看，在确定关系阶段，通过调查与分析，企业发现一些潜在的顾客群体。在建立关系阶段，通过产品、价格、分销和促销等手段，企业尝试与对方建立交易关系。在发展关系阶段，企业与其顾客加强沟通与交往，不断增强双方的互依性，使顾客增强对企业产品和品牌的忠诚度。进入巩固关系阶段，双方有了更多的共同利益。企业一方面通过其产品、服务和沟通继续维持和加强双方的关系；另一方面通过创新不断推出新的产品或服务，提升顾客需求。当然，交易关系有可能散伙，当发现与一个顾客群体保持交易关系对自己无益时，企业可以结束这种关系。

五、价值提供型

价值提供型分析框架把企业营销看成是为顾客选择、提供和传递价值的活动过程，如图2-7[①]所示。在价值选择阶段，企业需要决定为哪些顾客提供什么价值，因此要对市场进行调查与分析，在市场细分的基础上选择目标市场，对企业向市场提供的产品或服务进

① 此图根据麦肯锡咨询公司对外培训的课件改写。另外，科特勒引用了麦肯锡咨询公司的观点。请参看 Kotler P. Marketing Management. 10th ed. Beijing：Tsinghua University Press，2001：85；Kotler P，Keller K L. Marketing Management. 12th ed. Beijing：Tsinghua University Press，2009：37。科特勒的书中没有价值打包的环节。

行市场定位和价值打包（value packaging）。在价值提供阶段，企业需要为目标市场的顾客创造出功能价值、服务价值、形象价值、社交价值和体验价值，因此要进行产品开发、服务开发、定价、生产和分销。在价值传递阶段，企业要让目标市场的顾客接受企业所创造的价值，因此要进行产品、服务的推广活动，包括进行各种各样的推销、促销和广告活动。

图 2-7　价值提供型分析框架

其中，价值打包的说法很有意思，它实际上暗含着顾客价值的全部内容——企业根据目标市场的特点，为目标市场上的顾客选择重要的功能价值、服务价值、形象价值、社交价值和体验价值，将其组合为一个价值包提供给顾客。顾客则将整个价值包与价格进行比较，选择他们认为利价比最高的产品或服务，而不是仅仅考虑产品的功能价值与价格，选择性价比最高的产品或服务。

以上五个分析框架，虽然思考问题的角度不同，但是都能够按照一个逻辑主线把企业营销活动的内容串联起来。它们各有特点，每个都可以作为构建营销理论的基础，很难说哪一个是绝对好的。比如，机会利用型和问题解决型分析框架，符合人们思考问题的习惯，大多数营销教材有意无意地使用这两个分析框架作为构建营销理论体系的基础。市场定位型分析框架简单明了、便于操作，以这一分析框架为基础构建营销理论体系也是一个不错的选择。关系发展型分析框架，透过企业的营销活动看到了后面的“关系、网络和互动”。价值提供型分析框架，紧扣顾客价值这一概念对企业营销活动的内容重新进行了解释和编排。后面这两个分析框架，不但可以使我们对营销本质的认识更加深刻，而且反映了营销理论发展的新趋势，因此也可以用作构建营销理论的基础。

实际上，价值提供型分析框架最接近我们对于营销本质的认识。不过，用这一分析框架构建营销管理的理论体系，存在一个难以解决的问题——一些营销活动的归类不清楚。比如，在此分析框架中，推销、促销和广告等推广活动被认为是价值传递，它们只传递价值而不提供或创造价值。这是只看到了功能或服务价值，而没有看到品牌价值（形象价值的一种）。如果我们承认品牌有价值，而且是一种比产品更重要的价值，那么推销、促销和广告等推广活动就不仅仅传递价值，而且也提供或创造价值。

下面从企业管理的视角给出企业进行营销活动的一般程序。这一程序以及其中涉及的活动可以按照上面五种分析框架的任何一种加以理解。以不同的分析框架理解，可以看到企业营销的不同侧面。当然，因为是基于企业管理的视角，所以这一程序更像是企业寻找、确定和利用市场机会的活动过程，与机会利用型分析框架更相近。不过，根据本书对于营销的定义和对于营销管理的认识，这里特别提倡以价值提供型分析框架来理解营销管理的程序及其活动。

第 4 节　营销管理程序

营销管理的计划、组织、领导、控制等职能，要通过具体的营销管理程序来实现。如图 2－8 所示，营销管理程序分为：（1）确定营销目标；（2）营销分析；（3）营销战略策划；（4）营销战术策划；（5）营销方案实施与过程控制；（6）营销绩效评估与方案调整。此外，营销信息系统（包括市场调查）是营销管理的基础，为企业的营销管理提供管理信息。

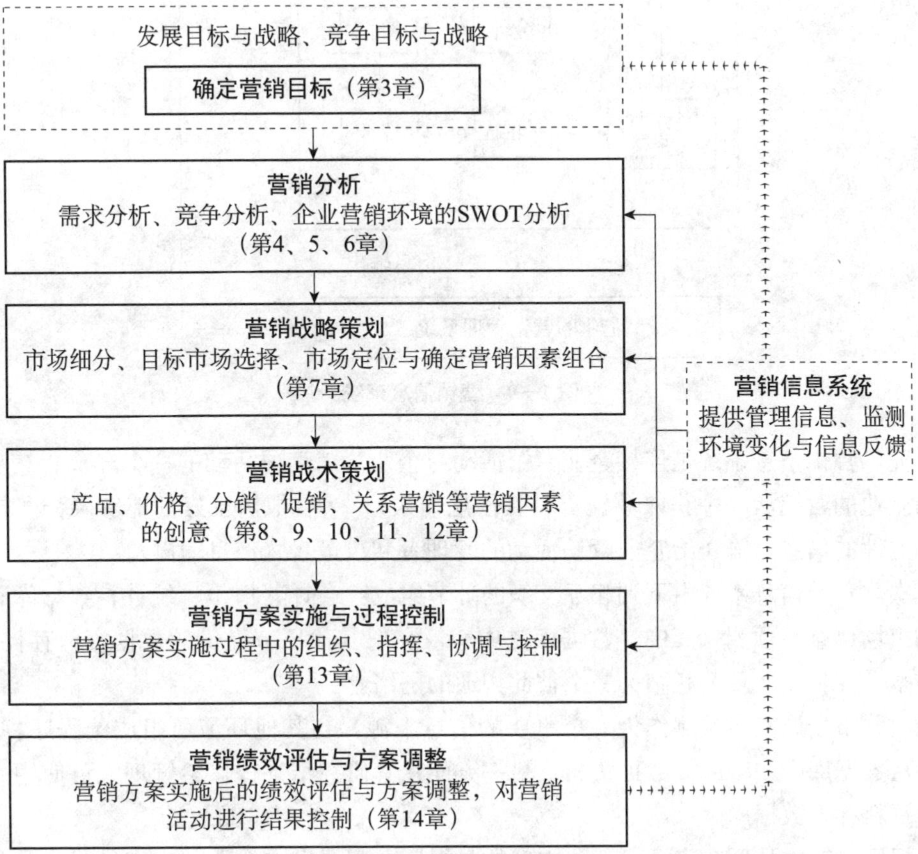

图 2－8　营销管理程序

如图 2-8 所示，第一步到第四步对应营销管理的计划职能，第五步对应营销管理的组织、领导和控制职能，最后一步以及通过营销信息系统的信息反馈对应营销管理的控制职能。

一、营销信息系统

科学的营销决策与管理，离不开营销信息。营销信息系统存在与运行的目的，就是为企业进行营销决策与管理提供信息，以降低决策与管理的不确定性和风险。因此，营销信息系统是企业进行营销管理活动的基础或前提。在图 2－8 中，这种基础地位由营销信息系统向外引出的多条带箭头的折线表示。

营销信息系统是企业为营销决策与管理提供信息而专门设置的部门和程序。它是人、机和程序的有机组合，强调以流的方式向决策者提供信息。图 2－9 显示了营销信息系统的构成和它与企业营销活动及营销管理之间的关系。

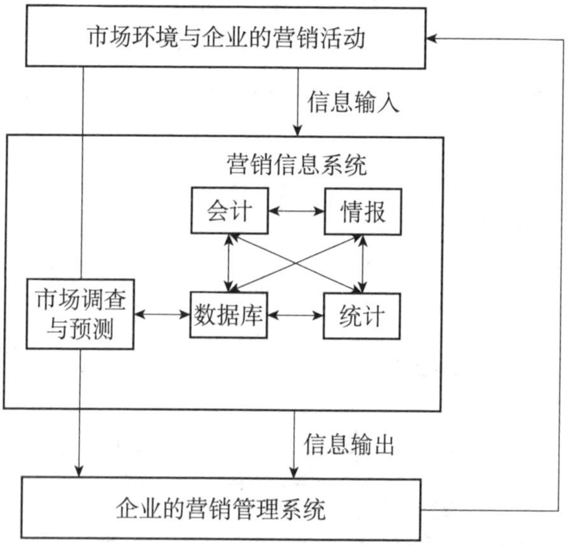

图 2－9　营销信息系统

首先，营销信息系统是连接企业营销活动与企业营销管理活动的一个环节。它从市场环境与企业的营销活动中获取数据资料（信息输入），然后把加工好的能够降低营销决策的不确定性的信息，输送给企业营销活动的管理者和决策者（信息输出）。

其次，营销信息系统由下列相互交织的环节组成：会计、情报、统计、数据库和与此平行的市场调查与预测。其中，数据库是中心，它把其他环节提供的数据资料存储起来，以备检索，并将这些环节联结为一个彼此沟通的网络。

最后，市场调查与预测作为一个重要的信息来源，与其他环节所组成的程序相并列。一方面从数据库中获得部分数据资料；另一方面在其研究结果提供给管理人员使用后，作为历史资料存入数据库。

数据资料有内外两个来源：企业内部的数据资料主要反映企业的生产经营状况，来自企业内部的会计部门、销售部门和统计部门以及企业的数据库；企业外部的数据资料主要反映市场环境的变化，来自企业外部，由企业的情报部门、营销调研部门，或者由企业从咨询机构、行业团体、政府部门和出版机构购买得来。

二、确定营销目标

营销目标就是企业进行营销活动要实现的期望值。例如，今年某产品的销售额要达到 5 000 万元，利润额要达到 500 万元，用两年的时间，企业某产品的市场占有率要达到 20%。明确的营销目标是企业进行营销管理的前提，目标不明确，管理对象就会很模糊，既不易产生策划的构想，也难以进行监督与控制。

企业的营销目标要根据企业的发展战略和竞争战略来确定，要有助于企业发展目标和竞争目标的实现。企业的营销部门不是要为企业制定新的目标，而是要将企业的发展目标和竞争目标落到实处。图 2-8 中，“确定营销目标”放在虚线框中“发展目标与战略、竞争目标与战略”之下，即表达这种意思。因此，在确定营销目标时，营销部门要把企业的发展目标与战略以及竞争目标与战略作为前提。本书第 3 章对此有详细介绍。

三、营销分析

营销分析的目的在于深入了解市场需求和企业营销的内外部环境，搞清楚企业营销的优势、劣势、机会和威胁，为企业制定营销战略提供依据。主要内容包括：第一，企业营销内部环境分析；第二，企业营销外部环境分析；第三，根据企业营销内外部环境分析的结果，进行企业营销的 SWOT 分析，即以企业营销的优势、劣势、机会与威胁为分析框架，对以上关于企业营销内外部环境的调查分析结果进行整理，作为确定企业营销战略的依据。其中，最重要的是对市场需求的分析（需求分析）和竞争者的分析（竞争分析）。这一步的内容实际上就是 ASTP 中的 A（analyzing），或者科特勒战略 4P 中的第一个 P（probing）。本书的第 4、5、6 章将详细介绍和说明这些内容。

四、营销战略策划

营销战略策划即 STP 策划，是在营销分析的基础上，根据企业的实际情况，对企业的市场进行细分（segmenting）、确定企业的目标市场（targeting）和为企业或产品确定市场地位（positioning）。这一步要做的工作实际上就是科特勒战略 4P 中的 3 个 P，即划分（partitioning）、优先（prioritizing）和定位（positioning）。这是本书第 7 章的内容。

五、营销战术策划

营销战术策划指企业根据已经确定的目标市场和市场定位，对于企业可以采用的各种营销手段进行综合考虑和整体优化，以求达到理想的效果。包括产品策划、价格策划、分销策划、促销策划、关系营销策划等。

在企业的营销活动中，有时需要对企业整体的营销活动进行全面计划，有时只需要考虑某一项具体的活动，如定价或广告宣传。前者称为营销的整体策划，后者称为营销的项目策划。不过，项目策划也需要整体策划的思路，即对某一具体项目（如某一时段的广告、某一个会展或某一个品牌）的策划要与其他的营销要素相匹配。本书第 8～12 章分别介绍产品、价格、分销、促销和关系营销的内容，即 ASTP＋4P&G 中的 4P&G。单独看每一章，是项目策划的内容，把它们合在一起看，就是整体策划的内容。

六、营销方案实施与过程控制

营销方案实施是指企业的营销部门把营销策划方案转化为具体行动的过程。为此，企业的营销部门必须根据策划方案的要求，配置企业的人、财、物等各种营销资源，处理好企业内外部的各种关系，对整个实施过程加强领导、监督和控制，对员工进行有效激励，提高员工的执行力，力求把营销策划方案的内容落到实处。第13章详细介绍和说明相关内容。

七、营销绩效评估与方案调整

对企业的营销绩效进行客观的分析和评价，既是企业营销管理的重要内容，也是改善营销管理和提高企业效益的重要手段。通过绩效评估，肯定成绩，发现问题，提出解决问题的方案，可以不断改进企业的营销管理水平。对企业的营销管理者来说，营销绩效评估既是对某一项营销策划方案实施结果的评价，也是新一轮营销活动的开始。因此，评估结果出来后，营销管理者要总结经验和教训，供下一次营销策划与执行参考。第14章详细介绍和说明相关内容。

▶ 思考题

1. 什么是营销管理？它与营销是什么关系？
2. 如何理解“在营销管理中，营销活动与管理职能交叉渗透”这句话？
3. 什么是营销理念？营销理念和企业的营销行为有什么关系？
4. 请举例说明不同营销理念之间的差异。
5. 什么是营销道德？企业为什么要“进行有道德的营销”？
6. 营销管理的分析框架有哪几种？它们有什么区别？
7. 请用自己的语言描述营销管理的程序。
8. 分析书末案例2，回答案例后面的问题。

|第3章|

企业战略与营销目标

营销目标是企业进行营销活动期望得到的结果，也是企业进行营销策划和管理的前提。营销部门要根据企业的发展目标与战略、竞争目标与战略确定营销目标，使营销目标符合发展目标和竞争目标的要求。本章详细说明企业战略的内涵，企业的发展战略、竞争战略和营销战略的关系，以及企业营销目标的确定。

第1节　企业战略

战略是一个组织将其主要目的、政策与活动按照一定的顺序紧密结合而成的计划。[①]军事与外交上的战略，很早以前就存在了。战略（strategy）源于古希腊文 strategos，原意是指在战争中指挥军队的军事将领。[②] 后来引申为担任将军这一职位的人所应具备的心理与行为技巧以及军队、国家在使用武力征服对手时所应具有的技巧。我国春秋战国时期的军事战略著作《孙子兵法》中的战略思想一直到现在还在军事及军事之外的各领域广泛使用。

一、企业战略的内涵

企业战略是企业基于内部条件与外部环境的匹配，为达成总体目标而制定的一个以未来为导向的行动计划。[③] 它反映了企业对于自身应该在哪里竞争、什么时候竞争、和谁竞争、为什么目的竞争以及怎样竞争的认识，是企业进行管理决策的一个行为框架。

（一）企业战略 5P

明茨伯格（Mintzberg，1987）从五个方面阐释企业战略，提出了企业战略 5P，即计划（plan）、计谋（ploy）、模式（pattern）、定位（position）和意识（perspective）。[④] 企业战略是一个计划，一套事先确定的有意识、有目的的活动步骤。企业战略常常含有一些计谋，即蒙骗竞争对手的假动作，比如声东击西、围魏救赵等。企业战略是企业通过一系列行为反映出

① Quinn J B. Strategies for Change（1980）//Mintzberg H，Quinn J B. The Strategy Process：Concepts，Contexts，Cases. 2nd ed，NJ：Prentice-Hall，Inc.，1991：4-11.

② Weitz B A，Wensley R. Readings in Strategic Marketing. Orlando：The Dryden Press，1988：2-3.

③ Pearce J A，Robinson R B. Strategic Management：Formulation，Implementation and Control. 4th ed. Boston：Irwin，1991：1-20.

④ Mintzberg H. Five Ps for Strategy（1987）//Mintzberg H，Quinn J B. The Strategy Process：Concepts，Contexts，Cases. 2nd ed. NJ：Prentice-Hall，Inc.，1991：12-19.

来的行为模式，是组织行为上的一致性。企业战略是一种定位，是企业在环境中为自己确定的一个位置。企业战略是一种意识，是一个企业内部的人对企业、市场、环境和竞争者的认识。5P相当于企业战略的5个侧面，它们之间的关系可以用图3－1来表示。

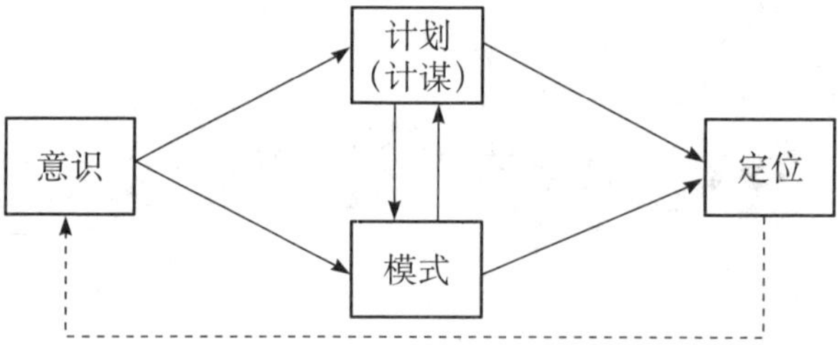

图3－1　企业战略的5个侧面

企业战略的制定与执行，开始于企业的战略意识。只要有战略意识，不管是否制定计划，都会导致企业一定的行为模式。一旦在战略意识的指导下制定了战略计划，其中包括一些计谋，战略的执行过程就会改变企业固有的行为模式，而企业固有的行为模式也会对战略计划的执行过程起到促进或阻碍作用。企业战略的执行过程和企业的行为模式相互影响，共同决定企业的市场地位或社会形象。企业的市场地位又会反过来影响企业领导对于企业、市场、环境和竞争者的认识，从而在一定程度上改变企业的战略意识。企业战略5P循环往复，企业也经历着兴盛或衰亡。

5P中，意识和模式一旦形成，相对稳定，其他则可能经常改变。只改变计划而不改变意识或模式，计划的执行就会走样。

（二）战略、策略和战术

理解企业战略这一概念要特别注意战略、策略和战术三者的区别。

在人类早期，没有对战略（strategy）和战术（tactics）的明确划分，这从战略最初被认为是军事将领、军队和国家在使用强权时的技巧可以看出。《孙子兵法》中虽然没有使用战略和战术这两个词，但是提出了系统的战略和战术思想。《孙子兵法》有13篇，分别为始计篇、作战篇、谋攻篇、军形篇、兵势篇、虚实篇、军争篇、九变篇、行军篇、地形篇、九地篇、火攻篇和用间篇。第一篇开宗明义："兵者，国之大事，死生之地，存亡之道，不可不察也。"察，考虑和分析五个方面：道（战争的目的与人心向背），天和地（是指战争环境），将和法（内部条件，战将与军队的编制和纪律）。"夫未战而庙算胜者，得算多也；未战而庙算不胜者，得算少也。多算胜，少算不胜，而况于无算乎！"这就是在考虑战略问题。其他12篇则提出了一些战略原则和战术技巧。

到了近代，西方的军事学家才对战略和战术予以明确界定。根据冯·克劳塞维茨（Von Clausewitz）的观点，战术告诉我们在战争中怎样使用军力，而战略告诉我们为了达到目的怎样使用战争。换言之，战略回答的是为了达到目的是否需要采用战争手段的问题，而战术则是在决定了作战之后考虑如何运用兵力取得战斗胜利的问题。[①] 通俗来讲，战略关心"做什么和为什么做"，战术关心"怎样做更有效率"；战略是"做正确的事"，

① Von Clausewitz C. On War. NJ：Princeton University Press，1976：177-187.

战术是“正确地做事”；战略注重方向正确，战术注重效率高低。

英文中没有与中文“策略”相对应的词。中国人在翻译 strategy 时，有人喜欢用战略，有人喜欢用策略。虽然用了不同的词汇，但所指相同。比如，有人用营销战略，有人用营销策略；有人喜欢讲广告战略，有人喜欢讲广告策略。仔细分析会发现，他们所讲的内容并无实质性差别。

在中国人的心目中，战略与策略是有区别的，只是说不清它们究竟有何区别，但有趣的是，当问到二者的区别时，大部分中国人会告诉你：战略更大一点，策略更小一点；战略更长一点，策略更短一点；战略更虚一点，策略更实一点。不过，对二者做这样的区别，最大的问题是无法将策略与战术区别开。

仔细思考战略、策略和战术三者之间的关系，下面这样一种说法也许成立：战略强调方向与目的，策略强调计谋或计策，战术强调执行方法与技巧。在汉语中，我们常讲“策略性地做某事”，英文可用“to do something strategically”来表达。此时，用“战略性地做某事”就讲不通。讲“策略性地做某事”，我们想表达的意思是：做事要注意方式方法，不能太直白。比如，针对自己的合作伙伴，要用合作伙伴能够接受的方式方法说某事或做某事；针对竞争对手，可以用一些计谋和手段。因此，策略相当于企业战略 5P 中的计谋(ploy)。

将策略从战略中独立出来很有必要，因为计谋常常既不是“方向正确”的问题，也不是一般性的“执行效率”问题。为了取胜于对手，一个人常常需要“低效率”地做“方向不正确”的事。

重视谋略是中国古代兵家的传统，代表作是《三十六计》。此书按计名排列，共分六套，即胜战计、敌战计、攻战计、混战计、并战计、败战计。前三套是处于优势所用之计，后三套是处于劣势所用之计。每套各包含六计，总共三十六计。比如，在胜战计中有瞒天过海、围魏救赵、借刀杀人、以逸待劳、趁火打劫、声东击西；在攻战计中有打草惊蛇、借尸还魂、调虎离山、欲擒故纵、抛砖引玉、擒贼擒王；在败战计中有美人计、空城计、反间计、苦肉计、连环计、走为上计。其中，每计名称后有解说，依据《易经》中的阴阳变化之理以及古代兵家刚柔、奇正、攻防、彼己、虚实、主客等对立关系相互转化的思想推演而成。解说后有按语，引证战例和中国古代兵家的精辟语句。将战略、策略和战术三者并列，反映了中国人在思考相关问题时对谋略重要性的超前认识，是我们需要从中国古代兵家谋略论中继承的宝贵遗产。

战略、策略与战术三者之间的关系可以作如下理解：战略更强调理念和方向，做正确的事情；策略更强调计谋，用巧妙的方法做事情；战术更强调执行的方法与效率，高效率地做事情。有时策略与战术很难区别，在本书中不对策略或战术的使用作严格区分。

（三）企业的战略问题

战略问题才值得企业最高管理层认真思考和谋划。一般而言，企业的战略问题有以下几个特点：需要高层管理者做决策；需要企业投入较多的资源；关系到企业的生存和长期发展；决策成败的结果影响企业的每个部门或经营单位；以未来为导向；需要考虑外部环境的影响。

下面一些问题通常属于企业的战略问题：企业的业务选择、优先发展方向、红利政策、长期的融资渠道、主营业务或重点业务的竞争优势来源与竞争方式选择等。此外，关系到企业生存与发展的营销、财务、生产运营、人力资源和研发等方面的问题，也属于企业的战略问题，比如某关键业务的目标市场选择与市场定位问题。

（四）企业战略的重要性

企业战略是企业基于内外部条件确定的发展方案，对企业的生存和成长至关重要，表现在以下几个方面：第一，帮助企业明确使命、愿景、经营范围和发展方向，使企业不仅知道要干什么，而且知道不能干什么；第二，帮助企业进行内部资源和外部环境的评估，明确企业内部的优劣势和外部环境的机会与威胁，并将内部资源和外部环境相匹配，制定战略方案；第三，为企业合理配置资源提供指导方针；第四，帮助企业明确、利用和发展企业的关键资源要素和核心能力；第五，帮助企业考虑重要相关群体价值观和期望值的影响。

二、企业战略的层次

企业的组织结构可以按照公司总经理、职能部门经理和业务部门经理的顺序来分层（见图 1－8）。然而，从企业战略的角度，则需要按照公司战略、经营单位战略和职能部门战略来分层，如图 3－2 所示。单一业务的企业只有两层：公司战略和职能部门战略。

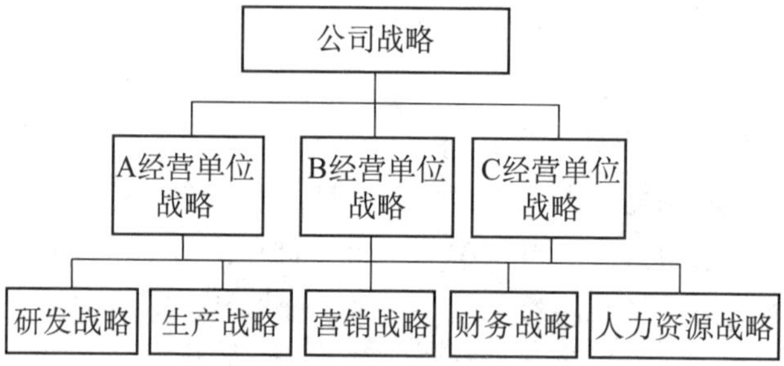

图 3－2 企业战略的三个层次

公司战略着眼于整个企业，讨论企业作为一个整体的长期发展问题。它主要关注的是企业的发展战略，影响着整个企业的资源配置。公司战略的主要内容包括公司使命、公司的长期发展目标和公司的业务组合。

经营单位在大多数企业中以分公司、子公司或部门的形式出现。经营单位战略主要考虑企业某个业务经营单位在某一市场上的竞争问题，主要内容包括确定企业某个业务经营单位的主要竞争者，分析行业的竞争结构和影响行业盈利能力的主要因素，明确该业务经营单位的竞争地位、优势和劣势，设计该业务经营单位的竞争战略。有时，竞争战略也可能在公司层面上制定，比如当一家公司是单一业务的公司或一项业务被企业当作重点项目来发展时。不管是在哪个层面制定，竞争战略从本质上讲是以业务经营单位的视角来观察问题。

职能部门战略是公司各个职能部门所制定的战略。一方面告诉企业高管人员，各职能部门准备怎样贯彻企业的发展战略和竞争战略；另一方面通过具体的任务、目标、实施和控制方法，为企业各部门的员工提供行动指南。

三、企业战略管理的程序与主要内容

企业的战略管理是指企业为了达到战略目标而制定和执行计划所进行的一系列决策和行为过程。它与企业战略的区别在于：企业战略是指企业的战略计划，通常表现为一个策划好的战略方案，而企业的战略管理则指企业战略计划制定和执行的全过程。

企业战略管理的程序可以用图 3－3 来描述。图中，实心箭头表示重要影响，空心箭头表示微小影响，如企业使命和愿景、内部条件和外部环境对企业制定发展目标和发展战略有重要影响，而企业制定发展目标和发展战略虽然也会影响企业使命和愿景的确定以及企业内部条件和外部环境的改变，但是影响是微小的。

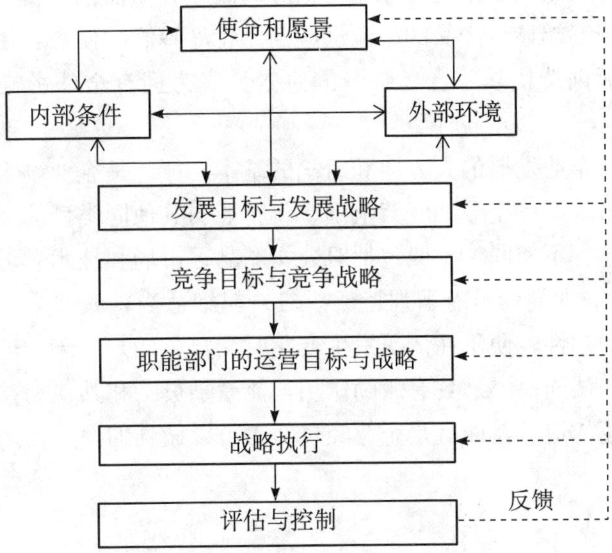

图 3－3　企业战略管理的程序

对应于企业战略管理的程序，企业战略管理的主要内容包括：（1）明确和制定企业的使命和愿景；（2）分析企业的内部条件，了解企业的优劣势；（3）评估企业的外部环境，发现企业的机会与威胁；（4）将企业的内部条件与外部环境相匹配，确定企业的发展目标和拟定企业可能的发展战略方案；（5）根据企业的愿景和使命对每一个可能的发展战略方案进行评估，确定最佳方案；（6）根据企业的发展目标和发展战略，拟定、评估和确定企业各业务经营单位的竞争目标和竞争战略；（7）根据企业的发展目标和发展战略、企业各业务经营单位的竞争目标和竞争战略，确定企业各职能部门的职能目标和职能战略；（8）通过人、财、物的合理配置，以及各职能部门执行其职能目标和职能战略，实现企业所选择的发展战略和竞争战略；（9）对企业战略执行的成功与否进行评价，通过反馈机制进行纠偏。

第2节 企业的发展战略

企业的发展战略是在公司层面制定的战略，主要考虑企业的发展问题，如企业的发展方向是什么？是否需要进入其他行业？企业的业务组合是什么？主要内容包括企业的愿景与使命、企业的长期发展目标、企业的发展方式和业务组合。

一、使命与愿景

企业的使命是对企业终极目的的独特描述，也常常被一些企业奉为宗旨或信条。企业的愿景则是对企业未来发展成就的设想，即企业对其未来形象（想成为什么）的描述。企业愿景常常作为一个重要的组成部分出现在企业的使命中。例如，海信的使命：致力于电子信息技术的研究与应用，以卓越的产品与服务满足顾客的需求，提升人类生活品质。海信的愿景：成为全球终端显示产品的一流供应商。青岛啤酒的使命：用激情酿造出消费者喜好的啤酒，为生活创造快乐。青岛啤酒的愿景：成为拥有全球影响力品牌的国际化大公司。

企业使命规定了企业发展的大方向和组织的基本特征，是企业确定战略目标和选择战略方案的基础。它力求明确企业的经营范围，将企业与其他同类型的企业区别开。

企业使命的表述各不相同，一般包括对公司产品、市场和技术领域以及战略决策者价值观的描述。[①] 好的企业使命具有下列特征：(1) 粗细适当，既要为企业的未来确定发展方向，又要有一定的弹性，便于在情况发生变化时调整；(2) 易于沟通，有利于各职能部门和全体雇员了解和认同；(3) 具有激励作用，能激励员工和其他利益相关者；(4) 符合实际，不但反映企业的追求，而且是企业经过努力可以做到的。

二、企业的发展目标

企业的发展目标由企业的盈利能力指标，包括利润额、投资收益率、销售利润率、股权收益率等指标体现；企业的竞争地位指标包括销售额、技术先进性、市场占有率、行业领导地位、产品竞争力以及研发的投入与产出等；企业的业务组合与发展指标包括新利润增长点的培育、业务的整合与重组、关键业务的发展或调整等。另外，企业内部的雇员关系、员工发展和企业对外的社会责任等，也需要设置一些指标，体现在企业的发展目标中。

对于经营业务单一而又不想涉足其他行业的企业而言，企业的发展目标就是其竞争目标。对于多元化的企业而言，其中的一些指标是能够而且需要在不同的业务单位之间进行分解的，比如盈利能力指标有利润额和竞争地位指标中的销售额。另一些指标则难以在不同的业务单位之间进行分解，需要在公司层面设立，如企业内部的雇员关系、员工发展和企业对外的社会责任等。当然，还有些指标是针对关键业务单位的，如竞争地位指标中的技术先进性、市场占有率、行业领导地位和产品竞争力。

---

① David Fred R，David Forest R. Strategic Management：Concepts and Cases. 16th ed. Beijing：Tsinghua University Press，2018：50-65.

三、企业的业务组合

大多数企业的成长过程都是由小到大，由专业化转变为多元化，由单一业务发展到多业务。如果一家企业只有一项业务，那么其发展问题就是竞争问题，发展战略就是竞争战略。它只要在行业竞争中胜出，就发展了。此时，企业没有也不需要考虑业务组合问题。只有企业由单一业务发展到多业务以后，业务组合才成为企业首要考虑的问题。

这里要特别注意，专业化不一定意味着单一业务，而多业务也不一定意味着多元化。专业化与多元化是按照企业所涉足行业的多少来划分的，业务单位（单一业务或多业务）则是按照企业所拥有的相对独立的运营单位来划分的。比如，如果一家零售企业在不同的地区开办零售店，那么它是一家专业化公司，但不是一家单一业务的公司，因为在不同的地区开办的零售店都是企业的一个相对独立的运营单位，也即业务单位。

企业的业务组合不但代表企业成长的结果，而且预示着企业未来的发展方向。企业会重点发展那些有市场潜力、有竞争优势的业务，而淘汰那些市场潜力不大，或者没有竞争优势的业务。企业业务组合分析的工具主要是波士顿矩阵，它使用销售增长率和相对市场占有率对企业各个经营单位加以分类和评估，如图3-4所示。

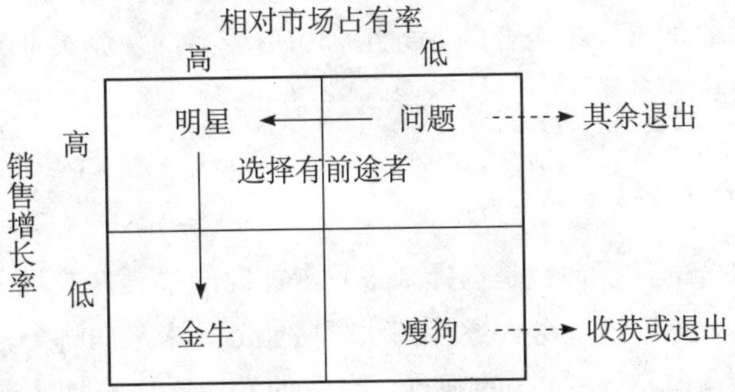

图3-4　波士顿矩阵

图中，纵坐标代表销售增长率，可以以年为单位计算，而其高低则需要依据具体情况来确定。假设以10%为分界线，高于10%为高增长率，否则为低增长率。横坐标为相对市场占有率，表示各经营单位与其最大的竞争者之间在市场占有率方面的比率。企业某经营单位的相对市场占有率为0.1，说明它的市场占有率为最大竞争者的10%；相对市场占有率为10，则说明该企业是市场领先者且市场占有率为最大竞争者（市场第二位）的10倍。以1.0为分界线，大于1.0为高的相对市场占有率，小于1.0则为低的相对市场占有率。[①] 当然，企业也可以根据行业特色和自己的实际需要，确定更适用的相对市场占有率作为分界线。比如，以0.5为分界线，大于0.5为高的相对市场占有率，小于0.5则为低的相对市场占有率。

矩阵有四个象限，根据销售增长率和相对市场占有率的高低，各经营单位可以被划入不同的类型：问题类业务、明星类业务、金牛类业务和瘦狗类业务。

---

① Kotler P. Marketing Management. 10th ed. Beijing：Tsinghua Public Press，2001：69.

问题类业务有较高的销售增长率、较低的相对市场占有率。企业大多数的业务经营单位最初都处于这一象限。为了追赶较大的竞争者和适应市场迅速增长的需要，这一类业务需要较多的资源投入，但是它们前途未卜，未来难以确定。对于这一类业务，企业一般会精选一些有培养前途的，加大投入，其余的则视具体情况或维持现状，或减少投入，或淘汰掉。

问题类业务如果经营成功，就会成为明星类业务。明星类业务需要较大的资源投入，以保证业务发展跟上不断扩大的市场，并击退竞争者。因此，短时期内，此类业务未必能给企业带来可观的收益，但它是企业未来的财源，当市场成熟以后，它会成为金牛类业务。

当明星类业务的销售增长率下降到一定比率，就成为金牛类业务。对于此类业务，企业不再需要进行大量的资源投入，只要维持较高的市场占有率就可以了。企业从中拿出的钱要大于向其投入的钱，这就是“金牛”的含义。从金牛类业务得到的收益是企业拓展新业务、支援问题类和明星类业务的资金来源。如果一个企业的业务组合中缺乏金牛类业务，那么企业的财务状况就会比较脆弱，现金流会绷得很紧，有资金链断裂的危险。

瘦狗类业务是那些销售增长率和相对市场占有率都较低的业务。它们也许还能提供一些收益，但盈利甚少或有亏损，一般难以再度成为“财源”。它们常常被企业视为鸡肋，食之无味，弃之可惜。如果一个企业的业务组合中有较多的瘦狗类业务，则说明企业的整体情况不妙，需要进行业务重组。

四、企业的发展方向

企业确定业务组合的过程，就是选择未来发展方向的过程。一旦业务组合确定了，企业就明确了应该重点发展哪些业务，逐步淘汰哪些业务，未来向哪个方向发展。

根据安索夫（Ansoff，1957）[①] 的观点，企业的发展方向有四大类：集中增长、市场开发、产品开发和多元化发展。表 3－1 显示了企业的发展方向各自的内涵以及相互之间的区别。

表 3－1 企业的发展方向

	原有产品或服务	新产品或服务
原有市场	集中增长： 增加现有顾客的使用率 吸引竞争者的顾客 吸引未使用者使用	产品开发： 新的功能或特色 不同系列的产品或服务 进入其他行业
新市场	市场开发： 开发新的区域市场 向其他的细分市场渗透	多元化发展： 新市场上新的功能或特色 新市场上不同系列的产品或服务 新市场内进入其他行业

---

① Ansoff H I. Strategies for Diversification. Harvard Business Review，1957，35（5）：113-115.

集中增长战略（concentrated growth）是企业通过向原有的市场提供原有的产品或服务来发展。具体的方法是增加现有顾客的使用率，吸引竞争者的顾客或者吸引未使用者使用企业的产品或服务。

产品开发战略（product development）是企业通过用新的产品或服务满足原有市场的需求来发展。具体的方法是：（1）为原有市场提供具有新功能的产品或新特色的服务；（2）为原有市场提供不同系列的产品或服务；（3）进入其他行业，进行市场相关的多元化，即企业从事的新业务虽然与以前不同，但服务的顾客是相同的。

市场开发战略（market development）是企业通过向新的市场提供原来的产品或服务来发展的战略。具体的方法是开发新的区域市场和向其他的细分市场渗透。

多元化发展战略（diversification development）是企业通过向新的市场提供新的产品和服务来发展。具体的方法是：（1）为新的市场提供具有新功能的产品或新特色的服务；（2）为新的市场提供不同系列的产品或服务；（3）在新市场内进入其他行业，多元化发展。

在企业的四大类发展战略中，集中增长战略对应专业化，可以获得规模经济；其他三种战略都在一定程度上有多元化的成分，可以获得范围经济（economies of scope）和协同效应（synergy）。

第3节 企业的竞争战略

发展目标与发展战略确定以后，企业需要决定其每一个业务单位（SBU）如何与竞争者竞争，因此要制定每一个业务单位的竞争目标与竞争战略。对于经营单一业务的专业化公司而言，企业的竞争目标和竞争战略就是其发展目标和发展战略。对于涉足不同行业的多元化公司而言，其竞争目标与发展目标之间、竞争战略与发展战略之间就有很大的区别。

一、竞争目标

从指标设置的角度看，企业各业务经营单位的竞争目标实际上是企业某些发展目标的分解，如销售额和利润额指标。现举例说明发展目标是怎样分解为竞争目标的，如表3-2所示。

表3-2 发展目标与竞争目标的衔接 单位：亿元

业务单位	发展目标的分解	
	销售额（100亿元）	利润额（15亿元）
A	50	5
B	20	5
C	10	3
D	10	1
E	5	0.5
F	5	0.5

一个企业有 A，B，C，D，E，F 六个业务单位。在企业发展目标中，销售额指标要在某年达到 100 亿元，利润额指标要达到 15 亿元。为了实现这一目标，企业就需要把这 100 亿元销售额指标和 15 亿元利润额指标分解到每一个业务单位。因为不同的业务单位竞争条件和竞争环境不同，所以销售额指标和利润额指标也不一样。

另外，那些显示企业竞争地位的指标，也是竞争目标重点考虑的，如技术先进性、市场占有率、行业领导地位和产品竞争力。

二、行业结构分析

企业的盈利能力由其所处行业的盈利能力和其在所处行业的地位决定。行业结构分析的目的是要明确影响企业盈利能力的行业因素。

根据波特（Porter，1980）[①] 的观点，行业的盈利能力由新进入者、供应者、购买者、替代者和业内竞争者这五种力量决定。通过对这五种力量进行分析，可以了解企业某一业务的行业盈利能力。常用的分析工具是五力模型，如图 3－5 所示。

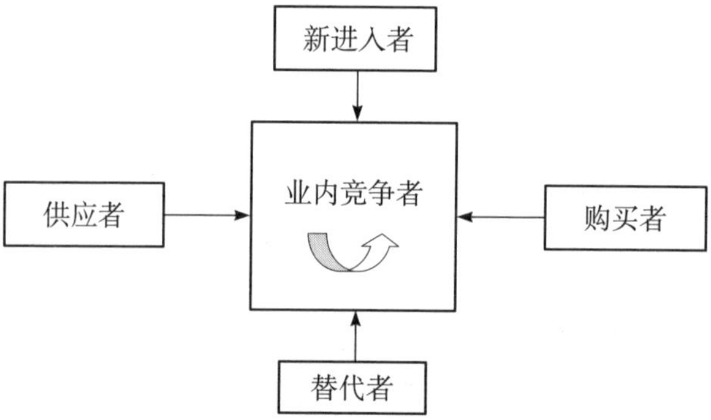

图 3－5　五力模型

新进入者会给一个行业带来新的生产或经营能力，改变行业原有的供求格局，对行业原有的生产者或经营者形成威胁，导致它们增加生产或经营成本，降低售价，从而降低盈利水平。新进入者对于一个行业原有企业威胁的大小，主要取决于这个行业进入障碍的大小。进入障碍大的行业，原有企业受新进入者的威胁较小，因而有较大的可能性享受稳定且高额的利润；反之，则难以获得稳定且高额的利润。

行业的替代者指提供不同但具有强替代关系产品或服务的企业。满足同类需求，替代者越是能提供较好且较廉价的替代品，那么这个行业中的企业受到的威胁就越大，获取高额利润的机会就越小。这是因为一旦这个行业中的企业提高产品售价，那么由于有较好的替代品，消费者会转而购买替代品，由此市场供求关系会发生变化，行业内的企业并不会因产品提价获得多少好处。在替代品大幅度降价时，迫于可能发生的替代，行业内的企业可能不得不降低产品售价，企业的获利能力因此而下降。

供应者与一个行业的企业之间的关系，既有合作的一面，也有竞争的一面。首先，双

① Porter M E. Competitive Strategy：Techniques for Analysis Industries and Competitors. NY：The Free Press，1980.

方必须愿意合作，交换才可能发生。一旦交换双方决定合作，接下来二者的关系就部分地成为竞争关系了，它们必须通过协商决定交换利益的分配比例。在一个行业中，影响企业与其供应者之间利益分配的决定性因素是二者的力量对比。如果供应者的力量大于企业，那么在讨价还价中供应者处于有利地位，它从交易中得到的利益一般会大于企业；相反，则企业得到的利益会大于供应者。

与供应者相对应，购买者也是企业必须面对的一种合作性竞争力量。二者之间的利益如何分配，也取决于二者之间的力量对比。力量大者在交易中得到的利益较大，力量小者在交易中得到的利益较小。

业内竞争者指同处一个行业，产品或服务属同一个大类且有很强的替代性的企业。由于业内竞争者与企业的竞争最直接，所以历来为人们所关注。对于竞争各方来讲，业内竞争的主要目的是使企业占据一个有利的市场地位。即使在一个盈利性很高的行业，如果不能占据一个有利的市场地位，企业也很难分享到这个行业提供的机会；相反，在一个不起眼的行业，如果占据一个有利的市场地位，企业也可以获得高于同行业其他企业的利润。

这五种力量的合力共同决定了一个行业的竞争强度和盈利性。应用五力模型对行业结构进行分析，就是要弄清楚在影响行业结构的五种力量中，哪一种力量对企业盈利能力的影响最大，必须认真对待，并找出抵御的方法。

三、竞争优势与三种一般的竞争战略

企业产品的竞争优势实际上就是利价比优势，企业要想在市场竞争中胜出，就必须使其产品比竞争对手的产品有更高的利价比。与此相对应，企业产品的竞争优势有两种：一是成本优势，二是特色优势。成本优势指一个企业的产品在一个行业中生产成本和经营费用最低。特色优势指企业通过特色化生产和营销，使自己的产品成为行业内独一无二的且能给购买者带来较大或其他产品无法替代的利益，很多购买者愿意为这样的产品支付较高的价格。当具备了其中一种优势，企业就能够构筑起有效的防御工事，抵御行业五种力量的攻击，稳定发展。否则，企业在一个行业中就处于比较危险的境地，随时会面临生存危机。

企业获取竞争优势的战略有三种，合称为三种一般的竞争战略，如图3-6所示。[①]

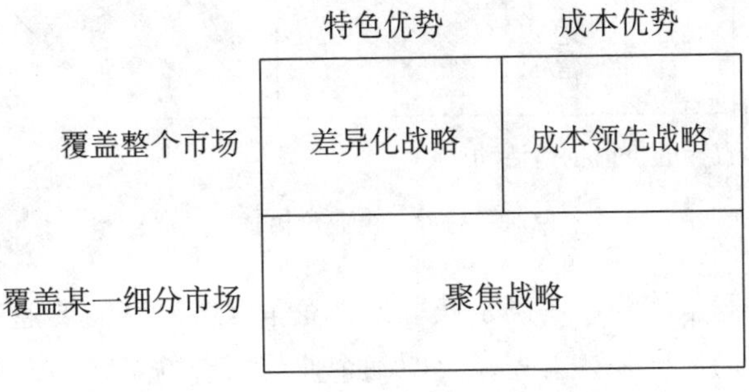

图3-6　三种一般的竞争战略

① Porter M E. Competitive Strategy: Techniques for Analysis Industries and Competitors. NY: The Free Press, 1980.

成本领先战略（overall cost leadership）的核心是把企业创造竞争优势的努力放在设法降低成本和费用上。差异化战略（differentiation）的核心是特色化，即企业通过特色化生产或营销使自己的产品或服务独具特色，一部分消费者愿意为其支付较高的价格。聚焦战略（focus）的核心是细分市场，即企业通过集中力量满足一个特定消费者群（细分市场）的方式，为自己建立起防御五种力量的体系。由于集中满足某一特定消费者群的需求，所以企业能够比其他竞争者更有效率或更具特色。如果是前一种情况，企业在这个特定的市场上就获得了成本优势；如果是后一种情况，企业在这个特定的市场上通过差异化使自己有别于其他的竞争者，就获得了特色优势。无论是哪种情况，企业都可以在自己所选择的细分市场中抵御五种力量的攻击。除此之外，聚焦战略还能够通过目标市场的选择，帮助企业寻找现有竞争者最薄弱的环节切入，避免与实力强大的竞争者正面冲突，因此特别适合那些实力相对较弱的企业。

在实际的市场竞争中，常常有这样一些企业被“夹在中间”（stuck in the middle）。它们的市场占有率很低，投资规模不大，在成本方面没有任何优势可言，产品在质量和性能方面也缺乏特色，消费者不愿为其支付更高的价格；它们也没有专门针对某一个独特的消费群体从事营销活动，在任何一个细分市场上都没有成本优势或特色优势。企业被夹在中间，从竞争战略角度看非常不利，那意味着企业不能从任何方面获得竞争优势。

四、企业价值链与获取竞争优势的途径

企业创造价值的活动是一个可以用“链”表示的系统，既包括直接的价值创造活动，如物流、生产运营、营销与销售及服务等，也包括价值创造的辅助活动，如基础设施、人力资源、技术开发、采购等。图 3－7 是一个通用的企业价值链。[①] 其中，每一个环节都可能是企业获取竞争优势的途径。

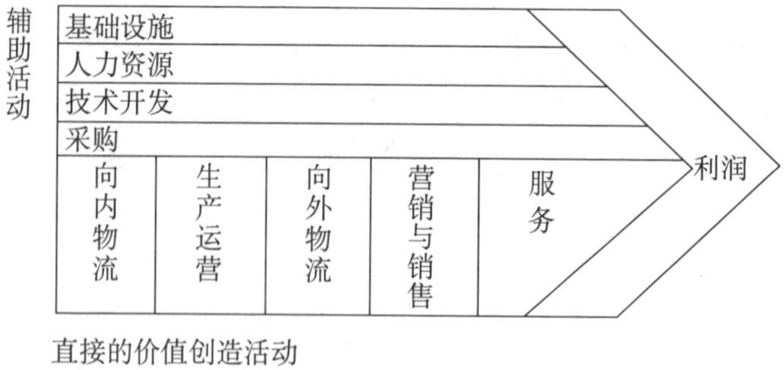

图 3－7　企业价值链

企业一旦确定了竞争战略，明确了获取哪种竞争优势，就需要通过企业价值链中的活动把相应的竞争优势创造出来。首先，要明确企业价值链的各环节及其构成；其次，通过价值链分析，明确企业在哪些构成要素上有优势或劣势以及优势的潜在来源；最后，设计

---

① Porter M E. Competitive Advantage: Creating and Sustaining Superior Performance. NY: The Free Press, 1985: 33-58.

出具体的操作方案，指出企业从哪些方面获得怎样的竞争优势。示例3-1显示的是KL公司在确定了成本领先战略之后，如何通过价值链分析发掘成本优势的来源。

示例3-1 KL公司的价值链分析

运用与示例3-1类似的方法，企业也可以设计出差异化战略和聚焦战略的具体操作方案。

第4节 企业的职能战略

企业的职能战略是在发展战略和竞争战略的框架内，每一个职能部门所制定的具体行动计划。职能战略详细地说明各个部门准备怎样实现企业的发展目标和各业务单位的竞争目标，将企业的发展战略和竞争战略转化为可操作的行动步骤。根据职能战略，职能部门的管理人员能够清楚地了解本部门在实施企业总体战略中的责任和任务。

由于企业的组织设置不尽相同，不同的企业在职能部门的多少和每一个职能部门的重要性等方面不完全一样。比如，小企业组织结构相对简单，职能部门比较少，而大企业组织结构复杂，职能部门众多。又如，生产制造企业可能更重视生产和产品研发，因此生产部门和研发部门在企业中扮演更重要的角色，而服务性企业可能更重视服务的提供和营销，因此可能专门设置服务管理部门，服务管理部门和营销部门在企业中扮演更重要的角色。不过，大部分企业都设有生产（服务）部、营销部、财务部、人事部和研发部，相应地也需要制定生产运营战略、营销战略、财务战略、人力资源战略和研发战略。各职能部门需要相互支持，密切配合，才能很好地履行自己的职能，完成自己的任务，最终达成企业的竞争目标和发展目标。

一、职能目标

各职能部门的目标需要根据企业的发展目标和各业务单位的竞争目标确定。因为各职能部门的专业特点不同，所以其职能目标的侧重点也有差异。比如，生产（服务）部门的职能目标主要与产量、产品质量、生产成本、生产技术领先性、生产效率有关；营销部门的职能目标主要与销售量、销售额、市场占有率、营销费用、利润额、利润率以及消费者满意度、品牌形象有关；财务部门的职能目标主要与资金的筹措、分配、使用、监督以及财务成本有关；人事部门的职能目标主要与人员配置、雇员关系、雇员发展、组织激励和薪酬制度有关。

在确定职能目标时，各职能部门必须先了解企业发展目标和竞争目标对部门的要求和部门必须完成的任务。因为竞争目标和竞争战略是按照各业务单位确定的，所以各职能部门的职能目标和战略也需要分业务单位制定。

如前所述，为了完成企业发展目标中100亿元的年销售额，六个业务单位分别需要完成50亿元、20亿元、10亿元、10亿元、5亿元、5亿元的年销售额。为了实现这一销售目标，各职能部门必须紧密配合，从业务单位的角度确定职能目标。比如，生产部门要为各业务单位确定必须达到的产量，营销部门要为各业务单位确定必须达到的销售量和销售额，财务部门要考虑各业务单位和各职能部门的资金需求。表3-3列示了各职能部门确定其职能目标的分析框架。

表3-3　发展目标、竞争目标与职能目标的衔接　　单位：亿元

职能部门	企业发展目标：年销售额100亿元					
	业务单位A	业务单位B	业务单位C	业务单位D	业务单位E	业务单位F
	50	20	10	10	5	5
生产部门						
营销部门						
财务部门						
人事部门						
研发部门						

在这一框架中，企业各业务单位的目标是企业总目标的分解，而每一个职能部门的目标则需要分业务单位逐一确定。表3-3中并不是每一格都必须填写内容，如果某一业务在某一目标上不需要某一职能部门的帮助，那么这一业务与这一职能部门相交的格中就是空的。每一个职能部门都有自己特有的目标，如营销部门的顾客满意度、顾客流失率、品牌忠诚度、广告有效到达率等。这些目标虽然很难与企业的发展目标和竞争目标一一对应，但是有助于企业发展目标和竞争目标的实现。

二、生产运营战略

生产运营的主要职能是实现物质形态的转变，将原材料、机器设备、人等资源投入转变为适合消费者需求、有更高价值的产出。生产运营很容易与生产制造企业联系起来，但实际上也适用于服务型企业，如零售业、餐饮业或银行。

为了完成生产运营目标，最终实现企业的发展目标和竞争目标，负责生产运营管理的生产部门需要将企业所拥有的资源要素组织起来，高效率地实现物质形态的转变。生产运营战略即是生产部门根据企业发展战略和竞争战略确定的生产运营计划。

生产运营战略主要涉及以下内容：

第一，生产设施和设备。生产设施要达到怎样的集中程度？是建一个大厂集中生产还是分散在多个小厂生产？生产程序要怎样集成化？生产的机械化或自动化要达到什么水平？产量和产能是按照峰值设定还是按照正常值设定？

第二，原材料或零部件采购。原材料或零部件的供应来源需要多少？如何选择供应商？如何与供应商保持良好的合作关系？需要通过期货交易套期保值吗？

第三，运营规划与控制。是根据订单生产还是库存能力生产？什么库存水平是适当的？存货应根据什么原则进出？库存如何控制和补充？什么是运营控制的重点？是质量、劳动力成本、产能的充分利用还是其他？维修工作应以预防还是修理为主？专业化分工、工厂安全、生产标准化在生产运营中处于什么地位？

三、营销战略

如前所述，营销的主要职能是通过满足目标市场需求、为目标市场创造价值的方式促成目标市场与企业的交换，实现企业的营销目标。营销战略是营销部门根据企业发展战略和竞争战略而确定的营销计划。

营销战略主要涉及以下内容：

第一，目标市场的确定和市场定位。企业提供的某种产品或服务可以满足哪些消费群体的需求？选择满足哪个或哪些群体的消费者最能发挥企业的优势？企业的目标市场或目标市场组合是什么？企业产品或服务的品牌应该如何定位？

第二，产品或服务规划。企业应该重视哪些产品或服务？哪些产品或服务对企业的盈利能力影响最大？企业提供的产品或服务能够满足消费者的什么需求？根据品牌定位，企业应该为市场提供什么产品、服务或二者的组合？生产中应该如何贯彻市场导向的理念？

第三，产品或服务定价。企业将价格作为主要的竞争方法吗？企业需要采用价格折扣的方式销售产品或服务吗？是采用全国统一定价还是地区差别定价？企业向目标市场的消费者提供什么档次的产品或服务？企业的销售利润率如何？企业是根据成本、需求还是竞争来定价？

第四，营销渠道选择与管理。企业的市场区域都覆盖什么范围？哪个或哪些是主要的？主要的营销渠道是什么？营销渠道的目标、结构和管理方法是什么？营销渠道在多大程度上依赖经销商或自己的销售人员？企业的销售组织应该如何设置？

第五，沟通与宣传。企业进行沟通与宣传的重点是什么？主要方法与策略是什么？不同的产品或地区各需要怎样的促销组合？企业需要选择什么媒体进行沟通与宣传？

第六，关系营销。企业的利益相关群体有哪些？哪些需要特别认真对待？哪些是对企业特别重要的顾客？用什么方法与他们保持联系？

四、财务战略

财务战略决定着企业财务资源配置的取向和效率，为企业的财务管理提供基本的指导思想。它是在企业发展战略和竞争战略的指导下，对企业未来财务活动所作的全局性谋划，它在很大程度上体现着企业的战略发展方向，是企业发展战略和竞争战略在财务管理方面的延伸。财务战略主要涉及以下内容：

第一，融资。多大的资金成本是可以接受的？短期和长期负债的比例是多少？优先股与普通股的比例多少适合？内部和外部资金要达到怎样的平衡？多大的风险和所有权控制是适当的？应该采用什么租赁水平和形式？

第二，资金分配与使用。资金分配的优先顺序是什么？资金支持项目选择的依据是什么？资金分配的权力怎样安排？不同支出由哪一级管理者决定？

第三，分红和运营资金的管理。收入的多大比例应该拿出来分红？是否可以用非现金的形式分红？企业对现金流有什么要求？是最低还是最高的现金平衡？企业的信贷政策是什么？企业的财务限制、支付条款和收款程序是什么？企业应该遵守什么付款时间和程序？

五、研发战略

随着技术更新速度加快，研发在企业的成长与发展中发挥着越来越重要的作用。研发战略就是研发部门为了实现企业的发展战略和竞争战略而确定的研究与开发计划。

研发战略主要涉及以下内容：

第一，研发的基本取向。企业是否应该强调在行业内的技术领先地位？企业在技术上是否应该采取更加稳健的政策？在多大程度上强调研发的长远利益与短期利益？在多大程度上强调技术领先性或市场接受度？

第二，基础研究或产品开发。与产品的开发、完善和修改相比，企业的科学研究应该在多大程度上强调创新和创新的突破性？是做第一个"吃螃蟹"的创新者还是做善于跟进的模仿者？为了发展和竞争，企业需要推出什么新的产品或服务项目？

第三，与各职能部门的关系。研发应该自己进行还是外包？研发活动应该集中还是分散？研发部门与生产部门、营销部门和其他相关部门应该建立怎样的关系？与各部门之间怎样相互配合？

六、人力资源战略

实现企业的发展战略和竞争战略，离不开管理团队和各个岗位的员工。人事部门就是负责对人力资源进行规划和管理的一个职能部门。人力资源战略是人事部门为了实现企业的发展战略和竞争战略而确定的人力资源计划，其核心是高效率地分配企业的人力资源，在实现企业发展目标和竞争目标的同时，使员工得到职业上的发展。

人力资源战略主要涉及以下内容：

第一，员工的招募与选拔。执行企业各层次的战略需要哪些关键人才？企业能否招聘到这些人才？遴选程序怎样设计？如何使新员工融入企业中？

第二，职业培训与员工发展。企业未来发展需要什么人才？怎样通过职业培训的方法满足企业未来对人才的需要？企业怎样帮助员工进行职业发展规划？企业需要进行哪些培训？培训的内容、形式以及考核和管理的方法是什么？

第三，薪酬制度设计。对不同岗位的员工支付多少薪金？采用怎样的薪酬制度留住人才？薪酬制度如何体现对员工的激励作用？

第四，评价、纪律和控制。企业多长时间对员工进行一次考评？为了规范员工的行为，企业需要设置什么纪律或制度？用什么方法控制员工、班组或部门的行为与绩效？企业应该设置怎样的奖罚政策？

第五，雇员关系和平等机会。企业用什么方法鼓励员工参与？管理层怎样与员工保持良好的合作关系？企业怎样防止性别或其他形式的歧视？企业设置晋升制度怎样体现公平？

第 5 节　营销目标的确定

营销战略是企业重要的职能战略。它一方面告诉企业高管，营销部门准备怎样贯彻企业的发展战略和竞争战略；另一方面通过具体的任务、目标、实施和控制方法，为营销部门的员工提供行动指南。营销部门在制定营销战略时必须首先明确营销目标。

一、营销目标、发展目标和竞争目标的关系

营销目标是企业进行各项营销活动欲得到结果的规范化表述。它一方面提出企业营销活动追求的结果；另一方面是营销部门为了实现企业的发展目标和竞争目标必须完成的任务。因此，营销目标既要符合企业实际，又要符合企业发展目标和竞争目标的要求。

前面已经讲过，对于一些能够也需要在不同的业务单位之间进行分解的发展目标，企业各业务单位的目标是企业总目标的分解，而每个职能部门的目标则需要分业务单位逐一确定（见表 3－3）。不过，由于营销的特殊性，营销目标不但要分业务单位逐一确定，而且要分区域逐一确定。

继续用前面销售目标的例子说明（见表 3－2 和表 3－3）。某企业有 A，B，C，D，E，F 六个业务单位，覆盖甲、乙、丙、丁四个区域。为了完成企业发展目标中 100 亿元的年销售额，六个业务单位分别需要完成 50 亿元、20 亿元、10 亿元、10 亿元、5 亿元和 5 亿元的年销售额。表 3－4 显示了六个业务单位在不同区域的销售目标。其中，有些业务单位的产品还没有进入某些区域市场，因此表中是空项。

表 3－4　发展目标、竞争目标与营销目标的衔接　　单位：亿元

区域	企业发展目标：年销售额 100 亿元					
	A	**B**	**C**	**D**	**E**	**F**
	50	**20**	**10**	**10**	**5**	**5**
甲	20	10	—	5	—	—
乙	20	5	5	—	—	5
丙	5	5	—	5	5	—
丁	5	—	5	—	—	—

当然，这些区域销售目标只反映了企业发展目标和竞争目标的要求，在最终确定营销目标时，营销部门还要考虑市场因素和企业的实际情况，进行必要的修正。当市场和企业的实际情况与企业发展目标和竞争目标的要求差距较大时，营销部门需要向上级部门反映，必要时可能要重新考虑企业的发展目标和竞争目标。

可见，在很多指标（如销售额和利润额）上，营销目标与发展目标、竞争目标没有什么不同，它们是发展目标和竞争目标在营销管理方面的具体体现或落实。此时，竞争目标先要对发展目标按业务分解，如表 3－3 所示；然后，营销目标在竞争目标按业务分解的

基础上再按区域分解，如表 3-4 所示。

另外，营销部门有一些重要的、特有的目标，如顾客满意度、顾客流失率、品牌忠诚度、广告有效到达率等。这些目标虽然无法与企业的发展目标和竞争目标一一对应，但是能够帮助企业提高销售量、销售额、利润率、利润额和市场占有率，有助于企业发展目标和竞争目标的实现。

总之，在确定营销目标时，营销部门要把企业的发展目标和战略以及竞争目标和战略作为背景考虑——不是为企业制定新的目标，而是要将企业的发展目标和竞争目标落到实处。

二、财务目标与非财务目标

营销目标有财务目标和非财务目标之分。财务目标是那些可以用财务指标衡量的目标，如毛利、税前利润和投资收益率等。下面是一些财务目标的例子：

- 销售额：到 2021 年 12 月 31 日，A 公司的电冰箱在中国国内的年销售额要达到 25 亿元。
- 产品销售量：在促销活动期间，公司在西安每个月要卖出 X 牌电脑 1 000 台。
- 渠道销售量：到 2021 年底，公司要通过网店渠道销售 X 牌电脑 10 万台。
- 毛利率：到 2021 年底，公司要使 X 牌电脑的毛利率提高到 25%。
- 投资收益率：B 公司营销活动的投资收益率要达到 17%。
- 收支平衡：到 2021 年 6 月 30 日，A 公司电冰箱的销售和成本达到盈亏平衡点。

非财务目标虽然不能用财务指标来衡量，但它们与企业的营销管理活动直接相关，常常是影响财务目标的原因，如顾客满意度、渠道关系、顾客关系、品牌认知度和忠诚度等。下面是一些非财务目标的例子：

- 争取顾客：下一年度，某公司将通过每个月增加 10 个渠道终端的方式向市场渗透。
- 维系顾客：在年末，甲公司将把顾客流失率控制在 13%以内。
- 顾客满意度：下一年度，A 公司要使一半的顾客满意度考评超过 95 分。
- 渠道关系：下一年度，X 公司要与 10 家超市签订合同以扩大分销渠道。
- 市场占有率：到 2021 年 12 月 31 日，X 公司要使其电脑在中国的市场占有率达到 15%。
- 产品开发：到 2021 年 12 月 31 日，X 公司要开发并推出四款新电脑。
- 交付订单：到 2022 年 6 月 15 日，X 公司网上交付订单的时间要缩短两个小时。

在实际运用中，财务目标和非财务目标可能出现方向不一致的情况，比如，为了抢占市场，企业需要提高市场占有率，有时不得不放弃较高的利润率。如果一味地强调财务目标而忽视非财务目标，企业也许能够获得较高的短期利益，但是会失掉市场份额，使长期利益受损。因此，在制定营销目标时，要注意财务目标和非财务目标的综合运用和匹配关系。

三、常用的营销目标

企业常用的营销目标有销售目标、利润目标、满意目标和形象目标。这些目标并不相互排斥，一些企业试图达到所有营销目标，另一些企业则专注于实现其中某一种目标。

(一) 销售目标

销售目标包括销售量、销售额、销售增长率和市场占有率等指标。

销售额是营销部门的一个基本目标，指的是企业销售商品或服务获得的不含税的全部收入。它与营业额的区别在于营业额属于含税收入。销售额在很大程度上体现着一个企业满足顾客需求量的大小。由于在一个企业实现的销售额中包含这个企业为顾客创造的价值，所以它是企业为顾客创造价值的一个基础。如果产品卖不出去，没有销售额，那么企业的一切生产经营活动都没有价值，也毫无意义。

销售增长率指以前期销售量作为基准来衡量本期销售量的增长情况。在这个目标指导下，企业最关心的是企业产品销售规模的增大。销售增长率的计算公式如下：

$$销售增长率=\frac{本期销售量-前期销售量}{前期销售量}\times 100\% \tag{3-1}$$

市场占有率又称市场份额（market share)，是指企业某产品在市场上的比重。又分为收益市场占有率（revenue market share)、销量市场占有率（unit market share）和相对市场占有率（relative market share)。收益市场占有率是指企业某产品的销售收入占市场该产品总销售收入的百分比；销量市场占有率是指企业某产品的销量占市场该产品销售总量的百分比；相对市场占有率是指企业某产品的市场占有率或销售额与最大竞争对手该产品市场占有率或销售额的比值。市场占有率的计算公式如下：

$$市场占有率=\frac{企业某产品的销售额(量)}{市场上所有企业该产品的销售额(量)之和}\times 100\% \tag{3-2}$$

销售增长率和市场占有率指标对企业某种产品的营销非常重要，常常用来确定企业的发展战略（本章第 2 节)。前者预示企业该种产品或该项业务的发展前景，后者则体现企业该种产品或该项业务在行业中的竞争地位。

(二) 利润目标

利润目标包括净利润、销售利润率和投资收益率等指标。

净利润（net profit）等于销售额减去总成本（费用)。与销售额不同，它显示的只是企业的生产经营成果，不包含其他上游企业（如原材料和零部件的生产制造商）为顾客创造的价值。因此，它能够更真实地反映一个企业为顾客创造价值的大小。实际上，它可以看成因为企业的价值创造而通过顾客的选择从社会获得的奖励。虽然销售额是利润额的必要前提，但不是充分必要条件。有销售额没有利润额，意味着企业为顾客创造的价值未得到顾客或社会的认可。利润水平有两种不同的表示方法，即销售利润率和投资收益率。

销售利润率是一定时期净利润在销售收入中所占的百分比，表示商品单位销售额的获利能力。销售利润率的计算公式如下：

$$\text{销售利润率}=\frac{\text{净利润}}{\text{商品销售额}}\times 100\% \tag{3-3}$$

投资收益率（return on investment）是净利润与实现这些利润所需投资的比值，表示单位资产的获利能力。投资收益率的计算公式如下：

$$\text{投资收益率}=\frac{\text{净利润}}{\text{投资额}}\times 100\% \tag{3-4}$$

从营销部门考虑，投资收益率可以用营销投资收益率（return on marketing investment）来替代。[①] 营销投资收益率指由于营销活动而增加的收入与营销费用的比值，可以显示单位营销投入的获利能力。营销投资收益率的计算公式如下：

$$\text{营销投资收益率}=\frac{\text{由于营销活动而增加的收入}\times\text{贡献率}-\text{营销费用}}{\text{营销费用}}\times 100\% \tag{3-5}$$

示例 3-2　营销投资收益率的含义

示例 3-2 可以用来说明营销投资收益率的含义。试根据示例提供的数据计算该企业营销活动总的营销投资收益率。

（三）满意目标

满意目标指满足利益相关者需求的程度，包括顾客满意、部门员工满意、供货商或经销商满意以及政府满意等。其中，顾客满意是最重要的一个目标。不能满足顾客需求，企业就失去了存在的价值。只有先满足顾客需求，才谈得上满足其他相关利益群体的需求。政府对企业在营销方面的要求通常以法规或政策的形式出现，是硬指标，必须完成。

顾客忠诚度、偏好度和自愿推荐度等也可以作为衡量顾客满意度的相关指标。比如，顾客忠诚度可以用一些量表测量，包括生意占有率（business share）、自愿支付溢价和自愿推荐度等。

生意占有率指企业的销售额在现有客户生意中所占的比例。比如，一个企业与 10 个客户进行交易，如果只是进行一般性的市场交易，那么 10 个客户从这个企业把产品买走，交易即完成。至于这些客户今后是否购买，则不考虑。用这种方法，企业虽然能获得一定的市场占有率，但缺乏可持续性。相反，如果企业更看重长远利益，那么在交易之初，企业就谋划与这些客户建立长期的互惠关系，甚至与它们建立战略伙伴关系，从而逐年增加购买比例。企业对这 10 家客户的生意占有率不断增加，在整个市场上的占有率也因此提高。用这种方法获得的市场占有率更加稳定，更有保证，也更具有可持续性。

（四）形象目标

企业或品牌形象是指顾客或其他相关群体对一个企业或品牌的总体评价。形象目标的关键是使顾客或相关群体对企业或品牌形成一个企业欲求的形象。比如，品牌影响力目标可以通过品牌知晓度、品牌态度、品牌信念、品牌的购买意愿、品牌的购买比率和品牌的

---

① 法里斯．营销量化指标．北京：中国人民大学出版社，2007：351-372.

重购比率等指标设置和测量。品牌知晓度（awareness）指知晓某个品牌的顾客人数占总人口的百分比；品牌态度（attitude）指顾客喜欢或不喜欢某个品牌的程度；品牌信念指顾客对某一品牌形成的比较固定的看法；品牌的购买意愿（purchase intentions）指顾客愿意购买某种品牌的程度或购买的可能性；品牌的购买比率指购买某个品牌的顾客人数占总人口的百分比；品牌的重购比率指重复购买某个品牌的顾客人数占曾经购买这个品牌的顾客人数的百分比。

此外，脑中第一占比（top of mind）也是企业常用的一个形象目标。脑中第一是指在无提示的条件下，当向顾客提出某种类别的产品时顾客最先想到的品牌。脑中第一占比则是指将企业某品牌列为脑中第一的顾客占顾客总人数的比例。这一指标能够反映某一品牌在某一类产品中的影响力和在顾客心目中的地位。

四、有效的营销目标

确定有效的营销目标，要注意以下要点：

第一，具体、明确、可衡量。目标必须具体、明确，要包括最后期限和量化的评估方法，以便于营销管理人员制定活动进度表和进行监督。对于不易量化的目标，也要尽量想出较为客观的评价标准。

第二，实际且具有挑战性。营销目标必须以企业的现实情况为基础，不能不顾现实提出过高的目标，同时，也要有足够的挑战性，刺激营销业绩的提高。

第三，服从企业使命和企业整体战略目标。营销部门要把企业的发展目标和战略以及竞争目标和战略作为背景考虑，设立的营销目标应该有助于企业实现其终极目的（企业使命）和完成其总的战略目标（发展目标和竞争目标）。

第四，反映企业的内部资源和核心竞争力。营销目标必须反映企业的资源、核心竞争力和优势，否则不具有挑战性，或者具有挑战性但难以实现。

第五，与外部环境的机会和威胁相匹配。设立的营销目标必须与外部环境所提供的机会与威胁相匹配，有针对性地利用机会或避免威胁。

第六，不同的营销目标之间互相配合。如果是多个目标，则目标之间不应有矛盾，在有矛盾时，要明确表述目标的优先顺序。

在企业设立营销目标时，可以通过回答以下问题来检验营销目标的有效性：营销目标具体吗？营销目标有进度表吗？营销目标可衡量吗？营销目标现实吗？营销目标具有挑战性吗？营销目标与组织使命相一致吗？营销目标与组织总体导向一致吗？营销目标与组织内部资源和核心竞争力相一致吗？营销目标与外部环境的机会和威胁相匹配吗？

五、确定营销目标的步骤

确定营销目标可以按照以下几个步骤进行：

第一，回顾企业的发展目标和发展战略以及各业务单位的竞争目标和竞争战略，明确营销战略在企业发展与竞争中的地位以及设置营销目标的指导原则。营销目标和营销战略要有助于企业的发展目标和发展战略、竞争目标和竞争战略的实现。除非它们自身有问题，否则营销目标和营销战略是不能与它们相违背的。

第二，根据企业的发展目标和各业务单位的竞争目标，拟定能够实现发展目标和竞争目标的营销目标。

第三，考虑企业的实际情况，分析有利条件和不利条件，评估实现营销目标的可能性。当发现评估结果与此前确定的营销目标有较大差距时，需要与上级和相关业务单位沟通，在此基础上对营销目标做出修正，力求营销目标“实际而具有挑战性”。

第四，考虑不同营销目标之间的匹配问题，以免不同的营销目标相互撞车。在不同的营销目标之间有矛盾且无法避免时，要按照重要性为营销目标排序。

第五，根据企业需要和实际情况的变化，调整和修改营销目标。营销目标是企业进行营销控制的依据，一经确定就不能随意改变。但是，在企业的战略需要和实际情况发生变化后，原来的营销目标可能不再适用，此时就需要对其进行调整和修改。

思考题

1. 什么是战略？战略、策略和战术有什么区别？
2. 什么是企业战略？分为哪几个层次？
3. 企业战略各层次要解决的主要问题是什么？
4. 企业的营销目标与发展目标和竞争目标有怎样的关系？
5. 企业常用的营销目标有哪些？哪些是财务目标？哪些是非财务目标？
6. 有效的营销目标应该满足哪些条件？
7. 确定营销目标可以分为哪几个步骤？
8. 在现实中找几家企业，看看它们的营销目标是什么，是否可以找出这些目标与企业发展目标和竞争目标的关系，营销目标是怎样确定的，以及有什么问题。
9. 分析书末案例 3，回答案例后面的问题。

| 第 4 章 |

需求分析

营销是企业根据不可控因素的变化，通过目标市场的选择和对企业可控因素的动态组合，以高效率为目标市场创造价值的方式实现与顾客的交换，达到企业的营销目标。因此，了解市场需求和目标市场的特点就是企业进行营销分析的首要内容。本章先介绍需求的内涵、构成与分析方法，再将个体与团体分开，分别介绍个体购买行为与团体购买行为的特点。

第 1 节　需求的内涵

顾客价值是购买者或消费者从某一特定产品或服务中获得的利益总和（第 1 章第 1 节）。这些利益给顾客带来舒适、便捷和快乐，增大其幸福感，或者为顾客消除痛苦，减轻不幸带来的悲伤。因此，顾客价值与顾客的消费需求密切相关。

一、需要、欲望与需求

需求是人们为获得生活资料（消费品）、生产资料（工业品）或服务而具有货币支付能力的欲望。为了准确理解需求的含义，我们要注意区分需要（need）、欲望（want）和需求（demand）这三个相近但又不同的概念。

需要是出自人们生理、心理或社会本能的要求，是人们对生存所必需的某些方面缺乏满足的感觉状态。比如，为了生存，人需要食物、衣物、藏身之所、归属感和自尊等。这些需要不是哪一个社会或哪一个营销者创造或刺激出来的，它们内生于人的生理和社会属性。一个心智健全的人，都会有这些要求。

欲望是人们欲得到某个特定物品的内在驱动力。

需要是没有特定指向的，如人饿了要吃饭，但到底吃什么，并不明确。欲望则有特定指向。人在饿的时候，可能产生很多欲望，如想吃北京烤鸭，想吃川菜，想吃汉堡包。可见，同一个需要可以产生许多不同的欲望。欲望比需要有着更多的文化内涵。不同文化背景的人满足相同需要的欲望往往是不同的。比如，在一个社会，一个人满足自尊的需要是买一部名车的欲望；在另一个社会，可能只是买一身好衣服的欲望。人的欲望是推动社会发展的基本动力，因为有欲望，人类才去创造。

需求是人们对某个特定物品有货币支付能力的欲望。人的欲望有很多，但不是所有欲望都能够得到满足。这在很大程度上取决于人们的收入——人们只能满足那些自己支付得起的欲望。从这个意义上说，人们满足自己需求的方式取决于他们的收入。许多人对名牌轿车有欲望，但有能力购买的只是少数人。有趣的是，当很多人有能力购买时，真正有钱的人就不会买了。对于一个企业来说，不仅要了解有多少人想要它的产品，而且要了解那些对其产品有欲望的人中有多少人真正有购买能力。

产生于人们生理、心理和社会本能的需要，被刺激物刺激或唤醒，上升为指向某一特定物品的欲望；在理智和货币的限制下，人们的欲望转化为需求——人们既想拥有，同时又有货币支付能力。营销者并不创造需要，需要原本就在那里。营销者创造的是欲望，并通过提供高利价比的产品去满足创造出的欲望。换句话说，营销者的任务是通过创造欲望去创造或影响需求。

二、顾客价值与需要层次

按照前面的定义，企业营销似乎非常简单——通过自己的活动，高效率地为目标市场创造顾客价值。只要企业做到这一点，它就能够获得利价比优势，顺利地与顾客实现交换，最终在市场竞争中取胜。然而，顾客价值具有很大的主观性，同一个产品对于不同的顾客或同一个顾客在不同的时期，价值是不同的。根本原因在于人的需要是分层次的。

根据马斯洛的需要层次理论（need-hierarchy theory）①，人的需要按性质可分为五个不同的层次，即生理需要、安全需要、社会需要、自尊需要和自我实现需要，如图4-1所示。只有低层次的需要满足了，高层次的需要才变得越来越迫切。

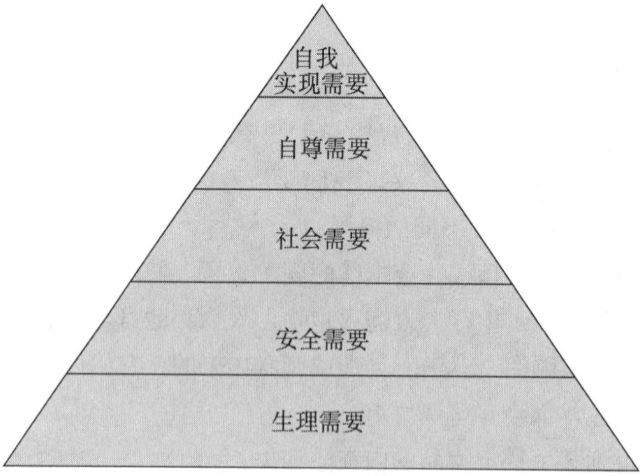

图4-1　马斯洛的需要层次理论

生理需要在这个层级系统的最底层，是对人类生存条件的最低要求，如对食物、水、空气、性和健康的需要。当生理需要没有被满足时，人们很少会去考虑其他的需要。比如，当一个人很饿时，他一般不太会在乎食物的色、香、味，更不会在意食物是否健康、绿色和环保。

安全需要同样属于低级别的需要，如人们对人身安全、生活稳定以及免遭痛苦、威胁

① Maslow A H. A Theory of Human Motivation. Psychological Review，1943，50（4）：370-396.

或疾病的需要。缺乏安全感的人，会觉得自己受到威胁，认为世界是不公平或危险的。

社交需要属于较高层次的需要，如人们对友谊、爱情和归属感的需要。当生理需要和安全需要得到满足后，社交需要就会凸显。缺乏社交的人，常常会怀疑自己活在这个世界上的价值。这类需要如果得不到满足，就会影响人的精神状态，导致对生活不满或情绪低落。

自尊需要属于高层次需要，如人们对成就、名声、地位和晋升机会的追求。自尊需要既包括对成就或自我价值的个人感觉，也包括他人对自己的认可与尊重。自尊需要强的人，有时表现为爱面子，常常积极地用行动来让别人认同自己，在极端时会变得虚荣。

自我实现需要是最高层次的需要，包括审美、创造和发挥自己潜能的需要。在前面四个层次的需要都满足后，这一需要才变得比较强烈。自我实现需要强的人有一种使命感，觉得自己应该生活得有意义，做有意义的事情。

一般来说，各需要层次之间有下列关系：第一，这五种需要从低到高像阶梯一样，低一层次的需要满足后，就会向高一层次的需要发展，并使较高层次的需要成为行为的主要驱动力；第二，同一时期，某个人可能存在多种需要，但是有一种需要占主导地位；第三，一种需要并不会因为满足而消失，高层次需要增强时，低层次需要仍然存在，只是对行为影响的程度会减小；第四，并非所有人都能满足这五种需要，社会中只有一部分人能够满足自我实现的需要。

产品或服务之所以有价值，被购买和消费，就是因为它们能够满足人们的这些需要。同一个产品或服务之所以对不同的顾客或同一个顾客在不同的时期有不同的价值，首要原因就是顾客需要的这种层次性。比如，到同一家餐馆用餐，人们要满足的需要往往是不同的，这导致他们对用餐价值的认识不同。同是吃饭，有人是为了吃饱（生理需要），有人是为了交友（社交需要），有人是因为它卫生和健康（安全需要），有人是因为它色、香、味俱全（享受和自我实现需要）。表4-1显示了这种区别。

表4-1 顾客到餐馆用餐的需要层次分析

为顾客带来的利益	顾客用餐能够满足的需要层次				
	生理需要	安全需要	社会需要	自尊需要	自我实现需要
功能价值	吃饱	卫生和健康	朋友聚会，家人聚餐，交友	面子消费，婚宴，排场	色、香、味俱全；特色
服务价值	提供足量的食品和基本的服务	干净的用餐环境和周到的服务	适合聚餐或交友的用餐环境和让人感觉舒适的服务	奢华和宽敞的用餐环境和让人感觉有面子的服务	舒适的用餐环境和服务
社交价值	不在意	卫生和健康状况良好的服务人员	服务人员态度友好，让人愉快	让人感觉有面子的服务人员	服务人员态度友好，让人愉快，鼓励或帮助顾客参与
形象价值	不在意	卫生和健康的店铺形象	宽敞、明亮或温馨的店面形象	名店或有一定档次的店面形象	与自己的喜好相吻合的店面形象
体验价值	不在意	不在意	更在意交友、聚会中其他人的体验	更在意场面而不是食物本身；食物也是场面的一个组成部分	注重食物的品鉴，追求超乎寻常的用餐体验

相对而言，满足生理需要是最基本的。一个顾客购物的内在驱动力如果只是满足生理需要，那么企业满足其他需要的努力往往没有价值或价值不高。此时，顾客只看重产品或服务的基本利益和实用性——只要产品或服务能够满足其基本需要，价格越便宜越好。如果一个社会的绝大多数消费者或顾客都持这种态度，那么企业能够做的就是提高产品的质量和降低产品的价格，其他营销活动的作用将非常有限。

当生理需要被满足以后，顾客购物的内在驱动力就可能转变为满足更高层次的需要。此时，企业的营销活动就有了无限的空间。因为不同的消费者对同一种产品或服务会有不同的要求，对同一个利益会赋予不同的价值，所以企业在营销中需要对市场进行细分，也需要针对不同的目标市场进行不同的营销活动，其中的组合是无穷无尽的。

作为企业的营销管理者，一定要明确顾客价值与需要层次的这种关系。不要认为所有的顾客都是在追求产品的有用性，也不要认为一个产品已经很成熟，消费者很熟悉，其价值就被固定了。消费者满足的需要不同，他们对价值的认识就会不同。在很多品牌都能够满足人们对产品功能的需要时，为什么还有很多人会花大价钱购买名牌产品？此时，名牌产品满足的不仅仅是人们的生理需要或安全需要，还有社会需要和自尊需要。在需要处在较高层次时，对于质量相同的产品，并非价格越便宜越会获得顾客的青睐。

如果把产品给顾客带来的价值或利益仅局限于产品的有用性，那么当产品生命周期到达一定阶段（比如成熟期）后，企业提升利价比的空间就很小了。此时，具有同样性能的产品，成本一般差别不大。而增加功能，一方面要增加成本，另一方面新增功能的利益又往往边际递减，由此利价比不但不会提高，反而会降低。因此，企业竞争不管是采取降价的方式，还是采取其他方式（如增加产品功能、服务或广告宣传），其利润都会不断降低。

营销的真正魅力不是通过为顾客降低成本提高利价比，而是通过为顾客创造价值提高利价比。有人这样说：最高明的营销，是用价值把价格卖出去。

三、需求与市场机会

需求是被理智和货币限制的欲望，企业的市场机会蕴涵在需求中，如图 4－2 所示。图中第一个圆表示企业关心的市场需求。有需求的地方，就潜藏着可以赚钱的机会，称为环境机会。并非每一种环境机会企业都有能力利用，企业的能力是有限的，超出能力范围，企业就会力不从心，即使有机会也无法利用。

第二个圆表示企业的能力。在这个圆内的需求，都是企业有能力满足的。但是，企业有能力满足并不意味着企业可以通过满足其中的每一种需求得到合理的利润。所以，这种企业能力范围内的需求也不都是企业的市场机会。

第三个圆表示企业的市场机会。它是企业有能力满足并且能够得到合理利润的需求。企业进行市场营销活动的第一步就是要设法找到这种需求，并且在此基础上找出一种或几种企业能够比竞争者更好地满足的市场需求，如图中第四个圆所示，即企业的目标市场。

要特别注意的是，市场需求与企业能力都是在不断变化的，要动态地看待企业的市场机会。原来的一些市场机会，因为需求萎缩，可能不再是机会；反之，随着企业能力的增强，原来没有满足的需求也可能成为机会。

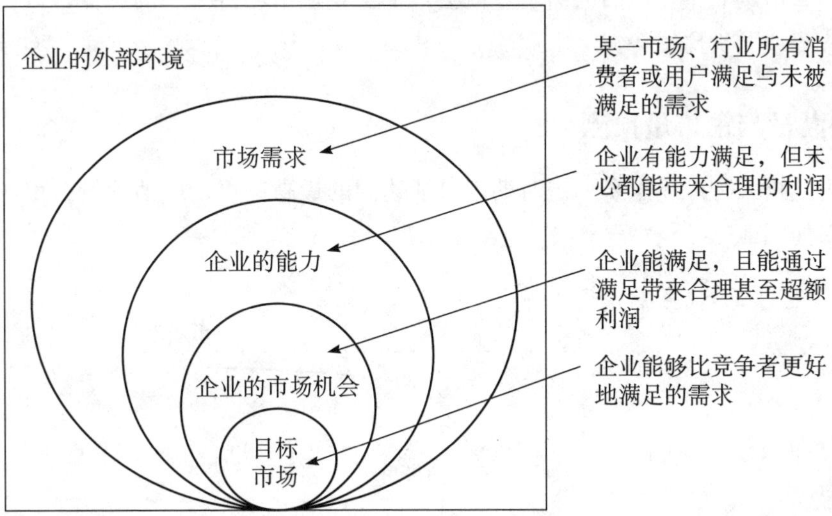

图 4-2　市场需求与市场机会

寻找市场机会是一个“层层剥皮”的过程——由外向里，先确定市场需求，再考虑企业能力，最后找出企业可以利用的市场机会；开发市场机会则是一个“中心开花”的过程——由里向外，随着企业的能力不断积累，第三个圆不断膨胀，越来越多的需求将变为市场机会。

第 2 节　需求的构成与分析方法

企业对需求的分析有两个主要方面：一是估计某种产品的市场潜量和销售量；二是分析消费者或用户购买动机与购买行为。前者的目的是了解一个产品的市场前景，后者的目的是了解消费者或用户购买的行为过程以及影响这一行为过程的各种因素。

一、需求构成

需求构成指的是影响市场需求容量基本要素的构成。相关因素有很多，人口或用户数量、购买力、购买动机三个因素最重要，称为需求构成三要素。下面的公式表达了三要素和需求量之间的关系：

$$\text{需求量}=f(\text{人口或用户数量},\text{购买力},\text{购买动机}) \tag{4-1}$$

即某个国家或地区对某一商品的需求量取决于：(1) 这个国家或地区的人口或用户数量；(2) 这个国家或地区社会购买力的大小；(3) 这个国家或地区消费者或用户购买这种商品的动机。

根据这三个要素的现状和变化趋势，一个企业可以大致了解某种商品在某个国家或地区的市场潜量以及变化趋势。一般而言，企业无法改变前两个因素，只能影响或改变最后一个因素，即通过营销活动，使消费者或用户认识到自己有某方面的需求，产生购买某种商品的愿望。如果消费者或用户对这种商品的需求量增加，而企业的市场占有率不变或提高的话，那么市场对企业产品的需求量就会增加。企业市场占有率的高低，取决于企业产品的竞争优势或利价比优势。

二、市场潜量与销售量预测

市场潜量指某种产品未来一定时期内可能达到的最高销售量或消费量。市场潜量与销售量的关系如图 4-3 所示。

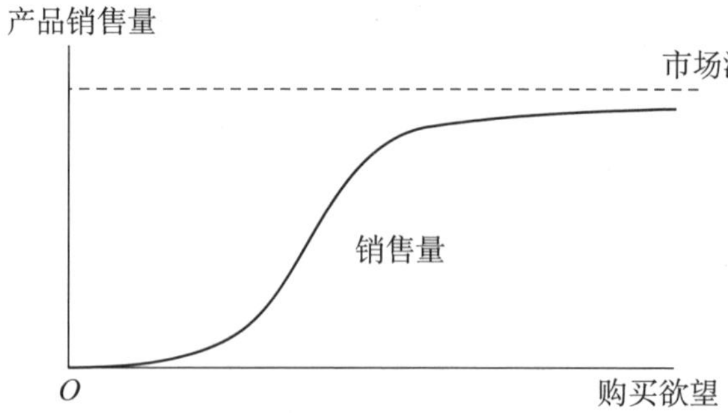

图 4-3　市场潜量与销售量

由图 4-3 可见，一定时期内，一个国家或地区的市场对某种产品的消费量或需求量可能达到的市场潜量是一定的，由一个国家或地区的人口数量与收入水平（购买力）决定。常听到这样的表述："当一个国家的人均 GDP 达到某个水平时，某种产品的普及率将达到某个百分比。"这实际上是用类比的方法，告诉我们某种产品一定时期的市场潜量。计算非常简单，用人口数量乘以产品普及率。此时，我们可以预测一个国家或地区的人均 GDP 什么时候能够达到某一水平以及在那个时候人口会发生什么变化。

计算日常用品市场潜量有一种更可行的方法。比如，计算某一地区一定时期内牙膏的市场潜量。我们需要下面两个数据：一是该地区的人口数；二是每月人均牙膏使用量。两个数据的乘积，就是该地区一个月牙膏的市场潜量。当然，在计算时，需要把牙膏使用量标准化，即如果牙膏以管为单位计量，那么每管的容量必须是确定的。

市场潜量是产品在理论上的最大销售量，不一定能全部实现，其实现程度取决于消费者或用户的购买动机。由图 4-3 可见，随着消费者或用户购买欲望的增大，一种产品的销售量逐渐从低到高，直到逼近市场潜量。

消费者或用户对于一种产品的购买欲望，是一个市场上生产经营这种产品的所有企业市场营销活动的函数。换言之，一种产品市场潜量的实现程度，在很大程度上取决于生产经营这种产品的所有企业共同的营销努力。因此，估计未来销售量要比估计市场潜量困难得多。

从理论上讲，为了准确地估计未来某产品的市场销售量，我们需要把市场上已经实现的销售量从市场潜量中减掉，加上新的销售量，然后考虑购买欲望，如未购买者的欲购买比例和已购买者的欲替代比例。不过，在实际工作中，人们对于销售量的预测并没有这么复杂，常用的方法是时间序列预测法和趋势外推法，包括简易平均法、移动平均法、指数平滑法、拟合直线方程法和季节指数法等。

三、购买行为分析的一般方法：5W分析法

除了产品的市场潜量和销售量，企业更想知道的是：谁在购买自己的产品？他们具有什么特点？影响他们购买自己产品或竞争者产品的因素是什么？他们怎样看待企业的产品？这些信息有助于企业进行市场细分，选择目标市场，制定有效的营销战略。这就需要对消费者或用户的购买行为进行分析。营销学者归纳了五个方面的问题，作为分析购买行为的基本点，简称5W分析法。这五个方面的问题如下：

- What：企业的产品是什么？具有什么特点？能为购买者带来什么利益或解决什么问题？购买者在产品上的追求有什么差异？
- Who：谁是购买者、使用者或实际的购买决策者？他们具有什么特点？还有什么人会影响购买决策？
- Why：在众多的竞争品牌中，购买者为何会选择购买本企业的品牌？另一些人为何不购买？本企业品牌的卖点是什么？
- When：人们何时购买？什么时候使用？购买和使用在时间分布上有什么规律？
- Where：人们何地购买？在哪里使用？购买在分销渠道和使用地点上有什么特点？

表4-2从消费品和工业品的角度归纳了5W分析法的基本内容。这五个方面揭示了购买行为的对象（What）、主体（Who）、动机（Why）以及购买方式（When和Where）。从这五个方面的问题着手分析，企业能够对消费者或用户的购买行为及其特点有一个基本的认识。

表4-2 5W分析法

What	Who	Why	When和Where
消费品：生存、发展、享受；日用品、选购品、特殊品；耐用消费品、易耗消费品、消费性服务	个体：个人或家庭 消费者的特性：收入水平、社会阶层、年龄、性别、教育程度等 购买角色：发起人、影响者、决策者、购买者、使用者	需要层次：生理需要、安全需要、社会需要、自尊需要和自我实现需要 购买动机：生存动机、安全动机、感情动机、自尊动机、探求动机、享受动机 影响购买的其他因素：经济预期、社会文化、参照群体等	购买过程：引起需求、收集信息、判定选择、决定购买、购后感受 购买类型：习惯型购买、理智型购买、经济型购买、冲动型购买、情感型购买
工业品：主要设备、原材料、辅助材料、动力燃料；固定资产、流动资产、生产性服务	团体：组织 组织因素：行业特点、组织规模、组织历史 购买角色：影响者、决策者、购买者、使用者、把门者 购买中心成员的个人因素：年龄、性别、教育程度等	需求特性：产品用途和重要地位 购买动机：一般比较理性，但受购买中心个人动机的影响 影响购买的其他因素：组织因素、人事关系因素、购买中心成员的个人因素	购买过程：认识需求、确定需求、说明需求、寻找供应者、征求意见、选择供应者、订货与程序交付、检查合同执行情况 购买类型：直接重购、修正重购、新任务购买

有人将5W分析法扩充为6W2H分析法，在5W之外，再加Which，How和How much。Which对应的问题是：在有多种替代品的情况下选择哪一种？在多个品牌中选择哪一个？购买名牌还是一般品牌？How对应的问题是：如何做出购买决策？按什么程序和方式购买？对营销的各种因素有什么反应？How much对应的问题是：一定时期的购买数量是多少？购买频率如何？人均购买量是多少？总购买量是多少？

在顾客越来越重视体验价值的趋势下，关于“使用者如何使用产品”的信息，有助于企业设计更友好的产品，提高顾客的体验价值。因此，可以加一个H（How to use，如何使用），描述使用者如何使用产品。

营销管理人员在对需求进行分析时，没必要执着于选择5W分析法还是6W2H分析法，两种方法都可以用，分析的内容也不会有太大的不同。两种方法只是指出了需求分析的主要内容，并无意穷尽所有可能的内容。其中的关键是：企业要针对自己的营销问题进行需求分析，获得有助于解决企业营销问题的信息。因此，企业应该根据需要，增加或减少一些分析的内容。

第3节　个体购买行为分析

如表4-2所示，产品或服务可以根据用途分为消费品（consumer goods）和工业品（industrial goods）。前者用于消费，也称为生活资料，通常由个人或家庭购买；后者用于生产，也称为生产资料，通常由企业内具备专业知识的采购人员购买。购买者由此可以分为个体购买者与团体购买者。虽然一些团体购买者（如中间商和政府机构）也购买消费品，但是它们不是为了个人或家庭的消费，而是从事经营活动（中间商）或向社会提供服务（政府机构），从行为上看与生产制造企业购买工业品更相似。

5W分析法是购买行为分析的一般方法，经过变通以后，适于分析各种购买行为。不过，因为个体购买者与团体购买者的行为特点及影响因素有较大的不同，所以购买行为分析的内容和采用的方法也有一些差异。

一、个体购买行为的特点

个体购买者由个人或家庭成员构成，以购买消费品和消费性服务为主。个体购买者的购买行为具有非营利性、差异性大、批量小但购买频繁、价格敏感度高、非专业性购买和流动性大的特点。

非营利性，即个体购买者购买的目的是为个人或家庭消费，满足个人或家庭的生活需要，而不是为了盈利而进行再生产或转售。这是个体购买行为的一个最重要的特点。人们要生存，要享受，要发展，就需要消费。因此，凡是有人群的地方，就有个体的消费需求，也就有个体的购买行为。

差异性大，即个体受年龄、性别、职业、收入、教育程度、居住区域、民族、宗教等因素的影响，购买行为各异。即使同一个人也会因时间、心情、场合等情境因素的变化，产生不同的需求，表现出不同的购买行为。

批量小但购买频繁，即个体购买者在一次购买中一般批量不大，但会在条件允许时随用随买。对于生活必需品更是如此。

价格敏感度高，即相对于团体购买者而言，个体购买者对价格变化的敏感度更高。一般而言，当一种商品的价格上涨时，个体购买者的需求量会下降；当价格下跌时，需求量会增加。

非专业性购买，即个体购买者一般没有各种商品的专业知识，大多数购买活动属于非专家型购买。在购买商品时，个体购买者很容易受广告、包装、品牌、服务、降价、商店的氛围、营业员的劝告等因素影响。

流动性大，即个体购买者的需求在城乡之间、地区之间有很大的流动性。尤其在一些中心城市，需求的很大一部分是由流动人口带来的。按照商圈（trading-area）理论，一家零售店吸引顾客所及的地理区域是一个以零售店为中心、向外延伸一定的距离为半径所构成的圆圈。[①] 具有零售中心功能的两座城市对位于二者中间的居民区具有的零售引力，与两座城市的人口成正比，与两座城市到中间区域的距离成反比。这称为瑞利法则（Reilly Law）。[②] 因此，城市规模越大，人口越多，从其他地区吸引来的流动性需求就越大。

二、个体购买行为的“刺激—反应”模型

根据心理学的“刺激—反应”模型，个体的购买行为受其心理活动的支配。他们受到某些外部刺激，而后产生对某种商品或服务的购买动机，在购买动机驱动下做出购买决定。购买行为过程像一个“黑箱”，如图4-4所示。

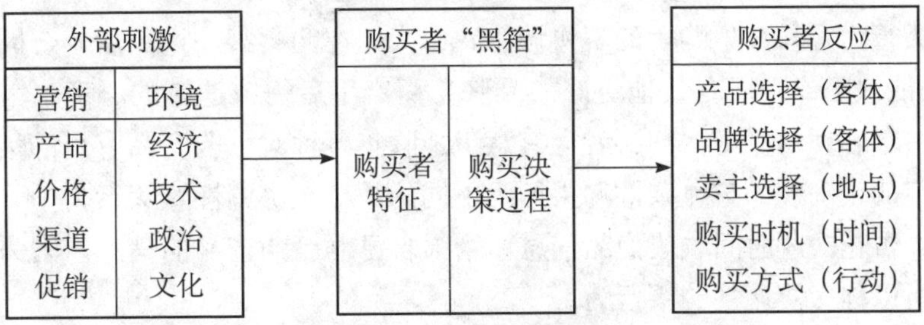

图4-4 个体购买行为的“刺激—反应”模型

人们在购买不同的产品时购买行为有很大的差异。比如，在购买第一辆私家车时，一个人可能要广泛收集信息，反复比较研究，才做出购买决定；而在购买牙膏、牙刷时，他可能不假思索，想到就买了。表4-3是根据品牌差异和购买者涉入度对个体购买行为的分类。

---

① Levy M，Weitz B A. Retailing Management. 4th ed. NY：McGraw-Hill/Irwin，2001：162-200；Berman B，Evans J R. Retailing Management. 9th ed. NJ：Pearson Education，Inc.，2004：218-222.

② Reilly W J. Method for the Study of Retail Relationships. Research Monograph No. 4，Austin：University of Texas Press，1929.

表4-3 个体购买行为的类型

品牌差异	购买者涉入度	
	高	低
大	复杂性购买行为	选择性购买行为
小	协调性购买行为	习惯性购买行为

品牌差异是指不同品牌在质量、性能、价格和形象等方面给予购买者不同程度的感受。购买者涉入度（involvement）是指购买者为购买决策而收集信息、了解商品知识以及在品牌之间进行比较花费的时间、精力和努力的程度，也称卷入度或介入度。

（一）复杂性购买行为

复杂性购买行为发生在购买者涉入度高和品牌差异大的情况下，主要针对那些购买者缺乏知识、价格昂贵、购买频率不高且品牌之间差异大的大件耐用消费品，如汽车、商品房等。由于价格昂贵，品牌的内涵有较大的差别且为人们所重视，所以购买者感知的决策风险比较大，购买决策也会比较谨慎。此时，购买者愿意花较多的时间收集商品信息，学习商品知识，在各种品牌之间慎重地进行比较和选择。

（二）协调性购买行为

协调性购买行为发生在购买者涉入度高和品牌差异小的情况下，主要是针对那些购买者不太熟悉、价格昂贵但品牌差异较小的产品。由于价格昂贵，所以即使品牌的差别不大，购买者也有较高的涉入度，在决策时比较慎重。由于品牌差别不大，购买者一般不会花很大的精力进行品牌间的比较。较高的涉入度主要体现在购买者对价格和便利的关注上，他们会以价格是否便宜和购买是否便利为决策的主要依据。

这种购买行为容易产生购后的不协调感，即人们在购买某一产品后，会因为某种原因（如产品的功能缺陷或发现有其他更好的品牌）而产生后悔或遗憾的心理。为了减少这种不协调感，追求心理的平衡，购买者会有意识地收集各种对已购产品有利的信息，以证明自己购买决定的正确性。与复杂性购买行为不同的是，在协调性购买行为中，购买者先做出购买行动，再花一些时间收集商品信息，增强自己对已购产品的信念。因为常常要减少不协调感，所以称为协调性购买行为。

（三）选择性购买行为

选择性购买行为又称寻求多样化购买行为，多发生在品牌差异大、购买者涉入度低的情况下，主要是针对那些价格不高但品牌间差异显著的商品。此时，购买者的购买决策有很大的随意性，频繁更换品牌。比如，一些人在购买牙膏、洗发水时，就经常更换品牌。这种产品的种类繁多，各品牌之间有明显的差异，价格便宜，人们在购买前不用做调查和评价，以“不妨买来试一试”的心理做出购买决策。品牌频繁转换的原因是寻求变化，增大自己的选择性，而不一定是对先前的品牌不满意。购买者容易受降价、免费试用、新产品推广等营销活动的影响。

（四）习惯性购买行为

习惯性购买行为多发生在品牌差异小、购买者涉入度低的情况下，主要针对那些价格低廉、品牌间差异不大的商品。此时，人们购买某一品牌，往往不是因为特别偏爱这一品牌，而是出于习惯。比如，很多人在买醋时，可能会关心产地，如山西的醋、镇江的醋或岐山的醋，但是不大关心醋的牌子。由于不注重品牌的差异，在消费时，他们也不会对不同的品牌进行购后评价。若无意外发生，购买者一般不会改变其购买习惯。不过，当问到某一牌子的产品好在何处时，他们又常常无法回答。

对个体购买行为进行分析，就是要设法打开“刺激—反应”模型中购买者“黑箱”，更加深入地认识购买者的决策过程。为此，还需要了解个体购买决策的参与者、过程和影响因素。

三、个体购买决策的参与者

个体购买决策常常由一个人做出，比如对香烟、啤酒和日用化妆品的购买，但是有时也会由许多人参与，比如对电冰箱、电视机、住房和汽车的购买。即使是个人单独使用的产品，在其购买决策过程中，购买者也常常会征求他人的意见，受他人的影响。因此，在个体购买决策中常常有不同的参与者，扮演不同的角色。

- 发起者，即一次购买活动的建议人，他首先提出要购买某种产品或服务。
- 影响者，即对发起者的建议表示支持或者反对的人。这些人没有最终决策权，但是他们的意见会对决策者产生重要的影响。
- 决策者，即对是否购买、怎样购买有最终决策权的人。
- 购买者，即执行具体购买任务的人。他会对产品的价格、质量、购买地点进行比较选择，并同卖主进行谈判和成交。
- 使用者，即产品的实际使用人或消费者。他使用产品并对产品进行满意度评价，会影响购后评价和再购买决策。

以上五种角色可能由不同的人分担，也可能由同一个人承担。在理论上将购买决策的参与者进行区分，对于企业的营销活动有重要意义。企业可以根据不同参与者在购买决策过程中扮演的角色，有针对地进行营销宣传活动。比如，男士的内衣、剃须刀等生活用品有时会由妻子决策和采购；在儿童玩具的选购过程中，家长的意愿往往占主导地位。因此，针对妻子推销男士内衣、剃须刀等男性生活用品，针对家长推销儿童玩具，可能是更好的策略。

四、个体购买决策过程

个体购买决策过程由一系列相关联的活动构成，尤其在复杂性购买行为中，人们的购买决策要经过需求确定、信息收集、方案评价、购买决定、购后感受五个阶段，如图4-5所示。

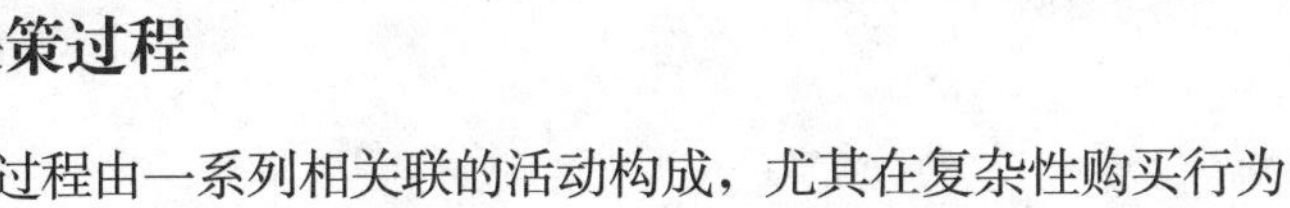

图4-5 复杂性购买行为的决策过程

不过，随着购买者涉入度的降低，一些环节可能会被跨过，一些环节的顺序可能颠倒，因此，在协调性购买行为、选择性购买行为和习惯性购买行为中，购买者不一定按照图4-5的顺序经过所有五个阶段。

（一）需求确定

个体购买决策的过程开始于购买者对某个由内部或外部刺激引起的欲望。比如，饥饿、干渴等源于内部刺激，当饥饿、干渴达到一定的强度时就成为一种购买的驱动力。再如，人们路过食品店时，看到陈列精美的蛋糕会引起食欲；看时装表演时，会引发购买服装的愿望。这些都是外部刺激，也能引起人们的购买欲望。企业的营销活动实际上就是一种外部刺激，目的是激发顾客的购买动机或购买欲望。

按照紧迫性和预见性，需求要解决的问题可以分为四种：日常问题、紧急问题、计划解决的问题和逐步解决的问题，如表4-4所示。

表4-4　需求的问题类型

预见性	紧迫性	
	立即解决	无须立即解决
预期之中	日常问题	计划解决的问题
预期之外	紧急问题	逐步解决的问题

日常问题属预料之中但需要立即解决的问题。人们在日常生活中经常有这种需求。比如，对主副食、牙刷牙膏、毛巾肥皂等商品，天天要消费，经常要购买。对这种需求，人们的购买决策一般比较简单，大多进行习惯性购买或选择性购买。

紧急问题是突发性的，预期之外且必须立即解决，比如汽车爆胎、眼镜镜片破碎、电脑死机等。紧急问题若不立即解决，正常生活将被打乱，带来烦恼与痛苦。有这种需求时，购买者首先考虑的是如何尽快买到适用的商品，对品牌、商店或价格都不会太挑剔。

计划解决的问题是预期中要发生但不必立即解决的问题。这种需求大多发生在价值较高的耐用消费品的购买中。例如，一对新人准备年内购买一套家具；一个家庭准备一年后购买一辆汽车。有这种需求时，人们一般都会周密计划，多方面收集信息，认真进行各种方案的比较，属于复杂性购买行为。

逐步解决的问题是预期之外且无须立即解决的问题。它实际是一种人们潜在的有待满足的需求。例如，计步器最初出现在市场上时，人们虽然认为它不错，可以满足锻炼身体的需要。但并没有很多人立即购买，也没有长时间计划将购买，只是在作为礼物时才会想到并购买。

（二）信息收集

在复杂性购买行为中，人们在确定需求后并不会立即购买，而是先收集相关的信息。收集的信息主要涉及三方面的内容：第一，评估标准。例如，一个人欲购买一辆汽车，他首先要确定汽车应该具有哪些基本特征，以此作为购买方案的评估标准。如果知识和经验有限，他会通过向朋友打听、查阅报刊和向销售人员征询意见等方式获得信息。第二，各种可能的购买方案或解决问题的方法。比如，目前市面上有多少种不同品牌和型号的汽车。第三，各种购买方案或解决问题的方法所具备的特征以及优缺点。比如，目前市场上各种汽车的款式、性能和价格以及优缺点。

信息来源有四类，包括个人来源、商业来源、公共来源和经验来源。

- 个人来源，包括家庭、朋友、邻居和熟人的口头传播。
- 商业来源，包括企业的商业广告、推销员、经销商、商品包装、展览等提供的信息。
- 公共来源，包括大众媒体、网络论坛、专业评价机构等提供的信息。
- 经验来源，包括消费者个人通过产品的购买、处理、检查与使用等获得的信息。

（三）方案评价

因为可能的购买方案或解决问题的方法很多，所以购买者需要根据自己获得的信息按照一定的评估标准对其进行评价和选择，逐步筛选出一个令自己满意的购买方案。示例4-1是一个顾客购买洗衣机的决策过程。

在示例4-1的逐步评估和筛选过程中，每进入一个新的阶段都需要更详细的信息作支持。如果某一方案在这一过程中被淘汰，有一种可能是企业宣传不到位，没有为购买者提供充分的信息，使企业的品牌在购买者评估中处于劣势。

示例4-1 顾客购买洗衣机的决策过程

购买者对购买方案的评价和选择有四种不同的方法：单因素独立评价法、多因素联合评价法、排除式评价法和词典编辑式评价法。

单因素独立评价法指购买者以一个标准为依据评价和选择购买方案。例如，很多人在评价和选择某种商品时会以价格作为唯一标准，在所有同类商品中购买最便宜的。当然，也有人反其道而行之，“只买贵的，不买对的”。

多因素联合评价法指购买者在评价和选择购买方案时同时考虑多种属性，以综合最优为接受标准。例如，耐用消费品的购买者常常同时考虑价格、款式、功能、操作方式和售后服务等因素；房屋租赁者同时考虑房屋的结构、地段、楼层、朝向和租金等因素。如果可以依据各种属性的特征给各个购买方案打分的话，那么总分最高者就是购买者应该选择的方案。另外，不同的属性对购买者的重要性不同，因此要赋予不同的权数。此时，购买者就在使用多因素联合评价法进行购买方案的评价与选择。

排除式评价法指购买者在评价和选择购买方案时先确定若干重要的标准并为其排序，然后依次排除那些不具备某种标准最低要求的购买方案。例如，一个人购买服装首先考虑品牌的知名度，因此杂牌服装被排除在外；其次设定价格的大致范围，价格过高的服装也不予考虑；然后是款式，过于老旧的款式又被排除；依此类推，他会不断地把不符合其预设标准的商品一一排除，直至找到满意的方案为止。不过，这样做，购买者可能最后一种方案都没有选到。此时，他或者放弃购买，或者修改标准，重新选择。

当然，排除式评价法也可以倒着做，即先用最重要的标准选择购买方案，在未能选出令其满意的购买方案时，再用第二重要的标准选择，如仍然不行，则采用第三重要的标准选择，依此类推。这称为词典编辑式（lexicographic）评价法。

（四）购买决定

经过评价和选择，购买者就进入决定和购买实施阶段。此时也可能会有一些不确定性因素改变购买者的购买决定。比如，在决定购买时，如果其他人提出反对意见或更有吸引力的建议，就可能使购买者改变购买决定，或者推迟购买，或者放弃购买。他人态度的影响力取决于两点：反对的强烈程度和反对者在购买者心目中的地位。

一些意外变故也可能使购买者改变或放弃购买决定。比如，购买者家中突然有人生重病，需要大笔治疗费用；购买者突然失去工作，断了稳定的收入来源。这些都可能改变购买者的购买决定。

在决定购买后，购买者还要做一些购买实施的决策，包括到哪里去购买（地点决策）、要购买多少（数量决策）、什么时候购买（时间决策）以及用什么方式支付（支付方式决策）。

（五）购后感受

购买不但意味着一轮购买行为过程的结束，而且意味着新一轮购买行为过程的开始。购买者对于所购商品或服务的购后感受及其行为会极大地影响企业的营销业绩，决定着企业的生存和发展。

购买者的购后感受指一个人在购买和使用产品或服务之后对产品或服务及其购买活动满意与否的感觉程度。一个购买者的满意感来源于他对产品或服务的利益期望（E）与他感知到的从该产品或服务获得的实际利益（P）之间的比较。若 $P=E$，他会满意；$P>E$，他不但满意，而且可能感到惊喜；若 $P<E$，他会不满。另外，购买者的购后感受还可能受其他人评价的影响：若周围的人肯定其购买，他就会感到比较满意；反之，即使他原来认为比较满意的，也可能转化为不满。

满意与不满的购买者会有一系列可能的行为，如图 4-6 所示。感到满意的购买者，可能不但自己继续购买，还向其他人宣传和推荐；或者虽然不向其他人宣传和推荐，但是会继续购买。不管哪种情况，对企业都非常有利。

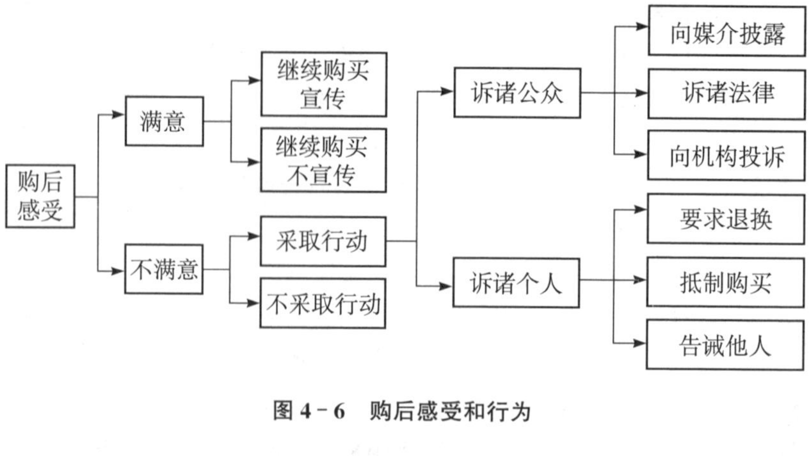

图 4-6 购后感受和行为

感到不满意的购买者也有几种可能的行为。首先，他们可能采取行动或不采取行动。

一般而言，若不满程度较低或商品的价值不大，购买者往往不采取行动。随着不满程度和商品价值的增大，购买者采取行动的倾向会越来越高。其次，采取行动的购买者可以诉诸公众，也可以诉诸个人。诉诸公众，包括向新闻媒体披露、诉诸法律或向相关机构（如消费者协会或工商行政管理部门）投诉。诉诸个人，如到商店要求退换，以后不再购买此品牌的商品，或者将不满意的情况告诉亲戚朋友等。不管出现哪种情况，对企业都非常不利。

在网络环境下，顾客的影响力大大提高。[1] 一个顾客可以通过在网络上点赞、评论、分享、转发和发布信息影响其他人的购买活动，而企业却很难限制对其不利的言论在网上传播。示例4-2是引起公众广泛关注的“青岛大虾事件”，充分显示了网络赋予顾客的影响力。

在网络环境下，企业需要更加重视顾客的购后感受，不但让顾客满意，而且要留下好的口碑，让顾客点赞、评论和分享。如果顾客有不满意的地方，企业要及时了解、解释、处理甚至赔偿，以免不良口碑在网上传播。俗话说得好：金杯银杯不如消费者的口碑！最好的广告是满意的顾客。

示例4-2　青岛大虾事件

五、个体购买决策的影响因素

很多因素会影响个体的购买决策过程，既有经济、文化和社会等外在因素，也有消费者个人和心理等内在因素，这导致了个体购买行为的千差万别。其中，经济因素是最基本的，它决定着人们的可支配收入（购买力）以及储蓄和借贷的能力。社会经济状况越好，人们的购买力越强，消费品的购买量也就越大。相反，当社会经济状况不好时，人们的收入减少、购买力下降，人们的购买会更为谨慎，购买量也会减少。除此之外，还有许多非经济因素会影响人们的购买行为，如图4-7所示。

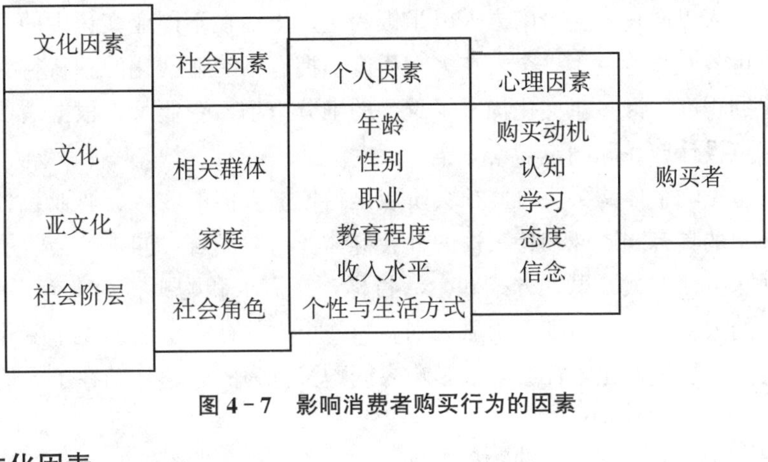

图4-7　影响消费者购买行为的因素

（一）文化因素

从最宽泛的意义上讲，文化指人们的生活方式——那些人们认为有用、有价值和值得

① 庄贵军．互联网让顾客交易权力增大．管理学家，2012（1）：67-68.

传承给后人的行为模式，“包括知识、信仰、艺术、道德、法律、风俗以及作为社会成员的人所具有的其他一切能力与习惯”。[①] 这一概念由于过于宽泛，“失去了它作为具体事物的特殊性，模糊了它的特质”[②]，所以人们很少在这种意义上使用它。从狭义上讲，文化是一个习得的、共享的、有一定强制力的、内部互通的符号体系（sets of symbols），这一符号体系为一个社会的成员提供解决问题的方法和意义导向。[③] 按照这一定义，第一，文化是人们在社会交往中习得的（learned），而非生来就有的；第二，文化是被社会中的大多数成员共享的（shared），如共同的价值观和相似的行为模式；第三，有一定的约束力或强制力（compelling），虽然不能决定人们生活的每个方面，但是为人们提供思想与行为的框架或准则，帮助人们以一种他人能够接受与理解的方式选择恰当的行为；第四，内部互通（interrelated），即人们创造了一种符号体系（如语言、舞蹈和绘画等）表现或反映他们的经验，这一符号体系的意义很容易被同一文化中的其他成员理解，而这一文化以外的人，如果不进行深入的了解，则很难理解其中的意义。[④]

狭义的文化概念强调文化作为符号体系在处理社会问题中的导向作用。它看不见、摸不着，通过价值观、思维方式、信仰、宗教、审美等影响人们的行为，也包括购买行为。

影响个体购买行为的文化因素可以分为三个层次：文化、亚文化和社会阶层。生活在不同文化中的人，在购买行为上有明显区别。比如，美国文化崇尚自由和个人奋斗，注重个人创造能力的发挥，在购买过程中美国人更强调个性，较少受他人意见的影响；中国文化崇尚和谐和群体观念，注重人与人之间的关系，中国人更强调社会规范，容易受他人意见的影响，常常为“面子”和“人情”而购买和消费。

在同一文化中还存在各种各样的亚文化，如国籍亚文化、种族亚文化和地域亚文化。中国是统一的多民族国家，除了占人口90%以上的汉族以外，还有很多少数民族。由于自然环境和社会环境的差异，不同的少数民族形成了不同的亚文化群。这些亚文化群在饮食、服饰、建筑等方面都有明显的不同。另外，中国的汉族人口众多，各地有方言，生活和饮食习惯也有明显差异。比如，北方人喜欢吃咸，江南人口味偏甜，广东人对食物特别讲究新鲜；北方人以面食为主，南方人以米饭为主。生活在不同亚文化中的群体，在购买和消费行为上也各有其特色。一个人在多大程度上拥有某一亚文化的独特行为，取决于他认同该亚文化的程度。许多亚文化构成了重要的细分市场，企业可以根据消费者的需求与购买行为的特点设计产品和制定营销方案。

社会阶层也影响个体购买决策。社会阶层是指依据人们的收入、职业、教育程度和居住区域而划分出的具有同质性和持久性的社会群体。一般而言，同一社会阶层的人往往有相近的价值观、生活方式、思维方式和生活目标，在需求和购买行为上有很强的趋同性，不同社会阶层的人在这些方面则有明显区别。当一个人的社会阶层发生了变化，其需求和购买行为也会随之发生变化。社会阶层影响人们购买行为的心理基础在于人们的等级观和

---

① 泰勒．原始文化．杭州：浙江人民出版社，1988.

② 李宗桂．中国文化导论．广州：广东人民出版社，2002.

③ Terpstra V，David K. The Cultural Environment of International Business. 3rd ed. Ohio：South-Western Pub，1991.

④ Westwood R I. Culture，Cultural Differences，and Organizational Behavior//Westwood R I. Organizational Behavior：Southeast Asian Perspectives. Hong Kong：Longman，1992：27-61.

身份观——人们倾向于采取同自己的等级、身份相吻合的购买行为。

（二）社会因素

社会是由相互联系的人构成的总体。人们生活在社会中，其思想和行为会受到周围人的影响。他们有时会主动向周围的人征询意见，有时会在不知不觉中按照他人的引导和期望行动。人们的购买行为与其所处的社会环境密切相关。影响个体购买行为的社会因素包括相关群体、家庭、社会角色等。

1. 相关群体

相关群体是指能够直接或间接影响一个人的态度或行为的群体，可分为直接相关群体和间接相关群体。直接相关群体指对一个人有直接影响的群体，如一个人的家庭成员、亲戚、朋友、同事、同学、邻居以及他参与的职业协会的成员。间接相关群体指那些对一个人有影响但又没有直接接触的群体，如一个人崇拜的体育明星、新闻人物、知名人士等。

相关群体对消费者的影响有三方面：第一，为消费者展示行为模式和生活方式；第二，通过示范效应，激发效仿心理，影响消费者对产品或品牌的态度；第三，促使人们行为趋于一致，影响人们对品牌和产品的选择。

2. 家庭

家庭是社会组织的细胞，它既是一个重要的消费单位，也是个体购买时一个重要的参考群体。家庭对购买行为的影响主要体现在家庭的规模、性质（家庭生命周期的发展阶段）、决策方式和家庭成员在购买过程中的角色等方面。

规模不同的家庭有不同的消费特征与购买方式。三代同堂的大家庭消费量大，但是耐用消费品的数量并不多；两口之家或三口之家，“麻雀虽小，五脏俱全”，对生活质量的要求更高；单身青年的消费方式别具一格，对商品的要求有其独特之处。从20世纪90年代起，随着住房条件的改善，中国城镇家庭规模出现小型化趋势，导致家用电器等耐用消费品的销售量快速上升，家庭厨房炊具的需求向小型化、精致化转变，子女的教育费用也不断增长。

家庭也有生命周期，处于生命周期不同阶段的家庭，有不同的性质，从而导致不同的消费需求与购买行为。一般而言，家庭的生命周期可以划分为八个阶段，在每一个阶段，成员都有其独特的消费需求与购买行为。

- 单身，即一个人开始独立生活，这是一个家庭的诞生。此时，人们刚刚参加工作，处于恋爱、择偶期。处于这一阶段的年轻人几乎没有经济负担，收入主要用在食品、书籍、时装、社交和娱乐等消费上。
- 备婚，即两个人已确定未婚夫妻关系并积极筹备婚事。处于这一阶段的人常常为构筑一个幸福的小家庭而奔忙。耐用消费品、高级时装、新房装修和各种结婚用品是他们需要和购买的主要目标。这是家庭生命周期中一个消费相对集中的阶段。
- 新婚，即两个人已经结婚，尚无子女。这一阶段家庭将继续添置一些应购未购的生活用品。如果经济条件允许，娱乐方面的花费可能会增多。
- 满巢一期，即家里有第一个6岁以下的孩子。此时，孩子成为家庭消费的重点，哺育婴儿的消费支出比较大。
- 满巢二期，即家里有6～18岁的孩子。孩子在迅速成长，家庭的主要消费仍在孩子身上，所不同的是，此阶段孩子的教育费用将成为家庭消费的重要组成部分。除学费外，各种课外学习与娱乐的开支也会增大。

- 满巢三期，即家里有18岁以上尚未独立生活的子女。此时子女已经长大成人，但仍同父母住在一起。此阶段家庭消费的主要特点是家庭的消费中心发生了分化。父母不再将全部消费放在子女身上，而是开始注重自身的消费。相反，子女随着年龄的增大，在消费方面的自主权开始增加。有些子女参加了工作，有了一定的经济来源，消费有了较大的独立性。
- 空巢，即子女相继成家，独立生活。这一时期的家庭经济负担减轻，夫妻的消费数量虽然减少，但是质量提高。保健、旅游成为消费的重点，社交活动也有所增加，一些老人还会将钱花在第三代身上。
- 鳏寡，即夫妻一方先离世，家庭重新回到单人世界。此时，最需要的消费是医疗保健、生活服务和老年社交活动。

家庭购买的决策方式可分为妻子做主型、丈夫做主型、共同决策型、各自做主型。大多数家庭并非固定在一种类型上，而是根据购买商品的种类不同，变换决策类型。比如，汽车、摩托车、高科技产品等属于丈夫做主型；日用品、食品、服装和厨房用品等属于妻子做主型；住宅、家具和旅游等属于共同决策型；香烟、化妆品等则属于各自做主型。

家庭成员在个体购买过程中可能扮演五种不同的角色，即发起者、影响者、决策者、购买者和使用者（见前面的论述）。因此，每一个家庭成员都可能对一个人的购买决策发挥或大或小的作用。

3. 社会角色

一个人在一生中会加入许多正式与非正式的群体，扮演各种不同的角色。每一种角色都代表一种地位或身份，都有一种社会规范在约束角色扮演者的行为。比如，一个成年男子可能是儿子、丈夫、父亲、营销经理、钓鱼协会会员等，当角色发生转换时，他的购买行为也会有所不同。一个人在扮演企业的营销经理这一角色时，他会意识到自己的行为不仅代表自己，而且代表企业，因此，在购买服装时，他会寻找与自己身份相匹配的品牌。当他扮演儿子、丈夫和父亲的角色时，他会更多地根据自己的实际情况，为父母、妻子和孩子考虑，购买与自己匹配的产品。

（三）个人因素

在相同的社会和文化背景下，人们的购买行为也存在着相当大的差异。比如，生活在同一个家庭中的姐妹，有的喜欢看书，有的喜欢跳舞；在同一单位的同事，有的花钱大方，有的十分节俭。这是因为人们的需求和购买行为受其年龄、性别、职业、教育程度、收入水平、个性和生活方式等个人因素的影响。

1. 年龄与性别

年龄与性别是消费者最基本的个人因素，有较大的共性。一般而言，年轻人热情奔放，乐于接受新事物，喜欢追求时尚，在购买消费品时比较冲动；老年人则比较稳重、保守，较少发生冲动性购买行为。夫妇俩逛街时，女士爱看服装与化妆品，男士却关心酒、茶和电子产品。在购买商品时，男士常常不挑不选，拿了就走，女士则反复挑选，甚至讨价还价。

人们在一生中购买的商品和服务还会随着年龄的增长而变化。例如，儿童是玩具的主要消费者，青少年是文体用品、快餐、新潮时装的主要消费者，老年人则是保健用品的主要消费者。成年人不一定是这些商品的消费者，却可能是主要购买者。

2. 职业和教育程度

职业和教育程度对人们的消费需求和购买行为都有重要影响。公司经理与工人的需求不同，大学教师与体力劳动者需要的消费品也有差异。一个大学生在校期间可以只穿运动衫、旅游鞋，骑着山地车到处跑，但是毕业后，进大公司当了白领，可能就需要换上西装，打起领带，夹起公文包，坐上出租车，出入高大的写字楼。这不仅是衣着打扮和言谈举止的变化，还意味着消费需求和购买行为的变化。

3. 收入水平

收入水平不同，购买行为会有很大的差异。有钱人会购买大量的奢侈品，低收入者则只能以满足基本生活需求为限。在收入充裕时，人们购买时会显得慷慨大方；经济拮据时，则会斤斤计较。不同收入层次的人，甚至会选择不同的购买地点。

4. 个性与生活方式

个性是指一个人在思想、性格、品质、意志、情感、态度等方面不同于其他人的相对稳定的独特性。任何人都有个性，每个人都是一种个性化的存在。不同个性的人，会表现出不同类型的购买行为。比如，在购买某种产品时，有人忠于一种或少数几种品牌，有人则只重视价格，对品牌没有特别的要求；有人购买前冷静思考、慎重选择，有人则容易受外界刺激的影响，只要高兴就买。

人们的个性往往通过其生活方式表现出来。生活方式是人们在日常生活中相对一致的行为模式，包括语言、行为和情感，集中体现在人们的活动、兴趣和看法上。企业可以通过让顾客回答相关问题进而识别其生活方式。生活方式可以有不同的分类方法，最有名的是由美国一家公司开发的 VALS2 模型。VALS 意为价值观与生活方式调查（value and lifestyle survey），2 指原有 VALS 的升级版。该模型基于 4 个人口统计变量和 42 个心理测量题项，用资源（包括收入、教育、精力水平和购物热情）和自我导向（包括理想导向、成就导向和自我表达导向）将美国成年人的生活方式细分为八类，包括：践行者（actualizers），他们追求完美、乐于接受新事物、喜欢阅读、少看电视、不相信广告；实现者（fulfilleds），他们对名望或形象不感兴趣、喜欢教育和公共事务、阅读广泛；成就者（achievers），他们喜欢购买价格昂贵的产品和阅读商务、新闻、自助出版物；体验者（experiencers），他们爱赶时髦、在社交活动上肯花钱、有购买冲动、爱听摇滚乐、关注广告信息；信仰者（believers），他们偏爱美国产品、偏好变化较慢、寻求打折商品、爱看电视；奋斗者（strivers），他们注重形象、收入有限、肯在服装和个人保健品上花钱、喜欢看电视；休闲者（makers），他们仅购买基本生活用品、爱听收音机、喜欢阅读休闲杂志；挣扎者（strugglers），他们忠于品牌、寻求打折商品、相信广告、经常看电视、阅读小报和女性杂志。[①] 有人做了一项关于中国消费者生活方式（China-VALS）的分群研究，展示了与 VALS2 模

① Schiffman L G，Kanuk L L. Consumer Behavior. 7th ed. Beijing：Tsinghua Press，2001：54-55.

型不同的特征。[①] 虽然一些人属于同一社会阶层和亚文化群体，但由于生活方式不同，消费需求和购买行为也有很大差异。比如，同是大学教师，体验者喜欢“说走就走的旅行”，休闲者则享受找个人少的地方“静静”。

（四）心理因素

心理是人的大脑对于外界刺激的反应方式与反应过程。个体购买行为建立在个体对外界刺激的心理反应之上，而人们的心理状况和反应千变万化，各不相同。影响个体购买行为的心理因素主要包括购买动机、认知、学习、态度和信念等。

1. 购买动机

动机是指欲满足特定需要的心理状态和意愿。它涉及行为的发端、方向、强度和持续性，是激励和维持人的行动，并将行动导向某一目标，以满足个体某种需要的内部动因。

人的需要有些是生理的，如饥饿、口渴；有些是心理的，如被他人认可、尊重和归属等。需要越强烈，产生的内在驱动力就越大。当这种内在驱动力足够强大且形成内在驱动力的需要可能通过市场交换来满足时，人们就会产生购买动机。在一定时期内，人们有诸多不同的需要，购买动机也不会只有一个。不过，购买动机的强弱有别，只有那些最强的“优势动机”才能导致真正的购买。

心理学家提出了许多关于人类行为动机的理论，最著名的是弗洛伊德的动机理论、马斯洛的需要层次理论和赫茨伯格的双因素理论。

弗洛伊德的动机理论来自精神分析论。他把人的心理比作冰山，露在水面上的小部分为意识领域，水下的大部分为无意识领域。造成人类行为的真正心理力量大部分是无意识的。人在成长和接受社会规范的过程中有很多欲望受到抑制，因此人们往往不能了解自己的真实动机。比如，旅游度假表面上看是为了缓解工作紧张带来的压力，其深层次原因可能是为了更有效地工作。很多时候人们往往意识不到这一点，会把注意力全部放在旅游景点的氛围、气候条件、名胜古迹、娱乐和购物上。

马斯洛的需要层次理论把人类的需要依次分为生理需要、安全需要、社会需要、自尊需要和自我实现需要五个层次。人类有很多需要有待满足，它们能引起行为的动机；只有低层次的需要满足了，高层次的需要才变得越来越迫切，也才能成为支配个体行为的主导动机。一般来说，需要强度的大小和需要层次的高低成反比，即需要的层次越低，其强度越大。

赫茨伯格的双因素理论把动机与工作联系起来，提出影响工作满意与不满意有两类需要。一种称为动机需要，包括成绩、承认、岗位、晋升等因素，可以推动员工努力工作；另一种称为保健需要，包括与工作性质无关的一些因素，如工作条件、福利待遇、管理条例等。两者的区别是：保健需要只能影响人们对工作的满意或不满意；动机需要才能促使人们产生工作动力。将这一理论用于分析个体购买行为，可以将企业的营销因素分为动机因素和保健因素。人们选择到某地旅游是由于该地的景色迷人（动机因素），而服务是否周到（保健因素）则会影响人们对旅游活动的满意与否。人们不会仅仅因为对服务满意而

---

① 吴垠．关于中国消费者分群范式（China-VALS）的研究．南开管理评论，2005（2）：9-15；李桂华，卢宏亮，李肖欢．基于CHINA-VALS模型的中国寿险市场细分研究．山西财经大学学报，2011（5）：32-42；徐向玲，任利成，徐广东．基于CHINA-VALS的手机消费者购买行为影响因素研究．科技与管理，2011（2）：90-95.

去旅游。一般而言，在有选择的情况下，对动机因素不满，人们肯定不购买，但是对保健因素满意却会促使人们购买。动机因素是人们购买的必要条件，保健因素只是促进条件。

2. 认知

认知是人们通过感觉器官认识外界事物的过程，包括感觉、知觉、记忆、想象、思维和语言等。它实际上是人们在对外界事物感觉的基础上进行信息加工的过程。人脑接受外界输入的信息，经过大脑的加工处理，转换成内在的心理活动，进而支配人的行为。

认知是一种人的内外因素共同作用的过程，取决于两个方面：一是外界的刺激，没有刺激，认知就没有对象；二是人们的感觉器官，没有感觉器官，刺激就不能发挥作用。在实际生活中，受认知能力的局限，人们只能对外界刺激进行有选择的接受，包括选择性注意、选择性曲解和选择性记忆三个阶段。

选择性注意，即一个人的注意力是有限的，在一定的时间内只能关注或接受少量的信息，只有那些在“眼球争夺”中胜出的信息，才会被关注。从个体购买行为的角度讲，以下三种刺激物容易引起人们的注意：一是与一个人需要有关的刺激物；二是一个人期盼的刺激物；三是变化幅度大、特殊的刺激物。表 4－5 反映了外在刺激物的特征与引发注意之间的关系。

表 4－5　刺激物与注意的关系

刺激物的特征	容易引起注意	不易引起注意
规模	大	小
位置	显著	偏僻
色彩	鲜艳	暗淡
动静	运动	静止
反差（对比）	明显	模糊
强度	强烈	微弱

选择性曲解，即人们想看到或听到符合他们信念的事情，因此只接受信息中符合其信念的内容，而不注意其他内容；或者将接收到的信息按照自己的信念来理解。比如，对于红豆这种标志物，大多数中国人可能都会联想到“相思”这样一种情感，因为他们熟知“红豆生南国，春来发几枝，愿君多采撷，此物最相思”的诗句。对于大多数外国人来讲，红豆可能最多只意味着一种好看的植物，而不可能产生爱情之类的联想。在实际生活中，品牌忠诚者就常常对相关信息进行选择性曲解：即使一种新品牌在性能、质量等方面更好，一些品牌忠诚者也会找出各种理由拒绝新品牌，维护老品牌。

选择性记忆，即人们只会在他们得到的信息中选择记忆一小部分，主要是那些符合自己态度与信念的信息，而将其他大部分看到或听到的信息很快忘记。这使人们常常忘记那些特色不明显的品牌，将其排除在“知晓方案集”之外。

人们不会注意无法感知的事物，也不会购买没有认知的商品。只有注意到某一商品的存在，并与自身需要相联系，购买该商品的决策才有可能发生。从个体购买行为角度来看，唤起认知的主要是营销刺激。营销刺激分为两种：一种是商品本身，包括商品的功能、用途、款式和包装等；另一种是除商品以外的其他信息，包括通过广告、人员、服务及购物环境等表现出来的语言、文字、画面、音乐、形象设计等。

3. 学习

学习是人们在某一刺激物与某一反应之间建立联系的行为。除本能驱动的行为以外，人类大多数的消费行为都来源于学习。比如，人饿了要吃饭，这是本能驱动的行为，但是吃什么、怎样吃，却是学习的结果。人渴了要喝水，这是本能在驱动，但是喝茶还是喝咖啡，则需要学习。人类的消费学习是内在驱动力、刺激物、反应和强化等因素相互影响的过程，如图 4－8 所示。

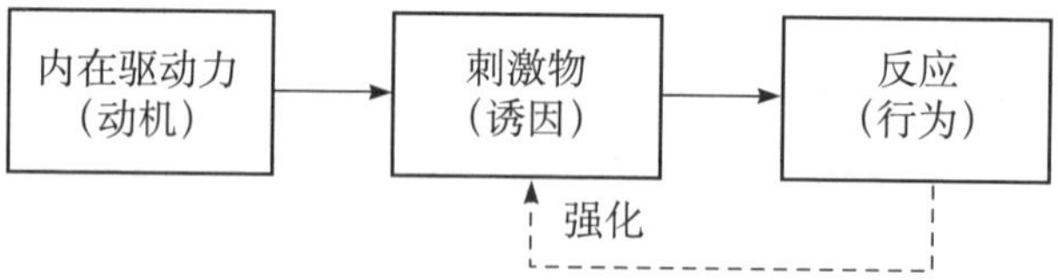

图 4－8　人类的消费学习模型

内在驱动力由人的需要产生，是人们行为的动机。刺激物是一种诱因，诱导人们从事某种行为。例如，人饥饿时，会被饭店的招牌、食物的香味吸引，因为以往学习的知识和经验告诉他那里是解决饥饿的去处。反应是对刺激物采取的行动，比如人们在饥饿时看到食物时的购买与消费行为。强化是指人们的某种反应经过肯定并不断重复后被固定下来，比如人们对某一品牌产生的忠诚就是强化的结果。

人类的学习方式可以分为四种类型：第一，行为学习，即模仿，如孩子模仿父母，学生模仿老师，观众模仿影视明星。人们由此学会了吃饭、喝水、喝咖啡、听音乐、看电视、洗衣服、唱卡拉 OK 和跳舞等。第二，符号学习，即人们通过语言、文字、造型、色彩和音乐等进行学习。企业通过广告、商标、装潢、宣传标语等沟通方式促进消费者对于企业产品或品牌的学习。第三，思考学习，即人们为了解决问题而对各种行为和符号进行的比较和分析，由此形成对问题中各种关系的理解。人们需要思考如何满足自身的需要，将思考的结果用于指导其消费行为。第四，情感学习，即人们通过自己的体验以及外界的鼓励、支持和劝阻而形成的情感积累和定型。消费者的购买行为带有明显的情感色彩，如偏爱某家公司、某家商店或某个品牌。

人们通过学习获得商品知识和购买经验，并用于未来的购买行为。因此，企业可以利用学习机制，通过营销活动（刺激物），把人们的需要、反应和强化联系起来，建立人们对企业产品或品牌的需求与忠诚。

4. 态度与信念

人们在学习过程中形成态度，即对某种事物或观念是与非、好与坏、善与恶的评判、情感感受和行为倾向。人们几乎对所有事物都持有自己的态度，如宗教、政治、衣着、音乐和食物等。它使人们对一个事物产生好恶以及想做或不想做的心情。

人的态度具有四个特征：第一，方向性，如喜欢或不喜欢、赞成或不赞成；第二，习得性，即人们的态度是经验的升华，是学习的结果；第三，持续性，即人们的态度一旦形成，往往难以改变；第四，结构性，即人们对各种事物的态度受其核心价值观的影响，距离核心价值观越近的态度越难以改变。

从个体购买行为的角度看，如果一个人对一个品牌或一家企业形成一种正面的态度，那么在其他条件相同时，他会更乐于购买这个品牌或这家企业的产品；反之，在有选择的情况下，他可能不会考虑购买这个品牌或这家企业的产品。一个人一旦对某一品牌或企业形成一种负面的态度，企业要想改变，需要付出很大的努力。企业的大部分营销活动都是直接作用于顾客的态度，设法使顾客的态度朝有利于企业的方向发展，顾客才会做出有利于企业的行为。

相对态度而言，信念更为稳定。态度带有浓厚的感情色彩，是思考和判断的结果。信念则是在态度得到不断强化的基础上形成的刻板印象。在信念的指导下，人们对其行为往往不再认真思考，而是按习惯行事。研究发现：第一，对品牌原产地的重视程度因产品而异，比如人们会看重汽车的品牌原产地，对润滑油的品牌原产地却无所谓；第二，人们喜爱产自一些国家的代表性商品（对品牌原产地的刻板印象），比如美国的高科技产品、软饮料和牛仔裤，法国的酒、香水和奢侈品，中国的茶叶和丝绸；第三，对"原产地国家"的态度会随着时间的推移而转变，比如中国产品以前曾被认为是质量不好的劣质品，现在这种形象正在改变；第四，一些人在购买产品时有强烈的"国货意识"或"民族中心主义"，他们认为对自己国家越热爱，就越应该购买本国企业生产的产品或品牌，少购买外国的产品或品牌。①

从个体购买行为的角度看，消费者一旦对一个品牌形成好或不好的信念，不但会依此决定自己购买或不购买这个品牌，而且可能向外传播，影响其他人的购买活动。另外，信念可能会伴随消费者的一生，很难改变。企业营销活动的一个重要目的就是使消费者建立对企业产品或品牌的良好信念。

第 4 节 团体购买行为分析

企业的营销对象不仅包括个体消费者，也包括生产企业、商业企业、政府及其他非营利组织。生产企业购买工业品，将其用于生产，通常由企业内具备专业知识的采购人员购买，属于专家型或专业性购买。商业企业、政府及其他非营利组织虽然也购买消费品，但其目的与个体购买消费品不同，在行为上与生产企业购买工业品相近，也由组织内具备专业知识的采购人员购买，属于专家型或专业性购买。因此，组织机构的购买行为统称为团体购买行为。

一、团体购买行为的特点

团体购买者由生产企业、商业企业、政府及其他非营利组织等各类组织机构构成。它们既购买工业品，也购买消费品。各类组织机构的性质不同，所以它们的购买行为既有相

① 王海忠，于春玲，赵平．消费者民族中心主义的两面性及其市场战略意义．管理世界，2004（2）：96-107；庄贵军，周南，周连喜．国货意识、品牌特性与消费者本土品牌偏好：一个跨行业产品的实证检验．管理世界，2006（7）：85-94，114.

似之处，也有一些差异。

（一）生产企业购买行为的特点

生产企业的购买行为具有盈利性、需求派生性、需求波动性大、专业性强、关系长期性以及购买次数少但批量大、价格敏感度低的特点。

盈利性，即生产企业购买产品或服务的目的不是为了消费，而是为了盈利。生产企业购买的对象是原材料、机器设备、零配件、半成品和消耗品等工业品。企业将其投入生产过程中，生产产品，然后拿到市场上销售，以获取利润。

需求派生性，即生产企业的需求是由消费者对消费品的需求引发的。因此，生产企业的需求最终由消费者对消费品的需求决定。

需求波动性大。由于生产企业的需求是派生性需求，所以消费者需求的少量增加就可能导致生产企业需求的大幅度增加，存在较大的牛鞭效应（bullwhip effect）——当供应链上的各级制造商只根据来自其相邻购买方的需求信息进行决策时，需求变化的信息会沿着供应链向上逐级放大，发生较大的偏差。

专业性强，表现在三个方面：第一，生产企业的购买者多是职业采购员，他们专业知识丰富，训练有素，是某种产品的专家；第二，企业对所购产品在质量、规格、性能等方面有严格要求；第三，多人参与，通常由若干技术专家和各层级管理人员组成采购中心负责实施，决策程序规范，决策过程透明。

关系长期性，即生产企业与其供应商倾向于建立长期的买卖关系。一旦长期的买卖关系建立起来，企业对供应商产品的需求就会比较稳定，较少受到竞争者短时间降价或促销的影响。

购买次数少但批量大，价格敏感度低。生产企业对工业品的需求取决于其产品结构、生产规模、工艺流程和技术水平等因素，按照既定的规模和频次采购，受价格变化的影响较小。

（二）商业企业购买行为的特点

商业企业的购买者由各类商品买卖的中介组织构成，包括批发商、零售商和各类经销商、代理商。它们以营利为目的转售商品。它们的购买行为与生产企业的购买行为极为相似，也具有盈利性、需求派生性、专业性强和关系长期性的特点。不过，与生产企业的购买行为相比，最大的不同在于购买对象，它们更多地是购买消费品。

除此之外，商业企业的购买行为还表现出较强的选择性，即商业企业代表消费者或其他购买者选择供应者，在进货时讲究商品合理搭配、花色品种齐全；较大的需求价格弹性，即商业企业对采购成本极为敏感，其需求量会随着商品价格的涨落而变化；较有规律的进货时间和进货批量。

（三）非营利组织购买行为的特点

非营利组织泛指所有不以营利为目的，不从事营利性活动的组织，如政府机构、医院、学校、慈善机构以及其他民间组织。非营利组织是社会中一个重要的组成部分。通过行政事业性收费、财政拨款或捐赠等方式，非营利组织掌握了相当一部分国民收入。为了有效地行使各种职能、满足日常工作以及公共建设与消费的需要，它们必须购买各种消费品或工业品，由此形成独特的、规模庞大的团体消费市场。

非营利组织的购买行为与一般的团体购买行为有一些相似之处，也具有专业性强、购买次数少但批量大的特点，但也有明显的区别，表现在购买的非营利性、政策性强、方式多样、受社会公众监督等方面。

非营利性，即非营利组织采购的目的是履行其社会职能，不以营利为目的。因此，在采购时，除了考虑价格和质量因素外，还要考虑其他的政治、军事和社会目标。比如，政府对于国防用品的采购，常常涉及两国或多国之间的政治与外交关系；一些政府部门的“形象工程”，算得更多的是“政治账”。

政策性强，即非营利组织尤其是政府采购具有很强的政策性。列入财政预算的开支要事先制定采购计划，经过相关部门审批后才能采购。在采购时，还要按照相关政策在规定的渠道、用规定的方式采购和付款。

方式多样，即非营利组织针对不同的产品常常采用不同的采购方式。在购买日用办公品时，往往先选定供应商，然后采取连续再购买的形式定期采购；在购买价格昂贵的大宗商品（如飞机、汽车）时，则要采用公开招标的方式竞购。

受社会公众监督。非营利组织的开支有很大部分来自财政拨款，而财政拨款又来自国民的税款，因此社会公众有权对采购活动进行监督。

二、团体购买决策的参与者

在团体购买中，除了专职的采购人员外，还有一些其他人员参与购买决策过程，构成采购中心。采购中心的每一个人都可能影响团体的购买决策。采购中心一般由下列五种人组成：

- 决策者，即组织内有最终购买决定权的人。在一般采购中，采购者就是决策者。而在一些规模较大的采购中，决策者通常是一个组织的主管。
- 采购者，即组织中具体执行采购决定的人。他们是组织内设置的专职采购人员，主要任务是负责选择供应者和就一项交易的价格和条件进行谈判。因为他们会全程参与购买过程且是采购专家，所以对整个购买过程有重要影响。
- 使用者，即具体使用或操作的人员。使用者往往是一项购买最初的提议人，他们在品种、规格和品牌的选择中起着重要作用。
- 影响者，即除决策者、采购者和使用者以外组织内外其他对购买决策有重要影响的人。比如，组织外部的咨询机构和组织内部的财务主管、技术人员。
- 控制者，即控制组织信息流向的人，也称守门人（gatekeepers）。比如，采购代理商、技术人员、秘书、财务人员。

并非所有的团体采购决策都必须有上述五种人员参加。一般而言，组织越大，采购的程序越复杂，涉及的人员就越多。有的企业采购量很大，可能还需要设立专管采购的副总裁。

为了有效地接触和影响团体客户，企业的营销人员需要了解其决策过程、参与者及其权责。比如，有谁参与？涉及多少部门？谁是主管？谁是最有影响力的人？购买决策需要征得哪些部门的同意？需要获得多少人的批准？哪些部门和个人执行采购决策？哪些部门和个人是最终使用者？等等。

三、团体购买行为的类型

按照购买的重复性和难易程度，团体购买行为可分为新任务购买、修正再购买和直接再购买三种类型。

（一）新任务购买

新任务购买（new task purchase）是指组织首次购买某种产品或服务。由于是第一次购买，买方对新购产品心中无数，所以在购买决策前要收集信息，购买决策所用的时间比较长。首次购买规模的大小会影响参与决策的人数。一般而言，首次购买的规模越大，风险就越大，参加购买决策的人员也会越多。这种采购对营销者来说既是挑战，也是机遇，一旦成功，有可能与购买者建立起稳定的购销关系。

（二）修正再购买

修正再购买（modified repurchase）是指组织在产品的规格、价格和交货条件等方面对此前的采购方案做出调整或修订以后的再购买行为。此时，它会要求原先的供应商及新的供应商按照修正过的购买方案报价和竞标。这类购买行为涉及采购方案的调整或修订，也需要较多的人参与。此时，原有的供应商需要积极应对挑战，搞清楚客户的真实想法，尽量满足客户的合理要求；而新的供应商则获得良机，争取适应购买者的需要变化，成为其供应商。

（三）直接再购买

直接再购买（straight repurchase）是指组织的采购部门在供应者、购买对象、购买方式都不变的情况下按惯例进行订货的购买行为。此时，采购部门按惯例从规定的名单中选择供应商，无须为购买决策花费太多的人力和时间。对于此种采购，原有的供应者不必重复推销，而应加强沟通，努力维护与客户的良好关系，提高或保持产品的质量和服务水平，方便客户购买。而未入选的供应商则需要着手探求客户不满之处，提供更具竞争力的产品，以求进入客户的候选名单。

四、团体购买决策过程

与个体购买决策过程相同，团体购买决策过程也由一系列相互关联的活动构成。新任务购买一般需要经过提出需求、确定需求、产品说明、寻找供应商、征询报价、选择供应商、发出订单和购后评估八个阶段。在进行直接再购买和修正再购买时，团体购买的决策过程会被简化，一些环节常常省略，如表4-6所示。

表4-6 团体购买的决策过程与采购类型

决策过程	采购类型		
	新任务购买	修正再购买	直接再购买
提出需求	需要	可能需要	不需要
确定需求	需要	可能需要	不需要

续表

决策过程	采购类型		
	新任务购买	修正再购买	直接再购买
产品说明	需要	需要	需要
寻找供应商	需要	可能需要	不需要
征询报价	需要	可能需要	不需要
选择供应商	需要	可能需要	不需要
发出订单	需要	可能需要	不需要
购后评估	需要	需要	需要

（一）提出需求

提出需求是团体购买决策过程的起点。组织在生产、经营或运转过程中产生对产品或服务的购买要求时，采购过程就开始了。需求可能产生于组织内部。比如，企业决定生产一种新产品，需要购置新设备和各种原材料。企业淘汰了一台老机器，需要更新机器设备以及零部件。一些企业还可能对此前的采购不满意，转而寻找新的供应商。这些购买需求，均源自组织内部的要求。

还有一些购买需求产生于组织外部，是在组织外部因素的刺激下产生的。比如，采购人员参观产品展销会，发现一种机器物美价廉，非常符合企业的需要。采购人员在浏览报纸时，偶然发现一则广告在宣传一种现有原材料的替代品，正是企业想要的。

（二）确定需求

确定需求指确定所需产品的规格、特性和数量。如果购买的是标准化产品，按标准要求采购就可以。如果购买的是较为复杂的高技术产品，这一步骤就要复杂得多，采购人员需要会同使用者、技术人员共同决定需求的一般特征，内容包括可靠性、耐用性、价格以及其他属性。

（三）产品说明

产品说明指由专业技术人员对所需产品的规格、型号、功能等技术指标做出具体分析和说明，供采购人员参考。如果采购的规模较大，采购中心还需要授权专业技术人员编写产品说明书，详细说明产品的规格、型号、功能等技术指标。

团体购买比个体购买更为理性，更看重产品的性价比。团体的采购中心常常通过价值分析，寻找最佳的购买方案——在保证产品必要量和可靠性的前提下，尽可能地降低购买成本和费用。为此，它们会提出下列问题：这种产品是必需的吗？能否采用标准件？产品性能必须达到什么标准？有没有性价比更高的替代品？自制是否比外购便宜？如果能够部分自制，余下的部分能否找到货源？运输费用是否最低？包装费可否降低？

（四）寻找供应商

明确了具体需求后，就需要寻找合适的供应商。主要有以下几条途径：网上查询、商业途径、征询广告、其他组织推荐等。网上查询，通过访问专业网站，可以搜寻到某一行业中很多同一类型或不同类型的供应商。商业途径，如通过参加商业展览会或商品交易会寻找。展览会或商品交易会汇聚了某一领域的制造商、批发商、零售商或经销商，购买者有机会接触到各种不同类型的供应商。另外，还可以通过刊登征询广告，等待有兴趣的供应商前来联系和询问，由其他组织推荐，尤其是与自己有类似需求的购买者推荐。团体购买者不仅能够找到一些备选的供应商，还能对这些备选供应商的口碑有大致了解。

（五）征询报价

购买者请备选供应商提交产品说明书、价目表等有关材料，邀请供应商就购买者的购买计划提出报价单。如果采购的是较为复杂且价值高的产品，购买者会要求每个潜在的供应商都提交详细的书面供应计划书，以便从中择优选取。

（六）选择供应商

在收到供应商的资料或听过供应商的介绍后，采购中心将选择供应商。此时，采购中心成员不仅会考虑供应商的信誉、产品性能、价格与质量，还会考虑其技术能力、供货能力、服务能力等因素。

团体购买者往往选择不止一个供应商。这样做的目的在于：一方面有多个供应商，以免受制于人；另一方面，也可以通过几个供应商的竞争，促使他们改进服务质量。

加权评分法是选择供应商的常用方法。做法如下：第一，采购中心确定某些属性或因素及其重要性，作为评估与选择供应商的依据；第二，对供应商在每一个属性或因素上打分；第三，将每个供应商在每个属性或因素上的得分与因素的权数相乘，得到加权分；第四，将每个供应商在所有属性或因素上的加权分相加，得到加权总分；第五，按照总分由高到低选取供应商。

（七）发出订单

在选定供应商后，购买者发出订单。在订单上写明所需产品的规格、技术参数、数量、交货时间、退款政策、担保条款和保修条件等。订单可以是一次性的，也可以是定期的（即定期购买订单），还可以是长期采购合同。

（八）购后评估

购进产品后，购买者会通过一些途径了解产品的使用情况，对购买活动进行评估。与个体购买者的购后评估相同，团体购买者的购后评估对供应者的营销业绩也有重要影响。满意与不满意的购买者会有一系列可能的行为（见图4-6）。满意的购买者会做出各种对供应者有利的行为，不满意的购买者则会做出各种对供应者不利的行为。

大多数企业或组织都有对采购经理和采购人员的激励政策。这会促使采购经理和采购人员通过各种途径征求使用者的意见，了解使用者对产品的评价，考察各个供应商的履约情况。他们会将这些意见、评价和合同执行情况汇总、记录，作为今后是否继续采购某供应商产品的决策依据。

五、团体购买行为的影响因素

同个体购买行为一样，团体购买行为也会受各种因素的影响，包括环境因素、组织因素、人际因素和个人因素，如图4-9所示。企业的营销人员需要了解和分析这些因素，以便进行有针对性的说服工作，提高营销效率。

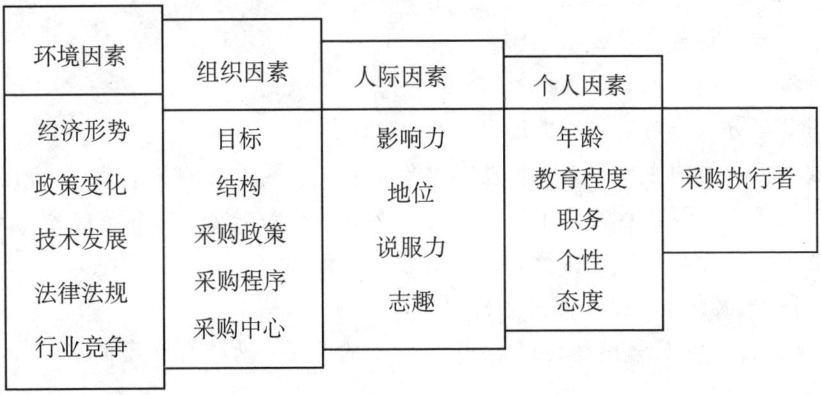

图4-9 影响团体购买行为的因素

(一) 环境因素

环境因素包括经济形势、政策变化、技术发展、法律法规、行业竞争等，其中，经济形势最为重要。当经济不景气时，商业企业会减少订货，政府机构会压缩开支，生产制造企业会减少投资、降低库存。这些都会减少社会的团体购买量。相反，当经济景气度上升时，商业企业会增加订货，政府机构会加大开支，生产制造企业也会增加投资，加大原材料的库存，从而增加社会的团体购买量。

(二) 组织因素

组织因素包括组织的目标、结构、采购政策、采购程序和采购中心等。其中一个重要问题是采购部门在一个组织中所处的地位。它是参谋部门还是专业职能部门，购买决策权是集中于采购部门还是分散于不同的部门，在决定购买的过程中，哪些人参与最后的决策。

(三) 人际因素

人际因素指组织内部的人际关系。团体购买决策过程参与的人员较多，包括使用者、影响者、采购者、决定者和控制者等。这些参与者来自各个部门和不同层级，在组织中的地位、权力和作用各异，对购买决策有不同的影响，这些都会影响组织的购买行为。

(四) 个人因素

团体购买行为虽然更加理性，但是参加采购决策的是一个个具体的人，每个人在做出决定和采取行动时，都不可避免地受其年龄、教育程度、职务、个性和对风险态度的影响。购买决策的参与者在表达自己意见时都会加入个人感情、动机、感知、偏好和购买风格等，这可能影响其他参与者对某个产品或供应商的看法。参与者的个人因素也会影响团体购买决策的结果。企业营销人员需要了解购买决策参与者的个人情况，以便采取因人而异的方法做说服工作。

▶ 思考题

1. 根据自己的感觉和体验，你觉得需要、欲望和需求有什么区别和联系？
2. 请用自己的语言讲述需要层次理论的要点。

3. “消费者满足的需要不同，他们对价值的认识就会不同。”请举例说明你对这句话的理解。

4. 需求构成三要素是什么？

5. 市场潜量与销售量有什么关系？

6. 试用5W分析法对某一需求进行分析。

7. 影响购买行为的主要因素有哪些？举例说明文化因素对购买决策行为的影响。

8. 购买决策一般要经过哪几个阶段？为什么购后行为对企业营销有特殊的意义？

9. 个体购买行为与团体购买行为的主要区别是什么？

10. 分析书末案例4，回答案例后面的问题。

11. 书末案例4中F教授和案例10中董女士的购买行为有什么不同？

第5章

竞争者分析

在市场竞争中，企业的产品仅仅满足顾客某方面的需要，让其觉得物有所值，还不足以保证其产品在市场竞争中胜出。要想在市场竞争中胜出，企业必须使其产品具有更高的利价比。企业提高利价比的方法有两种：第一，侧重于提高顾客价值，以相同或略高的价格向顾客提供较高或很高的利益；第二，侧重于降低顾客成本，以更低的价格向顾客提供相同或略低的利益。竞争理论中，前者称为差异化战略，后者称为成本领先战略。当企业试图在某个细分市场上获得成本优势或者特色优势时，采用的就是聚焦战略。这就是三种一般的竞争战略。图5-1列示了利价比、竞争优势和企业竞争战略的逻辑关系。

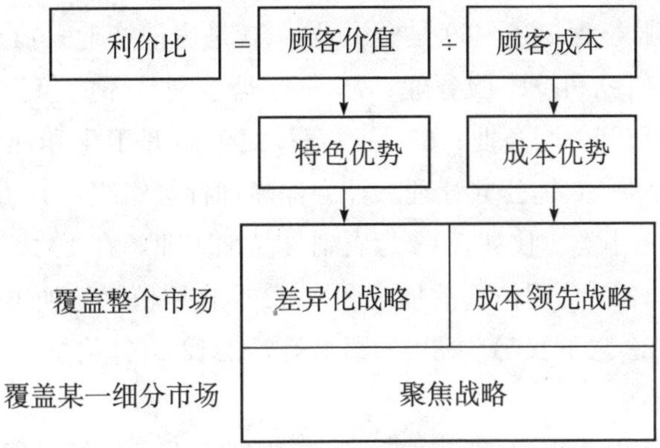

图5-1　利价比、竞争优势和企业竞争战略的关系

企业从营销的角度对竞争者进行分析，就是要搞清楚自己在哪里、与谁进行竞争以及与竞争者相比自己有什么优势和劣势。为此，企业要明确自己所处的行业及其特点，识别竞争对手，分析其目标、资源、市场地位和竞争战略，预测其竞争行为。

第1节　行业界定与竞争者识别

“我们公司属于什么行业?”“我们公司的竞争对手是谁?”在日常工作中，这似乎是一些不需要认真考虑就很容易回答的问题，因为企业天天都在自己的行业内与竞争对手打交道。不过，当我们问“谁是海尔的竞争对手”时，这个问题恐怕就不那么容易回答了。因为海尔是一个多元化的公司，它的产品涉及多个不同的行业，即使以主业把海尔归类为家电行业，对于不同的家电产品，海尔的竞争对手也是不同的。

如第3章所述，企业战略可以分为公司战略、经营单位战略和职能部门战略三个层次。行业界定是站在经营单位的立场上确定企业每一项业务的竞争领域。

对于单一业务而又不想涉足其他行业的企业而言，行业界定比较简单，只需要搞清楚自己的业务性质就可以了。对于多业务的企业而言，行业界定就比较复杂，需要对每一个业务进行行业界定。因为每一个业务都有不同的竞争对手，所以一般性地谈论企业所处的行业以及企业的竞争对手是没有意义的。

一、行业界定

一个行业由所有提供相似产品的企业组成。相似产品是指那些消费者认为在功能上能够相互替代且替代率高的产品。在实际工作中，由于产品之间的替代率很难计算，所以人们更多的是按照产品的功能、用途或生产技术特点来界定行业，如汽车行业、石油行业、制药行业、饮料行业等。行业分类标准也是按照这个思路建立的。

中国国家统计局颁布的2017年国民经济行业分类标准（GB/T 4754-2017）将国民经济活动分为以下大类：01～05是农、林、牧、渔业；06～12是采矿业；13～43是制造业；44～46是电力、热力、燃气及水生产和供应业；47～50是建筑业；51～52是批发和零售业；53～60是交通运输、仓储和邮政业；61～62是住宿和餐饮业；63～65是信息传输、软件和信息技术服务业；66～69是金融业；70是房地产业；71～72是租赁和商务服务业；73～75是科学研究和技术服务业；76～79是水利、环境和公共设施管理业；80～82是居民服务、修理和其他服务业；83是教育；84～85是卫生和社会工作；86～90是文化、体育和娱乐业；91～96是公共管理、社会保障和社会组织；97是国际组织。

大类之下又细分为小类。比如，13为农副食品加工业，在13之下又分为1310谷物磨制，1320饲料加工，1331食用植物油加工和1332非食用植物油加工等；32为有色金属冶炼和压延加工业，在32之下又分为3211铜冶炼，3212铅锌冶炼，3213镍钴冶炼，3214锡冶炼和3215锑冶炼等。

行业界定可以按照以下步骤进行：第一，确定产品大类，如农副食品加工业（分类目录号13）；第二，对产品大类进行细化，如农副食品加工业又分为饲料加工（1320）等；第三，根据企业的需要，从消费者角度估算小行业之间产品的替代率，确定企业的行业和竞争者。

企业对行业的界定不宜过宽，也不宜过窄。过宽，会增加竞争分析的难度，分析结果针对性和适用性会大打折扣；过窄，则可能患上营销近视症（marketing myopia）。[①]

营销近视症是指企业把主要精力放在产品或技术上，而不是消费需求上，只从生产和技术上界定行业，误认为行业就是某种具体的产品。这会使企业看不清一些替代品和潜在竞争者的威胁，忽视顾客的需求及其变化，导致企业丧失市场，失去竞争力。产品只不过是满足需求的一种手段，一旦有更好的产品出现，现有的产品就会被淘汰，而不管它们在生产和技术上是否属于同一个行业。

---

① Levit T. Marketing Myopia. Harvard Business Review，1960（July-August）：45-56.

二、行业特点

行业界定之后，企业需要从行业结构、市场结构、行业集中度、规模经济、产品差异化程度、进入壁垒与退出壁垒等方面对行业的基本特点进行分析。

（一）行业结构

行业结构由五种力量决定，即新进入者、供应者、购买者、替代者、业内竞争者。这五种力量的合力共同决定了行业的竞争强度和盈利能力。行业结构分析可以使用五力模型，第 3 章第 3 节已有详细说明。其目的是搞清楚在影响行业结构的五种力量中，哪一种对行业盈利能力的影响最大，企业需要怎样去应对。

（二）市场结构

市场结构指市场上竞争或垄断的程度。根据市场参与者的数量、产品差异性以及进出市场的难易程度等，市场结构分为完全竞争市场、完全垄断市场、垄断竞争市场和寡头垄断市场四种类型。

完全竞争市场（perfect competition market）是一种竞争不受任何阻碍和干扰的市场结构。在完全竞争市场上，有许多互相独立的买卖者，买卖无差异的同质性产品。它们具有完全信息，可以自由地出入市场，无转移成本。每一个参与者都无法通过自己的买卖行为来影响市场上的供求关系，也无法改变市场价格，只是市场价格的接受者。

完全垄断市场（perfect monopoly market）是一种与完全竞争市场相对立的另一极端的市场结构。在完全垄断市场上，行业提供的某种产品只有一家企业在生产，但需求者众多。对于垄断者出售的产品，市场上不存在相近的替代品，存在绝对的进入壁垒，其他企业无法进入。垄断者能够决定产品售价，是产品价格的制定者。

垄断竞争市场（monopolistic competition market）是指许多企业生产和销售有差别的同类产品。在这种市场上，各企业生产的产品虽然在功能上相同，但是各具特色，存在着差异。差异可能来自设计、技术或原材料的不同，也可能来自产品外观、包装、品牌或服务的不同。行业壁垒不高，市场进出比较容易。因为产品有差异，各企业都对自己产品的市场有一定的垄断性，所以单个企业的价格行为一般不会对其他企业的销售产生很大影响。

寡头垄断市场（oligopoly market）指的是这样一种市场结构：市场供给全部或绝大部分被少数几家大企业控制，它们势均力敌，形成在行业中共存的局面。在寡头垄断市场上，企业数量很少，每家都占据举足轻重的地位，各自在价格或产量方面决策的变化都会影响整个市场和其他竞争者的行为。因此，寡头企业之间既互相依存，又存在着激烈的竞争。为了避免在竞争中两败俱伤，寡头垄断企业确定价格和产量后一般不会轻易改变，因此寡头垄断市场的产量和价格相对稳定。不过，一旦展开价格战，竞争会非常激烈。

完全竞争市场和完全垄断市场的条件非常苛刻，在现实中根本无法全部满足，因此只是理论上的一个假设。它们的意义主要在理论分析上，可以用来说明在假设条件下，市场机制是怎样发挥作用的。

（三）行业集中度

行业集中度可以显示行业被几家大型企业垄断的程度。通常用行业内最大的几家企业（如最大的四家）的市场占有率来测量。市场占有率越高，行业集中度越高，行业垄断程度也越高。一般而言，集中度越高的行业，进入壁垒越高，业内竞争者受新进入者的威胁越小；反之，进入壁垒越低，业内竞争者受新进入者的威胁越大。

（四）规模经济

规模经济指在增加投入时单位产出的平均成本随产出量的增加而下降的现象。如果单位产出的平均成本随产出量的增加而下降，称为有规模经济；相反，则称为无规模经济（当单位产出的平均成本与产出量无关时）或规模不经济（当单位产出的平均成本随产出量的增加而增加时）。通常规模经济越大的行业，越会诱使业内竞争者抢占市场，以求扩大自己的规模，竞争也会越激烈。开办一个企业所需的最小规模，则是行业的一种进入壁垒。最小规模越大，意味着行业的进入壁垒越高。

（五）产品差异化程度

产品差异化程度也称为产品特色化程度，由顾客对产品差异化或特色化的感知测量。一般来说，看一个行业的产品差异化程度，可以看在这个行业中顾客在购买产品时是否重视品牌以及重视的程度。顾客在购买某种产品时越看重品牌，说明该行业的产品差异化程度越高。

从行业结构的角度看，产品差异化有多种意义。随着产品差异化程度的提高，第一，不同企业生产的产品之间替代性会下降，业内竞争的激烈程度会降低；第二，新进入者需要克服更高的进入壁垒，花费更大的营销努力说服顾客使用其产品，业内竞争者受新进入者的威胁减小；第三，顾客使用替代品的转移成本提高，替代品的威胁也会减小；第四，业内竞争者对购买者的议价能力提高。

（六）进入壁垒与退出壁垒

将行业的进入壁垒与退出壁垒结合，可以得到图 5－2 的组合。进入壁垒与退出壁垒都高，属于高收益、高风险行业；进入壁垒与退出壁垒都低，属于低收益、低风险行业；进入壁垒低与退出壁垒高，属于低收益、高风险行业；进入壁垒高与退出壁垒低，属于高收益、低风险行业。

通过以上分析，企业对自己所处行业的特点、主要威胁、竞争强度、获利能力和竞争对手的大致范围有了基本的了解。在此基础上，再去认识和分析竞争对手就比较容易了。

进入壁垒 \ 退出壁垒	高	低
高	高收益 高风险	高收益 低风险
低	低收益 高风险	低收益 低风险

图 5－2　进入壁垒与退出壁垒

三、竞争者识别

在识别竞争者时，不同的企业可能会用不同的方法。比如，大多数企业以行业观点识别竞争者，即先界定自己所在的行业，然后从界定的行业中选择竞争者。不过，这种做法容易患上营销近视症，使企业看不清一些替代品和潜在竞争者的威胁。

实际上，产品只不过是企业满足顾客需求的一种手段，一旦有更好的产品出现，现有的产品就会被淘汰，而不管它们在生产和技术上是否属于同一个行业。从这个意义上讲，有时一些替代品的“跨界竞争”对企业的威胁更大，可能会使顾客的生活和消费习惯发生变化，导致一个行业的衰落。比如，电子邮件、微信对信件的替代，支付宝、微信支付对现金和信用卡的替代，高铁对短途航空的替代，手机对固定电话和传呼机的替代，电视、电影对戏剧的替代。在网络环境下，类似的跨界替代随时都可能发生。因此，除了采用行业观点以外，企业还应该以市场观点识别竞争者，即从顾客需求的视角通过产品之间的替代关系来确定竞争者。

在市场上，替代即竞争。根据替代率的强弱，产品之间的替代关系可以分为品牌替代、形式替代、一般替代和意愿替代，竞争者也可以分为品牌竞争者、形式竞争者、一般竞争者和意愿竞争者。

- 品牌替代的替代关系最强，发生在规格、型号、款式相同而品牌不同的产品之间。以电视机为例，海信、索尼、长虹、夏普、海尔、TCL 和创维等品牌之间互为替代者和品牌竞争者。
- 形式替代的替代强度比品牌替代弱，但是比其他几种替代关系要强，发生在同一种类但规格、型号、款式不同的产品之间。比如，自行车中的山地车与一般城市用自行车之间、高档汽车与中档汽车之间就构成产品的形式替代。这些产品的生产企业之间互为形式竞争者。
- 一般替代发生在种类不同但满足相同需求的产品之间。比如，面包车、轿车、摩托车和自行车都是交通工具，都能满足人们代步的需求，但属于不同种类的产品。再如，航空公司、高铁公司、长途客运公司都可以满足消费者外出的需求，当高铁票价上涨时，乘飞机、坐汽车的旅客就可能增多。这些产品或服务的供应者之间互为一般竞争者。
- 意愿替代的替代关系最弱，发生在满足不同需求的产品之间。例如，消费者在某个时刻只有 5 000 元可供消费，他所面临的选择有电脑、电视机、手机、国内旅游等。此时，购买其中任何一个，就意味着放弃其他的选择。因此，电脑、电视机、手机和国内旅游之间就形成了替代关系。

替代关系越强的产品之间竞争关系越强，因此，根据替代关系识别竞争者，先找品牌竞争者，再找形式竞争者，最后找一般竞争者。意愿竞争者只在极为特殊的情况下，如目标市场相同且购买花费有排他倾向时，才作为企业产品的竞争者考虑。

需要注意的是，在识别竞争者时，两种观点得出的结果虽然可能有差别，但并不是对立的。竞争者识别可以同时采用两种观点。比如，先按照行业确定一些竞争者，再根据企业的需要，从消费者角度估算产品之间的替代率，把所有与自己争夺顾客或市场的企业都看作竞争对手，最后把对自己威胁比较大的作为重点分析对象。

第2节 竞争分析的内容与方法

企业战略可以按照公司战略、经营单位战略和职能部门战略来分层。公司战略着眼于整个企业，考虑企业作为一个整体的发展问题。经营单位战略主要考虑企业某个业务经营单位在某一市场上的竞争问题。职能部门战略则是公司各个职能部门为贯彻执行企业的发展战略和竞争战略所确定的本部门的任务、目标、实施和控制方法。三者密切相关：公司战略通过业务选择和组合确定企业的发展方向；经营单位战略通过指导企业某一经营单位在某一市场上的竞争活动将企业选定的业务做大做强；职能部门战略通过指导企业某一职能部门的职能活动帮助各经营单位在各市场上获取竞争优势。有了竞争优势，企业所选定的业务才能做大做强，企业才能发展、成长。

从营销的角度对竞争者进行分析，重点在竞争者相关业务的营销能力和策略上。当然也需要从企业战略的三个层次考虑，以便了解竞争者在特定业务上的竞争目标和战略，为企业评估其优劣势和选择营销战略提供依据。竞争者分析的主要内容如表5-1所示。其中，相关业务与本企业对竞争者进行分析时所关注的业务相关。

表5-1 竞争者分析的主要内容

竞争者的公司战略 ● 公司背景：成立时间、地点、注册资本、雇员数量、组织结构、所有者结构、管理团队 ● 愿景与使命：产品、市场、技术领域和价值观 ● 核心能力：组织的学习能力、资源整合能力和创新能力 ● 业务组合与构成：单一业务或多业务；相关或不相关多元化；各业务的构成比例；支柱业务 ● 财务表现与资金实力：销售额、利润额、投资收益率、销售利润率、销售增长率、资金结构、筹资能力、现金流量、资信度、财务比率和财务管理能力 ● 发展目标：盈利能力、竞争地位、业务发展	竞争者在公司层面的营销能力和战略 ● 产品组合：宽度、深度和关联性 ● 品牌运作能力：品牌数量、畅销品牌数量、畅销品牌占比、品牌定位、品牌强度 ● 产品研发与生产能力：产品研发投入、新产品的数量、研发人员的数量和素质、专利数量、生产规模、生产设备的技术先进性与灵活性等 ● 市场开拓能力：营销渠道的覆盖面、营销渠道管理与控制能力、销售队伍的规模和质量、广告规模与效率、售后服务能力 ● 营销策划与管理能力：营销预算、市场调研的投入与效率、信息传递的有效性、对环境变化的适应性与反应速度、营销管理人员的素质等
竞争者相关业务的竞争战略 ● 相关业务背景：业务成立的时间、发展路径、注册资本、雇员数量、组织结构、所有者结构、管理团队以及母公司主要领导人与此业务的联系 ● 相关业务在公司业务组合中的地位：该业务在母公司业务组合中的销售占比、利润占比、现有地位、重要性以及与其他业务的关系 ● 相关业务的财务表现：销售额、利润额、投资收益率、销售利润率、销售增长率和股权收益率 ● 相关业务的竞争目标：销售额目标、利润额目标、市场占有率目标、技术领先目标和品牌竞争力目标 ● 相关业务的竞争优势与竞争战略：成本优势或特色优势；成本领先、差异化或聚焦战略 ● 相关业务的价值链与获取竞争优势的途径：价值链的构成、各环节获取竞争优势的能力和获取竞争优势的关键环节	竞争者在相关业务上的营销能力和战略 ● 产品线：产品项目的数量与构成；品牌的数量与构成 ● 顾客价值与成本：功能价值、服务价值、社交价值、形象价值、货币成本、时间成本、精力成本和体力成本 ● 品牌定位和品牌强度：品牌数量、每一个品牌的定位与针对的目标市场；每一个品牌在各市场的占有率、知名度和美誉度 ● 产品定价：价格档次、定价方法和依据、对价格竞争的态度以及经常采用的价格行为 ● 营销渠道：构成、策略、运作效率、控制能力以及与其他企业的合作程度 ● 沟通与宣传：促销方式整合能力、沟通与宣传的重点、广告规模与效率、媒体组合 ● 关系运作能力：顾客分布、顾客满意度、顾客忠诚度、与重要客户的关系、与政府的关系、与银行的关系、与上下游企业的关系、企业内部关系、与其他利益相关者的关系

由表5-1可见，竞争者分析的主要内容包含企业战略的三个层次和四个方面。三个层次是公司战略、相关业务的经营单位战略和营销战略；四个方面是竞争者的公司战略、竞争者相关业务的竞争战略（与相关业务的经营单位战略有关）、竞争者在公司层面的营销能力和战略（与竞争者总的营销战略有关）以及竞争者在相关业务上的营销能力和战略（与竞争者在相关业务上的营销战略有关）。在进行分析时，企业应设法从这三个层次、四个方面了解竞争者。

一、竞争者的公司战略

对竞争者的公司战略进行分析，目的在于了解竞争者作为一个整体的发展情况和趋势。分析的具体内容如表5-1中“竞争者的公司战略”所示，包括竞争者的公司背景、愿景与使命、核心能力、业务组合与构成、财务表现与资金实力、发展目标等方面。在对竞争者的公司战略进行分析时，重点是分析竞争者的业务组合与构成，其不但是竞争者成长的结果，而且能够预示竞争者的未来发展方向，乃至竞争者对各项业务尤其是竞争相关业务的重视和专注程度。

二、竞争者相关业务的竞争战略

企业经营的各项业务大多以分公司或子公司的形式出现。对竞争者相关业务的竞争战略进行分析，目的在于了解竞争者在相关业务上的现状和趋势。分析的具体内容如表5-1中“竞争者相关业务的竞争战略”所示，包括竞争者相关业务的背景、在公司业务组合中的地位、财务表现、竞争目标、竞争优势与竞争战略、价值链与获取竞争优势的途径等。

三、竞争者在公司层面的营销能力和战略

对竞争者在公司层面的营销能力和战略进行分析，目的在于了解竞争者在公司层面所具有的营销能力、拥有的营销资源和采用的营销战略。分析的具体内容如表5-1中“竞争者在公司层面的营销能力和战略”所示，包括竞争者的产品组合、品牌运作能力、产品研发与生产能力、市场开拓能力以及营销策划与管理能力等。

四、竞争者在相关业务上的营销能力和战略

对竞争者在某一项业务上的营销能力和战略进行分析，目的在于了解竞争企业在竞争业务上所具有的营销能力、可以利用的营销资源和采用的营销战略。分析的具体内容如表5-1中“竞争者在相关业务上的营销能力和战略”所示，包括竞争者在相关业务上的产品线、顾客价值与成本、品牌定位和品牌强度、产品定价、营销渠道、沟通与宣传以及关系运作能力等。

五、竞争者分析的方法

对竞争者进行分析的方法从形式上看有很多种，但是从实际内容看，大多是关键要素

加权评分法的变种。受样本单位数目的限制，竞争者分析较少使用复杂的分析方法，最常用的就是关键要素加权评分法。这种方法虽然简单，但是很实用。其他方法则可以根据企业的需要灵活采用。

（一）竞争情报的收集

企业对于竞争者的分析，要建立在竞争情报的基础上。收集竞争情报是企业营销信息系统的一个重要职责。在企业的营销信息系统中，通常会专门设置一个情报部门，收集企业外部的数据和资料，包括竞争情报。

企业有时还进行市场竞争状况的专项调查，分析和了解企业面临的主要竞争形势、企业所在市场的竞争强度、企业在市场竞争中所处的地位以及竞争对手的重要细节。可用的调查方法有询问调查法、实验调查法和观察调查法以及收集二手数据的方法。其中，收集二手数据是最常使用的方法。

二手数据（secondary data）也叫现成数据，它不是为解决在研问题收集的，而是为了其他的目的收集且可以用于在研项目的数据。二手数据既可能来自企业内部，如企业的数据库、财务部门和统计部门，也可能来自企业外部，如政府机构、行业团体、专业调研机构、出版物和网络信息资源。其中，对竞争情报收集非常有用的一个信息来源是各上市公司按照相关规定定期公布的财报。通过认真分析，企业可以得到许多与上述四个方面的竞争分析内容相关的资料和数据。

（二）关键要素加权评分法

对竞争者的分析，最常用的方法就是关键要素加权评分法。具体的做法如下：第一，选择关键要素，即找出影响行业竞争活动的一些重要因素；第二，打分，根据竞争者在这些关键要素上的表现为其打分；第三，根据每一关键要素的重要性由 0～1 设定权数；第四，计算加权平均数，得出竞争者竞争实力总分，分数越高者竞争实力越强。示例 5-1 是一个企业对 A，B，C 三个竞争者的评估。

示例 5-1　使用关键要素加权评分法评估主要的竞争者

这里要特别注意，根据竞争者在关键要素上的表现为其打分，是为了用客观的方法做出主观的判断。因此，分值的大小并不是最重要的，最重要的是打分时的分析过程和通过分析所得出的对于竞争者竞争能力的理解。

（三）内容分析法

内容分析法也称为内涵分析法，是一种主要以各种文献为对象的研究方法。考虑到竞争情报很多是二手数据，来源于政府机构、行业团体、专业调研机构、出版物、电子网络以及上市公司定期公布的财报，内容分析法在竞争者分析中占据其他方法难以替代的重要地位。[①] 示例 5-2 是某企业使用内容分析法对三

示例 5-2　使用内容分析法分析竞争者

---

① 黄晓斌，成波．内容分析法在企业竞争情报研究中的应用．中国图书馆学报，2006（3）．

个主要竞争者的分析。

第3节 竞争者的竞争地位与竞争行为

在一个不完全竞争市场上，竞争者的竞争地位一般可分为市场领先者（market leader）、市场挑战者（market challenger）、市场追随者（market follower）和市场弥隙者（market nicher）四种类型。市场领先者是在行业中占绝对竞争优势的企业，一般占有最大的市场份额，其营销行为会对市场产生很大影响。市场挑战者仅次于市场领先者，具有较强的竞争能力，会伺机向市场领先者发起挑战，以取代其地位。市场追随者在竞争实力上远不如前两者，而是跟随它们开展生产与营销活动。市场弥隙者虽然竞争实力不强，但并不追随市场主流趋势，而选择市场上大多数企业所忽略的或不愿进入的市场作为自己的目标市场，力争在小的市场缝隙中生存和发展。

竞争者的竞争地位不同，行为选择的自由度不同，采取的竞争行为也不同。竞争行为与竞争战略有如下区别：竞争战略关注的是企业获取何种竞争优势（三种一般的竞争战略）以及获取竞争优势的途径（价值链），而竞争行为关注的则是处于不同竞争地位的企业（领先者、挑战者、追随者或弥隙者）应该如何行动（进攻、防御、跟随或合作）。相对而言，竞争战略是长期的，一旦确定就要坚持相当长的一段时间，不能随意更改，否则企业就可能在市场上既无成本优势，也无特色优势，被“夹在中间”，处境尴尬。竞争行为则是短期的，企业需要根据自己的竞争战略、竞争地位和竞争对手的行为进攻、防御、跟随或合作。

一、市场领先者的竞争行为

一般而言，绝大多数行业都有一个公认的市场领先者，即市场占有率最高的企业。它们在行业中处于主导地位，发挥着举足轻重的作用。它们在市场竞争中的行为选择自由度最大，这种竞争行为通常有三种：扩大市场需求、提高市场占有率和保持现有市场份额。

（一）扩大市场需求

当某种产品的市场总需求扩大时，获益最大的是处于领导者地位的企业。因此，促进产品总需求量的不断增长，扩大整个市场的容量，是市场领先者的一种积极竞争行为。只要市场占有率不下降，它就可以一直获得市场需求扩大所带来的利益。

市场领先者通过扩大市场需求来获取利益。因为利益的获得不一定是建立在其他竞争对手利益的损失之上，所以一般不会引发行业激烈的竞争，尤其是在各个竞争者市场占有率不变的情况下，行业内的每一个竞争者实际上都能获取利益。

市场领先者可以通过三种途径扩大市场需求：（1）寻求和发现新的用户，比如向新的细分市场渗透，向新的区域市场扩展。（2）开发产品的新用途，比如尼龙从最初的军用尼龙绳（降落伞）到后来的民用尼龙绳，再到尼龙袜、尼龙毯以及其他应用，每一次新用途的开发，都带来了尼龙产品市场规模的扩大。（3）刺激原有用户增加使用量，比如促使原有消费者在更多的场合使用，提高原有消费者的使用频率，增加每次的使用量。

（二）提高市场占有率

市场占有率与投资报酬率密切相关。一般而言，企业的市场占有率越高，其生产与营销成本越低，投资收益率越高。许多企业会把提高市场占有率作为竞争目标和营销目标。当市场领先者实力很强时，只要法律（反垄断法）不禁止，自然有提高市场占有率的意图。

市场领先者通过市场占有率的提高获取利益，因为利益的获得建立在其他竞争对手利益的损失之上，所以常常会引发激烈的行业冲突，尤其是在市场总需求不变或下降的情况下，更会引发激烈的行业竞争，导致一些实力弱小的竞争者被淘汰。

市场领先者在采用这种竞争行为时可能有两方面的顾虑：第一，这种竞争行为可能会引起政府的反垄断调查；第二，市场占有率的提高不一定会给企业带来利润的增长。在产品价格不变时，如果产品的单位成本不能随着市场占有率的提高而下降，利润的增长就难以保证。

（三）保持现有市场份额

保持现有市场份额也会给市场领先者带来很大的利益，而且既不会损害竞争者的利益，也不会引发激烈的行业冲突。保持现有市场份额为导向的竞争行为，也是市场领先者经常采用的。在竞争对手中，总有几个实力雄厚者，它们常常会抓住市场领先者的弱点主动出击，向市场领先者发起挑战，或者壮大自己的实力，或者替代市场领先者。为此，市场领先者需要采取措施，保护其市场份额和行业领先地位，防止和抵御其他企业的进攻，维护自己现有的市场份额。市场领先者可以选择以下几种方法：

第一，阵地防御，即市场领先者正面迎接竞争者的挑战，以其人之道还治其人之身。比如，挑战者降价，市场领先者以降价迎之；挑战者增大广告促销的力度，市场领先者也以更多的广告宣传迎之。

第二，侧翼防御，即市场领先者避免与挑战者正面冲突，而是抓住挑战者的一些弱点实施袭击。比如，挑战者降价，市场领先者以增大广告促销的力度迎之；挑战者增大广告促销的力度，市场领先者以降价迎之。

第三，先发制人防御，即在挑战者未发动进攻之前主动攻击，向挑战者发出不要挑战其地位的信号。比如，当发现竞争者正酝酿攻击时，主动向其示威，攻击其市场领域，待明确得知对方停止挑战后，停止攻击。

第四，运动防御，即在挑战者攻击时，市场领先者不与挑战者正面冲突，而是开拓新的市场领域，待挑战者跟进时，再转入其他新的或原有的市场领域。

第五，收缩防御，即市场领先者主动（在未被攻击时）或者被动（在被攻击时）放弃某些对企业不重要的、疲软的市场，而把力量集中于主要的、能获取较高收益的市场。

二、市场挑战者的竞争行为

处于市场挑战者地位的企业，一般都具有相当的规模和实力，在竞争中有相当大的主动性和行为空间。相对于市场领先者，它们的市场占有率在行业中处于第二和第三的位次。称之为市场挑战者，是因为它们可能随时向市场领先者或其他企业发动进攻，通过市场占有率的提高，最终威胁市场领先者的领先地位。

市场挑战者攻击的对象有市场领先者以及与自身实力相当的企业或实力较弱的企业。相对来讲，攻击市场领先者既有风险，又具有较大的价值。具体可采取正面进攻、侧翼进攻、迂回进攻和游击进攻等战术。

（一）正面进攻

当市场挑战者实力明显高于攻击对象时，会选择与对方硬碰硬，开展正面进攻。比如，以较低的价格生产和销售与攻击对象相同的产品；在同一个市场区域，以强于攻击对象的力度投放广告，集中力量向对手主要的市场阵地发动攻击。此时，市场挑战者进攻的是对手的强项而不是弱项，胜负取决于双方力量的对比。

（二）侧翼进攻

如果市场挑战者发现攻击对象有明显的弱点，会集中力量攻击其弱点，开展侧翼进攻。比如，当攻击对象的生产成本较高、降价空间有限时，以较低的价格销售与攻击对象相同的产品；当攻击对象的资金短缺、营销预算偏紧时，增大广告的投放力度，向攻击对象的市场发动猛攻。再如，开展地理性侧翼进攻，即在某一地理范围内针对攻击对象力量薄弱的地区市场发动进攻；或者细分性侧翼进攻，即寻找还未被领先企业覆盖的商品和服务的细分市场迅速填补空缺。还可以采用声东击西的做法，佯攻正面，实际上攻击侧面或背面，使攻击对象措手不及。

（三）迂回进攻

如果攻击对象的实力较强，而且其正面防御战线又很坚固，那么市场挑战者可能会选择迂回进攻。比如，选择攻击被攻击对象完全忽视的细分市场或区域市场；开发与销售某些可以替代攻击对象现有产品的关联产品；开发新技术，用新技术产品取代落后技术产品。

（四）游击进攻

市场挑战者规模较小、力量较弱时，还可能选择游击战术，以小规模、间歇性的进攻打击和干扰攻击对象，不断削弱其力量。比如，突然增强促销力度或者大幅度降价，向市场领先者的某些边缘市场发动攻击，削弱其竞争实力；然后，经过一段时间的观察，再以出其不意的方式向市场领先者的其他市场发动攻击，一点一点地蚕食其市场份额。游击进攻的特点是：不与攻击对象正面交锋，以小规模、间歇性的进攻蚕食攻击对象的市场，积小胜为大胜。

三、市场追随者的竞争行为

在市场竞争中，许多企业会选择成为市场追随者——安于次要地位，尽量避免与市场领先者发生正面冲突。它们从事产品仿造或改良，选择投资少、风险小的业务，希望获取稳定的利润。根据行为特点来划分，包括紧密追随、距离追随和选择追随。

（一）紧密追随

紧密追随突出“仿效”和“低调”。追随者在各个细分市场上尽可能仿效领先者，借助领先者的优势打开市场，追随其后获得一定的市场份额。有时，它们就像挑战者，伴随在领先者的左右，但是它们从不主动地冒犯领先者，在市场促销方面尽量保持低调，以免与领先者发生直接冲突，遭到报复性攻击。

（二）距离追随

距离追随突出“保持合适的距离”。追随者在市场的主要方面，如目标市场、产品创新与开发、价格水平和分销渠道等方面都追随领先者，但仍与领先者保持明显的差距。它们对领先者既不构成威胁，又因为有明显的差异而能赢得一部分顾客的偏爱，占有一定的市场份额。

（三）选择追随

选择追随突出“择优而随”和“创新并举”。追随者不盲目追随，而是择优追随——在对自己有明显利益时追随领先者，同时在其他方面自行其是，坚持独创。它们会有意识地对市场进行细分，开发一些新产品，尽量在其他企业想不到或者做不到的地方为自己争得一席之地，但是它们不会主动攻击领先者。

四、市场弥隙者的竞争行为

市场弥隙者[①]是指那些专心服务于某些市场缝隙（niche）以求在夹缝中生存和发展的企业。它们将自己置于某个市场缝隙，发展目前市场上没有的特色产品，开拓新的市场领域。市场弥隙者采用聚焦战略，通过集中力量满足特定消费群（细分市场）的方式，为自己建立起一个防御各种竞争力量的体系。由于是以一个特定的消费者群体为焦点，所以市场弥隙者有可能在某些细分市场获得成本优势或特色优势。

市场弥隙者多为中小企业。它们占据的市场缝隙潜力不大，难以影响大企业的发展，因此大企业不会很在意。因为不会威胁其他竞争对手，所以市场弥隙者的竞争行为一般不会引发行业内的激烈竞争。为了在夹缝中生存和发展，市场弥隙者可以采用的竞争行为有三种：保护缝隙市场、扩大缝隙市场和创造缝隙市场。

（一）保护缝隙市场

市场弥隙者能够在市场上立足的关键在于企业拥有服务某一目标市场所必需的产品和技术，使企业有能力在这一特定的细分市场上占领较大的市场份额，成为小市场中的领先者。因此，市场弥隙者在某个细分市场上站稳脚跟后，需要保护自己的缝隙市场，维护自己的领先地位，具体措施就是利用各种手段提高和维持顾客忠诚度。

（二）扩大缝隙市场

市场弥隙者能够在市场上立足，一般意味着它们在某个细分市场上或者具有成本优势，或者具有特色优势，这就使它们有了扩大缝隙市场的潜力。它们或者在原有细分市场上扩展，或者进入新的细分市场，复制原有细分市场的成功。

---

① 市场弥隙者，英文为 market nicher，有人将其译为补缺者、利基者或弥缺者。利基者是音译，其他是意译。弥隙者兼有音译和意译。

(三) 创造缝隙市场

市场弥隙者还可以根据特定消费群体的特殊要求和现有竞争者的薄弱环节，通过开发特殊产品和提供特殊服务，创造缝隙市场。王老吉、田七牙膏就是从传统的饮料、牙膏市场“挤出”了一个中药饮料、中药牙膏的缝隙市场。尽管在整个饮料或牙膏市场中它们还是小字辈，但是在中药饮料或中药牙膏市场，它们是当仁不让的老大。

五、竞争博弈

企业与竞争者在某个行业的竞争博弈可以用表 5-2 说明。

表 5-2 企业与竞争者之间的竞争博弈

企业的地位与行为		竞争者的地位与行为			
		市场领先者	市场挑战者	市场追随者	市场弥隙者
市场领先者	扩大市场需求 提高市场占有率 保持现有市场份额		正面进攻 侧翼进攻√ 迂回进攻√ 游击进攻√	紧密追随 距离追随 选择追随	保护缝隙市场 扩大缝隙市场√ 创造缝隙市场
市场挑战者	正面进攻 侧翼进攻 迂回进攻 游击进攻	扩大市场需求 提高市场占有率√ 保持现有市场份额√	正面进攻√ 侧翼进攻√ 迂回进攻√ 游击进攻√	紧密追随 距离追随 选择追随	保护缝隙市场√ 扩大缝隙市场√ 创造缝隙市场
市场追随者	紧密追随 距离追随 选择追随	扩大市场需求 提高市场占有率√ 保持现有市场份额	正面进攻√ 侧翼进攻√ 迂回进攻√ 游击进攻√	紧密追随 距离追随 选择追随	保护缝隙市场 扩大缝隙市场√ 创造缝隙市场
市场弥隙者	保护缝隙市场 扩大缝隙市场 创造缝隙市场	扩大市场需求 提高市场占有率√ 保持现有市场份额	正面进攻√ 侧翼进攻√ 迂回进攻√ 游击进攻√	紧密追随 距离追随 选择追随	保护缝隙市场 扩大缝隙市场√ 创造缝隙市场

第一，企业的竞争行为由企业在行业中所处的地位决定。在行业中，企业可能是市场领先者、市场挑战者、市场追随者或市场弥隙者。处于不同的地位，行为选择的自由度不同，采取的竞争行为也不同。

第二，企业的行为也会受竞争者地位和行为的影响。比如，市场挑战者不大可能对市场领先者实施正面进攻，因为这样做风险很大，有可能是“鸡蛋碰石头”。但是，如果市场挑战者面对的是市场追随者或市场弥隙者，就可以采用任何一种竞争行为。

第三，处在不同地位的企业需要关注不同的竞争行为。比如，市场领先者只需要关注市场挑战者的侧翼进攻、迂回进攻和游击进攻以及市场弥隙者的扩大缝隙市场行为（用“√”表示）；市场挑战者、市场追随者和市场弥隙者则需要关注市场领先者的提高市场占有率行为，市场挑战者的正面进攻、侧翼进攻、迂回进攻和游击进攻行为，以及市场弥隙者的扩大缝隙市场行为（用“√”表示）。

第四，在竞争博弈中，竞争者的行为反应模式不同。比如，有的行为反应比较迟钝，称为迟钝型竞争者；有的对价格竞争敏锐，但是对改善服务、增加广告、改进产品、强化促销等非价格竞争手段不大在意，称为选择型竞争者；有的对竞争对手每个关键要素的变化都十分敏感，并且会对竞争挑战实施激烈的报复和反击，称为强烈反应型竞争者；还有的行为反应比较随意，难以预知，称为随机反应型竞争者。不同的反应类型，暗示着竞争者在资金、规模、技术等方面的能力以及它们对于竞争地位的信心。

第五，当企业遇到竞争者的攻击时，需要根据以下情况做出回击或避开的决定：（1）竞争者的行业地位；（2）竞争者目标市场与本企业目标市场的相似程度；（3）竞争的性质，是良性竞争还是恶性竞争。一般而言，竞争者的行业地位越弱，竞争者目标市场与本企业目标市场的相似度越高，竞争越是良性，企业越要做出回击。恶性竞争者往往采用不正当的甚至违法的手段竞争，如低价倾销、虚假广告、生产假冒伪劣产品、对同业竞争者造谣诽谤等。遇到这样的竞争者，企业最好的办法是避开，寻求法律的途径解决。

六、价格竞争与非价格竞争

虽然价格竞争是市场竞争的基本形式，但是营销学从根本上讲是反价格竞争的。营销学的一个基本原则是非价格竞争。从生产经营者的角度看，价格是其劳动成果的体现，也是其利润源泉，通过降价的方式扩大市场份额，很容易引发价格战。一旦打起价格战，竞争者竞相降价，各方的利润均会受到影响。

价格竞争就像国家之间的战争，而非价格竞争则像国家之间的外交活动。一般而言，在国与国之间，通过外交活动能够解决的问题，不会通过战争解决。战争一旦发动，往往没有胜利者。同样，在市场竞争中，当企业率先降价时，会招致其他企业的报复，引起其他企业跟着降价。轮番降价的结果是企业利润率的普遍下降，每个企业都不能从价格竞争中获得好处，竞争各方俱损。为了避免恶性竞争的价格战可能带来的副作用，负责任的企业更多依靠非价格竞争的手段进行市场竞争。非价格竞争往往通过产品的差异化进行。通过改变产品的某些属性或强调品牌的某些特点，形成本企业产品与竞争对手产品之间的印象差异，建立和保持顾客忠诚度，吸引更多的顾客购买。

根据企业是否过度依靠价格争夺市场，有人将竞争者分为“好的竞争者”和“坏的竞争者”。[①]“好的竞争者”更关注利润，少使用价格手段进行竞争；相反，“坏的竞争者”则更关注市场占有率，多使用价格手段进行竞争。在识别竞争者时，企业要特别注意识别哪些是“好的竞争者”，哪些是“坏的竞争者”。对于“坏的竞争者”，要特别注意其对行业的破坏性。

▶ 思考题

1. 什么是行业？如何界定行业？

2. 谁是海尔的竞争对手？谁是华润万家的竞争对手？这两个问题有什么不同吗？

---

① Porter M E. Competitive Strategy: Techniques for Analyzing Industries and Competitors. NY: The Free Press, 1980.

3. 请找一个你熟悉的行业，分析它的行业结构、市场结构、行业集中度、规模经济、产品差异化程度。

4. 举例说明一种产品或服务的品牌竞争者、形式竞争者、一般竞争者和意愿竞争者。

5. 竞争者分析包括哪几个层次和哪几个方面？

6. 用关键要素加权评分法分析某种产品的三个竞争者。

7. 找一个市场弥隙者，观察它是怎样应对竞争的。

| 第6章 |

营销环境的 SWOT 分析

营销分析的目的在于深入了解市场需求和企业的营销环境，搞清楚企业营销的优劣势所在，为企业制定营销战略和战术提供依据。其中，最重要的是对市场需求的分析（需求分析）和竞争者的分析（竞争分析）。此外，还需要对其他环境因素以及企业的能力和条件进行分析，搞清楚企业营销的优势、劣势、机会与威胁。一个有用的分析框架是SWOT分析，帮助营销管理者系统地思考企业的优势（strengths）、劣势（weaknesses）、机会（opportunities）和威胁（threats），确认企业内部营销资源与外部营销环境相适应的程度与状态。它使企业对于营销环境的分析不再是一堆杂乱无章的事实与数据，而是在一定程度上帮助企业降低营销决策不确定性的营销信息。本章介绍 SWOT 分析的内容和操作方法。

第1节　外部环境分析与机会、威胁的确定

企业的营销活动受环境因素的影响。环境因素的变化不是企业所能控制的，只能认识和适应，并在此基础上利用它。环境因素为企业带来营销机会的同时，也会给企业带来威胁。对企业的营销环境进行分析的一个重要目的是确定企业的环境机会和环境威胁。

企业的营销环境可以分为宏观环境、行业环境和运营环境三个层次，如图 6－1 所示。运营环境也称为经营环境或营销的微观环境，是对企业营销活动有直接影响的外部因素，除了在前两章介绍过的顾客（需求分析）和竞争者（竞争者分析），还包括供应链、供应商、中间商、债权人和劳动力等。行业环境属于营销的中观环境，是对企业营销活动有直接或间接影响的行业因素，主要包括对企业构成威胁的五种力量，即新进入者的威胁（进入壁垒）、供应者的威胁、购买者的威胁、替代者的威胁和业内竞争者的威胁。宏观环境则是影响企业营销活动的社会因素，包括政治、经济、社会文化、技术、生态等，对企业营销活动的影响大多是间接的，往往通过对行业环境或运营环境的影响而发挥作用。

运营环境对企业营销活动的影响最直接，也最重要。因此是企业进行外部环境分析时首先需要认真考虑的。宏观环境独立于其他环境而变化，而且其他环境还会跟随它的变化而变化，即宏观环境是自变量，其他环境是因变量。在行业环境和运营环境的关系上，行业环境是自变量，运营环境是因变量。因此，从顺序上，企业在进行外部环境分析时，应该从外向内一层一层地分析，即先分析宏观环境，再分析行业环境，最后分析运营环境。

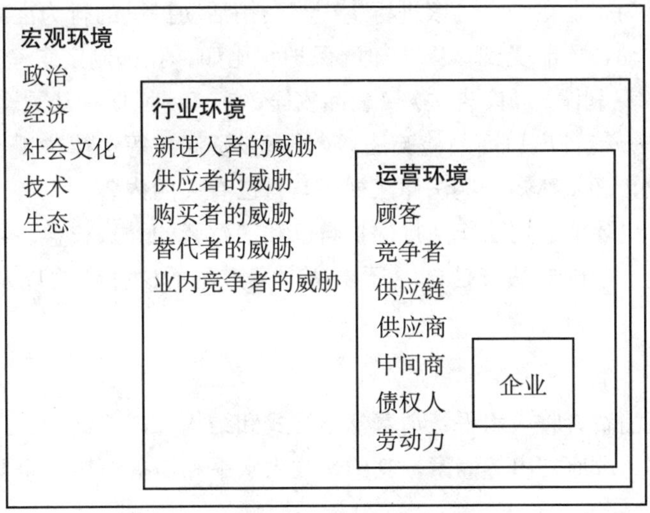

图6-1 企业营销环境的三个层次

这样的顺序安排并不意味着宏观环境分析最重要，运营环境分析最不重要，相反，如果按照重要性排序的话，运营环境分析最重要，行业环境分析次之，宏观环境再次之。因此，企业在对外部环境进行分析时，越是靠近企业的环境越需要进行详细的分析。

一、宏观环境

宏观环境分析主要是对政治（political)、经济（economic)、社会文化（social cultural)、技术（technological）和生态（ecological）等环境因素的分析，简称为PESTE分析法。①

（一）政治环境

一个国家的政治环境是影响该国企业或外国企业在该国进行营销活动的重要因素。一个国家的政局是否稳定，会影响该国的经济发展，从而影响企业在该国的营销活动。如果政局稳定，人民安居乐业，就会增加企业的信心，从而踊跃投资，积极从事生产和营销活动。相反，政局不稳，社会矛盾尖锐，秩序混乱，就会影响经济发展和市场繁荣，使企业失去信心，撤离资本，减少生产和营销活动。特别是在对外贸易或跨国营销活动中，企业必须考虑东道国政局变动对企业可能造成的不利影响。

政治环境还表现为一个国家的政府所制定的方针政策，如人口政策、能源政策、物价政策、财政政策、货币政策以及法律法规等。例如，一个国家降低利率，可以刺激消费；提高个人所得税，可以减少消费者的实际收入，从而降低人们的购买力和购买欲望；增加香烟的产品税，可以抑制人们对香烟的消费需求。在国际贸易中，大多数国家都会制定一些政策干预外国企业在本国的营销活动，比如进口限制、价格管制、外汇管制以及特殊的税收政策等。

---

① 甘鸣华．经营战略．北京：中国国际广播出版社，2000：27-39．在此书中，宏观环境分析用PEST分析法，缺少生态环境。这里加上生态环境，就成为PESTE分析法。

法律法规则是为企业在一个国家进行生产与营销活动提供的行为准则。企业只有依法进行生产与营销活动，才能受到该国法律的保护。比如，我国制定了《产品质量法》《合同法》《商标法》《专利法》《广告法》《食品安全法》《环境保护法》《反不正当竞争法》《消费者权益保护法》《进出口商品检验法》《外商投资法》等法律法规。在我国进行生产和营销活动的企业，必须熟知这些法律法规中与自己有关的内容。只有这样，才能保证企业经营的合法性，也才能运用法律法规保护自己和消费者的合法权益。从事国际营销活动的企业，不仅要遵守本国的法律法规，还要遵守东道国的法律法规以及一些国际惯例和准则。

（二）经济环境

经济环境包括消费者收入水平、消费支出模式和结构、产业结构、经济增长率、货币供应量、银行利率、政府支出等因素，其中，收入水平和消费结构对企业营销活动的影响比较大。

一个国家的收入状况是决定这个国家市场总规模的重要因素之一，因为它决定这个国家国民总的购买力。了解一个国家的收入状况，可从以下几个方面进行分析：

- 国内生产总值，即人们通常所说的GDP（gross domestic product），指在一定时期（通常为1年）内一个国家或地区在经济活动中所生产出的全部最终产品和服务的价值总和。它由四个部分组成，即消费、私人投资、政府支出和净出口额。它是衡量一个国家或地区综合经济实力的指标。
- 国民生产总值，即人们所说的GNP（gross national product），指一个国家或地区的所有常住单位在一定时期（通常为1年）内生产的各种最终产品和劳务的价值总和。它等于国内生产总值加上来自国外的劳动报酬和财产收入减去支付给国外的劳动者报酬和财产收入。这也是衡量一个国家或地区综合经济实力的指标。
- 国民收入（national income），指一个国家国民经济各个生产部门在一定时期内新创造价值的总和。它等于国内生产总值扣除物质消耗后的剩余部分价值。
- 人均国民收入，即用国民收入除以总人口的比值，反映一个国家国民生活水平的高低。一般来说，人均收入增长，一个国家的国民对商品的需求和购买力增大；反之，就减小。
- 个人可支配收入，即个人收入扣除个人缴纳的各种税款后剩余的部分。它是人们可以用于消费或储蓄的自由支配收入，构成实际的购买力，对人们购买生活必需品有决定性影响。
- 个人可任意支配收入，即个人可支配收入减去用于购买生活必需品的费用支出（如房租、水电、食物等项开支）后剩余的那部分个人收入。这部分收入构成的需求是个人消费需求中最富于变化的部分，常用于耐用消费品、娱乐、教育和旅游等方面的购买或支出。
- 家庭收入，即家庭所有成员的个人可支配收入之和。家庭收入的高低会极大地影响许多以家庭为单位的消费品的需求与购买。

随着收入的变化，人们的消费结构和支出结构会发生有规律的变化。一般而言，随着家庭和个人收入的增加，收入中用于食品方面的支出比例将逐渐减小。这一规律称为恩格尔定律，反映这一规律的系数称为恩格尔系数，计算公式如下：

$$\text{恩格尔系数}=\text{食品支出金额}/\text{家庭消费支出总额} \tag{6-1}$$

恩格尔系数是衡量一个国家、地区、城市、家庭生活水平高低的重要参数。恩格尔系数越小，食品支出所占比重越低，表明生活富裕，生活质量高；恩格尔系数越大，食品支出所占比重越高，表明生活贫困，生活质量低。

（三）社会文化环境

社会文化环境是指在一个社会所形成的价值观、宗教信仰、风俗习惯、道德规范等被社会所公认的各种行为规范。对社会文化环境的分析可以从人口、价值观、宗教信仰和消费习俗等方面入手。

人口是市场的第一要素。人口数量决定市场的规模和容量；人口的性别、年龄、民族、婚姻状况、职业和居住分布等决定市场的需求结构。对社会的人口进行分析，就是要了解人口构成的基本特征，包括人口的数量、年龄结构、性别结构、家庭结构（家庭单位以及家庭平均人口的数量）、民族结构和社会结构（如城乡分布、阶层分布、职业分布和教育程度分布）。

价值观是指人们对社会生活中各种事物的基本态度和看法。不同文化背景下，人们的价值观往往有着很大的差异，因此对商品的色彩、标识、式样以及促销方式有着自己的意见和态度。

宗教信仰是构成社会文化的重要因素，对人们的消费需求和购买行为有很大的影响。不同的宗教有自己独特的对节日礼仪、商品使用的要求和禁忌。

消费习俗是指人们在长期经济与社会活动中所形成的一种消费方式与习惯。不同的消费习俗具有不同的商品要求。研究消费习俗，不但有利于组织消费品的生产与销售，而且有利于正确、主动地引导健康消费。了解目标市场消费者的禁忌、习惯、避讳等是企业进行市场营销的重要前提。

（四）技术环境

科学技术是人类在长期的研究、发明、创造和生产等社会实践活动中所积累的经验、知识和技能的总和。科学技术的发展，影响着人类社会的历史进程、生产方式和生活方式。每一种新技术的发明和推广都会给企业带来新的市场机会，甚至会促进一些新行业的出现，同时，也可能给某些行业、企业造成威胁，甚至因此被淘汰。例如，电脑代替了传统的打字机，复印机的发明排挤了复写纸，数码相机的出现夺走了胶片相机的大部分市场。近些年，随着多媒体和电脑网络技术的发展，出现了电视购物、网上购物等新型购买方式，人们可以在家中通过网络订购商品、车票、飞机票、电影票和球票。

企业必须密切关注科学技术的发展和变化，力求在生产和营销活动中采用新的科学技术手段，将威胁转变为机遇，以免在快速的科技发展中被淘汰。技术环境的变化对企业营销活动的影响表现在以下几方面：

第一，生产输入。科技发展一方面源源不断地带来新能源、新材料、新工艺和新设备，给新兴产业和技术领先的企业提供了许多机会；另一方面也造成非再生资源的短缺，旧设备、旧工艺的淘汰，使依赖于这些资源、设备和工艺的企业受到威胁。机遇和威胁并存。

第二，生产输出。新能源、新材料、新工艺和新设备的出现，为企业的产品革新、技术改造和新产品开发提供了条件，极大地提高了企业的生产效率，使企业有能力向市场提供更多更好的产品。

第三，顾客生活与购物习惯。科技发展对顾客的生活与购物习惯都会产生影响。比如，自动售货机的出现，改变了传统的销售方式，它不需要营业员，只需要少量的工作人员补充商品，回收现金，保养和修理机器，顾客则可以不受时间和人员的限制，随时购买。

第四，企业管理。计算机、信息网络、电子扫描装置、光纤通信等新技术的广泛应用，极大地提高了企业的管理效率，推动企业整体管理水平的提高，营销管理水平也得以提高，信息沟通、市场调研和宣传促销都有了更加快捷和多样化的手段。

对技术环境进行分析，就是分析与本企业有关的科技发展状况，从以上几个方面评估新技术、新资源、新材料、新工艺和新设备对企业以及行业可能产生的影响，了解它们给企业带来的机遇或挑战。

（五）生态环境

生态环境是影响人类生存与发展的水资源、土地资源、生物资源以及气候资源数量与质量的总称，是关系到社会和经济持续发展的复杂系统。生态环境需要在变化中达到一种动态平衡。一旦受到自然和人为因素的干扰，超过了生态系统自我调节能力而不能恢复到原来比较稳定的状态时，生态平衡就遭到破坏，造成系统成分缺损（如生物多样性减少等）、结构变化（如动物种群的突增或突减、食物链的改变等）、能量流动受阻、物质循环中断，严重时，就是生态灾难。

随着人类社会进步和科学技术的发展，世界各国都加快了工业化进程，一方面创造了丰富的物质财富，满足了人们日益增长的需求；另一方面，也造成了资源短缺、环境污染和生态失衡的后果。从 20 世纪 60 年代起，世界各国开始关注经济发展对自然环境和生态环境的影响，成立了许多环境保护组织，敦促政府加强对环境保护的立法。

全球所面临的生态环境问题包括土地资源丧失、淡水资源紧缺、生物物种消失、人口激增、大气质量恶化、森林破坏严重、全球气候变暖（温室效应）、水土流失与荒漠化等。中国地域辽阔，自然条件复杂，地貌类型多样。长期以来，由于保护环境的意识不强，重开发轻保护，重建设轻维护，对资源采取掠夺式、粗放型开发和利用，超过了生态环境的承载能力，中国的生态环境问题更为严重。具体表现在：自然环境先天脆弱，水土流失严重，荒漠化扩大，水资源紧缺，空气污染严重，森林覆盖率低，天然林生态系统和野生动植物面临危机。

针对中国的生态环境问题，国务院于 2000 年 11 月 26 日发布了《全国生态环境保护纲要》，明确提出了中国生态环境保护的基本原则和目标。2014 年 4 月 24 日，第十二届全国人民代表大会常务委员会第八次会议修订通过了《中华人民共和国环境保护法》，共 7

章70条。这些文件和法律条文规范着企业的生产和营销活动，在中国进行生产与营销活动必须遵守其中的规定，高污染、高能耗企业必须为生态环境保护做出牺牲。企业必须为生态环境的治理和保护做出贡献。政府的环境保护工作为企业提供了新的营销机会，促使企业研究污染控制技术和节约资源的方法，兴建绿色工程，生产绿色产品，开发环保包装，进行环境友好式营销。

对生态环境进行分析，就是分析与本企业有关的生态环境问题和政府颁布的生态环境保护法律，从机遇与威胁的角度评估它们对企业生产与营销活动的影响。

二、行业环境

企业的盈利能力由两个方面决定：第一，所处行业的盈利能力；第二，在所处行业的地位。行业的盈利能力由五种力量决定，即新进入者、供应者、购买者、替代者、业内竞争者（见图3-5）。企业在所处行业的地位由其核心竞争力决定。

行业环境分析的目的主要是了解和明确影响行业盈利能力的五种力量对企业具有怎样的威胁，哪一种威胁最大，企业需要怎样应对。

一般而言，新进入者对企业威胁的大小主要取决于该企业所处行业的进入壁垒。行业的进入壁垒越大，企业受新进入者的威胁就越小；反之，则威胁越大。

替代者对企业威胁的大小取决于替代者生产的替代品对企业产品的替代程度。满足同类需求，替代者提供的替代品性价比或利价比越高，企业受到的威胁就越大；反之，则越小。

供应者或购买者对企业的威胁主要体现在双方的利益分配上。利益分配的决定性因素是二者的力量对比。如果供应者或购买者的力量大于企业，那么在讨价还价中供应者或购买者就处于有利地位，它们从交易中会要求得到较大的利益，企业就感受到较大的威胁；反之，则威胁较小。

业内竞争者对企业的威胁最直接，历来为人们所关注。业内竞争者对企业威胁的程度，取决于该企业所处行业的集中度、规模经济以及产品差异化程度等因素。比如，集中度越高的行业，进入壁垒越高，企业受新进入者的威胁就越小；规模经济越大的行业，越是会诱使业内竞争者抢占市场，以求扩大自己的规模，竞争越激烈，企业感受到的威胁也就越大；产品差异化程度会减缓行业内竞争的激烈程度，因此顾客在购买产品时越看重品牌的行业，企业受业内竞争者的威胁就越小。

本书在第3章、第5章和本章均介绍过与行业分析有关的内容，它们虽然有重叠的地方，比如都提到五力模型，但关注的重点不同。第3章是企业竞争战略的视角，关注的重点是企业某一业务经营单位的竞争领域及其特点；第5章是竞争者评价的视角，关注的重点是企业某一业务经营单位业内竞争者的确定与识别；本章则是营销环境分析的视角，关注的重点是行业环境给企业营销活动带来的机会或威胁。

三、运营环境

运营环境对企业营销活动有最直接的影响。对运营环境的分析可以从供应链、顾客或用户、竞争者、供应商、中间商、债权人和劳动力等方面入手。

（一）供应链

企业再生产过程，从原材料和零部件采购和运输，到加工制造，再到分销，直至最终送到顾客手中，是一个环环相扣的链条。当这个链条被作为一个整体来对待和管理时，就称为供应链（supply chain）。①

供应链由多个企业价值链（见图3－7）组合而成。它将企业的核心价值创造活动进行了前伸和后延，一方面把供应商的活动视为自己价值创造活动的有机组成部分而加以控制和协调；另一方面把生产活动后延至产品的销售和服务阶段。图6－2是一个简化了的供应链，它不仅显示了供应链的构成，而且显示了供应链与价值链的关系。

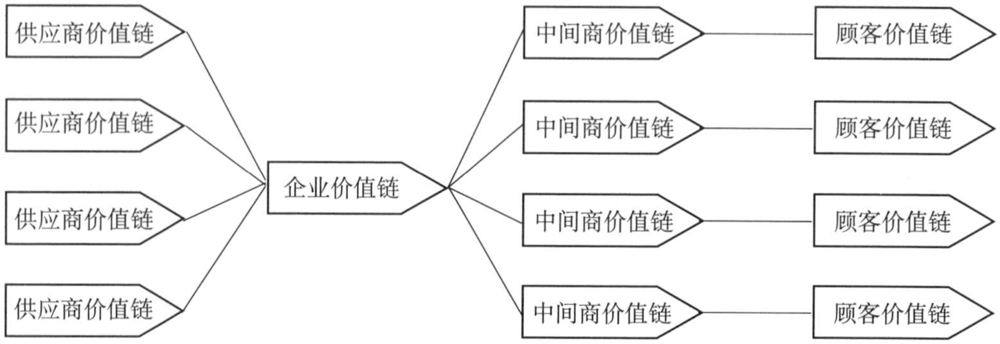

图6－2　供应链

由企业价值链与供应链的关系可以看出：一个企业的价值创造活动与上下游企业的价值创造活动密切相关，上下游企业的价值创造活动会严重影响企业的价值创造活动。如果通过联盟的形式，把上下游企业的价值链与本企业价值链紧密联系起来，使上下游企业的价值创造活动很好地与本企业的价值创造活动相配合，就会在本企业价值链与上下游企业价值链的联系上为企业带来他人难以模仿的竞争优势。

对企业某一产品的供应链进行分析，就是要了解下列问题：在这个链条上有哪些参与者？它们扮演什么角色？哪些力量会影响到整个链条的运作效率？企业处于供应链的什么位置？供应链面临什么机会或威胁？

（二）顾客或用户

顾客或用户既是企业营销的目标，也是企业无法控制且对企业的营销活动有直接影响的环境因素。因此，了解市场需求和目标市场的特点（需求分析）不但是企业进行营销分析的一个首要内容（第4章），也是企业了解其营销环境的一个重要内容。企业虽然可以通过营销活动影响顾客或用户的需求，但其变化不是企业的意志能够左右的。

对顾客或用户进行分析，就是要了解顾客或用户的地区分布状况、需求规模、需求结构、需求心理、购买行为特点以及可能的需求变化给企业带来的机会或威胁。分析方法可以参考第4章的内容。

---

① 陈国权．供应链管理．中国软科学，1999（10）．

（三）竞争者

现代企业营销强调企业、消费者和竞争者3C之间的互动，企业通过比竞争者更好地满足顾客需求的方法来创造竞争优势，实现企业的营销目标。只有对竞争者有充分的了解，企业才可能知道从哪些方面更好地满足顾客需求。因此，对竞争者的分析有着与对顾客需求的分析同等重要的地位——企业在营销中要睁大双眼，一方面盯着顾客，一方面盯着竞争者。这是我们把对竞争者的分析单独列为一章（第5章）放在企业营销环境分析之前的原因。

不过，与顾客相同，竞争者也是企业无法控制且对企业的营销活动有直接影响的环境因素，因此，也需要将其作为一个环境因素，分析它给企业带来的机会和构成的威胁。

对业内竞争者进行分析，要确定现有和潜在的竞争者，弄清楚它们之间的相对优势和劣势所在，寻找企业与竞争者的竞合（竞争与合作）点，需要回答下列问题：竞争企业的数量有多少？哪些竞争企业对本企业的影响最大？竞争企业怎样界定它们的市场？顾客或用户从产品或服务中所得的利益是否与本企业提供的利益相同？竞争者投入本行业的程度如何，未来可能会采取什么竞争行为，对本企业有什么威胁？企业与哪些竞争者在哪些方面可以开展合作？

（四）供应商

供应商是指提供企业进行生产所必需的特定的原材料、辅助材料、设备、能源、劳务、资金等资源的供货单位。这些资源的变化直接影响到企业产品的产量、质量以及利润，从而影响企业营销计划和营销目标的完成。

对供应商进行分析，要了解现有货源供应的及时性和稳定性、本企业与供应商的合作关系以及可能的机会与威胁。需要回答下列问题：货源供应的及时性和稳定性如何？供应商在质量、能力、声誉和服务方面的竞争力如何？供应商的价格有竞争力吗？供应商与本企业相互依赖的程度和结构如何？供应商与本企业的关系如何，有什么不稳定的因素，在计划期内原材料价格会怎样变化？

（五）中间商

中间商是指经销企业产品的中介组织，主要包括批发商、零售商、经销商和代理商等。由图6-2可见，中间商是连接企业和顾客的中间环节，对企业的营销活动有直接且重要的影响。它们帮助企业为产品寻找销路，为顾客或用户创造地点效用、时间效用和拥有效用。生产制造企业一般都要与中间商合作，构建自己的营销渠道，实现企业的营销目标。中间商的数量、构成、服务质量及其变化，会通过对企业营销渠道的影响而影响企业的营销战略策划与实施。

对中间商进行分析，需要回答下列问题：市场上有多少可用的中间商？中间商有什么特点，经销哪些企业的产品，愿意经销本企业的产品吗？它们的声誉如何？它们的服务质量有竞争力吗？它们与本企业相互依赖的程度和结构如何？它们与本企业的关系如何？有什么不稳定的因素吗？企业是否过度地依赖某一中间商？企业可以找到其他的中间商代替现有中间商吗？

（六）债权人

债权人（creditors）即企业的出资人，主要是指为企业提供资金或融资的机构和个人，包括企业的股东、给企业提供贷款的机构或个人（贷款债权人）和以出售货物或劳务形式提供短期融资的机构或个人（商业债权人）。债权人有权要求债务人（即企业）按照合同的约定实施一定的行为或者不实施一定的行为。债务人（即企业）如不履行合同规定的义务，债权人有权请求司法机关强制其履行。如果债权人由于对方不履行义务而遭受经济上的损失，有权要求赔偿。债权人最关心的是债权的安全，包括贷款到期的收回和利息的偿付。

债权人的资金量和融资意愿会影响企业的资金成本，进而影响企业的营销活动。对债权人进行分析，就是要了解下列问题：债权人对公司价值的认知如何？他们愿意持有公司的股票吗？他们是否认为公司以往给予的回报是可以接受的？他们出资的条件是否与企业的盈利目标相匹配？公司融资的难度有什么变化？会导致融资成本增大吗？公司与债权人的关系如何？现有的融资渠道稳定吗？有其他的融资渠道吗？

（七）劳动力

劳动力指具有劳动能力的人。从营销的角度看劳动力，则是指有能力从事某种营销活动的劳动者。如前所述（第1章第1节），企业的营销活动需要各种不同层次的营销人才，包括营销副总经理或营销总监、营销经理、区域销售经理、营销管理人员（如营销策划主管、营销传播主管、广告主管、大客户主管、市场调研主管、品牌项目主管等）和销售人员。此外，还需要其他一些与营销工作有关的人员，如市场调研员、数据分析师、营销策划师等。

企业不一定能够招募到需要的所有营销人才；招募到了，也不一定能够留住。从营销的角度对劳动力进行分析，就是要考虑下面的问题：企业能否招募到需要的营销人员？企业的声誉与吸引力如何？招募地的就业率和所需人员的供求状况如何？企业能否利用“外脑”？企业能否将一些不具优势的营销活动外包？

除此之外，一些重要的社会公众也可能为企业营销带来机会或威胁，也有分析的必要。比如，报纸、杂志、电台、电视台及网络等传播媒介有着广泛的社会联系，能够直接影响社会舆论对企业的认识和评价。消费者组织、环境保护组织以及其他群团组织常常会因为企业的营销活动损害了某方面的利益而向企业或第三方（如法院或工商行政管理部门）投诉或提建议。企业所在地附近的居民和社区团体是企业的邻里，通过口碑影响企业、产品或品牌的形象。

四、营销环境预测

企业的营销战略是以未来为导向的营销决策，因此营销管理者在提出营销对策之前，还需要对营销环境因素的未来发展趋势进行预测。任务-宏观环境影响矩阵（task and remote environment impact matrix）① 把宏观环境因素的变化趋势和影响企业营销活动的关

---

① Pearce J A，Robinson R B. Strategic Management：Formulation，Implementation and Control. 4th ed. Boston：Irwin，1991：161-163.

键变量的变化趋势联系起来（见表6-1），有助于企业着眼于未来，更深刻地认识、分析和理解环境因素的变化及其影响。

表6-1 任务-宏观环境影响矩阵

宏观环境	关键顾客或用户的变化趋势	关键竞争者的变化趋势	关键供应者的变化趋势	关键劳动力市场的变化趋势
政治环境 因素1 因素2 ……				
经济环境 因素1 因素2 ……				
社会文化环境 因素1 因素2 ……				
技术环境 因素1 因素2 ……				
生态环境 因素1 因素2 ……				

任务-宏观环境影响矩阵的具体做法如下：

第一步，选择重要且具体的环境变量。比如，在经济环境中，中国的人均可支配收入和人口结构可以作为两个具体的经济环境因素。

第二步，确定重要的环境信息来源和恰当的预测工具，对宏观环境因素变化的趋势进行预测。比如，中国的人均可支配收入和人口结构在未来一段时间内会发生什么变化？

第三步，预测宏观环境因素的变化对关键环境因素变化趋势的影响。比如，中国的人均可支配收入和人口结构发生变化以后，关键顾客会随之发生什么变化？关键竞争者会随之发生什么变化？关键供应者会随之发生什么变化？实际上，这个表可以根据企业的需要做得很大，考虑所有企业关心的环境因素。

第四步，预测对企业以及企业营销活动的影响。比如，中国的人均可支配收入和人口结构发生变化，使关键顾客、关键竞争者和关键供应者也发生相应变化，对企业以及企业的营销活动会产生什么影响？是机会还是威胁？

第五步，将预测结果整合于营销战略策划中。根据预测结果，考虑企业未来的营销战略。

五、环境机会与环境威胁分析

基于以上的环境分析和预测，营销管理者大致能够确定企业营销的环境机会和环境威胁。接下来，营销管理者要考虑哪些环境机会和威胁是企业需要认真对待的。

虽然哪些环境因素是环境机会，哪些环境因素是环境威胁，并没有一个固定的分类标准，但是从企业营销的角度看，有助于企业实现其营销目标的环境因素都可以视为环境机会，阻碍企业实现其营销目标的环境因素都可以视为环境威胁。

营销管理者在对环境机会和环境威胁进行分析时，首先需要参考企业在制定发展战略和竞争战略时关于环境机会和威胁的分析（见第 3 章）。企业在制定公司的发展战略和相关业务的竞争战略时，一般都会以 SWOT 的形式对企业发展或相关业务竞争的环境机会和环境威胁进行分析。除非发现在企业的发展战略和竞争战略中对环境机会和环境威胁的分析与实际不符，否则营销管理者可以直接使用这些分析结果。同时，也是更重要的，营销管理者需要从营销角度对企业营销的环境机会和环境威胁进行再分析和再认识。环境机会与环境威胁分析表是一个分析工具，如表 6－2 所示，它可以帮助营销管理者在制定营销战略时，将关于环境机会和威胁的分析整合于自己的分析中，系统地认识企业营销的环境机会和环境威胁。

表 6－2　环境机会与环境威胁分析表

因素	机会或威胁及其程度（－10～10）	概率（0～1）	加权分
因素 1			
因素 2			
……			
人民币汇率上升，出口可能下降	－3	0.6	－1.8
客户的谈判能力正在提高	－2	0.8	－1.6
供应商可能后向整合	－5	0.3	－1.5
国内市场需求增长强劲	7	0.9	6.3
客户群有扩大趋势	3	0.6	1.8
……			
因素 n			

第一步，选择因素。将对企业营销活动有显著影响的因素找出来。

第二步，打分。根据这些因素对企业营销活动影响的有利（机会）或不利（威胁）程度打分，比如－10 表示极为不利，10 表示极为有利，0 表示中性，其他表示三者之间的状态。

第三步，估算事件出现的概率。根据环境预测的结果，估算某一因素按照设想变化的可能性，以事件出现的概率表示。事件出现的概率大于 0、小于 1。

第四步，计算前两项的乘积（加权分），确定对企业营销影响最大也是企业需要认真考虑的环境机会和环境威胁。其中，负分值表示某一环境因素对企业的营销活动有不利的影响，而正分值则表示某一环境因素对于企业的营销活动有有利的影响；分数的绝对值越大，影响越重要和（或）事件出现的概率越大。比如，表6－2中“国内市场需求增长强劲”的加权分绝对值为6.3，是最高的，而“供应商可能后向整合”的加权分绝对值为1.5，是最低的。

第五步，经过分析，依照加权分绝对值的高低，筛选出重要的环境机会与环境威胁。比如，在表6－2中，“国内市场需求增长强劲”是首先被选出来的，然后是“人民币汇率上升，出口可能下降”和“客户群有扩大趋势”，最后是“供应商可能后向整合”。选出来的环境机会与环境威胁不宜过多，各四五个即可，均不要超过10个。

需要注意的是，打分是为了用客观的方法做出主观的判断，因此分值的大小并不是最重要的，最重要的是打分时的分析过程和通过分析所得出的对于环境因素与企业营销活动之间关系的理解。另外，为了使打分较为客观，可请多位专家独立进行，然后取平均数。

当然，威胁和机会是并存的——威胁中有机会，机会中也有挑战，在一定条件下，二者可以相互转化。在应用环境机会与环境威胁分析表分析时，可以简单地将一个因素一分为二，先将其视为环境机会，再将其视为环境威胁，分别加以评价和分析。

第2节　内部要素分析与优势、劣势的确定

企业内部要素分析的目的有两个：一个是明确企业营销的内部环境；另一个是确定企业的优势要素和劣势要素。

一、营销的内部环境

企业内部的许多因素是营销部门不能控制或改变的，比如公司的使命、发展战略、组织结构、资源状况、公司以前的业绩以及在相关业务上的竞争战略等，如表6－3所示。从营销的角度看，在不能控制只能设法适应这一点上，与外部环境是相同的。营销管理者在进行营销战略策划之前，必须了解这些因素，将其视为给定的约束条件或环境因素加以考虑。

表6－3　企业内部环境分析要点

公司使命 ● 公司使命如何表述？ ● 公司愿景是什么？ ● 公司如何界定其经营范围？ ● 公司如何说明其产品、市场、技术领域和价值观？ ● 公司如何看待其他利益相关者？ ● 公司使命对公司的营销活动有什么限制和影响？
公司的发展战略 ● 公司的长期与近期发展目标是什么？ ● 公司都有哪些业务？ ● 各项业务的构成情况如何？ ● 产品或业务组合与公司的使命和资源有怎样的关系？ ● 公司的组织结构和权力结构如何？ ● 以上因素对公司的营销活动有什么影响？

续表

公司的资源状况 ● 公司员工与管理人员的技术、能力和道德状况怎样？ ● 公司的财务状况如何？ ● 公司拥有或需要哪些营销信息？ ● 公司会为营销活动提供怎样的支持？ ● 公司的各种资源对营销活动有怎样的影响？
公司的业绩表现 ● 近几年的销售额与利润额是怎样变化的？ ● 销售额与利润额在各项业务上的构成如何？ ● 各项业务的市场占有率情况有什么变化趋势？ ● 营销活动都发挥了怎样的作用？ ● 营销费用的投入与销售额、利润额有怎样的关系？ ● 成功的经验和失败的教训是什么？ ● 以前的业绩对企业的营销活动有怎样的影响？
在相关业务上的竞争战略 ● 谁是主要竞争者？ ● 哪种力量是影响行业盈利能力的主要因素？ ● 公司采用什么竞争战略？ ● 公司的竞争地位如何？ ● 公司竞争战略对营销有什么要求？

（一）公司使命

公司使命是对企业终极目的的一个独特描述（见第3章第2节）。它规定了企业的经营范围、总的发展方向和组织的基本特征，反映战略决策者的价值观，是企业选择营销目标和营销战略的基础和背景。营销战略策划的许多要素，如营销目标、目标市场、市场定位、营销组合等都多多少少反映着公司使命。因此，公司使命及其对公司营销活动的约束和影响，营销管理者必须了然于胸。

对公司使命进行分析，重点了解以下内容：公司使命如何表述？公司愿景是什么？公司如何界定其经营范围？如何说明公司的产品、市场、技术领域和价值观？如何看待其他利益相关者？对公司的营销活动有什么限制和影响？

（二）公司的发展战略

公司的发展战略确定了企业的发展方向、发展目标和行动计划，是企业内所有业务经营单位和职能部门的行动指南。营销战略是公司发展战略中一个重要的组成部分，它必须有助于公司发展战略的实施。因此，营销战略的制定必须以公司的发展战略为背景，营销管理者必须了解公司的发展战略和营销战略在公司发展战略中的地位。

如前所述，可以按照公司战略、经营单位战略和职能部门战略来分层。三者密切相关：公司战略通过业务选择和组合确定整个企业的发展方向，即公司发展战略；经营单位战略通过在某一市场上的竞争活动将企业在公司战略中所选定的业务做大做强，即经营单位的竞争战略；职能部门战略则通过各部门的职能活动帮助经营单位在某一市场上获取竞争优势，即各个职能部门的战略，包括营销战略、财务战略、研发战略、人力资源战略、生产运作战略等。反过来讲，企业在某一选定业务上的竞争优势，要通过各职能部门的职能活动获取；有了竞争优势，企业所选定的业务才能做大做强；选定的业务做大做强了，企业才能发展、成长。

对公司的发展战略进行分析，重点了解以下内容：公司的长期与近期发展目标是什么？公司都有哪些业务？各项业务的构成情况如何？产品或业务组合与公司的使命和资源有怎样的关系？公司的组织结构和权力结构如何？公司的核心能力是什么？以上因素对公司的营销活动有什么影响？

其中，特别重要的是分析公司的业务组合，因为它既是公司成长的结果，也标志着公司未来的发展方向。企业会重点发展那些有市场潜力、企业有竞争优势的业务，而淘汰市场潜力不大或者没有竞争优势的业务。由此构成了集中增长、市场开发、产品开发和多元化等发展战略（见第 3 章第 2 节）。不仅如此，它还是企业组织结构和权力结构的根源——不同的业务组合要求不同的组织结构，某一业务的贡献和在业务组合中的地位决定其权力的大小。另外，它还透露出企业营销应该努力的方向——多投向企业要重点发展的业务，少投向企业要逐步淘汰的业务。

企业的营销活动就是通过企业的业务组合与企业的发展战略相衔接。企业的目标业务组合，要靠业务经营单位和职能部门的共同努力才能实现。比如一项业务要重点发展，业务经营单位首先要搞好各方面的管理，同时需要营销部门、财务部门、研发部门和人力资源部门的支持与协助。一项要淘汰的业务，也需要各个职能部门制定计划，一步步地退出，以使其损失降到最低。

（三）公司的资源状况

对公司的资源状况进行分析，就是要客观地描述企业的人、财、物等资源的数量与质量。内部资源分析包括对于人力资源、财务资源、信息资源和生产与技术资源的分析，需要回答这样一些问题：公司员工与管理人员的技术、能力和道德状况怎样？管理人员是否具有创新精神？招聘和培训机制如何？在需要时能否及时获得合格的营销人员？公司的财务状况如何？公司会为营销活动提供怎样的支持？公司拥有或需要哪些营销信息？公司的各种资源对营销活动有怎样的影响？

有时，企业可以通过建立战略联盟和服务外包的方式，从外部获得所需资源。营销管理者只有在对企业内部资源分析之后，才能知道哪些营销资源是企业缺乏且能够从外部得到的。

（四）公司的业绩表现

对公司业绩表现的分析，有助于营销管理者理解公司成长与经营业绩的关系以及公司的发展路径与发展趋势，从而对公司有一个整体把握。把公司的业绩表现与公司的营销活动联系起来分析，还有助于营销管理者弄清楚哪些营销活动起了什么作用，总结公司营销活动的经验和教训。

对公司的业绩表现进行分析，重点回答以下问题：近几年的销售额与利润额是怎样变化的？销售额与利润额在各项业务上的构成如何？各项业务的市场占有率情况有什么变化趋势？营销活动都发挥了怎样的作用？营销费用的投入与销售额、利润额有怎样的关系？成功的经验和失败的教训是什么？成功或失败的关键因素是什么？以前的业绩对企业的营销活动有怎样的影响？

（五）在相关业务上的竞争战略

营销活动总是针对某项具体业务的。这里所谓的“相关业务”就是指与营销管理人员正在进行的一项营销活动有关的业务。比如，一家企业是一个拥有 10 多项不同业务的多元化公司，而企业的某一项营销活动可能只与其中的百货零售这一项业务有关，此时，就需要重点了解这项业务的竞争战略。

需要分析的内容包括：谁是本公司此项业务的主要竞争者？哪种力量是影响此项业务行业盈利能力的主要因素？公司采用什么竞争战略，差异化、成本领先还是聚焦战略？公司的竞争地位如何？公司竞争战略对营销有什么要求？营销可以在哪些方面以及怎样为本公司的业务获得竞争优势？

二、优势要素和劣势要素

对企业的内部要素进行分析，除了明确企业营销的内部环境，还要确定企业的优势要素和劣势要素。企业的优势要素（S）是指一个企业超越竞争者的某种能力或做得好的方面，企业的劣势要素（W）则是指一个企业相对于竞争者缺少的能力或做得不好的方面。确定企业的优劣势，实际上就是以竞争者为参考基点（benchmark）在企业与竞争者之间做要素的比较。离开与竞争者的比较，就无法评估一家企业的优劣势。

确定企业的优势要素和劣势要素，需要从公司、业务经营单位和营销部门三个层面进行。从公司层面确定企业的优势要素和劣势要素，需要参考公司发展战略中对企业优劣势的分析；从业务经营单位层面确定企业的优势要素和劣势要素，需要参考公司竞争战略中对企业相关业务优劣势的分析；从营销部门职能层面确定企业的优势要素和劣势要素，则需要考虑企业总的营销能力和企业在相关业务上的营销能力。

（一）公司发展战略中对企业优劣势的分析

企业在制定公司的发展战略时，为了确定业务组合、选择未来的发展方向（见第 3 章第 2 节），一般都会以 SWOT 的形式对企业的内部条件和外部环境进行分析。与其他层面的 SWOT 分析不同，它以全局的高度从整体上认识企业的优势、劣势、机会和威胁。其中，虽然涉及在各项业务上与竞争者的优劣势比较，但是它更重视在企业内部的各个业务之间进行比较。

比如，一个企业有 A，B，C，D，E，F 六项业务，那么重点应该发展哪一项或哪几项业务呢？为了回答这个问题，发展战略的制定者就需要分析各项业务的优劣势，然后在它们之间加以比较，作为确定重点业务的依据之一。有时，在各项业务上与竞争者进行优劣势比较，并不是为企业的各项业务选择竞争战略。

在确定企业的优势要素和劣势要素时，营销管理者首先要参考公司发展战略中对企业优劣势的分析和表述，了解发展战略的决策者和制定者是怎样认识企业优劣势的。营销管理者可以直接使用这些分析结果。除非有充足的理由，否则营销管理者一般没有必要重新进行公司发展战略中的企业优劣势分析。

企业优势要素和劣势要素的分析重点如下：(1) 核心能力，即企业作为一个整体协调各种生产技能和整合各种技术要素的能力，包括学习能力、资源整合能力和创新能力；(2) 业务构成，即企业的业务构成比例，特别是问题类业务、明星类业务、金牛类业务和瘦狗类业务的构成比例；(3) 财务表现与资金实力，包括销售额、利润额、投资收益率、销售利润率、销售增长率、资金结构、筹资能力、现金流量、资信度、财务比率和财务管理能力等。

(二) 公司竞争战略中对企业相关业务优劣势的分析

企业经营的各项业务大多以分公司或子公司的形式出现，每一个分公司或子公司都会制定与其业务相关的竞争战略（见第 3 章第 3 节），都会以 SWOT 的形式对相关业务竞争的内部条件和外部环境进行分析。

比如，在上面的例子中，企业的发展战略确定了 A，B，F 三项业务作为未来发展的重点。就 F 业务来讲，接下来的问题就是：F 业务如何发展？于是 F 业务的发展问题就成为企业在该项业务上的竞争问题。为了回答这一问题，F 业务竞争战略的制定者需要与竞争者进行比较，分析企业在该项业务上的优劣势，以此作为最重要的一个依据，确定企业在 F 业务上的竞争战略。

营销管理者在确定企业的优势要素和劣势要素时，要重点参考企业相关业务的竞争战略中对企业相关业务优劣势的分析和表述，了解竞争战略的决策者和制定者怎样认识企业在相关业务上的优劣势。营销管理者可以直接使用这些分析结果，不必重新进行企业相关业务竞争战略的优劣势分析。参考的重点优势要素和劣势要素具体如下：(1) 相关业务在母公司业务组合中的地位（内部地位优劣势）。如该业务在母公司业务组合中的销售和利润占比情况如何？该业务是明星类业务、金牛类业务、问题类业务还是瘦狗类业务？该业务在母公司未来发展中被视为支柱业务、一般业务还是边缘业务？(2) 相关业务的行业地位（外部地位优劣势）。包括市场占有率、行业地位（领先者、挑战者、追随者或弥隙者）、投资收益率和销售增长率等。(3) 相关业务在价值链各个环节上的优劣势。包括该业务价值链的构成、各环节获取竞争优势的能力和获取竞争优势的关键环节。(4) 该业务与其他业务之间在哪些方面存在协同效应？与竞争者相比，企业是否有优势？

(三) 企业营销能力的优劣势分析

对企业营销能力的优劣势分析，首先，需要考虑企业在公司层面总的营销能力。比如企业的产品研发能力、品牌运作能力、市场开拓能力、营销策划与管理能力以及产品组合的宽度、深度、关联性和不同产品之间的协同效应。其次，需要考虑企业在相关业务上的营销能力。包括企业在相关业务上的产品线、品牌定位、品牌强度、产品定价、营销渠道、沟通与宣传以及关系运作能力等。具体的内容在本书第 5 章第 2 节中有详细的讲解。

对企业营销能力的优劣势进行分析，既要分析自己的营销能力，又要分析竞争者的营销能力。虽然角度不同，但分析的内容是相同的，而且也只有内容相同，才可以比较，有了比较，才能分清优劣。

在公司层面和相关业务层面将企业的营销能力与竞争者比较，确定企业在营销能力上所具有的优势要素和劣势要素，这是营销部门或营销管理者必须进行的分析。尽管企业的发展战略和竞争战略中会涉及其中一些相关的内容，有时还会比较详细，有一定的参考价值，但是营销部门或营销管理者必须进行分析甚至重新分析。这是因为，第一，营销部门或营销管理者对该领域最熟悉，最有能力做出实事求是的分析；第二，营销部门或营销管理者最清楚自己需要什么信息，以做出能够帮助自己决策的分析。

三、确定关键要素

确定企业的优势要素和劣势要素，离不开与竞争者的比较。因为可以比较的内容太多，而且并非每项要素对企业的成功都是同等重要的，所以在进行比较之前需要从营销的角度确定一些关键要素。确定关键要素的方法有简单平均法、历史业绩比较法、行业成功要素比较法和营销对标法。

在确定关键要素时要特别注意：营销部门或营销管理者所选择的待评要素一定要具体。比如，“企业的核心能力”，因为所指不明确，所以不宜作为待评要素。如果在分析时需要对结果进行量化，那么所选要素必须是能够量化的。比如，“品牌”就无法量化，而要将其变为“品牌的数量”“品牌强度”“品牌认知度”等要素。

（一）简单平均法

如表6-4所示，简单平均法的具体操作方法如下：

第一，营销部门或营销管理者根据自己的主观判断，列出待评的要素1，2，3，4，5，…，n，可以尽量多列一些，以免漏掉重要的要素。

表6-4 确定关键要素的简单平均法

要素	A	B	C	D	E	F	…	M	平均值
1. 公司资源整合能力									
2. 公司创新能力									
3. 产品的市场占有率									
4. 产品的技术领先性									
5. 品牌强度									
6. 广告规模									
7. 关系运作能力									
……									
n									

第二，挑选对行业和企业情况比较了解的评价者A，B，C，D，…，M。评价者可以是企业内部的，也可以是企业外部的，甚至可以是竞争对手的人员。

第三，让每一个评价者根据自己的判断，按照对企业成功的重要性分等级为每一个要素独立打分，比如最重要的打7分，最不重要的打1分，其余为二者的中间状态。

第四，将每一个要素的得分按评价者人数平均，得出各要素的平均值。

第五，按平均值的大小，确定关键要素。

（二）历史业绩比较法

历史业绩比较法根据企业内各要素与企业业绩的经验关系，找出那些对企业业绩有重要影响的关键要素。它实际上是把企业业绩作为因变量，把企业在各要素上的投入作为自变量，应用数学模型对企业的历史数据进行拟合，再根据企业业绩与各要素的函数关系，确定关键要素。函数关系式可以表示为：

$$Y_j=F(X_{1j},X_{2j},X_{3j},\cdots,X_{ij},\cdots,X_{nj}) \tag{6-1}$$

式中，Y_j 表示企业在第 j 年（期）的业绩；X_{ij} 表示企业在第 j 年（期）对第 i 项要素的投入。

应用函数关系式，人们可以根据各要素（自变量）的系数从大到小选择关键要素，不过，这种方法在很大程度上受限于企业的历史数据，很多企业缺乏长期且适用的历史数据。

（三）行业成功要素比较法

行业成功要素比较法与历史业绩比较法类似，也是根据各要素与企业业绩的经验关系，找出那些对企业业绩有重要影响的关键要素。不同之处在于它是用截面数据确定企业业绩与各要素的函数关系，即把不同企业的业绩作为因变量，把不同企业在各要素上的投入作为自变量，应用数学模型进行数据拟合。函数关系式也可以表示为式（6－1），但是其中 Y_j 和 X_{ij} 的含义不同，Y_j 表示第 j 个企业在某一时点的业绩，X_{ij} 表示第 j 个企业在某一时点上对第 i 项要素的投入。

这种方法在很大程度上能够突破历史业绩比较法的限制，虽然企业没有适用的历史数据，但是依然可以通过市场调查的方式收集数据，采用量化方法确定关键要素。当然，其中的很多数据通过市场调查是很难得到的，特别是被各企业视为商业秘密的数据。这也在很大程度上限制了行业成功要素比较法的应用。

（四）营销对标法

营销对标法是一种简单实用的方法。它是一种企业向竞争者学习营销战略、营销程序和营销技巧的活动，也可以用于确定企业成功的关键要素。因为营销对标法是以行业内某一方面做得最好的企业为基准进行的比较，所以企业很容易看到自己在哪些方面存在差距。这些差距很可能就是本企业不如标杆企业的根源，因此也是企业需要重点关注的关键要素。营销对标法最大的优点是易于操作，它不需要很多的历史数据，也不需要进行大规模的调查获取截面数据。营销对标法所确定的关键要素聚焦于企业的弱点，使企业很容易明确今后的努力方向。

四、优势要素和劣势要素的确定方法

关键要素确定以后，就可以根据对竞争者和企业内部要素分析的结果，以竞争者为比较的参照点，确定企业的优势要素和劣势要素，最常用的方法就是关键要素加权评分法。实际上，对竞争者的分析与企业优劣势要素的确定二者之间紧密联系，无法截然分开。二者相互交叉，你中有我，我中有你。最终的结果是：以竞争者为参照物，认识本企业的优劣势；以本企业为参照物，认识竞争者的优劣势。

比如，表 6-5 与示例 5-1 中的表格基本相同，只是把其中的“竞争者 A”换成了“本企业”。由表 6-5 可见，本企业得到了最高的加权总分（82.50），是该行业中综合实力最强的。再仔细观察本企业与竞争者 B 和 C 在各个指标上的得分，可以看到本企业在公司层面的资源整合能力和创新能力上具有明显的优势；在关系运作能力上具有劣势；在产品的市场占有率和产品的技术领先性方面与竞争者 B 不相上下，明显强于竞争者 C；在广告规模上与竞争者 B 相同，但弱于竞争者 C。由此得出结论：本企业的优势要素是公司层面的资源整合能力和创新能力，劣势要素是关系运作能力。

表 6-5 关键要素加权评分法

关键要素	权数	本企业		竞争者 B		竞争者 C	
		打分	加权分	打分	加权分	加权分	加权分
公司资源整合能力	0.20	90	18.00	70	14.00	60	12.00
公司创新能力	0.20	90	18.00	60	12.00	60	12.00
产品的市场占有率	0.15	80	12.00	80	12.00	50	7.50
产品的技术领先性	0.15	80	12.00	80	12.00	60	9.00
品牌强度	0.15	90	13.50	70	10.50	50	7.50
广告规模	0.10	60	6.00	60	6.00	70	7.00
关系运作能力	0.05	60	3.00	80	4.00	90	4.50
总分	1.00		82.50		70.50		59.50

注：打分时，每一个要素的得分区间为 0～100 分。

根据本企业与竞争者在关键要素上的表现为其打分，是为了用客观的方法做出主观的判断，分值的大小并不是最重要的，最重要的是打分时的分析过程和通过分析所得出的对本企业和竞争者优势要素与劣势要素的理解。

第 3 节 SWOT 分析与营销战略确定

SWOT 分析可以分为以下四个步骤进行：（1）S，W，O，T 的识别与整理；（2）构造 SWOT 矩阵；（3）S，W，O，T 的匹配；（4）制定营销方案。

一、S，W，O，T 的识别与整理

SWOT 分析的第一步就是对企业内外部环境分析（包括需求分析、竞争者分析）以及企业资源条件分析的结果进行归纳、总结和整理，识别对企业营销活动有较大影响的优势、劣势、机会和威胁，并按照 S，W，O，T 的顺序将其一一列出。示例 6-1 显示的是一家公司的背景资料，其中包括对公司优劣势的描述。

示例 6-1 WH 公司的背景资料

基于示例 6-1 提供的背景资料，通过分析、归纳、总结和整理，我们对 WH 公司的

优劣势做如下识别：

S（优势）：（1）技术自主化程度高，属国内先进水平；（2）销售网络完善，国内有36个销售办事处、38个用户服务中心；（3）销售人员素质高，有较高的学历和服务意识；（4）有较强的生产能力，产能有保障；（5）与主要客户关系良好。

W（劣势）：（1）盈利产品线较为单一，竞争优势不突出；（2）技术商用化程度低；（3）核心技术掌控能力不足；（4）营销费用较高；（5）人员流动率偏高。

如果背景资料中提供了外部环境的信息，我们也可以用相同的方法对WH公司的机会和威胁做如下识别：

O（机会）：（1）中国的经济总量稳定增长，居民生活水平提高，对信息产品的消费需求呈现多样化趋势；（2）电信运营商正在走出低谷；（3）国家重视保护自主知识产权，从自主研发技术中受益将越来越大；（4）随着中国经济实力的增强，中国产品在国际市场上更有竞争力，国际市场有扩大趋势。

T（威胁）：（1）人民币汇率提高，进口产品在价格上竞争力提高；（2）需求集中在几家大的运营商，主要客户讨价还价的能力很强；（3）技术进步快，老技术淘汰率高；（4）竞争者之间相互挖角，人才争夺激烈。

这里要特别注意，当按照S，W，O，T的顺序一一列出优势、劣势、机会和威胁要素时，要以此前的调查分析结果为依据，最好有事实或者有数据的支持。

二、构造SWOT矩阵

SWOT矩阵将S，W和O，T分别列在两个不同的方向，两两交叉，做成矩阵的形式。以WH公司的优势、劣势、机会和威胁的分析结果为例构造SWOT矩阵，我们可以得到图6-3。

	O（机会） O1国内信息产品需求多样化 O2电信运营商正走出低谷 O3国家政策有利于自主知识产权 O4国际市场有扩大趋势	T（威胁） T1进口产品在价格上竞争力提高 T2主要客户讨价还价的能力很强 T3技术进步快，老技术淘汰率高 T4人才争夺激烈
S（优势） S1技术自主化程度高 S2销售网络完善 S3销售人员素质高 S4有较强的生产能力 S5与主要客户关系良好		
W（劣势） W1盈利产品线单一 W2技术商用化程度低 W3核心技术掌控能力不足 W4营销费用较高 W5人员流动率偏高		

图6-3 SWOT矩阵

当然，SWOT矩阵的目的不仅仅是以矩阵的形式列出优势、劣势、机会与威胁的清单，而是要通过它们之间的匹配得出企业需要或可以采用的营销方案。这些营销方案一是建立在企业的资源（优势、劣势）之上；二是能够很好地利用外部环境给企业提供的机会或规避外部环境给企业带来的威胁。SWOT矩阵的最大优点就是便于企业将其优势、劣势与机会、威胁进行交叉匹配，从而提高企业制定营销战略的质量。

三、S，W，O，T的匹配

在SWOT矩阵中，S既可以与O匹配，也可以与T匹配。S与O匹配，意味着企业可以利用某些优势要素抓住某些机会；S与T匹配，意味着企业可以利用某些优势要素化解某些威胁。同样，W既可以与O匹配，也可以与T匹配。W与O匹配，意味着企业可以利用某些机会克服或弥补某些弱点；W与T匹配，意味着企业在既有劣势又有威胁之处应该选择放弃或撤退。与此相对应，就有SO，ST，WO和WT四种战略思路。

以SO为主导的战略思路，主要看重优势和机会之间的匹配关系，强调利用优势抓住机会。这是一种比较激进的战略思路，通常在企业内部有较大的优势、外部有较多的机会时使用。比如，在图6-3中，WH公司具有“销售网络完善”和“销售人员素质高”的优势，因此可以利用这两点优势，了解客户需求，提供个性化解决方案，抓住“国内信息产品需求多样化”的机会。WH公司还具有“技术自主化程度高”的优势，因此可以抓住“国家政策有利于自主知识产权”的机会，获得政府更多的支持。

以ST为主导的战略思路，主要看重优势和威胁之间的匹配关系，强调利用优势化解威胁。这种战略思路常在企业内部有优势但是外部威胁较大的情况下使用。比如，在图6-3中，WH公司面临“进口产品在价格上竞争力提高”、与国内企业争夺市场的威胁，可以使用“与主要客户关系良好”的优势来化解。另外，WH公司还面临“技术进步快，老技术淘汰率高”的威胁，这对企业的技术创新非常不利。WH公司可以综合利用这一点，抓住“技术自主化程度高”、“销售网络完善”和“有较强的生产能力”三点优势，加快技术商用化，化解这一威胁。

以WO为主导的战略思路，主要看重劣势和机会之间的匹配关系，强调利用机会克服弱点。这种战略思路常在企业内部有劣势而外部却有较多机会的条件下使用。比如，在图6-3中，WH公司有“盈利产品线单一”和“核心技术掌控能力不足”的劣势。根据企业的机会所在，该公司可以利用“国内信息产品需求多样化”和“电信运营商正走出低谷”两点机会，加强生产的弹性，改变“盈利产品线单一”的问题；利用“国家政策有利于自主知识产权”的机会，争取国家的政策性支持，加大核心技术的掌控能力。

以WT为主导的战略思路，主要看重劣势和威胁之间的匹配关系，强调的是撤并收缩，规避风险。这是一种注重防御的战略思路，常在企业“内忧外患”的条件下使用。比如，在图6-3中，WH公司的W1，W2，W3三点劣势一时难以克服，又面临T1，T2，T3三点威胁时，企业可以主动撤退，将业务收缩到一个相对实力较强的细分市场，不与竞争者发生正面冲突。最极端时，企业可以放弃这一业务，将其出售，避免更大的损失。

图6-4是按照以上思路对WH公司进行匹配的结果。虽然从理论上看这一匹配过程

应该尽量客观，匹配结果应该尽量反映企业的实际，但在实际工作中，由于人们的认识能力、知识水平、掌握的信息量和主观偏好等存在很大的差异，所以即使对同一家企业进行分析，在SWOT矩阵中匹配的结果也有不同。为了尽量客观地反映结果，可以请一些专家帮助做出判断。

	O（机会） O1国内信息产品需求多样化 O2电信运营商正走出低谷 O3国家政策有利于自主知识产权 O4国际市场有扩大趋势	T（威胁） T1进口产品在价格上竞争力提高 T2主要客户讨价还价的能力很强 T3技术进步快，老技术淘汰率高 T4人才争夺激烈
S（优势） S1技术自主化程度高 S2销售网络完善 S3销售人员素质高 S4有较强的生产能力 S5与主要客户关系良好	SO战略：利用优势，抓住机会 • 获得政府更多的支持（S1，O3） • 了解客户需求，提供个性化解决方案（S2，S3，O1） • 开发国际市场（S3，S4，O4） • 针对老客户进行关系营销（S5，O2）	ST战略：利用优势，化解威胁 • 加快技术商用化（S1，S2，S4，T3） • 开发新产品（S1，S2，T2） • 针对老客户进行关系营销（S5，T1）
W（劣势） W1盈利产品线单一 W2技术商用化程度低 W3核心技术掌控能力不足 W4营销费用较高 W5人员流动率偏高	WO战略：利用机会，克服弱点 • 加强生产弹性，增加产品线（O1，O2，W1） • 争取国家的政策性支持，加大核心技术的掌控能力（O3，W3）	WT战略：撤并收缩，规避风险 • 主动撤退，将业务收缩到一个相对实力较强的细分市场（W1，W3，W4，T1，T2，T3）

图6-4 S，W，O，T的匹配与企业的营销战略

在SWOT矩阵中进行匹配时，对于每个匹配的结果应该采用具体而不是笼统的短语来描述。当一种匹配的结果很难用具体的短语来描述时，往往意味着匹配者没有真正想清楚匹配关系的含义。例如，“我们要利用企业的优势，抓住企业面对的大好时机，化解环境给企业带来的威胁”说法虽然没有错，但是对于企业制定营销方案没有任何意义。另外，每个匹配结果的后面，给出（S1，O3）这样的标示也是十分必要的，因为它给出每个匹配方案的依据。

四、制定营销方案

根据SWOT矩阵的匹配结果，营销管理者可以制定出多套备选营销方案。

第一，根据企业的发展战略与竞争战略，优先考虑与企业的发展战略与竞争战略一致的匹配结果。公司的发展战略指出了整个企业的发展方向、发展目标和行动计划，是一个企业内所有业务经营单位和职能（包括营销）部门的行动指南。竞争战略确定了某个业务经营单位在某一市场上的竞争目标和获取竞争优势的方式。营销战略则通过各业务经营单位的竞争战略与公司的发展战略相衔接，是公司发展战略中一个重要的组成部分，因此，它必须有助于公司发展战略和竞争战略的实施与实现。当一项业务在发展战略中要被公司淘汰时，除非有足够的理由说服决策者改变公司的发展战略，否则营销部门或营销管理者不应该按照SO的战略思路来考虑这个业务的营销方案。如果一项业务在发展战略中被确定为公司的未来之星，除非能够改变公司的发展战略，否则营销部门或营销管理者也不应该按照WT的战略思路来考虑这项业务的营销方案。

因此，在制定营销方案时，营销管理者要根据相关业务在公司发展战略中现在和未来的定位，选择战略思路。一般而言，明星类产品与SO的战略思路相对应，瘦狗类产品与WT的战略思路相对应，金牛类产品与ST的战略思路有对应关系，而问题类产品与WO的战略思路有对应关系。经过这一过程，在SWOT矩阵中一些可能的选择就被剔除了。

比如，在WH公司的例子中，如果技术的自主研发是企业的核心能力，那么营销管理者在制定营销方案时，要应该优先考虑SO中的匹配结果。如果此业务现在是金牛，那么营销管理者应该以ST的战略思路制定营销方案，优先考虑ST中的匹配结果。

第二，根据企业的核心能力或核心竞争力，明确企业营销方案中必须发挥的优势。如前所述，一个企业的核心能力是其竞争优势形成的一个重要基础，具有非衰减性，不会随着应用而消失。以企业核心能力为基础建立的竞争优势具有非完全可模仿、非完全可替代和非完全可交换的特点，因此也是可持续的。在制定营销方案时，要优先考虑利用那些基于企业核心能力的优势要素。

比如，在WH公司的例子中，如果我们所分析的业务是WH公司业务组合中现在的明星、未来的金牛，那么营销管理者应该优先考虑与“技术自主化程度高”这一优势要素相匹配的结果，如SO战略中的“获得政府更多的支持（S1，O3）”，ST战略中的“加快技术商用化（S1，S2，S4，T3）”和“开发新产品（S1，S2，T2）”。

第三，系统分析、综合考虑，将各种相容的匹配加以组合，得出多种不同营销方案。在SWOT矩阵的各种匹配结果中，一些匹配是相容的，比如SO战略中的“获得政府更多的支持（S1，O3）”，ST战略中的“加快技术商用化（S1，S2，S4，T3）”和“开发新产品（S1，S2，T2）”三者高度相容。WT战略中的“主动撤退，将业务收缩到一个相对实力较强的细分市场（W1，W3，W4，T1，T2，T3）”与以上匹配就是不相容的。营销管理者可以将相容的匹配组合在一起，成为一套营销方案，由此，就可以得出多套不同的营销方案。

第四，从符合战略目标的程度、核心能力的发挥程度、资源的利用程度、与其他业务的协同效率、可操作性和风险大小等方面，对各套营销方案进行评估。

第五，根据营销方案的评估结果，提出建议，并说明依据。

▶ 思考题

1. 什么是SWOT分析？它在企业营销中有什么作用？
2. 企业的营销环境可以分为几个层次？各是什么？
3. 企业进行内部要素分析的目的是什么？
4. 确定企业的优势要素和劣势要素需要从哪些方面进行？
5. 确定关键要素的方法有哪几种？各是什么？
6. SWOT分析可以按哪几个步骤进行？
7. 在网上找一家企业，根据你所找到的资料从营销的角度做一个SWOT分析。

| 第 7 章 |

营销战略策划与分析

营销战略是营销部门根据企业发展战略和竞争战略而确定的营销计划。制定营销战略的过程就是营销战略策划。对于企业的营销管理者来讲，企业营销战略策划极为重要，它不仅是企业提高营销效率的重要途径，也是贯彻营销理念的重要内容。通过营销战略策划过程，营销管理者可以系统地整理自己的想法，科学地选择营销方法和步骤。本章首先对企业营销战略策划进行概述，然后按照 STP 的顺序讲解市场细分、确定企业的目标市场和市场定位，最后介绍企业如何根据 STP 的结果确定营销因素组合。

第 1 节　策划与营销战略策划

策划（planning）是一套为了提高成功可能性而针对未来要发生的事情所做出的当前决策及决策的执行与控制过程。[①] 可以理解为一个人或一个组织为了达到自己的目标而进行构想→计划→执行→控制的过程。策划与计划既有联系，又有区别。策划强调动态的过程，是为了实现一个欲求的结果而进行的计划和计划的实施过程。计划（plan）则强调策划的一个阶段性成果，如某项已成文的策划案。策划开始于计划，但又不仅仅是计划，还涉及计划的执行与控制。

一、策划的理念

策划过程有点像拍电影。策划者像一部电影的导演，先选剧本，再确定分镜头，然后指挥演员演出。谁先出场，谁后出场，出场后怎样亮相，事先都要确定好。当然，戏演得好不好，不仅仅取决于导演水平的高低，还取决于演员的演技和整个摄制组各部门的密切配合。策划理念（philosophies of planning）是策划的指导思想，分为三种：满意策划、最佳策划和适应策划。

（一）满意策划理念

满意策划理念以较为容易达到的结果为目标，并以此为基础进行策划。它要求目标设定要高，但又不能太高。因此，策划者所设计的方案不一定是最好的，但一定是让人相对比较满意同时又切实可行的。

---

① 付路阳 . 企划案 . 北京：企业管理出版社，1999.

（二）最佳策划理念

最佳策划理念源于运筹学，它试图将企业的方方面面都考虑到，并使其模型化。一般是建立起一个或一组目标函数，然后在约束条件下对目标函数求解。由此，可得到一个或一组目标最大化（或最小化）的解。比如，企业的营销目标是市场占有率最大化，策划者要考虑各种各样的影响因素，如价格弹性、生产能力、竞争者行为、产品所处的市场生命周期等。通过分析，找到在限定条件下能使市场占有率最大的解。企业的策划即以此解为基本依据。最佳策划成功的关键是找到一个合适的数学模型。

（三）适应策划理念

适应策划理念是一种策划的新观念，在最佳策划理念中，重要的影响因素及其影响程度是通过对经验数据的分析事先得出的，而且一旦确定，不再变化。在此前提下，策划者要做的就是把最佳的解找出来，然后根据最佳解所对应各因素的参数，进行资源配置。与此不同，适应策划理念假定影响因素和影响程度是会改变的，因此，可以通过改变自变量与因变量的关系来更好地达到企业的目标。

二、策划的方法

策划方法是由策划理念决定的，主要有以下几种：理想策划法、HITS 策划法、3P 策划法和 PDS 策划法。[①]

（一）理想策划法

策划的目的是为了成功，而成功往往意味着梦想的实现。理想策划法以梦想为愿景，将实现梦想的各种可能的手段和方法详加考虑，慎重选择，以提高策划成功的可能性（见图 7－1）。理想策划也称“浪漫型策划”。

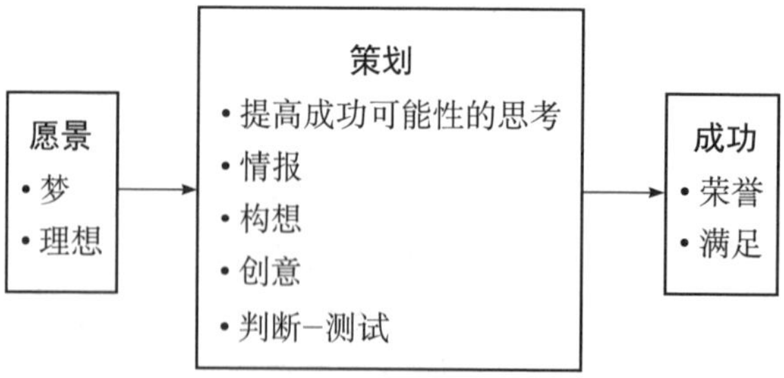

图 7－1　理想策划

（二）HITS 策划法

HITS 是英文 how，idea，try 和 select 的缩写，分别表示“遇到困难时怎么办？”“有什么好主意或好办法？”“试着做做看！”和“选择某种方法”。用 HITS 方法做策划，需要策划人员在行动开始之前对行动方案进行思考检验。那么，怎样进行思考检验呢？图 7－2 是一个简单的程序。

① 陈建平，杨勇，张建．企划与企划书设计．北京：中国人民大学出版社，2000．

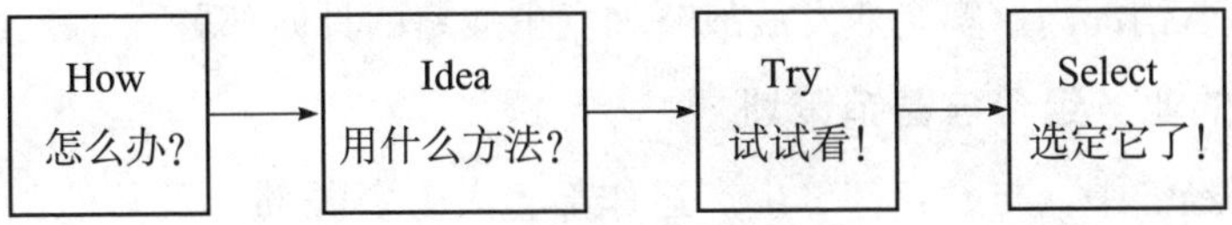

图 7-2　HITS 策划

当人们遇到问题时，每一个人都会想“我该怎么办”，然后会想出各种各样的解决方法。人们经常想起一个主意就停步不前了，这时，就陷入了“简单计划”的陷阱。如果冷静加以思考，就不难发现还有其他更好的解决方法。另外，很多策划没有“Try”这一项，一旦失败，损失无法挽回。因此，策划一定要事先周密安排，把想出来的主意以某种形式加以测试，如果不行，再选别的方案。在测试或调查完成后，以测试或调查的结果为依据选择方案，策划的成功率会大大提高。

(三) 3P 策划法

3P 策划法是“三阶段可能性追求法”的简称，其中的三个 P（possibility）指需求的可能性、主意的可能性和测试的可能性。其特点是对创意的成功与否做三阶段测试，如果测试效果不佳就放弃。经过严格的测试，判定策划的可能性，由此增大策划方案成功的可能性（见图 7-3）。

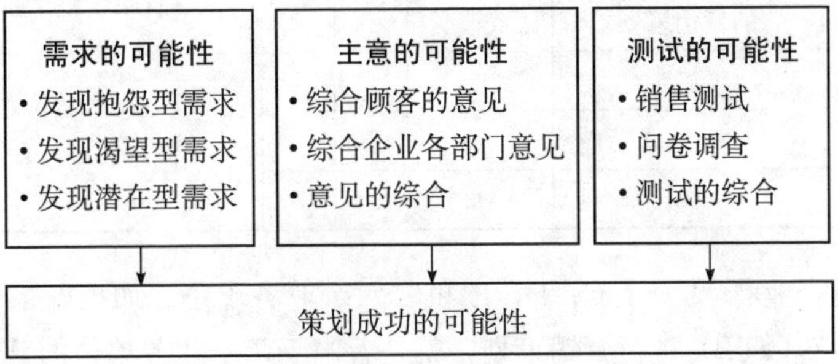

图 7-3　3P 策划

创意有很多，不能轻言哪一个会成功，因此“试做”就非常有必要。将策划或创意进行测试，听取不同的意见，不行的就立刻放弃或者加以修改。通过尝试挑选出来的创意，成功的可能性会大大提高。因此，3P 法实际上是将尝试与改正错误的过程加以整合而形成策划方案的方法。

(四) PDS 策划法

PDS，即 plan—do—see（计划—实施—反省）的缩写。PDS 法认为，plan，do，see 是策划必经的三个步骤，只有经历这三个阶段才是真正的策划。以往的策划可能把注意力更多地放在计划上，而 PDS 法则注重策划的整个过程。

三、营销策划

营销策划是指企业的营销部门根据企业的发展战略和竞争战略，选择目标市场，构思、设计和组合营销因素的操作程序。它上承企业的发展战略和竞争战略，下启营销部门的实施细节，是营销部门落实企业发展战略和竞争战略的具体部署。

（一）企业的业务组合与营销策划

在现代市场经济中，与财务部、生产运作部、人力资源部以及其他职能部门相平行，企业一般设有营销部、销售部或市场部，负责企业的营销活动。规模较大的企业，则按照事业部制来设立营销组织，即各子公司或业务单位（SBU）的营销活动主要由下设的营销部门负责管理。因此，企业的营销策划既可能着眼于整个企业，也可能着眼于某个子公司或业务单位。

如果企业是单一业务的公司，那么着眼于整个企业的营销策划与着眼于某个业务单位的营销策划没有差别，它们都是为某种产品或服务的营销活动进行策划。如果企业是多业务的公司，那么着眼于整个企业的营销策划就与着眼于某个业务单位的营销策划有很大差别，较为复杂，要为多种不同产品或服务的营销活动进行策划，如表7-1所示。

表7-1　企业的业务组合与营销策划

职能部门	企业的业务组合						
	A	B	C	D	E	F	
生产部门							
营销部门	√	√着眼于业务单位的营销策划	√	√	√	√	√着眼于整个企业的营销策划
财务部门							
人事部门							
研发部门							

表7-1中的企业有A，B，C，D，E和F六个业务单位。如果营销管理人员只为其中的一个业务单位（如B）进行营销策划，就是着眼于某个业务单位的营销策划。如果营销管理人员需要为每个业务单位进行营销策划，并考虑它们之间的相互影响，那么就是着眼于整个企业的营销策划。当企业经营多项业务时，着眼于业务单位的策划必须在着眼于整个企业的策划所规定的框架内进行，而着眼于整个企业的策划又是着眼于业务单位策划的叠加与整合。着眼于业务单位的策划可以独立存在，而着眼于整个企业的策划却必须由着眼于业务单位的策划组成。二者虽然在理论上可以区分，但是在实际活动中它们存在于同一过程之中，只是视角不同而已。比如，对表7-1中的企业而言，营销管理人员要为六个业务单位制定营销战略，进行营销策划，当把全部六个业务单位的营销战略叠加以后，再根据它们之间的相互影响进行整合，就形成整个企业的营销战略。

（二）营销战略策划

按照内容的不同，营销策划还可以分为营销战略策划和营销战术与策略策划，如表7-2所示。前者侧重于营销战略，后者侧重于营销战术与策略，但你中有我，我中有你，密不可分。侧重于营销战略的策划必须以能够操作的营销战术与策略为实现的手段，而侧重于营销战术与策略的策划则需要营销战略提供策划的方向。没有营销战术与策略的营销战略策划难以操作，而没有营销战略的营销战术与策略策划则是盲目的，很容易失之毫厘，谬以千里。

表7-2 企业策划的层次与联系

层次	策划内容	策划问题	结果
企业	企业战略	企业的发展方向是什么？ 包括哪些业务？ 主营业务是什么？	公司的使命、目标、业务组合、组织机构设置、发展方式
经营单位	竞争战略	企业在何处、与谁竞争？ 获取什么竞争优势？ 采用什么竞争战略？	某个经营单位的竞争目标、获取竞争优势的类型和途径
企业各经营单位	营销战略	营销可以帮助企业各经营单位在哪些方面获得何种竞争优势？	企业营销目标、各经营单位的营销任务、目标市场和市场定位
产品与市场	营销战术与策略	企业采用什么手段实现营销目标？ 企业应该怎样突出营销重点、贯彻营销战略？	企业各经营单位、各种产品或服务的营销因素组合以及营销项目或活动

营销战略策划注重营销活动与企业发展战略、竞争战略之间的联系，内容涉及以下方面：

第一，确定营销目标。通过对企业内外部环境的分析，将外部机会与威胁同内部优劣势加以综合权衡，考虑在营销中怎样利用优势，把握机会，扭转劣势，避免威胁。根据企业所选择的竞争战略（成本领先战略、差异化战略和聚焦战略），确定营销在其中的地位。根据企业的营销现状，确定企业一定时期的营销目标。

第二，确定营销的战略重点。根据企业的营销目标，结合企业的优势，确定企业营销的战略重点，即决定企业各经营单位从营销的哪些方面创造何种竞争优势。

第三，确定目标市场。按照STP（segmenting，targeting，positioning）的分析框架，根据企业的总体战略、营销目标和营销重点，对市场进行细分，确定目标市场，为企业或各经营单位的产品和服务定位。

第四，营销因素的组合与整合。根据目标市场和市场定位，对企业可控因素进行组合和整合，整体优化。

（三）营销战术与策略策划

营销战术与策略策划更注重企业营销活动的可操作性，是企业为实现其营销战略在计谋、措施、项目与程序方面所进行的设计和谋划。营销战术与策略策划既可以是针对某种产品或服务的全面策划，也可以是针对某种产品或服务的某项或某次活动进行的项目策划。前者称为营销因素组合策划，后者称为营销项目策划。

营销因素组合策划，即企业的营销管理人员根据企业的营销战略，对企业可以控制的所有营销因素进行组合，考虑其综合效应，以求达到整体优化。营销因素除了产品、价格、分销和促销以外，还包括许多其他因素，比如“关系”。

营销项目策划，则是指企业的营销管理人员根据营销战略所确定的营销重点，针对某种产品或服务的某项活动进行的策划，如市场调研策划、品牌策划、产品策划、价格策划、分销策划、促销策划、广告策划、公关策划等。营销项目策划从根本上讲是营销因素组合策划的一部分。将某一个项目独立出来进行策划，一是为了突出其重要性，如该项目是实现企业营销目标的关键，需要设专项考虑；二是为了满足企业的实际需要，在其他营销因素不变的情况下只改变某一营销因素。

四、营销战略策划的程序

企业营销战略的分析与策划步骤，可以按照科特勒的营销战略4P，分为探测、划分、优先和定位，也可以按照ASTP，分为分析、市场细分、确定目标市场和市场定位，如图7-4所示。

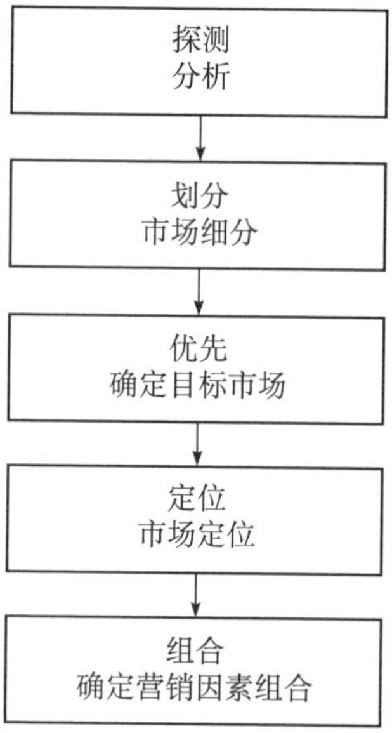

图7-4 营销战略策划的程序

营销战略策划的最后一步是确定营销因素组合，这实际上就是营销战术与策略策划。这意味着企业的营销战略策划最终要落实在企业的营销战术与策略上。因此，企业营销战略策划和营销战术与策略策划不能截然分开，否则营销战略无法操作和实施。二者的区别仅在于侧重点不同。当一项营销策划的重点在于确定企业的目标市场和营销原则时，是营销战略策划。当一项营销策划的重点在于如何高效率地为既定的目标市场创造和传递价值时，是营销战术与策略策划。营销战略策划解决的是成效（effectiveness）问题，营销战术与策略策划解决的是效率（efficiency）问题。

第2节 市场细分

企业通过营销活动不但要为顾客创造价值，还要高效率地创造价值。高效率地创造价值的标志，就是为市场提供高利价比的产品或服务。同一个产品或服务对于不同的消费者，其价值和利价比是不一样的。比如，一个被拍出几十万元的古董，对于购买者而言，物有所值，利价比至少大于1，否则他不会购买，但是对于普通老百姓而言，其价值就很小了，即使让他掏5 000元购买，他也未必愿意。再如，一个购买奇瑞QQ（小汽车，3万～5万元）的顾客会觉得花60多万元买一辆宝马X5不划算，还是QQ实惠。对他而言，虽然宝马的价值远大于QQ，但是其利价比没有QQ高。相反，宝马的购买者却不会这么认为，他们觉得QQ虽然便宜，但是由于价值太低，利价比远不如宝马。

顾客对于产品或服务在价值和利价比认识上的差异，是市场细分的基础。市场细分的目的，就是根据顾客对于产品或服务在价值和利价比认识上的差异性，将顾客划分成不同的群体，以便企业确定服务对象（目标市场），制定更有针对性的营销战略。

一、市场细分的含义

市场细分是根据顾客需求的差异性，把市场分割为多个顾客群的过程。经过细分之后，每个顾客群就是一个细分市场，每个细分市场都是由在需求的某个方面大体相同的消费者群组成。例如，很多人需要手表作为计时工具，但不同的人有不同的要求，对手表价值和利价比的认识也不一样。有的人对手表质量要求不高，只要价廉、能计时就行；有的人要求手表要走时准确、耐用，价格不能太贵；还有的人不但要求手表质量高，还要求造型豪华、戴着有面子，价格高很多也能接受。第一种人只看重手表的计时功能，手表的价值更多地来源于其功能，手表的利价比就是手表的计时功能给顾客带来的功能价值与顾客购买成本之比；第二种人除了看重手表的计时功能以外，还重视手表的质量，手表的价值主要由其功能和质量构成，手表的利价比则是手表的计时功能和质量给顾客带来的服务价值与顾客购买成本之比；第三种人更看重手表的象征意义，手表的价值也更多地来源于形象，手表的利价比主要是品牌和材料给顾客带来的形象价值与顾客购买成本之比。

任何市场都是由具有不同特征的顾客构成。顾客的需求不同、动机不同、购买行为与习惯不同，因此对价值和利价比的认识也不相同。将具有近似特征的顾客在一个大的市场中进行切割，分为众多的分市场，就是市场细分。图 7－5 表达了市场细分的本质。

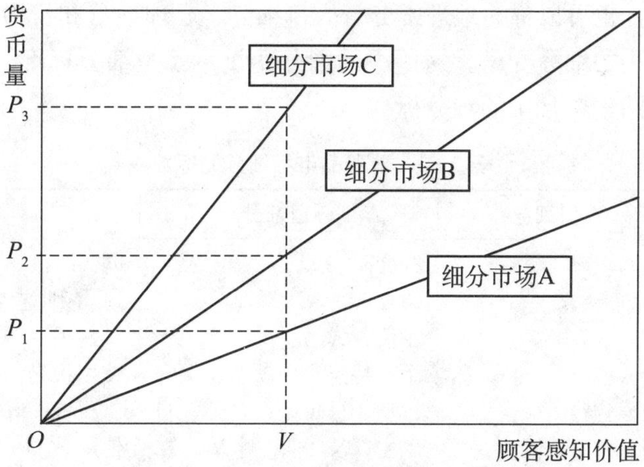

图 7－5 顾客感知价值与市场细分

图 7－5 中纵轴表示货币量的多少，横轴表示顾客感知价值（即顾客感知商品能够给他带来的利益或满足感）的大小。市场上有 A，B，C 三个顾客群体，假设其他条件相同，三个顾客群体只是收入不同。因为收入不同，所以他们对于同一数量货币的感知价值是不同的。顾客群体 A 的收入最低，对同一数量的货币感知价值最高；顾客群体 B 的收入中等，对同一数量的货币感知价值低于顾客群体 A，但是高于顾客群体 C；顾客群体 C 的收入最高，对同一数量的货币感知价值最低。当一个商品的感知价值对于三个顾客群体同为 V 时，三个顾客群体愿意与其交换的货币数量（即价格）是不同的，由此就构成了 A，B，C 三个细分市场。

市场细分的概念对于企业的营销实践有着重要的启示。市场上存在着成千上万分布于不同地区的顾客，需要及欲望千差万别，企业只能集中力量满足其中一部分顾客的需求。企业如果这样做了，即使它实力弱小，也可能在市场上立足，而不至于被大企业吃掉。另外，市场细分还可能帮助企业找到各种各样的卖点，如针对某个或某些细分市场提升服务质量、提高产品档次、弥补市场空白、进行产品创新等。

正是有了市场细分的概念，企业的营销活动才有了战略的内涵。市场细分所得的细分结果，相当于为企业指出了多种不同的营销方向。不管选择其中的任何一个或几个，都意味着方向性的选择，会影响企业未来的发展。市场细分使企业必须对"做什么"的问题进行选择：企业到底应该做哪个或哪几个市场？试想，如果市场选错了，比如向前面例子中只看重手表计时功能的第一种人销售价格昂贵的劳力士或向看重手表象征意义的第三种人销售价格20元的电子表，产品、价格、分销、促销做得再好，又有什么用呢？

二、市场细分的标准

市场细分的标准即市场细分的依据。由于消费品与工业品是两种性质不同的产品，所以两种市场的细分标准也不一样。

（一）消费品市场细分的标准

消费品市场需求的差异性，主要表现在地理、人口、心理和行为四个方面，因此，对消费品市场的细分，也可以称为地理细分、人口细分、心理细分和行为细分。每一个细分因素中，又有许多小的细分变量。这些小的细分变量，就是细分标准。表7-3归纳了消费品市场四种细分因素中常用的细分标准。

表7-3 消费品市场细分的标准

地理细分	人口细分	心理细分	行为细分
国家 地区 城市规模 气候 人口密度 地形地貌 发达程度	年龄 性别 职业 收入 家庭规模 教育程度 家庭生命周期 宗教 种族 国籍	社会阶层 态度 生活方式 个性特点：冲动型、保守型、自负型；自信、自主、支配、顺从、保守、适应	购买时机 追求利益：便利、品质、易于购买 使用状况：经常购买者、首次购买者、潜在购买者、非购买者 使用数量：少量使用、大量使用、轻度使用、重度使用 品牌忠诚 营销组合敏感性

（二）工业品市场细分的标准

许多用来细分消费品市场的标准，可以根据具体情况用于细分工业品市场。比如，工业品市场也可以根据地理因素、企业追求的利益和使用率等变量加以细分。不过，由于生产者与消费者在购买动机和购买行为上存在着很大的差异，所以大部分用于细分消费品市场的标准在细分工业品市场时并不适用。表7-4是对工业品市场进行细分时可以选择的一些标准。

表7-4 工业品市场细分的标准

产品用途	购买状况	用户规模
商用：工业用、商业用、银行用和建筑企业用等 政府用：行政机构用、军用和法院用等 其他用途：学校用、医院用和慈善机构用等 主要部件或配件	购买类型：直接重购、修正重购和新任务购买 购买方式 决策过程	企业规模：大、中、小 购买量大小：大额购买者与散客；VIP客户与一般客户

三、市场细分的方法

根据细分标准的多少以及是否交叉，有多种不同的市场细分方法。

第一，平行细分法，指选用一个或多个标准、不交叉对市场进行细分。比如，根据年龄把服装市场分成老年服装市场、儿童服装市场、成人服装市场；根据性别把服装市场分成男性服装市场和女性服装市场。表7-5是某地区一项关于休闲食品的调查结果。这实际上是用年龄和购买地点两个标准对该地区休闲食品市场进行了平行细分。注意，虽然用了两个指标细分，但我们并不知道青少年在超市、商场和街边小店购买休闲食品的比例各占多少。

表7-5 某地区休闲食品市场平行细分表

年龄细分	消费比例	地点细分	购买比例
青少年	50.0%	超市	51.2%
中年人	14.4%	商场	7.4%
老年人	3.2%	街边小店	41.4%
儿童	32.4%		

第二，交叉细分法，指选用两个或多个标准对市场进行交叉细分。比如，将上面例子中的年龄和购买地点两个标准交叉，就得到平行交叉的细分结果，共分出3×4=12个子市场，如表7-6所示。此时我们不但知道年龄和地点细分的结果，还知道每个子市场的占比。显然，在其他情况相同时，交叉细分法比平行细分法提供了更大的信息量。

表7-6 某地区休闲食品市场交叉细分表

	超市（51.2%）	商场（7.4%）	街边小店（41.4%）
青少年（50.0%）	27.7%	3.6%	18.7%
中年人（14.4%）	7.0%	1.1%	6.3%
老年人（3.2%）	0.7%	0.5%	2.0%
儿童（32.4%）	15.8%	2.2%	14.4%

如果选择三个标准对市场进行交叉细分，就是立体交叉细分。比如，如果在表7-6中再加一个性别变量，我们就可以得到3×4×2=24个子市场。当运用更多的标准对市场

进行多维交叉细分时，可以用雷达图表示。图 7－6 是一个雷达图，它描述了两个细分市场在五个细分标准上的相对强弱。比如，细分市场 1 在 A，B 两个特性上明显强于细分市场 2；细分市场 2 在 C，E 两个特性上明显强于细分市场 1。

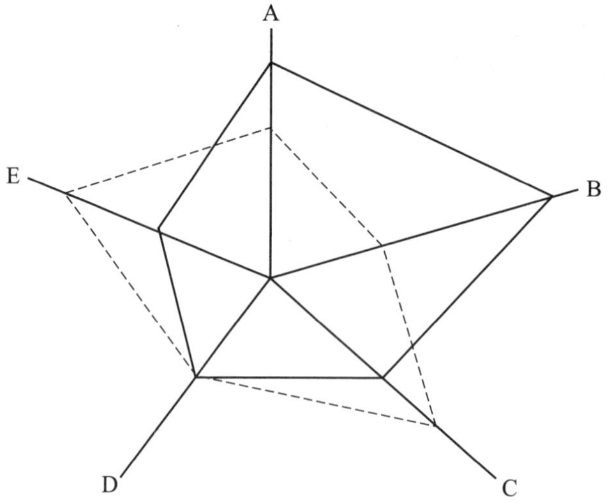

图 7－6　多维交叉细分的雷达图

说明：实线为细分市场 1 在五个细分标准上的描述；虚线为细分市场 2 在五个细分标准上的描述。

第三，多步细分法，指运用多标准分步骤对市场进行细分。比如，用消费者的年龄、职业、文化程度、生活方式和收入等细分标准对市场进行细分，如图 7－7 所示。其中，箭头所指的中年、私营业主、高中、猎奇、中等偏上是细分出的一个市场，应用同样的方法还可以得到很多其他的市场。这种方法虽然看起来比较随意，但是在数据缺乏的情况下还是很好用的。

年龄	职业	文化程度	生活方式	收入
儿童	工人	初中	时髦	高
青少年	农民	高中	保守	中等偏上
中年	教师	大学	猎奇	中等
老年	医生	研究生	平平淡淡	中等偏下
	私营业主			低

图 7－7　多步细分

对市场进行细分时要特别注意，并非选用的细分标准越多越好，也并非把市场划分得越细越好。市场划分得越细，每个子市场的容量就越小。一个极端的情形是：每个人或每个用户都是一个子市场，企业要针对每个人或每个用户设计不同的产品与服务组合，进行不同的营销活动，这就是“大数据营销”和“营销定制化”的思路。

四、市场细分的原则

选择细分标准对市场进行细分有很大的艺术成分，往往并没有绝对的对错之分，以符合企业的实际需要为总的原则。除此之外，细分出来的市场还应满足以下几个方面的要求：

第一，可衡量，即细分市场的规模、购买力以及特性能够被测量。

第二，有获利能力，即细分市场的规模要足够大，使企业有获利的可能。如果细分出来的市场规模过小，企业无法通过服务这些市场获利，那么市场细分就失去了意义。

第三，可进入，即企业通过营销努力能够进入细分市场。一方面，有关产品的信息能够通过一定的媒体顺利传递给该市场的大多数消费者；另一方面，企业在一定时期内有可能将产品通过一定的分销渠道运抵该市场。

第四，反应差异，即各细分市场的消费者对同一营销组合方案有不同的反应。否则，企业就没有必要对市场进行细分。

五、市场细分的步骤

第一步，根据顾客需求，选定市场范围。例如，某房地产公司在一个城市的郊区建造低层住宅。住宅的销售对象既可以是低收入人群，也可以是高收入人群。低收入者因为市中心住宅楼太贵而不得不在郊区买房或租房，而高收入者则是腻烦了市中心的嘈杂，向往乡村的清静平和。因此，两类人群都可能成为这种住宅的购买者，都在该项目的市场范围内。

第二步，列举顾客的基本需求。比如，通过市场调查，前面的房地产公司了解到顾客对郊区住宅的基本需求，包括安全、方便、宁静、设计合理，室内陈设不一定豪华，但要经久耐用。

第三步，了解不同顾客的不同需求，选择市场细分的标准。对于列举出来的基本需求，不同顾客强调的侧重点可能会有差异。比如，安全、能够遮风避雨是所有顾客对于住宅都重视的，但是低收入者可能更重视出行方便，而高收入者则更强调安静和舒适。剥离顾客的共同需求，以特殊需求作为细分标准，可以按照生活方式对此项目的顾客进行细分，调查清楚此项目的顾客有什么样的生活方式，购买以后，他们会如何使用这个住宅。

第四步，按照选定的细分标准，对市场进行细分。比如，以出行量和使用方式为细分标准，对此项目进行细分。出行量分为高、中、低，使用方式分为长期居住、偶尔居住、投资等。据此，我们可以得到一个与表7-6类似的二维交叉细分表，其中显示了所有可能的子市场。

第五步，分析与确定子市场。分析每个细分子市场的需求与购买行为特点，寻找其原因，在此基础上决定是否合并一些子市场或对某一子市场进一步细分。若需要进一步细分某个子市场，则重复前面的步骤，直到满足企业的需求。由此，我们可以得到若干在需求上有明显差异的顾客群体或子市场。

第六步，为细分出的子市场命名。根据各子市场的顾客差异，为其命名。例如，上面的房地产公司可以按照顾客在生活方式上的差异，把细分出的子市场分别命名为好动者、老成者、新婚者、度假者等。

第七步，评估子市场。在市场调查与分析的基础上，估计每个细分子市场的规模和顾客购买特点，分析各子市场的竞争状况以及未来发展趋势，为目标市场的选择做好准备。

第 3 节　目标市场选择

目标市场是企业决定要进入并从中获利的市场。企业在对市场进行细分之后，就有多种不同的选择。这些不同的选择，意味着不同的市场机会。选择哪些市场机会是营销的一项战略决策，会影响企业后续的每一项营销活动，关系到企业营销的方向。

一、细分市场评估

企业进入某一市场是期望能够有利可图。因此，在决定进入哪些细分市场之前，企业需要先对各细分市场的规模、盈利能力和市场潜力进行分析和预测。表 7－7 是某服装公司的市场细分评估程序示例。

表 7－7　某服装公司的市场细分评估程序

(a) 对市场进行细分的结果　　单位：万元

商品类别	收入			
	低	中	高	总计
男装	1 000	2 000	1 500	4 500
女装	1 500	1 800	3 000	6 300
童装	500	1 200	300	2 000
总计	3 000	5 000	4 800	12 800

(b) 预测市场潜力和计算市场占有率

女装×中等收入	今年实际	明年预计	年增长率
行业销售额	8 000 万元	8 500 万元	6%
公司销售额	1 800 万元	2 000 万元	11%
公司市场占有率	22.5%	23.5%	4%

(c) 女装×中等收入市场的营销费用　　单位：万元

营销渠道	促销费用					合计
	广告	人员推销	公关	营业推广	网络直销	
自销		150			200	350
批发				50		50
零售商				300		300
合计		150		350	200	700

首先，根据市场细分结果，计算或估算各细分市场的销售量。如表 7－7（a）所示，市场细分的结果可能有两种情况：如果产品还未投放市场，那么各细分市场的销售量就为估计值；如果是某种已投放市场的产品，那么各细分市场的销售量就是销售实绩。这里假

设是销售实绩。

其次，预测企业在各细分市场的销售潜力并计算市场占有率。这里仅以女装×中等收入子市场为例，如表 7-7（b）所示，采用同样的方法可以得到其他子市场销售潜力和市场占有率的估计值。

再次，拟定实现销售预测值的方案，并估算营销费用。比如，为了实现女装×中等收入子市场 2 000 万元的销售额，一个可行的营销方案是：商品和价格不变的前提下，企业一方面通过批发商和零售商加强营业推广活动，另一方面通过推销人员和网络直销加强企业的自销，如表 7-7（c）所示。

最后，估算每个细分市场的利润空间。比如，在女装×中等收入的子市场，用 2 000 万元的销售额减去 700 万元的营销费用，再减去生产成本以及其他直接费用，就得到这一细分市场的利润。其他细分市场，也可以用类似的方法计算。

二、目标市场模式

企业在对不同的细分市场评估后，需要决定进入哪些细分市场。这就涉及目标市场模式问题。目标市场模式有多种构成方式，如图 7-8 所示。

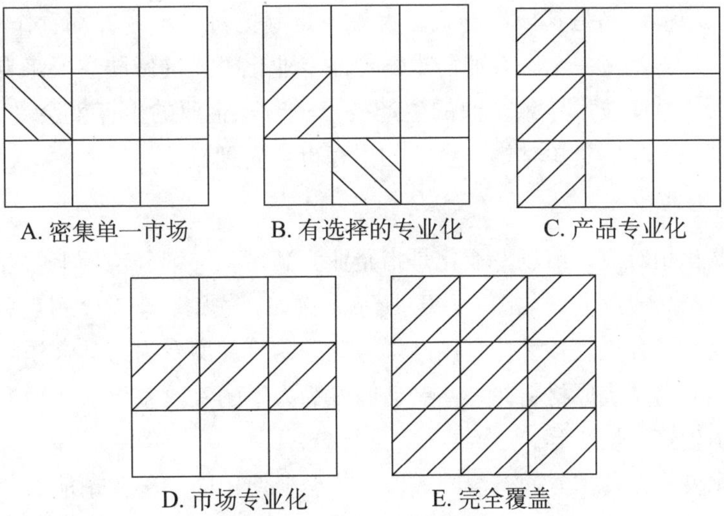

图 7-8 目标市场模式

说明：列表示产品，行表示市场；三种产品与三个市场交叉的细分结果。

（一）密集单一市场

密集单一市场指企业只生产一种产品，集中营销力量做一个细分市场，如图 7-8A 所示。它也称为弥隙（niche）策略或补缺策略，即弥补市场缝隙的意思。在一些营销教材中称作利基营销，其中的利基即 niche 的音译。

在一个单一子市场中进行密集营销，有助于企业更好地了解和迎合该子市场顾客的需求，从而在一个特殊的顾客群体中形成良好的声誉。另外，通过在一个细分市场上进行专业化的生产、销售和促销，如果补缺得当，企业更有可能获得较高的投资收益率。不过，密集单一市场模式有较大的风险。在该细分市场不景气或者某个强大的竞争者决定进入该细分市场时，企业有生存之虞。

（二）有选择的专业化

有选择的专业化是指企业同时在若干经过挑选、有吸引力且符合公司战略目标和能力的细分市场上进行营销活动，各细分市场之间没有联系或联系较少，如图 7－8B 所示。

采用这种多个目标市场的模式，即使某个细分市场失去了吸引力，企业仍然可以继续在其他细分市场上获得利润，不会影响企业的生存。因此，与密集单一市场模式相比，它可以分散企业的营销风险。不过，由于各细分市场之间没有联系或联系较少，所以企业在生产和营销两个方面都缺乏协同效应，类似于企业的不相关多元化发展战略。

（三）产品专业化

产品专业化指企业以一种产品系列满足各类顾客的需求，如图 7－8C 所示。例如，英特尔公司只专注于生产电脑芯片，向各类制造商提供级别不同的电脑芯片。如果单看宝洁公司生产的洗发水，它采用的也是产品专业化模式——以不同的品牌（如飘柔、海飞丝和伊卡璐等）向各类市场提供特点不同的洗发水。

产品专业化模式在生产方面有协同效应，即企业使用同一种生产能力，能够满足顾客不同的需求。大规模定制是其极端形式。大规模定制把每一个顾客都看作一个细分市场，通过柔性化生产，满足每一个顾客的需求。产品专业化模式的威胁主要来自生产方面。比如，如果一项新的生产技术导致企业的生产技术过时，企业的生存就会受到威胁。再如，如果用于生产某一产品的资源枯竭，企业的生存也会受到威胁。

（四）市场专业化

与产品专业化相对应，市场专业化是指企业为满足某一细分市场上顾客的各种需求而生产或提供各种产品或服务，如图 7－8D 所示。例如，安踏、李宁、耐克和阿迪达斯等体育用品专卖店为其顾客提供各种体育用品。一些采购代理商专为与其合作的零售商或制造商采购各种各样的商品或原材料。一些制造商专为大学的实验室提供系列产品，包括显微镜、示波器、本生灯、烧瓶等。

市场专业化模式在营销方面有协同效应——企业使用同一种营销能力，能够满足同一批顾客各种不同的需求。这种模式的威胁主要来自市场方面。比如，如果企业服务的市场由于某种原因萎缩了，企业会有生存问题。另外，一些因素发生暂时的变化，也会导致企业发生危机。又如，大学实验室突然削减经费预算，就会减少购买仪器的数量，此时，专为大学实验室提供系列产品的公司就会面临危机。

（五）完全覆盖

完全覆盖模式指企业用自己生产的各种产品满足各个细分市场上顾客的需求，如图 7－8E 所示。在此模式中，企业的完全覆盖不是简单地对顾客不加任何区别地进行营销活动，而是在市场细分的基础上，根据每个细分市场的特点，设计相应的营销方案，进行有针对性的营销活动。因此，有市场细分的完全覆盖与没有市场细分的完全覆盖有本质上的区别，前者称为无差别营销（undifferentiated marketing），后者则称为差别营销（differentiated marketing)。注意，这里的差别营销与竞争战略中的差异化（differentiation）战略（第3章第3节）不同。差异化战略实际上是特色战略，即由于独有的特色为顾客所带来的价值难以替代，所以顾客愿意用较高的价格从某一家企业购买。

一般而言，只有大公司才能采用完全覆盖的目标市场模式，如可口可乐和娃哈哈公司提供各种不同的饮料，有针对性地满足饮料市场上不同的顾客对于饮料的各种需求；宝洁公司提供各类洗涤用品和化妆品，满足各层次顾客对洗涤用品和化妆品的需求。

由于企业针对各个市场上所有可能的顾客进行营销活动，试图抢占所有可能的细分市场，所以完全覆盖模式风险小，抗风险能力强。这种模式要求企业有较强的实力，实力不强的企业很难采用。另外，企业多方向用力，如果控制不好，有可能失去主要方向，做一些自己不该做的事。

（六）目标市场模式与企业发展战略的联系和区别

企业的发展战略分为集中增长战略、产品开发战略、市场开发战略和多元化发展战略。其中，集中增长战略和市场开发战略对应于专业化，可以获得规模经济；产品开发战略和多元化发展战略对应于多元化，可以获得范围经济以及协同效应。

表面上看，目标市场模式很像企业的发展战略，它们都涉及产品与市场的组合。比如，产品专业化模式与市场开发战略相似，都强调用企业原有的产品满足各类顾客的需求。市场专业化模式和产品开发战略相似，都强调用多种产品满足同一个市场上顾客的各种需求。完全覆盖模式则像多元化发展战略，都是用各种不同的产品满足各个不同市场上顾客的需求。

实际上它们之间有根本区别。企业发展战略规定着企业发展的总体思路或方向，而目标市场模式则是在企业发展方向已确定的情况下，营销部门根据企业的产品类别和对市场细分的结果而确定的目标市场结构。另外，在企业的发展战略中，产品类别是企业规划的结果，企业倾向于选择市场潜力大、竞争优势明显的产品，而淘汰那些市场潜力小、无明显竞争优势的产品。而在目标市场模式中，产品类别是企业既有的，营销部门根据现有的产品类别来选择目标市场模式。换言之，营销部门对目标市场模式的选择受企业发展战略限制。比如，一家企业以专业化作为自己的发展战略，那么其营销部门是不能选择有选择的专业化、市场专业化和完全覆盖的目标市场模式。一家采用多元化发展战略的公司，选择密集单一市场和产品专业化目标市场模式也是有问题的。表7-8显示了目标市场模式与企业发展战略的区别与关联性。

表7-8 目标市场模式与企业发展战略的区别与关联性

目标市场模式	发展战略			
	集中增长 原有产品、原有市场	产品开发 新产品、原有市场	市场开发 原有产品、新市场	多元化发展 新产品、新市场
密集单一市场： 单一产品 单一细分市场	√专业化生产，集中满足原有市场中一个细分市场的需求			

续表

目标市场模式	发展战略			
	集中增长 原有产品、原有市场	产品开发 新产品、原有市场	市场开发 原有产品、新市场	多元化发展 新产品、新市场
有选择的专业化： 个别产品 个别细分市场		√多元化生产，集中满足原有市场中个别细分市场的需求		√多元化生产，满足新市场中个别细分市场的需求
产品专业化： 单一产品 多细分市场	√专业化生产，满足原有市场中多个细分市场的需求		√专业化生产，满足原有市场和新市场中多个细分市场的需求	
市场专业化： 多产品 单一细分市场		√多元化生产，集中满足原有市场中一个细分市场的需求		
完全覆盖： 多产品 多细分市场		√多元化生产，满足原有市场中多个细分市场的需求		√多元化生产，满足新市场中多个细分市场的需求

由表7-8可见，集中增长战略与密集单一市场和产品专业化目标市场模式有较强的对应关系，产品开发战略与有选择的专业化、市场专业化和完全覆盖目标市场模式有较强的对应关系，市场开发战略与产品专业化目标市场模式有较强的对应关系，而多元化发展战略则与有选择的专业化和完全覆盖目标市场模式有较强的对应关系。

三、目标市场模式选择的影响因素

有很多因素会影响企业选择目标市场模式。除了在对细分市场进行评价时要考虑的各细分市场的规模、盈利能力和市场潜力以外，还要考虑其他一些重要的影响因素。

第一，企业的发展战略与战略目标。企业选择的目标市场及其模式，要与企业的发展战略与战略目标相符合。那些与企业发展战略和战略目标不相符的细分市场，即使有较大的吸引力，企业也不宜进入。

第二，企业的资源和实力。当企业生产、技术、营销、财务等方面实力很强时，可以考虑采用覆盖范围比较大的目标市场模式，如完全覆盖模式、产品专业化和市场专业化模式；当资源有限、实力不强时，只能采用覆盖范围比较小的目标市场模式，如密集单一市场模式和有选择的专业化模式。

第三，产品和市场的同质性。产品同质性是指在顾客眼里不同产品的相似度。相似度越高，同质性越强。市场同质性是指各细分市场的顾客在需求、购买行为等方面的相似度。相似度越高，市场同质性越强。同质性强的产品或市场，竞争多集中在价格上，不太适合差异化营销，因此基于市场细分进行目标市场选择的必要性也比较小。不过，现在这一观念正在改变。那些原来认为同质性很强的产品，如味精、食盐、酱油等，通过品牌塑造也有了很大的差异性。

第四，产品所处生命周期的不同阶段。产品处于投入期，同类竞争产品不多，竞争也不激烈，企业可以采用无差别营销，即不进行市场细分，对所有的顾客采用相同的营销方式。当产品进入成长期或成熟期，同类产品增多，竞争日益激烈，企业再采用无差别营销会受到较大的威胁。这时，企业需要基于市场细分选择目标市场，进行有针对性的营销活动。当产品步入衰退期，为保持市场地位，延长产品生命周期，全力对付竞争者，企业也需要基于市场细分选择目标市场，集中满足一部分顾客的需求。

第五，竞争者的目标市场模式。如果竞争者采用无差别营销模式，企业可采用无差别或差别营销模式与之对抗。无论怎样做，企业都不会吃亏。但是，当竞争对手采用差别营销模式时，如图7-8中的B，D或E，企业则需要采用差别营销模式与之抗衡，否则，企业就会处于不利地位。

第六，竞争者的数目。当市场上同类产品的竞争者较少、竞争不激烈时，可采用无差别营销模式。当竞争者多、竞争激烈时，可采用差别营销模式。

第七，企业在选择目标市场时，可能还会涉及道德问题。比如，一些细分标准可能涉及性别、年龄或种族歧视，企业要慎重对待。

第4节 市场定位

企业在选择好要进入的细分市场并确定了目标市场模式之后，就需要根据顾客重视的要素确定产品或品牌的市场地位，以便与竞争者、竞争者的产品或品牌相区别。

一、市场定位的含义

市场定位的概念是里斯和特劳特（Ries and Trout）于1972年提出。[①] 他们这样限定市场定位的含义："定位始于一件产品，一种商品，一次服务，一家公司，一个机构，甚至一个人……不过，定位并不是要对一件产品本身做什么，而是要针对潜在顾客的心理采取行动，即要给产品在潜在顾客的心目中确定一个适当的位置。"因此，市场定位就是企业为其品牌（包括产品、服务、企业、机构或个人）塑造形象的过程。其实质是使顾客认识到本企业品牌的特点和利益，与其他企业的品牌相区别，从而在顾客心目中占有一个特殊且有利的位置。

市场定位的主要对象是品牌，而品牌又分为产品品牌、服务品牌、区域品牌和企业或组织品牌。比如，宝洁公司旗下的飘柔、海飞丝和伊卡璐等洗发水是产品品牌；各个银行推出的信用卡、各个演艺公司推出的固定节目（如印象大红袍、印象刘三姐）是服务品牌；西湖龙井、黄山毛峰、普洱红茶、信阳毛尖等是与产品相关的区域品牌；华为、格力、海尔、宝洁等是企业品牌；北京大学、清华大学、复旦大学、上海交通大学和西安交

---

① 科特勒．营销管理：第11版．上海：上海人民出版社，2003：340.

通大学是非营利组织品牌；而中国银行、招商银行、王府井、赛格商城等既是服务品牌，也是企业品牌。除此之外，国家、地区、景点或个人都可以作为品牌来塑造和宣传。

这里主要讲产品品牌的市场定位。产品品牌市场定位的实质是顾客心理的差异化，即不管产品本身在特点、质量和功能上是否有差异，只要标上不同的品牌，在顾客的心目中就是不同的。因此，从企业的角度看，市场定位的目的就是要根据目标市场的特点和对产品某些属性和利益的重视程度，以品牌的形式为产品塑造一个与众不同且为目标顾客所喜爱的形象。

市场定位是企业在营销方面的一项战略性决策，可以从两个方面为企业带来利益：一是为企业和产品带来特色优势，既能够减轻价格战的压力，也能够增加其他产品替代的难度；二是为企业制定营销战术与策略奠定基础，战术4P不过是企业实现市场定位的沟通手段。

二、市场定位的程序

企业实施市场定位的程序有以下几个步骤：确定市场定位对象、识别重要属性、绘制市场定位图、评估与选择市场定位、执行市场定位。

（一）确定市场定位对象

确定市场定位对象，就是要明确给什么定位，如是产品品牌还是企业品牌。大部分消费品的制造商侧重于为产品品牌定位，而宾馆、饭店、商店和银行等服务型企业则侧重于为公司品牌定位。另外，制造商在对商品进行促销时，更重视的是为产品品牌定位，而在树立企业形象时，则更重视为公司品牌定位。

产品品牌与公司品牌常常你中有我，我中有你，难以分离。比如，可口可乐公司生产各种软饮料，除了被称为可口可乐的碳酸饮料是公司品牌以外，其他每一种软饮料都各有自己的品牌。贵州茅台酒股份有限公司主要生产酱香型白酒，除了飞天茅台和生肖酒被冠以公司品牌外，仅酱香型白酒就有汉酱、仁酒、华茅、王茅、赖茅、茅台王子、茅台迎宾等品牌。[①] 大部分汽车公司在大品牌下分出很多子品牌，比如吉利汽车公司的远景、帝豪、豪情、英伦和金刚，丰田汽车公司的卡罗拉、凯美瑞、皇冠、花冠、锐志、RAV4、普拉多和汉兰达等。此时，吉利和丰田更像是公司品牌，而其子品牌则是产品品牌。

（二）识别重要属性

识别重要属性，就是要搞清楚产品或企业的哪些属性会影响顾客对产品品牌或企业品牌的形象认知，使一个特定的产品品牌或企业品牌明显区别于竞争者。市场定位用于定位的属性，应该是目标顾客看重的属性，否则市场定位的作用将大打折扣。例如，消费者对于航空公司提供的飞行服务，一般最看重的是安全、快速、准时、舒适等，这些特性就可以成为航空公司市场定位的属性。再如，中国电冰箱市场上曾经有一个“扬子”品牌冰箱，扬子冰箱在广告宣传中特意突出其外取冷饮的设计。因为这项设计是该公司的一项专利，其他企业不能采用。但问题是，消费者真的很在意冷饮是内取还是外取吗？如果消费者觉得无所谓，那么用外取冷饮为产品品牌定位就不是很恰当。

---

① 贵州茅台酒股份有限公司官网．https://www.moutaichina.com/maotaigf/cpzx/index.html.

（三）绘制市场定位图

确定了重要的属性之后就要绘制市场定位图，并在市场定位图上标出本企业品牌和竞争者品牌所处的位置。在使用两个变量定位时，可以使用平面图。例如，图7-9用价格和商品选择范围两个指标绘制了英国主要食品零售企业的市场定位图。[①]

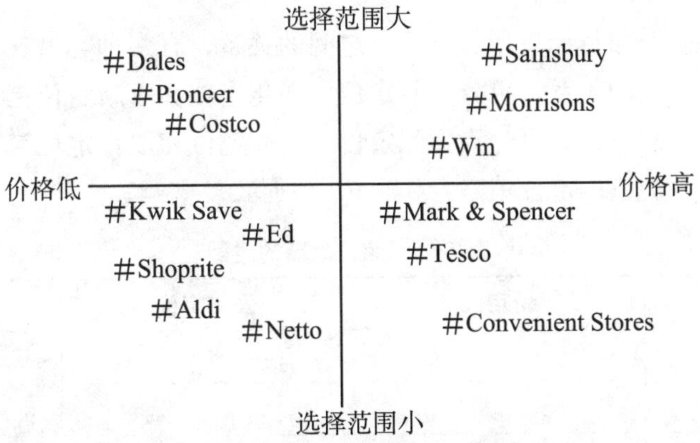

图7-9　英国主要食品零售企业的市场位置

如果存在多个重要属性时，就要用雷达图表示。比如，图7-10是一种儿童食品干脆面的市场定位雷达图。它与图7-6相似，只是把其中的细分市场1和市场2分别替换为甲和乙品牌。由图7-10可见，甲品牌在营养成分和口感两个特性上明显优于乙品牌；乙品牌在附带游戏的益智性和食用方法两个特性上明显优于甲品牌。在附带游戏的趣味性方面，二者相同。

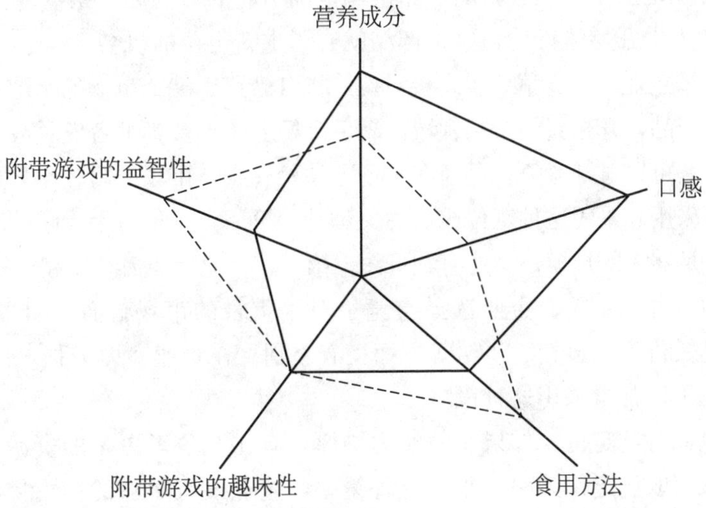

图7-10　市场定位雷达图

说明：实线为甲品牌的产品描述；虚线为乙品牌的产品描述。

---

① Burt S，Sparks L. Structure Change in Grocery Retailing in Great Britain：A Discount Reorientation，International Review of Retail. Distribution and Consumer Research，1994，2（Oct.）：195-217.

（四）评估与选择市场定位

根据市场定位图，企业很容易了解自己相对的市场地位，并对其做出评估。企业需要分析：企业的市场地位与目标市场需求之间有多大的差距？是什么原因造成的？自己在某一细分市场上有什么竞争优势或劣势？是否有获得竞争优势的可能？在此基础上，为品牌选择一个定位和一种定位策略。

定位策略反映企业与目标市场、竞争者之间的关系，有多种类型。根据企业的市场地位与目标市场需求之间的关系，可分为新定位、强化定位和重新定位三类；根据企业的市场地位与竞争者之间的关系，可分为弥隙定位、共存定位和取代定位三类。将两种分类方法交叉，可得出9种类型的定位策略，如表7－9所示。

表7－9　定位战略的类型

	新定位	强化定位	重新定位
弥隙定位			
共存定位			
取代定位			

新定位，当企业进入一个新的市场，就需要在新市场确定一个初始地位。

强化定位，当企业以前的市场地位与目标市场的需求之间没有差距或只有较小的差距时，企业需要强化原来的市场地位。

重新定位，企业以前的市场地位与目标市场需求之间有较大的差距时，需要进行重新定位。一般来讲，重新定位是企业为了摆脱经营困境，寻求重新获得竞争力和增长的机会。当然，也可能是由于发现了新的产品市场范围引起的。例如，某些专门为青年人设计的产品在中老年人中开始流行后，这种产品就有了重新定位的机会。

弥隙定位，即企业不与竞争对手直接对抗，将自己置于某个市场的空隙里，发展目前市场上没有的特色产品，开拓新的市场领域，满足市场上尚未被竞争者发觉或占领的那部分需求。这种定位策略可以避开竞争，迅速在市场上站稳脚跟，市场风险较小，成功率较高，常常为中小企业所采用。采用这种定位成功的关键是：第一，竞争对手无暇顾及市场空隙；第二，市场空隙有足够大的规模，企业有利可图；第三，企业有能力开发和填补这一空隙。

共存定位也称并列定位。企业选择与竞争对手重合的市场位置，争取同样的目标顾客，彼此在产品、价格、分销、供给等方面少有差别。在企业实力较强，但还没有强到占绝对优势的情况下，常常采用这种策略。

取代定位也称对抗定位。如果企业实力雄厚，有比竞争者更多的资源或更好的产品，那么它就可以采用取代定位策略。采用这种策略，企业要有足够的实力挑战市场领先者，否则，企业会陷入被动，或者被从市场上赶走，或者与市场领先者两败俱伤。

当企业选择了一个定位，实际上也就选择了一种定位策略。比如，一家中国的食品零售商要进入英国市场，如果它选择了“选择范围大”“价格低”的定位，那么它就需要与Dales，Pioneer，Costco等零售商展开竞争（见图7－9），并希望在竞争中能够生存下来。此时，它采用的是新定位或共存定位的定位策略。随着实力的增强，它要取代这一定位区域内的领头羊Dales，那么它用的就是强化定位或取代定位的定位策略。从定位策略的角度考虑，有助于企业了解和描述所选择定位的特点，评估其可行性。

（五）执行市场定位

为了获得顾客的认同，定位最终需要通过各种营销和沟通手段，如产品、价格、营销渠道、广告、员工的着装、行为举止以及服务态度等传递出去。实践中，企业期望的定位经常与实际传递的定位不一致，这往往是营销战略、策略和战术不匹配造成的。成功的定位需要企业整合一切可以控制的手段，协调一致，共同努力，才能实现。

市场定位就是要使本企业的品牌与其他企业的品牌在形象上有明显的区别，使顾客明显地感觉和认识到差别的存在。定位差异化的工具很多，只要是有助于彰显企业与竞争者区别的属性或要素，企业在市场定位时都可以考虑。从市场定位的角度看，产品、价格、分销和促销这四大要素其实就是企业对外沟通的媒体，通过它们来体现品牌的市场定位。

三、市场定位的依据

市场定位依据的是那些顾客比较看重的属性。由于各个企业经营的产品不同，面对的顾客、所处的竞争环境也不同，所以市场定位的依据也有区别。常用的市场定位依据有产品特点、产品使用场合以及产品用途、顾客利益和使用者类型。

（1）根据产品特点定位。构成产品内在特色的许多因素都可以作为市场定位的依据，例如，产品所含成分、所用材料、质量、价格等。7喜汽水早年的“非可乐”定位，强调它不同于可乐，是不含咖啡因的饮料，以吸引不喜欢可乐的购买者。泰诺止痛药的定位是“非阿司匹林的止痛药”，显示药物成分与以往的止痛药有本质的差异。

（2）根据产品的使用场合及用途定位。比如，脑白金原本的使用场合和用途是保健，但被定位成礼品，而且“送礼只送脑白金”。有一家生产曲奇饼干的厂家，最初将产品定位为家庭休闲食品，后来发现不少顾客购买它当早餐，又将之定位为“早餐饼干”。海王金樽的定位是酒后护肝的药：“干，干，更要肝！”青岛啤酒推出一款“鸿运当头”啤酒，专为中国人过年喝。

（3）根据顾客利益定位。世界上各大汽车巨头都采用这种方法为其产品定位，如劳斯莱斯车豪华气派，丰田车物美价廉，沃尔沃车结实耐用，宝马车驾驶舒适。1975年，美国的米勒啤酒公司推出了一种低热量的“Lite”牌啤酒，将其定位为喝了不会发胖的啤酒，迎合了那些经常喝啤酒又担心会发胖的人的需要。

（4）根据使用者类型定位。企业常常试图将其产品指向某一类特定的使用者，以便根据这些顾客的看法塑造恰当的形象。美国米勒啤酒公司曾将其原来唯一的品牌“高生”啤酒定位为“啤酒中的香槟”，吸引了许多不常饮用啤酒的高收入女性。后来发现，30%的狂饮者大约消费了啤酒销量的80%，于是，该公司在广告中展示石油工人钻井成功后狂欢的镜头，还有年轻人在沙滩上开怀畅饮的镜头，塑造了一个“精力充沛的形象”。在广告中提出“有空就喝米勒”，从而成功占领啤酒狂饮者市场达10年之久。

在实践中，企业进行市场定位的依据往往不止一个，而是同时使用多个。比如，河北邯郸有一家由五粮液集团控股的名为永不分梨的酒厂，为其郸酒的定位是“高贵不贵，我买郸”——好喝不贵、便宜不掉价、邯郸人的酒。[①] 另外，定位的依据也不仅仅是上面所讲的几个，而是可以根据企业目标市场和竞争者的实际情况进行选择。

第 5 节　确定营销因素组合

营销因素是指企业在营销中可以利用的所有战术要素、工具或手段，而营销因素组合则是指企业在选定目标市场以后，根据目标市场的特点和营销环境的变化，综合运用各种营销因素，高效率地为目标市场创造价值，实现与顾客的交换，达到企业的营销目标。营销因素众多，组合方式灵活多变、难以穷尽。怎样组合才符合营销管理理论的逻辑呢？

一、营销因素

营销因素主要有产品、价格、分销和促销四大要素，简称 4P。其中，每一个大的要素又由很多小的要素构成。营销战略需要先转化成营销因素，才可以实施，否则就只是纸上谈兵。

（一）产品

产品指任何能够满足顾客需求的货物、服务、观念或它们的组合。从提供者角度看，它是提供者劳动的产物；从接收者角度看，它是能够满足其某方面需求，为其带来利益的物质和非物质的东西。

产品又可以划分成很多更小的因素，称为产品因素，包括产品的性能、质量、花色、品种、规格、型号、品牌或商标、包装、服务等。从营销的角度讲，企业在产品方面的决策，包括以下几个方面：产品构成要素的组合与决策；服务设计、组合与决策；品牌或商标决策；产品差异化因素决策；与产品组合相关的营销决策。

（二）价格

价格是商品价值的货币表现。一方面，它是产品在进入市场时，企业对产品价值的估计或预期；另一方面，它又是顾客获得产品利益而必须支付的货币成本。

企业可以在一定程度上控制的价格因素主要有以下几种：基本价格，即明码标定的价格；价格折扣，即从基本价格中折让给顾客的减免额；付款条件，即约定的结算时间和付款方式。

基本价格的高低，与产品设计、促销方式和销售渠道的选择有密切的关系。折扣、付款条件的选择都是营销者为达到营销目标而采取的重要手段。

（三）分销

分销指营销渠道，是产品从生产者向顾客转移所经过的中间环节或路径，包括所有参与其中的组织或个人。从生产者角度讲，营销渠道是企业销售产品的路径；从顾客的角度看，营销渠道意味着便利，即适当的时间、适当的地点、以适当的形式获得想要的产品或服务。

分销包含以下主要内容：渠道数量、渠道组合结构、渠道构成结构、中间商类型和渠道治理方式。其中，渠道组合结构指企业采用各种渠道的销售占比与构成；渠道构成结构

---

① 庄贵军，林枫．郸酒的移动互联营销．(2017-09-19)．中国管理案例共享中心．

指企业某条渠道的长度、宽度和密度等；渠道治理方式指企业在与渠道伙伴合作时建立、维持和结束交易关系的约定或制度安排。

（四）促销

促销是指企业向顾客传递信息，激发顾客购买欲望和购买行为的营销信息传播活动。从生产者角度看，它是促进产品销售的工具；从顾客的角度看，它是顾客获得产品、品牌或企业信息的一条重要途径。

企业可以采用的促销因素，主要包括广告、人员推销、营业推广、公共关系、直复营销等。此外，企业营销的其他活动，如产品的式样、价格、包装、颜色以及销售人员的穿着等，也发挥着营销信息的传递功能。在全渠道（omni-channel）营销的背景下[①]，销售渠道与媒体渠道相互渗透，促销与分销越来越难以区分。二者有合二为一的趋势。二者的差异只是功能上的。同一条渠道，当我们注重其信息传播功能时，它是促销渠道；当我们注重其销售功能时，它是营销渠道，或者更恰当地称为销售渠道。

（五）从营销4P到营销4C

从上面对4P的说明可以看出，4P里隐含着4C，即解决问题、成本、便利和沟通。4C是站在消费者或者用户的角度看4P，更能反映现代市场营销的理念，因此有人倡导用4C代替4P。[②] 用解决问题来代替产品——顾客需要的不是产品或服务，而是解决问题的方法；用消费成本来代替价格——价格实际上是顾客的消费成本；用便利来代替分销——分销为顾客带来的主要不是产品销售的渠道，而是购买和使用的便利；用沟通来代替促销——促销主要不是单向的产品推广和宣传，而是企业与顾客之间的双向沟通。

实际上，4P与4C并不矛盾，是一种相辅相成的关系。4C是从顾客角度看营销活动，指出顾客真正需要的是什么，而4P则是从企业的角度看营销活动，指出企业利用营销手段能够做的是什么。二者的关系可以用图7-11表示。

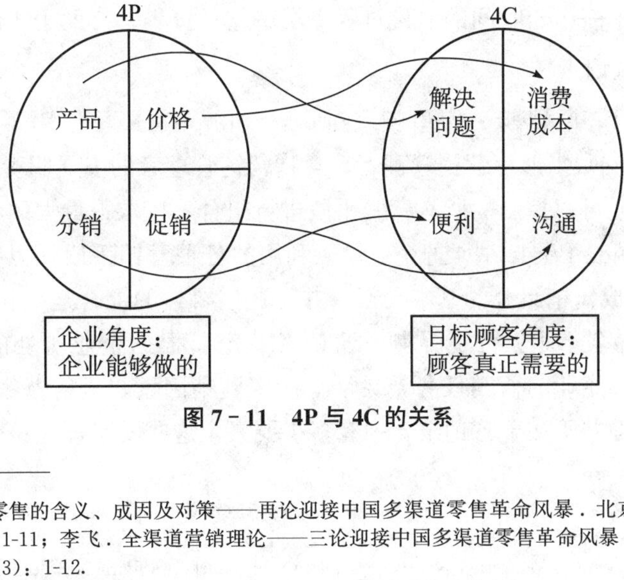

图7-11 4P与4C的关系

---

① 李飞．全渠道零售的含义、成因及对策——再论迎接中国多渠道零售革命风暴．北京工商大学学报（社会科学版），2013，28（2）：1-11；李飞．全渠道营销理论——三论迎接中国多渠道零售革命风暴．北京工商大学学报（社会科学版），2014，29（3）：1-12.

② 马惠萍．试论市场营销组合由4Ps向4Cs的转变．昆明大学学报（综合版），2003（3）．元凤江．刍议市场营销组合要素之变化．现代财经，2001，20（7）．

根据图 7－11，从目标市场的角度考虑企业的营销组合因素，利用企业所有可以利用的手段，有针对性地通过产品和服务为顾客解决问题、提供利益，通过价格为顾客节约消费成本，通过分销为顾客提供便利，通过促销与顾客沟通，满足目标市场各方面的需要。这是营销组合的本质内涵。

在理解营销因素时，要特别注意以下四点：

第一，营销因素被分成 4 个 P 或者 4 个 C，只是为了便于讲述、普及和使用，绝不能因此而排斥其他可能的因素。比如，在中国进行营销活动时，人际关系就是企业需要考虑的一个重要因素。常常听到这样的说法：企业搞了各种各样的 P，但在争取某个客户时，往往不如竞争对手的一个关系。

第二，虽然营销 4P 可以作为一个参考基准，但是每个企业都应该根据自己的实际情况确定自己的营销因素，而不能将自己的营销因素硬往 4P 模型里套。比如，零售企业可以控制的营销因素与一般生产制造企业有所不同，更好的区分方法是店址（location）、商品组合（merchandise）、服务（services）、定价（pricing）、商店设计与展示（store design and display）、广告与促销（advertising and promotion）和人员推销（personal selling）。[①] 再如，铁路货运企业的营销因素除了 4P 以外，还可以包括人员、过程和顾客服务。[②]

第三，营销 4P 更应该被视为一个范例，比较适合于日用消费品的营销。工业品营销、服务营销或其他营销，可以参考此范例确定，但不宜照搬。

第四，企业的营销战略和战术策划可以是全面的，比如一个企业整体的营销策划；也可以是单项的，比如一个企业的品牌策划或一个企业的一次会展策划。不管是全面策划还是项目策划，策划的思路基本相同，需要考虑各种营销因素的相互配合。

二、营销因素组合

营销因素组合简称为营销组合，是企业对各种营销要素的选择和组配。对于营销因素组合的认识，经过了一个长时间的演进过程。了解这一过程，有助于我们认识其本质。

（一）早期的认识

根据相关文献[③]，詹姆斯·库里顿（James Culliton）最早使用了“要素的组合者”（mixer of ingredients）来形容营销管理者，意指营销管理者的主要职责就是根据企业面临的营销任务，把企业可以控制的所有营销手段进行组合，以取得最大的利润。

尼尔·鲍敦（Neil Borden）[④] 把企业可以利用的各种营销手段加以整理和分类，分为 12 类要素，作为构成营销组合的基本要素，并将这些要素的综合运用正式用“营销组合”（marketing mix）命名。鲍敦特别强调，营销者一定要根据企业所处的行业、产品的特性、消费者的特性和企业的营销任务，灵活地确定营销因素，进行营销因素组合。因此，营销组合概念的关键并不在于营销组合中有多少要素，这些要素都应该包含什么和不包含

---

① Levy M，Weitz B A. Retailing Management. 4th ed. NY：McGraw-Hill/Irwin，2001.

② 劳政昌．铁路货运市场营销组合探讨．铁道运输与经济，2003，25（3）．

③ Grönroos C. Quo Vadis，Marketing? Toward a Relationship Marketing Paradigm. Journal of Marketing Management，1994，10（5）：347-360.

④ Borden N. The Concept of the Marketing Mix. Journal of Advertising Research，1964，4（June）：2-7.

什么，而在于企业对可控要素的综合运用。不管一个要素是否被称为营销因素，只要企业能够通过控制或影响它为企业带来利益，那么它就是营销因素，就应该在企业确定营销组合方案时加以考虑。

鲍敦提出营销组合概念之后，哈瑞·汉森（Harry Hansen）在 1956 年第一次用类似于 4P 组合模型的方法编写教材。在汉森的教材中，营销变量被分为六大类：产品政策、分销渠道、广告、人员推销、定价和销售活动。

（二）麦卡锡的 4P 模型

1960 年，麦卡锡综合他人研究成果，在他所编写的教材《基础市场营销学》中首次使用了 4P 组合模型（见图 1-4）。[①] 由此模型不难看出现代营销学的雏形：首先，影响企业营销活动效果的因素被分为两种，即企业不能控制的政治、法律、经济、人文、地理等环境因素和企业可以在一定程度上控制的产品、价格、分销、促销等营销因素；其次，企业从事营销活动就是以顾客需求为中心，在充分了解企业不可控因素的前提下，对企业可控因素加以组合，使企业可控因素的组合状态适应企业不可控因素的变化，更好地满足顾客需求；再次，企业的营销因素要综合使用，使企业的营销效果达到整体最优。

模型的优势是显而易见的。它把企业营销活动这样一个复杂的经济现象，概括为三个圆圈，把企业营销过程中可以利用的各种因素概括为产品、价格、分销、促销四大因素，简明而易于把握。得益于这一优势，此模型不胫而走，很快成为营销学术界和营销实践者普遍接受的一个营销组合模型。在构建营销学体系时，营销学者总是有意无意地将 4P 模型纳入其理论构架之内。

麦卡锡之后，虽然有许多人对 4P 组合模型不满意，并试图对其加以修正，但也只是在营销因素上加一个或几个 P，如最多增加到 12 个 P[②]，然而基本思路并没有改变。随着时代的发展，环境的变化，4P 模型的缺陷越来越明显，主要表现在：

第一，一个要素清单不足以涵盖所有营销变量，也不可能对任何情况都适用。在 4P 模型中，因为每一个 P 都是一个次组合，由很多更小的要素组合而成，所以在消费品营销中让人觉得营销者需要考虑的每一个要素几乎都可以归于 4P 之中。然而，产品或行业不同，企业可以利用的可控因素并不总是相同的，即使相同，同一个要素的重要性也有差别。这使得 4P 模型在工业品营销、国际营销和服务营销等领域不是很好用。

第二，将 4P 从企业其他部门的工作中分离出来，由营销部门专门负责，实在是有违营销组合之本意，也不利于企业营销工作的展开。营销不仅仅是营销部门的工作，还涉及企业工作的每一个环节，需要各部门的配合。营销工作只靠营销部门是不可能干好的。比如产品的生产，按照营销组合之原意，每一个生产线上的工作人员在生产时心里都要装着顾客，处处为顾客着想，而当为顾客着想的任务只由营销部门负责完成时，生产线上的工作人员就只管生产不管销售了。生产线上的工作人员若处于这样一种思维状态之中，很难真正贯彻营销部门的意图。

第三，4P 组合模型更适用于指导制造业中消费品的营销活动，而不太适合指导其他

---

① McCarthy E J. Basic Marketing：A Managerial Approach. Homewood：Richard D. Irwin，Inc.，1960.

② Kotler P. Megamarketing. Harvard Business Review，1986，64（March-April）：46-54.

产品（如工业品和服务）和其他行业（如零售业、金融业、公共事业等）的营销活动。4P模型是在研究制造业中消费品的营销活动时发展起来的，因此在指导消费品的营销活动时较为适用，一旦超出这个领域，就显得力不从心了。比如零售企业的可控因素，就很难纳入4P模型之中。这是因为，首先，零售企业的产品无法按照4P模型中的产品来理解；其次，零售企业的市场也不应按照4P模型中的市场来把握；再次，很多对于零售企业来讲非常重要的可控因素，或者无法包括在4P模型之中，或者不能在4P模型中得到应有的突出，比如店址、采购、企业形象等。

（三）科特勒的营销组合模型

科特勒在4P模型的基础上，将产品、价格、分销、促销四个要素（即4P）称为战术4P，又提出了探测、划分、优先和定位的战略4P，再加上国际营销中的政治权力和公共关系，凑成了10个P。科特勒还修改了麦卡锡的4P模型（见图1-5）。[①]

科特勒将企业的营销组合提升到战略高度来认识：先考虑战略4P，再根据战略4P制定战术4P。这一方面推动了企业营销活动与公司战略的衔接，另一方面也使企业通过对战略4P的思考更加明确营销活动的方向。不过，虽然多达10P，但仍不能穷尽企业可以利用的所有营销手段。

（四）目标函数营销组合模型

根据营销组合的含义和以往营销组合模型的缺陷，我们提出了一个“营销的目标函数模型”（见第1章第1节）。它的含义是：在既定的约束条件（D）下，企业综合运用一切可以利用的手段（P_i），使企业的目标（G）达到整体优化。

与其他模型相比，该模型有如下优点：第一，它抓住了营销组合概念的本质，即企业要达到营销目标的最大化，就要使所有的营销因素达到一种最佳的或相对满意的匹配状态；第二，它把企业从事营销活动的约束条件作为营销组合概念的一个重要内容在模型中表现出来，提倡企业在约束条件下办自己能办的事；第三，它既有很高的概括性，又有很强的适应性，把人们的注意力由加P的游戏引向对于营销组合概念本质内涵的把握。

三、营销组合的特点

营销组合的因素很多，并且每个因素都是可变的。因此，营销因素组合的可选项是无穷无尽的。营销因素组合具有可控性、动态性、整体性和艺术性的特点。

（一）可控性

营销因素是指企业可以控制或影响的因素。针对目标市场的特点，企业可以决定自己的产品特性，确定价格水平，选择分销渠道和促销方式。对于这些因素，什么时间、选用什么、如何使用，企业都可以自主决定。有些因素企业虽然不能决定，但是可以采取某种方式，发挥较大的影响作用，使其朝着有利于自己的方向发展，比如企业所面对的各种关系。那些企业不能控制或不能影响的因素，不能称为营销因素。

---

① Kotler P. Marketing Management. 10th ed. Beijing：Tsinghua University Press，2001.

（二）动态性

营销因素组合是一种动态组合，随着市场需求、企业内外部环境的变化而改变。其原因有以下两点：

第一，营销组合要为实现企业的营销目标服务，而企业的营销目标是根据市场需求和企业的内外部环境来确定的。当市场需求和环境发生变化时，企业的营销目标就需要调整。营销目标改变，营销组合要跟着改变。

第二，每一个营销因素都包含着众多小的因素。如果市场或环境的变化致使企业必须改变某个营销因素中的一个子因素，那么企业一旦做出改变，就意味着原有的营销组合发生了变化，企业正在利用新的营销组合方案开展营销活动。

（三）整体性

营销因素组合以目标市场的顾客需求为中心，采取整合的营销方式影响顾客，使其采取有利于企业的购买行为。营销组合由无数的大、小因素组成，这些大、小因素之间的交互影响是很复杂的。有时，强化一种因素的作用，可能会弱化另一种因素的作用。因此，同时处于各自最佳状态的组合，也许并不是一个最好的组合。

企业的营销预算也是有限的，不可能在各个因素上同时发力。营销组合强调企业营销活动的整体性，追求整体优化，而不是次优化——单个因素达到了最优化，但是整个系统的状态还不如优化之前。比如，在其他因素不变的情况下，使产品质量达到现有条件下的最高，这一定能提高企业的营销效率吗？不一定。因为产品质量最高，如果生产成本也是最高的，那么价格就不能低了。质量高，价格也高，产品质量的提高并没有使产品的利价比提高，并不能给顾客带来实际的利益。这时，企业的营销效果不但不会提高，可能还会下降。

（四）艺术性

营销因素组合是科学性和艺术性的结合。科学性表现在它要依靠信息系统和市场调研提供准确、客观的数据，帮助企业进行营销决策；艺术性则表现在它的答案不是唯一的——在同一种情况下，人们可以采用的营销组合方案很多，并无绝对的好坏之分。营销组合的好与坏，取决于它是否符合企业的总体战略，是否与外部环境和内部条件相匹配，是否在限制条件下较好地满足了目标市场的需求，发挥了企业的优势。

另外，在按照后面给出的逻辑框架确定营销组合方案时，艺术性和创造力尤为重要。为了给逻辑框架中的每一格填入适当的内容，需要营销策划人员充分发挥自己的想象力，尽量多考虑一些可能性，此时营销因素组合的科学性就体现于：不管营销策划人员发挥自己的想象力填写了多少内容，最终这些内容都要根据目标市场的特点进行筛选。

四、确定营销因素组合的逻辑思路

营销因素的组合方式难以穷尽。那么，怎样组合才符合营销管理理论的逻辑呢？这个问题并不容易回答。其中，最困难的就是如何把企业所选定的目标市场与企业的营销因素衔接起来。[①] 表 7-10 是确定营销因素组合方案的逻辑框架，它可以将目标市场与企业的营销因素衔接起来，使营销组合中的每一个因素都有据可依。

表 7-10　确定营销因素组合方案的逻辑框架

目标市场	营销组合因素					
	产品	价格	分销	促销	关系	其他
Who						
What						
Why						
When						
Where						

应用这一逻辑框架确定营销因素组合有一个假设前提：企业的公司战略已经确定了业务组合，营销策划的任务就是要为其中的一项业务（一个产品或一项服务）在一个目标市场上设计一套营销方案。

具体的步骤如下：第一，根据市场细分的结果，回顾目标市场的五个 W，并用简短的语言将回顾的结果写在表格内；第二，针对目标市场的五个 W 系统地思考和分析企业的产品或服务能够在哪些方面（与哪一个 W 有关）给顾客带来什么利益（即顾客价值），为获得这一利益顾客必须在哪些方面（与哪一个 W 有关）付出哪些成本（即顾客成本）；第三，将五个 W 和每一个营销因素一一对应，认真考虑在每一格中企业已做的和可能做的内容，将思考结果以缩略语的形式填写在格内，没有内容可缺项；第四，思考每一格内容的相容与不相容之处，将相容的结果整合，在不相容的结果之间做出选择；第五，把选择与整合的结果用文字描述出来，由此制定出内部不相矛盾的营销因素组合方案。示例 7-1 显示了这一过程。

示例 7-1　田七牙膏高端市场的营销组合策略

由于营销因素的选择与组合以目标市场为依据，所以制定出的营销因素组合方案与企业的目标市场紧密衔接，是实现企业营销战略所需要的。以此为框架制定企业的营销因素组合，使营销组合策划变得简单、清晰、易操作。营销策划人员只需基于目标市场的特点进行表上作业，当表上的空格填满了，企业的营销组合方案就基本确定了。

五、营销组合的策划原则

营销组合策划是企业营销战术与策略策划的主要内容，是实现企业营销目标和营销

① 这也是很长时间困扰我的一个问题。2004 年之前，我曾遍查国内外各种营销学教材，也翻阅了大量的中外文献，但是一直没有找到一个让人信服的答案。上课时，每每讲到这里，就深感不安。2004 年，在到外地上课的火车上，突然一个表格浮现在我的脑海，我意识到我找到答案了。当时，兴奋异常。后来，我一直用这个框架讲授这门课，感觉效果还不错。

战略的基本手段。根据营销组合的上述特点，企业在进行营销组合策划时，要遵循以下基本原则。

第一，战略优先。营销组合策划是企业在确定了营销目标、目标市场和市场定位之后，对企业可以控制的营销手段所进行的组合策划。它是在做什么已经确定的情况下，思考企业如何做的问题。因此，在企业进行营销组合策划之前，一定要先明确企业的营销战略是什么，否则，策划就失去了方向。

第二，综合运用。营销因素组合的效果不是各个因素效果的简单相加，不是1＋1＝2，而是1＋1＞2。企业要综合运用各种营销因素，注意它们之间的交叉效应，以求达到营销效果的整体优化。

第三，互相协调。企业进行营销因素组合时，要注意三个方面的协调：首先是与市场环境协调，即营销因素组合方式要适合外部环境的特点，利用环境机会，规避环境威胁；其次是与企业内部资源协调，即营销因素组合方式要体现企业内部的资源特性，考虑各部门的利益，以求得到各部门的支持；最后是营销因素组合内各因素之间的协调，即将各因素有机整合，发挥协同效应，实现企业营销资源配置的整体优化。

第四，突出重点。企业在运用营销组合时不应对所有组合因素平均用力，要注意抓主要矛盾，解决主要问题；应根据目标市场的特点，重点运用其中一两个因素，并使其他因素与之配合，做到有主有辅，整体运用。

第五，反馈调整。营销因素组合具有动态性，随着目标市场和市场环境的变化而改变。因此，营销组合方式确定以后，在执行过程中，需要根据市场变化随时调整。这就要求企业重视信息反馈，及时发现问题，迅速做出必要的反应。

第6节 营销策划书的内容与格式

营销策划书并没有统一的内容和格式。根据策划对象和策划要求的不同，营销策划书的内容和格式是不一样的。这里给出的是企业营销策划书的主要内容和一般格式，旨在帮助营销策划人员撰写一份规范的营销策划书。

一、封面

封面是营销策划书的脸面，会影响阅读者对营销策划书的第一印象，因此不能草率从事。好的封面，要与策划书的内容相适应，既不要过于奢华，给人华而不实的感觉；又不要粗制滥造，让人觉得整个策划书出自草台班子之手。规范的封面，一般应该提供以下信息：策划书的名称、客户、策划机构的名称或策划人的姓名、策划负责人及其联系方式、策划完成日期及策划执行的时间段和编号。

图7-12是一个例子。策划书的名称是“PT公司手机的分销渠道设计”；客户是“PT公司”；策划机构是“XJTU营销策划室”；负责人是“庄贵军”；联系方式有电话和电子邮件两种；编号为“A123”。

编号 A123 密级 C

PT 公司手机的分销渠道设计

策划委托人 PT 公司

策划公司 XJTU 营销策划室

策划负责人 庄贵军

联系电话 029-82665046

电子邮件 Zhg@mail. xjtu. edu. cn

时间：2019 年 11 月 30 日

本策划执行时间：2020 年 1 月 1 日至 2020 年 12 月 31 日

图 7－12　营销策划书的封面

二、前言

前言需要简要说明策划的性质，内容主要有：第一，接受委托的情况，如乙公司接受甲公司的委托，就某一年度的广告宣传计划进行策划；第二，策划的概况，即策划要达到的目的以及策划的主要过程。以下是一个例子：

本策划接受 PT 公司的委托，由 XJTU 营销策划室对 PT 手机的分销渠道进行设计。本策划要解决的主要问题是：随着手机市场分销体系的多元化，原代理分销体系的核心成员 PT 公司如何实现分销渠道体系的顺利转换？本策划从分析 PT 公司现有手机分销体系存在的问题入手，结合手机行业的特点，提出 PT 公司分销渠道的新设计和备选方案，并给出 PT 公司分销渠道转换的路径方案。

三、目录

目录是策划书各部分题目的清单，能够使阅读者快速了解策划书概况和方便地查找相关内容。一般人的阅读习惯是先看书名，再看目录。如果目录不具有吸引力，很可能不再往下看。因此，目录的编制要下一点功夫，既要让人读后能够了解策划书的全貌，又要引发人们的阅读兴趣。例如图7-13。

目录

图7-13 营销策划书的目录

四、摘要

摘要是对营销策划项目所做的简单而概括的说明。比如，为谁做的一项什么性质的策划，要解决什么问题，结论是什么。阅读者通过摘要提示，可以大致了解策划内容的要点。

摘要虽然是在营销策划书的最前面，但一般是在整个营销策划完成以后才写的。例如：

本策划书为一项针对PT公司手机分销渠道而进行的项目策划，要解决的主要问题是：随着手机市场分销体系的多元化，PT 公司应该选择怎样的分销渠道体系以及如何实现分销渠道体系的顺利转换。

本策划书包括的内容如下：第一，介绍了 PT 公司的背景和其手机分销渠道在实现企业战略中的地位。第二，对 PT 公司现有的手机分销渠道进行分析与讨论，确定策划要解决的关键问题。第三，对企业环境进行分析，明确 PT 公司手机的市场和竞争对手。第四，以此为基础，分析 PT 公司手机现有渠道的特点、顾客满意度、优劣势、渠道绩效、渠道缺口以及缺口类型，并从渠道组织者的角度，集中于供给方因素，提出了 PT 公司手机分销渠道的设计方案。第五，提出几种备选的转换方案，并使用模糊综合评判法，确定 PT 公司适宜的手机分销渠道转换方案。

五、正文

这是营销策划书中最重要的部分。具体内容包括以下几点：营销策划的目的；环境分析，包括企业营销的内外部环境分析，重点是对市场需求和竞争者的分析；SWOT 分析，通过对企业优势、劣势、机会和威胁的分析，发现市场机会和企业存在的营销问题；企业的营销目标和目标市场；企业的营销因素组合方案的拟定、评价与选择；预算，包括营销过程中的总费用、阶段费用和项目费用等；进度表与人员配置；营销执行与控制方法。

这些内容一般要按照顺序依次写出，也可以依据具体情况将有些内容的顺序颠倒。比如，有些人喜欢先分析企业的外部环境，再分析企业的内部环境；也有人喜欢先分析企业的内部环境，明确了企业的总体战略和营销目标以后，再分析外部环境。个别内容的顺序颠倒不会有太大的问题，重要的是逻辑清晰，重点突出，结构合理。

六、结束语

结束语一般是对整个策划的要点进行归纳总结，一方面突出策划要点，另一方面与前言相呼应。在撰写结束语时，策划者要回答这样一个重要问题：你的策划能够怎样解决你前面提出的营销问题？如果不能很好地回答这一问题，那么整个策划逻辑就值得怀疑。

结束语属于画龙点睛之笔，绝非可有可无。例如：

本策划书是对 PT 公司手机分销渠道所进行的一个项目策划，目的在于为 PT 公司的手机分销渠道进行新的设计，并提出可行的转换方案。本策划书的结论主要有两点：

第一，PT 公司手机分销渠道的设计。根据企业的内部条件和外部环境，以及渠道缺口分析的结果，本策划提出以缩小供方缺口为主的渠道设计思路。具体有三个可相互替代的设计方案：

方案一：更有效地执行现有渠道流，增加执行更多的核心渠道流。

方案二：深度执行现有渠道流，增加分销任务介入。

方案三：以新的渠道组织方式，提高渠道系统性能。

通过比较和分析，本策划选择了设计方案三作为执行方案。

第二，PT 公司手机分销渠道的转换方案。为了执行设计方案三，本策划提出以下三种可替代的渠道转换方案：

转换方案 A：更有效地执行现有渠道流，同时寻求执行更多的核心渠道流，并进行渠道创新。

转换方案 B：更有效地执行现有渠道流，同时寻求深度执行渠道流，发展零售分销任务，并进行渠道创新。

转换方案 C：更有效地执行现有渠道流，同时寻求执行更多的核心渠道流和深度执行渠道流，发展零售分销任务，并进行渠道创新。

通过使用模糊综合评判法进行评估，本策划建议选择转换方案 C 作为执行方案。

七、附录

附录的作用有两点：一是对策划中所采用的调查与分析技术做必要的说明；二是提供策划客观性的证明。因此，凡是技术性较强、会影响人们阅读兴趣且有助于阅读者对策划内容理解和信任的内容、资料都可以列入附录，比如问卷、分析模型、较为复杂的分析过程、座谈会原始照片、图像资料等。

为了便于查找，附录要标明顺序。

▶ 思考题

1. 请谈一谈你是怎样理解策划的。
2. 用自己的语言描述两种策划方法。
3. 什么是营销策划？
4. 营销战略的主要内容是什么？与营销战术和策略有何区别？
5. 简述企业营销战略策划的程序。
6. 请举例说明市场细分的程序、方法和标准。
7. 请举例说明如何确定目标市场。
8. 请举例说明如何进行产品或品牌的市场定位。
9. 什么是营销因素和营销因素组合？你是怎样理解的？
10. 你怎样理解目标函数营销组合模型？你觉得与其他营销组合模型相比，它的优点和缺点是什么？
11. “营销因素组合是一种艺术。”你如何评价这句话？
12. 企业在进行营销组合策划时需要遵循哪些原则？
13. 如何评价本书所给出的确定营销因素组合方案的逻辑框架？你有更好的思路吗？
14. 分析书末案例 5，回答案例后面的问题。

第8章

产品、服务和品牌管理

产品、服务和品牌是企业最重要的营销因素，是企业决定其价格、分销和促销等营销因素的基础。企业要靠产品、服务和品牌去满足消费者和用户的需要和欲望，占领市场。因此，产品、服务和品牌的策划就是企业营销项目策划的重中之重，对于产品、服务和品牌的管理也成为营销管理的重要内容。本章将分别介绍如下内容：产品的构成要素和产品分类、新产品开发与产品的市场生命周期、服务设计与管理、品牌决策与管理以及产品组合与相关的营销问题。

第1节　产品的构成要素和产品分类

在营销学中，产品并不仅仅指有形的物品，还包括各种各样非物质的东西，如服务和品牌。如果对产品作这样的理解，那么每个企业都有产品，而且没有产品就没有营销。因此，产品是其他营销组合因素的基础。

一、产品层次

产品（product）有广义和狭义之分。广义的产品，指能够提供给市场以满足消费者或用户需求和欲望的任何东西，包括有形的物质和无形的服务、创意、理念与形象等。而狭义的产品，则是指能够满足消费者或用户需求的有形物品，对应于英文的“goods”。我们这里的产品是指广义的产品，现代营销学将其称为 offering（供应物）。[①] 它由多个层次构成，如图 8－1 所示。

产品最核心的层次是向消费者或用户提供的核心利益。消费者或用户购买某种有形产品并不是为了获得该产品的实体，而是为了通过拥有、使用该产品而获得某种利益。有人认为，产品的本质是服务。[②] 实际上，这个说法还不够确切，应该说产品的本质是利益。不过，由于满足的需要层次不同（参考第 4 章第 1 节关于“顾客价值与需要层次”的论述），顾客追求的核心利益往往是不同的。比如，到餐馆就餐，有人是为了吃饱，满足生理需要；有人是为了交友，满足社交和自尊的需要；有人是因为一家餐馆的色、香、味，

---

① Kotler P. Marketing Management. 10th ed. Beijing：Tsinghua University Press，2001：395.

② Vargo S L，Lusch R F. Evolving to a New Dominant Logic for Marketing. Journal of Marketing，2004，68 (1)：1-17.

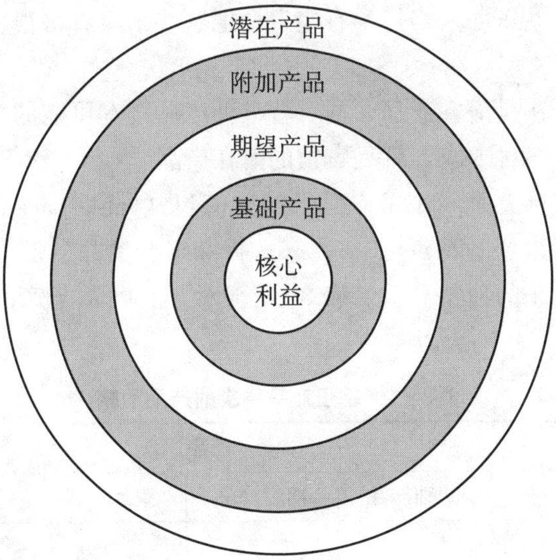

图 8-1 产品的层次

满足享受和自我实现需要。因此，第一种人追求的核心利益是产品的功能价值；第二种人追求的核心利益是产品的社交价值和形象价值；第三种人追求的核心利益是产品的体验价值。再如，有人住宾馆是为了睡个好觉，而有人住宾馆除了要睡好觉，更重要的是便于与人会面谈生意。前者希望宾馆提供的核心利益就是睡眠与休息；而后者则要求宾馆提供的核心利益不仅是睡眠与休息，还需有良好的环境和形象。

产品的第二个层次是基础产品，即产品所能提供的核心功能。汽车之所以被称为汽车，是因为它有汽车的核心功能，可以快速、便捷地把人或物品从一个地方转移到另一个地方；手机之所以被称为手机，是因为它有手机的核心功能，能够随身携带和打电话，在网络联通的地方还要能上网。如果没有了核心功能，汽车不能再称为汽车，手机也不能再称为手机。产品的核心功能，需要依附一定的实体来实现，因此基础产品包括产品的主要功能、结构和外形等。比如，宾馆的基础产品是能够让人睡眠与休息的房间、床上用具和基本的服务。日常生活中人们所讲的产品的性价比，主要指核心功能与产品价格之比。

产品的第三个层次是期望产品，指消费者购买产品时期望得到的与所购产品相关的配套属性。消费者之所以有这样的期望，是因为它代表着一定时期某一市场对于所购产品的一般要求。如果达不到这一要求，顾客就会感到不满。比如，在现代社会里，人们对于宾馆的期望，不仅仅是能够让人睡眠与休息的房间、床上用具和基本的服务，而且房间要安静，床上用具要整洁，人员服务要满足基本要求。

产品的第四个层次是附加产品，指产品包含的附加服务和利益，主要包括运送、安装、调试、维修、产品保证、零配件供应和技术人员培训等。附加产品的多少和质量，很大程度上取决于消费者或用户是否愿意承担因附加产品的增加而增加的成本。如果附加产品增加了成本但其提供的利益又不被消费者认可，那么产品的利价比就会降低。同时企业产品的竞争力也会降低。因为消费者对附加产品的利益在认识上存在很大的差异，所以企业可以针对不同消费者的不同要求，设计、生产和提供不同的附加产品。比如，宾馆房间内的电话、电视机、电冰箱、上网条件和其他一些非必需品就是附加产品。很多宾馆的入住者可能根本就不用这些东西。当然，有些人会把这些东西看得很重要，是他们选择宾馆的重要指标。

产品的最后一个层次是潜在产品，预示着某种产品所有可能的变化。比如，用各种新的方法满足入住客人的各种要求，就是宾馆的潜在产品。

由此可见，产品实际上是一个可以分层的价值包（value package）。企业在进行产品决策时，可以根据目标市场的特点（5W）来选择和组合产品各层次的利益，重点是突出产品能够给目标市场带来的独特利益。表 8－1 显示了企业基于产品层次确定产品组合的基本思路。

表 8－1　基于产品层次的产品策略

目标市场	产品层次					
	核心利益	基础产品	期望产品	附加产品	潜在产品	其他
What						
Who						
Why						
When						
Where						

一个行业的日趋成熟，会使业内竞争者的产品在功能利益（主要基础产品有关）上趋同。在这种情况下，企业之间在产品上的竞争会不断地向其他的产品层次延伸。而随着经济的发展和社会的进步，消费者对产品的期望价值包含越来越多的综合价值，即不仅仅是产品的功能价值，还包括伴随实体产品带来的服务价值、社交价值、形象价值和体验价值。

二、产品构成要素

产品构成要素指产品在各层次上的构成因素，包括产品的质量、功能与性能，结构与外观，规格与型号，品牌与商标，包装与装潢，以及保证与服务等。产品组合也可以根据产品构成要素来确定，其基本思路如表 8－2 所示，即企业需要根据目标市场的特点（5W）来选择和组合产品的各种构成要素。

表 8－2　基于产品构成要素的产品策略

目标市场	产品构成要素					
	质量、功能与性能	结构与外观	规格与型号	品牌与商标	包装与装潢	保证与服务
What						
Who						
Why						
When						
Where						

（一）质量、功能与性能

产品质量是指产品反映实体满足明确和隐含需要的能力和特性的总和。其中，明确的需要是指在标准、规范、图样、技术要求和其他文件中已经做出规定的需要；隐含的需要则是指消费者和社会对产品的期望，即人们公认的或不必明确说明的需要。虽然消费者和社会对产品的质量要求随着时代的发展会发生变化，但是产品质量需要具备满足人们某方面需求的能力是一个基本点，不会改变。

产品质量由各种要素组成。这些要素也称为产品所具有的特性或性能，其总和便构成产品质量的内涵。产品的性能很多，不同类型的产品有不同的性能要求，诸如强度、硬度、化学成分、纯度、功率、转速、抗压度、磨度、缩水率以及耗电量等。一般都有行业标准，企业需要达到行业标准的要求。这些标准包括产品的使用性能、安全性、可靠性、可维修性、经济性和环境友好性等。

- 产品的使用性能是指产品在一定条件下，实现预定目的或者规定用途的能力。任何产品都具有其特定的使用目的或者用途。
- 产品的安全性是指产品在使用、储运、销售等过程中，保障人体健康和人身、财产安全的能力。
- 产品的可靠性是指产品在规定条件和规定的时间内，完成规定功能的程度和能力。一般可用功能效率、平均寿命、失效率、平均故障时间和平均无故障工作时间等参数进行评定。
- 产品的可维修性是指产品在发生故障以后，能迅速维修恢复其功能的能力。通常采用平均修复时间等参数表示。
- 产品的经济性是指产品的设计、制造及使用等方面付出或消耗成本的程度，也包含可获得经济利益的程度，即投入与产出的效益能力。
- 产品的环境友好性是指产品在环境保护方面的表现，如是否可回收利用、是否低碳排放以及是否低资源消耗。随着人们环境保护意识的提高，各个国家在制定质量标准时，越来越强调环境友好性。

产品的功能是指产品的特定使用目的和用途。它与产品的使用性能含义相近，在日常生活中二者可以互换使用。不过，严格来讲，二者有以下区别：产品的功能更强调产品的用途，而产品的使用性能则更强调产品满足人们某方面需要或实现某种用途的能力。日常生活中人们所说的“产品的性价比”，是指产品使用性能与产品价格之比，即产品满足顾客某种需要的能力与顾客消费这种产品的货币成本之比。

一个产品可以具备一种或多种功能。比如，手机最初的功能就是打电话和接听电话。而后，加入了收发短信的功能。再后来，又增加了上网、游戏、照相、收音机、蓝牙和新闻组等功能。随着科技的发展，许多其他的功能可能还会加进去，手机越来越像一个万能机器。

近年来，一些企业着力开发“功能型产品”，即一种产品的功能能够给消费者在使用中带来某种特定的利益，该利益在其他的同类产品中难以获得，如功能型食品、功能型家电、功能型电子产品、功能型化妆品和功能型饮料以及一些独特的保健品或药品。

（二）结构与外观

此处的产品结构指组成产品实体的各零部件之间的构成状况，如车身、车头、刀架、尾座、齿轮箱等零部件在整个机床中的结构关系。这与一般所说的一个国家或地区的各类型产品在国民经济中的产品构成情况（如工业产品与农副产品，重工业产品与轻工业产品，进出口产品与内销产品，高档、中档与低档产品，老产品与新产品等的比例关系）不同，也与企业生产的产品中各类产品的构成情况（如军品与民品、机械产品与电器产品、优质产品与合格产品、技术密集型产品与劳动密集型产品等的比例关系）不同。

产品结构是设计出来的。好的产品结构设计首先是实用，其次是美观。产品实现各项功能很大程度上取决于优秀的结构设计。产品结构设计是整个产品设计过程中最复杂的一个环节。设计者既要构想一系列关联零部件来实现各项功能，又要考虑产品结构紧凑、外形美观；既要安全耐用、性能优良，又要易于制造、降低成本。

产品的外观指产品的形状、图案、色彩以及它们的组合。它与产品结构密切相关。外观造型是否美观，很大程度上取决于产品的物理形态（如液体、固体或气体）和结构设计（如产品体积、重量和零部件的构成状况）。消费者及用户选购产品的一个重要标准是"物美"，即外观造型是否美观、新颖。产品的外观美，能给顾客舒适愉快的感觉，会促使其决定购买。产品外观造型设计可以帮助企业制造畅销产品。现代仿生学就是通过对各种生物形态的观察，结合产品的功能，科学而又艺术地创造出产品的仿生造型，如鱼形汽车、牛头刨床的刀架、仿昆虫的摩托车等。

产品的外观设计是可以申请专利的。我国《专利法》第二条规定，外观设计，是指对产品的形状、图案或者其结合以及色彩与形状、图案的结合所作出的富有美感并适于工业应用的新设计。需要符合以下要求：第一，是形状、图案、色彩或者其结合的设计；第二，必须是对产品的外表所作的设计；第三，必须富有美感和独特性；第四，必须适于工业应用。

（三）规格与型号

产品规格是产品的形状、体积和材制等物理特性。产品型号则是用来标识不同规格产品的编号。以汽车轮胎为例，规格指轮胎的大小尺寸、结构和使用材料等，而型号就是对不同规格汽车轮胎的编号，一般标注在轮胎的侧面，如8.25R20中的"8.25"表示断面宽是8.25英寸，"R"表示子午线或者花纹的结构，"20"指胎圈直径为20英寸。其中任何一个部分的改变，都是规格的改变，当然型号也就不同了。

规格若存在国家标准、行业标准或地方标准，生产企业应该遵照执行。如果没有相应的规格标准，生产企业可以在自己的技术文件中加以规定。一般国家标准、行业标准或地方标准不强行规定产品的通用型号。对于相同功用的产品，不同的生产企业可以使用不同的型号。例如叉车，3t，5t等是它的规格，但是3t的叉车中可能又分为合力叉车、江淮叉车等不同厂家的不同型号。

同一生产企业、功用相同而型号不同的系列产品，其型号的使用必须符合技术文件中的约定。此时，每一型号产品的基本功能或用途必须是相同的，但可以基于配置和附件（包括应用软件等）等诸方面的不同，在产品的附加和扩展功能上存在区别。

一般而言，产品只要规格相同，就可以做到某种程度上的互换或通用；只要是型号相同的，那就可以通用。

条形码是将宽度不等的多个黑条和白条按照一定的编码规则排列，用以表达一组信息的图形标识符。常见的条形码是由反射率相差很大的黑条（简称条）和白条（简称空）排成的平行线图案。条形码可以标出商品的生产国、制造厂家、商品名称、生产日期、规格、分类号等许多信息，在商品流通领域得到广泛应用。

二维码又称二维条码，是一种新的编码方式，能够比传统的条形码存储更多的信息。二维码用平面几何图形上分布的黑白相间的图形记录数据符号信息，通过图像输入设备或光电扫描设备能够自动识读信息。它具有条码技术的一些共性，比如每种码制有其特定的字符集；每个字符占有一定的宽度；具有校验功能。另外，它还具有对不同行业的信息自动识别以及处理图形旋转变化点的功能。

（四）品牌与商标

品牌是一种名称、术语、标记、符号或设计，或是它们的组合。其目的是用以辨认某个生产者或销售者的产品和服务，使之与竞争对手的产品和服务区别开。商标则是遵守商标法的规定，在工商行政管理部门经过注册的品牌，一般标明“注册商标”或有“R”标记。

品牌和商标有以下基本形式：（1）文字，如“可口可乐”“娃哈哈”“海尔”“National”等；（2）图形，如上海的“如意”牌压力暖瓶的商标便是一枚玉如意的图形；（3）符号，如三菱公司的三个菱形组合的符号；（4）以上要素的组合，如“京东”网店是用汉字加小狗表示其品牌，“贵州茅台酒”是由一个图案、汉语拼音“MAOTAI”和汉字组合而成。茅台酒的图案根据子品牌的不同，还有图案的变化，如“飞天”系列是敦煌的飞天图案。

（五）包装与装潢

包装是指产品的容器或将产品盛放在某种容器或包装物内的活动。装潢则是对产品包装进行的装饰和美化。包装最基本也是最初的作用是保护产品，便于储运和携带。但是在现代市场营销中，它越来越多地被用作美化产品，宣传企业形象，促进和扩大销售的工具。

包装与装潢通常分为两个层次：第一层次是内包装，也称销售包装，即直接与产品接触的盒、瓶、罐以及袋等包装。它主要是为便于陈列、销售、携带和使用。第二层次是外包装，也称运输包装，即加在内包装外面的箱、桶、筐或袋等包装。它主要是为了保护产品和方便储存及运输。

标签也是包装的一部分，它可以单独附在包装物上，也可以与包装物融为一体，用以标识产品的商标、质量等级、生产日期、使用方法等。食品、药品等产品还要标明保质期。有些标签还印有彩色图案或实物照片等信息，以促进产品的销售。

（六）保证与服务

产品保证是企业在销售产品时对购买者做出的承诺，比如“三包”，即企业对所售商品实行“包修、包换、包退”的政策。消费者购买的产品出现以下情况，有权要求经销商承担“三包”责任：（1）不具备产品应当具备的使用性能，而事先没有说明的；（2）不符合明示采用的产品标准要求；（3）不符合以产品说明或实物样品等方式表明的质量状况；（4）产品经技术监督行政部门等法定部门检验不合格；（5）产品修理两次仍不能正常使用。

服务是企业为满足顾客或用户的需求而进行的商业活动。有两类：一类是服务产品，它以服务活动本身来满足目标顾客或用户的需求，如餐饮业、电信业、教育产业、医疗卫生、旅游业等；另一类是服务功能，它是产品的延伸性服务，如出售计算机或机器设备时附带的安装、培训等活动。后者可以称为产品服务，如上面所讲的“三包”，实际上就是产品在进入消费领域后，卖方对买方提供的一种保证性服务。

产品服务包括售前、售中和售后服务。售前服务是顾客购买行为发生之前企业所提供的有关服务，如提供样品、产品目录、使用说明书及其他培养顾客或消费教育的举措；售中服务是在顾客购买成交过程中，由企业提供的有关服务，如回答顾客提问，提供和推荐产品，介绍产品性能、特点、调试和封装等；售后服务则是企业向已购产品的顾客提供的服务，如技术培训和使用指导，包括代包装、代运输，提供零配件和备用件，以及安装和维修等。“三包”是一种售后服务。

三、产品分类

产品可以按照多种不同的标准来分类。产品可以根据用途分为消费品和工业品。前者用于人们的消费，也称为生活资料，通常由个人或家庭购买；后者用于企业的生产，也称为生产资料，通常由具备专业知识的采购人员购买。产品也可以根据是否有形，分为实体产品和服务。实体产品为有形体，即我们通常所指的产品或商品；服务为无形体，具有无形性、不可分离性、可变性、不可储存和易消逝性的特点。两种分类方法结合，我们得到表8-3。

表8-3　产品的分类

用途	是否有形	
	实体产品	服务
消费	便利品、选购品、特殊品、非欲求品；耐用消费品、易耗消费品	消费性服务
生产	完全进入产品的工业品、部分进入产品的工业品和不进入产品的工业品；固定资产、流动资产	生产性服务

（一）消费品

最常用的分类方法是根据消费者的购物习惯，将消费品分为便利品（convenience goods）、选购品（shopping goods）、特殊品（specialty goods）和非欲求品（unsought goods）四类。

便利品是指消费者需要经常购买的消费品，包括日用消费品（如牙膏、烟酒和报纸）、冲动购买物品（如饮料和休闲食品）和应急品（如药品）等。便利品多为消费者日常生活的必需品，在一般的零售商店中都可以买到。由于经常购买，消费者对商品的品牌、价格、质量和销售地点等都很熟悉，只是根据便利与否决定是否购买以及在哪里购买，在购买之前很少为购买决策而花时间与精力搜寻信息。

选购品是指消费者不经常购买，但在购买时会针对产品的质量、性能、价格和式样等进行慎重挑选的消费品，如贵重的衣物、家具、电脑和汽车等。由于不需要经常购买，所以消费者缺乏购买经验，常常不知道哪个牌子的产品最适合自己。选购品多是较为贵重的耐用消费品，消费者会花较多时间和精力搜寻商品信息，在不同的购买方案之间进行比较和选择。

特殊品是指在某些特性或品牌标识上对购买者有独特意义，购买者不愿意接受替代方案的消费品，如某些特殊品牌和造型的奢侈品、名牌服装、名画、供收藏的特殊邮票和钱币等。由于特殊品的购买者更注重产品的象征意义，不愿意接受替代品，所以会花很多时间和精力搜寻相关商品的信息，在购买时也不会吝惜时间、精力甚至金钱。

非欲求品是指购买者未注意或虽注意但没有兴趣购买的消费品，如一些刚上市还未引起人们注意的新产品、生病时才需要的家用医疗工具（如针管、针头）、丧葬用品和一些专业书籍。非欲求品不是必需品，只有在需要时才会注意到，不需要时常常可有可无。不过，一旦需要，购买者会有较强的购买欲望，不会太计较产品的价格。

另一种常用的分类方法是按照耐用性将消费品分为耐用消费品和易耗消费品。耐用消费品是指在正常情况下耐用性强、可以反复使用的有形物品，如电视机、空调、汽车和住房等。一般而言，耐用消费品的购买频率低，但价格较高。易耗消费品是指在正常情况下，消费者使用一次或数次后就会消失或丢弃的有形物品，如休闲食品、一次性内衣、文具、化妆品和烟酒等。这些物品容易被消耗，消费者需要经常购买。

按照购买者参与程度，消费品还可以分为高卷入度产品（high involvement products）和低卷入度产品（low involvement products）。高卷入度产品涉及较为复杂的内容和程序，有较大的风险，因此在购买时，购买者需要认真思考，仔细评估和选择。低卷入度产品涉及的内容和程序比较简单，购买风险低，不需要太多的考虑便可做出购买决定。当然，卷入度的高低是相对的，例如购买汽车比购买汉堡包的卷入度高；购买房产比购买床上用品的卷入度高。

按照在商店流转的速度，消费品可以分为快速消费品和非快速消费品。快速消费品是指量大价低的消费品，如烟、酒、饮料和休闲食品等。这类消费品使用周期短，重复性高，有较高的价格需求弹性，容易受广告、宣传及价格变化的影响。

（二）工业品

工业品按照参与生产过程的程度和价值，可分为完全进入产品的工业品、部分进入产品的工业品和不进入产品的工业品三类。

完全进入产品的工业品是指进入整个产品制造过程，价值最终要全部转化到制成品中的工业品，分为原料、材料与零部件。原料指未经过加工的天然物品（如煤、原油、矿石和原木）和农副产品（如小麦、棉花、烟叶、水果、羊毛和肉类）。材料是经过部分加工，但尚需再加工才能变为制成品的货物，如棉纱、面粉、橡胶。零部件则是经过部分加工程序、不再需要进一步加工就可以组装成制成品的货物，如汽车的轮胎、电冰箱的压缩机、螺丝和螺帽。

部分进入产品的工业品是指在生产过程中能为多个生产周期服务，价值是分次部分转移到制成品中去的工业品，分为主要设备和辅助设备两类。主要设备是指企业进行生产的基础设施和工具，包括建筑物（如厂房、办公室）和固定设备（如各种机器、车床、锅炉和起重机）。辅助设备则是指除主要设备以外的能够帮助企业进行生产的其他设施和工具，如各种手工工具、办公家具、小型马达、打字机、计算器以及各种衡器量具。

不进入产品的工业品是指虽然价值计入产品成本但不会在生产过程中变为实际产品的物料。它们是维持企业生产与经营管理所必需的工业品，包括一般物料（如润滑油、燃料、会计账簿和打字纸）和维修物料（如机器清洁、修理和保养的工具和材料）。生产性服务（如维修服务、企业咨询服务等）一般也计入不进入产品的工业品。

另外，工业品也可以按照流动性（即资产的变现能力和支付能力）分为固定资产和流动资产。属于固定资产的工业品是指企业使用期限超过一年的房屋、建筑物、机器、机械、运输工具以及其他与生产经营有关的设备、器具、工具等，虽然长期保持原有的实物形态，但其价值随着企业生产经营活动而逐渐转移到产品成本中，是产品价值的组成部分。属于流动资产的工业品是指企业可以在一年内或者超过一年的一个营业周期内变现或者耗用的物品。它们在很大程度上与完全进入产品的工业品重合，主要指原材料与零部件。

（三）服务

服务是企业为满足顾客或用户的需求而进行的商业活动，有服务产品和服务功能的区别。当服务被单独拿出来作为主要手段满足顾客或用户的需求时，就是服务产品，如餐饮服务、电信服务、医疗卫生服务以及宾馆服务等。此处的服务，即指这种服务产品。与实体产品相比，它具有无形性、不可分离性、易变性和易逝性的特点（本章第 3 节）。

如表 8-3 所示，服务可以分为消费性服务和生产性服务。消费性服务以消费者个人或者家庭为服务对象，如人们日常消费中的餐饮、通信、医疗、旅行和住宿等；生产性服务以企业或其他的团体为服务对象，如企业在生产过程中常常需要的安装、维修和清理等。

服务还可以分为：(1) 与有形产品有关的服务，如汽车维修；(2) 与无形产品的提供有关的服务，如传授知识；(3) 与其他服务产品有关的服务，如为旅行做计划或为购买机票提供便利；(4) 为创造快乐的氛围而提供的服务，如宾馆、商店或饭店的软环境和硬环境。

产品与服务往往你中有我，我中有你，很难截然分开。实际生活中的产品和服务大多是产品和服务的某种组合，产品偏重于有形的实体，服务则偏重于无形的活动。比如，产品销售中常有售前、售中和售后服务，这些服务都是以产品为依托的。售前、售中和售后服务再好，如果没有好的产品，也没有太大的意义。相反，宾馆虽然也有实体，如房屋、床铺和被褥，但是消费者来宾馆消费，却不是为了得到这些实体，而是要享受宾至如归的服务。硬件再好，如果服务不好，消费者也不会满意。

四、顾客的使用标准、信号标准和采购标准

为顾客创造价值，必须了解顾客如何判断价值。这就涉及顾客对产品的使用标准、信

号标准和采购标准。[①]

使用标准是指顾客在使用产品时对产品功能的要求，主要包括产品的规格、型号、使用性能、质量可靠性以及安全性等。信号标准则是指顾客用来判断企业满足其使用标准能力的线索。典型的信号标准包括：企业的声誉和品牌形象；企业或产品累积的广告效应；产品包装、装潢和标签；产品的外观和尺寸；企业的从业时间；产品之前的销售状况；产品的市场份额；产品的价格；营销人员的态度和形象。

尽管人们购买是为了得到使用标准内含的产品功能或价值，但是在购买时常常使用信号标准进行判断，尤其在初次购买某种产品时。因此，企业只在使用标准上满足顾客的要求是不够的，还要使用一些线索将其表现出来，使之成为信号标准。

顾客的采购标准是使用标准和信号标准的结合。顾客常常在购买之前，先按照自己的使用标准划定一个范围，然后在范围之内按照信号标准的高低进行排序，最后根据对使用标准和信号标准的综合考虑，确定购买哪个具体的品牌和型号。

强调使用标准而忽视信号标准是企业在生产经营中常见的错误，这会使顾客低估产品的价值，从而在一开始就不购买企业的产品。但是，过分强调信号标准而忽视使用标准，也会导致产品的失败。因为这会使顾客高估产品的价值，而一旦产品不能达到顾客的使用标准，顾客就会产生不满，最终不再购买该企业的产品。

第2节 新产品开发与产品的市场生命周期

每一种产品都有一个从新到旧的过程。大多数新产品从进入市场到从市场上退出，就像生物的生命过程一样，经过出生、成长、成熟和衰落等阶段以后，会走向消亡。受此规律的制约，企业要想不因一个产品的衰落而衰落，必须未雨绸缪，不断地开发和推出新产品，以迎合市场环境和需求的变化，永远保持活力。

一、新产品的内涵与分类

新产品可以从企业、市场和技术三个角度来认识。对企业而言，企业第一次生产的产品都是新产品；对市场来讲则不然，只有在市场上第一次出现的产品才叫新产品；从技术方面看，凡是在产品的原理、结构、功能和形式上发生了改变的产品就叫新产品。

营销学对新产品的认识包括上述三种情况，但是更注重顾客的感受和认知。从产品几个层次（见图8-1）看，凡是其中任何一部分的变革或创新，并能给消费者或用户带来新的利益，都叫新产品。按照新的程度，新产品可分为全新产品、换代新产品、改进新产品、仿制新产品和其他新产品。

（一）全新产品

全新产品是指采用新技术、新工艺、新材料或新原理制造而在市场上前所未有的产品，如汽车、照相机、飞机、电灯、塑料、计算机和光导纤维等首次在市场上推出。全新

① 甘华鸣．经营战略．北京：中国国际广播出版社，2000：492-503.

产品大多因科技发明或进步而得以创造，具有新的特征和新的性能。它是真正的原创，常常改变人们的生活方式。想想电灯、电视机、汽车、飞机、手机、电脑和互联网给人们生活带来的变化，它们在市场上刚推出时就属于能改变人们生活方式的全新产品。

全新产品一般开发时间长，投入资金大，成功率低，消费者适应和接受以及产品普及推广的过程也较长，一旦成功则收益巨大。

（二）换代新产品

换代新产品是指采用新材料、新组件及新技术制造而使原有产品的性能得以显著提高的产品，如由台式电脑到笔记本电脑，由黑白电视机到彩色电视机再到液晶电视机，由半自动洗衣机到全自动洗衣机，由固定电话到移动电话再到移动互联网手机，互联网由1G、2G一直到5G。

换代新产品的技术含量比较高，是企业开发新产品的主要形式。通过不断推出换代新产品，企业能够在市场上获得和保持较大的竞争优势。

（三）改进新产品

改进新产品是指对现有产品的质量、特点、外观设计或包装作全面或局部改进后生产的产品。比如，家电企业通过对电冰箱的造型、耗电量、用材、零件结构和安全装置等方面的不断改进，推出了各种型号和款式的系列产品。改进产品与原有产品差别不大，易于为消费者所接受。

不断推出改进新产品，有助于企业增强产品竞争力，延长产品的市场生命周期，提高企业效益。此外，研制改进新产品，费用和风险也比较小，大多数企业都有能力承受。

（四）仿制新产品

仿制新产品是指企业通过对市场上现有产品的模仿而制造出来的新产品。这种新产品大多只是对市场上现有的产品稍作改变，突出某一方面的特点，再冠上新品牌后推出，因此又称为企业新产品或新品牌产品。

仿制新产品有成功的经验做参考，研发费用和市场风险都很小，大多数企业都会采用，尤其是新成立的企业，在刚起步时，都会有一段仿制的过程。不过，因为是模仿，所以企业在开发这类新产品时要特别注意知识产权和相关法律的规定。

（五）其他新产品

除了上面说到的四种新产品以外，还有产品线内增补新产品、成本降低新产品和重新定位新产品。

产品线内增补新产品是指在原有的产品线（本章第5节）内开发出新的花色、品种、规格的产品，使企业原有的产品线加深，覆盖更大的市场面。

成本降低新产品是指以较低的成本向市场提供性能相同的新产品。这种新产品主要是由于企业应用了新科技，改进了生产工艺或提高了生产效率，在保持原有功能不变的前提下，使产品成本降低。

重新定位新产品是指企业的老产品经过重新定位后，进入新的目标市场，被新的目标市场认作新产品。

二、新产品开发

企业开发新产品的过程并没有固定的模式，大致包含以下几个步骤：创意构思、创意筛选、产品概念形成与测试、商业分析、产品开发、试销和商业投放。

（一）创意构思

创意构思是指满足消费者需求的某些新产品的创造性设想。虽然并不是所有的创意都可能变成产品，但较多的创意可以为开发新产品提供较多的机会，因此有志于开发新产品的企业都非常重视寻找新产品的创意。

新产品创意来源于各种渠道，主要有顾客、科学家、竞争对手、企业推销人员和经销商、企业高管、调研公司、广告代理商、大学、咨询公司、行业协会以及报刊媒体等。企业为了寻找新产品的创意，可以采用很多方法。比如，产品属性列举法，即将市场上现有的某种产品分解为若干属性（如电子计算机的属性包括存储能力、图像显示能力、软件的适用性、体积、重量、式样等），一一列出，然后寻求改进每一种属性的方法，从而对产品进行改良。再如，交叉关系法，即列举不同物体之间的交叉关系，引发联想，得到新的创意。

（二）创意筛选

创意筛选是指在取得一定量的创意之后，对其进行评估和选择的过程。其目的是淘汰不可行或可行性较低的创意，将企业的资源集中于成功机会较大的创意上。此时，企业需要考虑两个因素：第一，某个创意是否符合企业的战略目标；第二，企业是否在资金、技术、人力资源及销售等方面有足够的能力开发这种创意。在具体操作过程中，可以用新产品创意评估表进行筛选，如表 8－4 所示。

表 8－4　新产品创意评估表

新产品成功的必要条件	重要性系数（A）	企业的能力水平（B）											加权分 A×B
		0	0.1	0.2	0.3	0.4	0.5	0.6	0.7	0.8	0.9	1	
研发能力	0.30									√			0.24
公司信誉	0.20								√				0.14
营销措施	0.20									√			0.16
资金支持	0.10								√				0.07
生产能力	0.10							√					0.06
采购与供应	0.05									√			0.04
人力资源	0.05							√					0.03
总评	1.00												0.74

表 8－4 中第一列是评估因素，列举某种新产品成功地进入市场的必要条件。第二列是按照这些条件的重要性给出的权数。中间是要求企业根据自身在各种条件上的能力打分。最后一列是计算出的加权分值。将所有的加权分值相加后，就得出某新产品创意能力

的总分值。最后，根据一定标准，如 0～0.40 为劣，0.41～0.75 为良，0.76～1.00 为优，对所计算的各种新产品创意的能力分值划分等级和排列，从中选出较为可行的创意。表 8－4 中给出了对某个新产品创意的评分为 0.74 分。

（三）产品概念形成与测试

产品概念是指企业从消费者的角度对某种创意形成内涵的具体描述。这里需要注意产品创意和产品概念的区别。产品创意是企业从自身的角度考虑产品的内涵；产品概念是企业从消费者的角度考虑产品的内涵。

从产品创意到产品概念的形成与确定，企业必须考虑产品的使用对象是谁，它能满足什么需要与欲望，如何使用，在什么场合使用等问题。例如，从产品创意上看，手表最初是一个显示时间的机械装置，但从产品概念上看，手表在走时准确、外观、材质、价格、保修服务、适合的群体等方面有许多不同组合。

在形成产品概念以后，企业还需要对其进行测试，如进行产品概念试验。产品概念试验就是用文字、图画或实物将产品概念展示于目标顾客面前，观察或测量顾客的反应，了解其是否喜欢某个产品概念以及喜欢的程度。测试内容一般包括以下问题：产品概念是否清楚？新产品的特点是否容易被接受？顾客是否喜欢这个新产品？新产品有哪些用途？顾客是否会购买，买给谁用？该新产品还需要做哪些改进？

（四）商业分析

商业分析是指产品概念形成与确定之后，企业对新产品将来的销售额、成本和利润做出的估算。另外，还有一项重要内容，即商业分析要考虑新产品是否符合企业的发展方向和战略目标。如果不符合，企业就应该果断停止新产品的设计和生产，以免发生更大的损失。

（五）产品开发

产品概念在通过商业分析以后，转交研发部门。企业投入必要的资金，研发部门研制出模型或样品。由此，产品概念转变为实体产品。

（六）试销

新产品开发成功后，就可以着手进行品牌命名、包装和初步设计营销方案，对新产品进行小批量生产，并上市试销。此时，企业需要特别注意了解消费者和经销商对于经营、使用和再购买新产品的情况，估计市场的大小，以便为正式推广提供可靠的信息。经过市场分析以后，产品由产品概念进入实际研制过程。

（七）商业投放

商业投放是新产品开发的最后一步。一个新产品能否真正成功，需要商业投放的最终检验。因此，企业需要详细考虑投放时间、投放地点和最初的目标市场，设计有效的新产品营销方案，以确保新产品能够跨过最后一步。为此，考虑以下几个方面的问题：

（1）时机策略，即选择推出新产品的最佳时机。比如，如果新产品需求有较强的季节性，就应该在消费季节来临之前投放市场；如果推出新产品是为了替代老产品，就要考虑是否在企业老产品存货销完之时再推出新产品。春节是中国人最重要的传统节日，是人们交流、沟通最为频繁的时候，也是新产品向市场推广的大好时机。

(2) 地理策略，即决定推出新产品的首选地。通常很少有企业能够一下子就把新产品推向全国，覆盖整个市场。大多数企业的做法是随着时间的推移，逐步拓展市场。决定新产品的地理策略，关键在于对不同地区的吸引力做出评价，确定首选地。评价的内容包括市场潜力、企业在该地的商誉、分销成本、该地区对其他地区的影响力以及竞争渗透力和竞争程度。

(3) 目标顾客策略，即选择最初的分销目标和促销对象。突破一点、带动其余是常用的策略。泛泛地向目标市场推出新产品，要么代价太高，要么收效甚微。企业应根据新产品试销所得的数据，描述早期目标顾客的特征。新产品理想的目标顾客，多具有以下特点：可能成为早期采用者；会是大量使用者；既是某一方面的意见领袖，又对该新产品颇有好感；与之发生联系（促销、分销）的成本不高。

(4) 市场进入策略，即为了提高新产品成功的可能性，企业需要决定推出新产品的方法。比如，企业可以采用以下手段将新产品推入市场：召开新产品新闻发布会；雇用模特儿，增强宣传效果；赠送与试用样品，提高产品的认知度；产品展示，注重产品宣传效果。

三、新产品采用

新产品采用指一个人从第一次听到某种新产品，到最后采用这种新产品的心理与行为过程。这一过程既是消费者接受新产品的过程，也是新产品上市后销售量增长的过程。了解消费者接受新产品的过程，有助于企业制定相应的营销战略，提高新产品的成功率。

（一）新产品采用过程

消费者接受新产品的过程可以分为知晓、兴趣、评价、试用以及采用并重复购买五个阶段：

在知晓阶段，消费者意识到某种新产品的存在，但缺乏详细了解。

在兴趣阶段，消费者受到某种刺激，开始注意新产品，并产生了兴趣，愿意进一步了解新产品的情况。

在评价阶段，消费者收集相关的信息，并据此分析和评价新产品。

在试用阶段，消费者首次少量购买和使用新产品，对其性能有了进一步的了解，也有了新的看法。

在采用并重复购买阶段，消费者对试用结果感到满意，开始大量购买或重复购买。有时，一些消费者还会向别人推荐，主动宣传新产品。

（二）新产品采用者的分类

新产品上市后，同一目标市场上的消费者接受新产品的时间顺序是不同的。按购买时间的先后顺序，可以把新产品的采用者分为率先采用者、早期采用者、中期采用者、晚期采用者、落伍采用者五类。

率先采用者是敢于冒风险试用新产品的少数人，也称为创新者（实际上，叫尝新者更恰当，即尝试创新者）。他们喜欢尝试新的事物，具有冒险精神，经济条件较好，交际广泛，喜欢标新立异，总是领风气之先。这部分人大约占全部使用者的 2.5%。

早期采用者求新心理比较强烈，有鉴赏能力，对新事物敏感，有创新意识，但是比较谨慎。在尝新者采用新产品之后，他们会根据尝新者的反应做出判断，然后决定是否采用新产品。由于在社会生活中常常扮演意见领袖的角色，所以对一般消费者有较大的影响力。这部分人大约占全部使用者的13.5%。

中期采用者是新产品消费的大众群体，特点是态度稳重，能够顺应社会消费的潮流，从众心理强。在看到创新产品的价值和利益时，他们会较快地接受新产品。这部分人大约占全部使用者的34%。

晚期采用者是一批多疑型消费者。他们求新心理较弱，生活准则以稳为主，对创新往往持观望态度。一般不会主动采用或接受新事物，而是要在大多数人使用并证实创新的利益以后才购买和消费。这部分人大约占到全部使用者的34%。

落伍采用者的最大特点是保守，对新产品持怀疑、反对态度，消费惯性很大，常常在新产品已经过时之时才采取购买行动。这部分人大约占全部使用者的16%。

从以上分类可以看出，率先采用者虽然比例小，但对早期采用者影响较大，而早期采用者的行为又直接影响新产品能否被市场大多数人接受。因此，新产品推广的重点就在于能否做好率先采用者和早期采用者的工作，争取这两部分人的认可，带头试用，会起到消费示范作用，影响大多数消费者加入。

（三）影响消费者接受新产品的主要因素

很多因素会影响消费者或用户对于新产品的接受程度。概括起来，主要有个人态度、他人影响、创新特征等因素。

个人态度。一般来说，人们都存在某种求新心理，但强弱程度则因人而异。因此，顾客对于购买、试用新产品的态度，也往往有明显的差异。例如，有的人总是喜欢率先采用新产品，而多数人却要很晚才会采用。

他人影响。某个人对新产品的态度及其口头传播会影响其他人的态度或购买的可能性。比如，消费者之间会相互谈论新产品的情况，比如质量、性价比、优缺点等。一个消费者的表述，会影响其他人的态度和行为。这种个人信息来源的影响力，会因人和场合的不同而不同。例如，受教育程度较低、对有关新产品专业知识了解较少的顾客，受他人影响相对较大；与其他阶段相比，在采用过程的评价阶段，他人影响显得更为重要。

创新特征。创新产品自身特征对其推广和采用同样有很大的影响。有的新产品几乎一夜之间就大受欢迎；有的则要经过相当长的时间才能够被人们接受。新产品自身对创新有较大的影响，具体特征如下：

- 创新的相对优势，即新产品优于现有产品的程度。新产品的相对优势越明显、越突出，被顾客采用的速度就越快。
- 创新的一致性，即新产品与社会、个人价值观、经验等相吻合的程度。微波炉是一种新型的厨房用具，不仅使用方便，而且价格合适，本应容易推广，但事实是它出现30年后才被广泛应用，原因就是它与人们的传统观念和消费习惯差距较大。
- 创新的复杂性，即人们了解和使用新产品的相对困难程度。技术性能简单、易学易用的新产品，人们更容易接受和采用；复杂的新产品，其推广所需的时间就相对较长。

- 创新的关联性，即新产品在一定的基础上可与其他产品联系的程度。例如向手机用户推广短信业务，手机业务和短信业务有很密切的关联程度，因此，短信业务很快就会普及。
- 创新的可传播性，即新产品的使用效果被认知或向他人转述的程度。它是形成新产品良好口碑的重要基础。新产品的优点越容易被感受、觉察，越容易说清楚、讲明白，有关其效用的信息就越容易扩散，新产品推广的速度就越快。

(四) 新产品开发的风险与评估

新产品开发是一个复杂的过程，其中涉及大量的信息收集、分析、筛选及传递工作，也涉及各种方案的选择与确定、各种要素资源的投入与配置等内容，存在各种各样的不确定性。这就使企业的新产品开发存在很大的风险，失败率很高。调查表明，新产品失败的主要原因有：对市场判断失误；技术发展失误；产品的生命周期过短；市场规模预期过于乐观；竞争激烈；市场过于分散；产品设计不良；研发费用太高；市场定位不当、广告宣传不够、定价过高；社会及政府的限制。

因为收益巨大，在激烈的市场竞争中，还是有很多企业愿意冒着失败的风险开发新产品。由式（8－1）可以看出新产品开发要想成功有多么不容易。

$$\begin{matrix}\text{新产品开发}\\\text{成功的概率}\end{matrix}=\begin{matrix}\text{技术上成功}\\\text{的概率}\end{matrix}\times\begin{matrix}\text{技术成功条件下}\\\text{商业化成功的概率}\end{matrix}\times\begin{matrix}\text{商业化成功条件下}\\\text{经济上成功的概率}\end{matrix}\qquad(8-1)$$

技术上成功的概率，取决于新产品在技术上的可行性；商业化成功的概率，取决于新产品对顾客需求的满足程度以及市场对新产品的接受程度；经济上成功的概率，取决于新产品的投入与产出比。假设一个新产品在技术上成功的概率、商业化成功的概率和经济上成功的概率各为80%（这应该是一个很高的比例了），按照式（8－1）计算，这个新产品开发成功的概率只有51.2%，相当于掷硬币猜正反面的概率。如果以上三个概率下降到50%，那么新产品开发成功的概率则下降为12.5%。

不过，如果企业能够有效评估开发风险，分析成败因素，就可以降低风险，提高开发的成功率。企业在评估新产品开发的风险时，需要考虑技术风险、市场风险、资金风险、环境风险、生产风险和管理风险。①

（1）技术风险指企业在新产品开发过程中，因技术因素导致失败的可能性。技术风险的大小由下列与技术相关的不确定性决定：技术成功的不确定性；技术前景的不确定性；技术效果的不确定性；技术寿命的不确定性。

（2）市场风险是指由于在新产品的相对优势、市场接受程度和时间以及市场寿命和市场开发等方面存在的不确定性而导致新产品开发失败的可能性。新产品开发出来以后，价格往往较高。另外，人们对新产品的质量、性能及其稳定性存在疑虑，往往需要观望一段时间或者等别人使用后再购买，这就阻碍了新产品向市场渗透的速度。若新产品不能在短

---

① 陈弘．企业新产品开发风险及其评估模型．系统工程，2006，24（7）．

时间内占领市场，则很可能夭折。一是因为企业承受不了市场开发的巨大费用；二是因为竞争对手很可能模仿并加以改进，在短时间内生产出更具优势的产品。

（3）资金风险是指因资金短缺而导致新产品开发失败的可能性。若资金不能及时到位，会使新产品开发活动中断，其技术价值也会随着时间的推移不断贬值，甚至被后来者超越。此外，通货膨胀也会引发资金风险。

（4）环境风险是指新产品开发由于所处的社会、政策、法律和自然等环境的变化而造成失败的可能性。

（5）生产风险是指由于生产系统中的有关因素及其变化的不确定性而导致新产品开发失败的可能性。比如，新产品开发出来以后，难以实现批量生产、生产周期过长、工艺不合理、设备和仪器损坏、检测手段落后、产品质量难以保证、可靠性差、供应系统无法满足批量生产的要求等。

（6）管理风险是指由于管理失误而导致新产品开发失败的可能性。比如，在新产品开发过程中或新产品开发出来以后的市场推广中，组织协调不力、其他部门配合不好、高层领导关注不够、调研不充分、市场信息失真、市场定位不准、营销组合失误、研发过程不协调等。

新产品开发风险的评估方法很多，常用的有决策树分析法、故障树分析法、敏感性分析、计划评审技术、层次分析法和计算机仿真等。[①] 比如，决策树分析法将决策过程各个阶段之间的结构绘制成一张树形图，根据每种情况（即自然状态）出现的概率和损失值，求出每一种结果的期望值，以此帮助决策者评估新产品开发的风险。故障树分析法采用从结果找原因的逻辑，通过做故障树图，从上到下根据事件之间的联系描述一个可预知的或不可预知的故障事件，分析风险及其产生原因之间的因果关系。

四、产品生命周期

产品生命周期（product life cycle，PLC）是指产品从进入市场到在市场上被淘汰所经历的时间过程。它是产品的市场寿命，而非产品的使用寿命。一般而言，产品在经过研究开发和试销以后，就要进入市场。初期，销售额增长缓慢，利润很少或为负数；之后，销售额快速增长，利润也显著增加；销售额和利润额在达到顶点以后，会在高位维持一段时间，然后逐渐走下坡路。产品的市场寿命有长有短，大多会走向衰退并最终退出市场，此时，它的生命周期就结束了。典型的产品生命周期分为四个阶段，即导入期、成长期、成熟期和衰退期，如图8-2所示。

产品生命周期这一概念揭示了任何产品都和生物有机体一样，有一个从诞生到成长、成熟再到衰亡的过程。因此，企业要长盛不衰，就需要不断创新，不断开发和推出新产品。借助产品生命周期的概念，企业可以分析判断产品处于生命周期的哪一阶段，推测产品今后的发展趋势，根据不同阶段的特点，采取相应的营销组合策略。另外，产品生命周期的概念可以帮助企业找到延长产品寿命的方法。产品生命周期不同阶段的特点如表8-5所示。

---

① 田依林．企业新产品开发的风险分析与防范．武汉理工大学学报（信息与管理工程版），2007，29（1）．

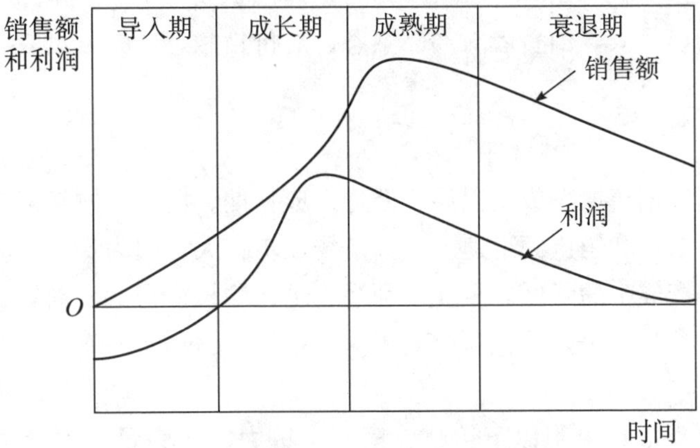

图 8－2　产品生命周期

表 8－5　产品生命周期不同阶段的特点

特征	阶段				
	导入期	成长期	成熟期		衰退期
			前期	后期	
销售额	低	快速增长	继续增长	有降低趋势	下降
利润额	负	快速增长	高峰	逐渐下降	快速下降
顾客	率先采用者	早期采用者	中期采用者	晚期采用者	落伍采用者
竞争者	少	渐多	很多	甚多	渐少

（一）导入期

新产品投入市场，便进入导入期。此时，顾客对产品还不了解，只有少数追求新奇的顾客可能购买，故销售量很低。为了扩大销路，企业需要投入大量的促销费用，对产品进行宣传。由于还没有大批量生产，所以产品的成本较高。再加上销售增长缓慢，企业往往得不到利润，反而可能亏损。

在这一阶段，企业常常将促销与价格因素进行组合，采用以下营销战略：

第一，快速撇脂策略（rapid skimming），即采用高价格、高促销费用，以求迅速扩大销售量，取得较高的市场占有率。这种策略适用于市场较大，潜在竞争激烈，产品能够满足消费者渴望得到的利益且很少有其他商品可以替代，消费者愿意出高价购买的环境。

第二，缓慢撇脂策略（slow skimming），即以高价格、低促销费用的形式进行营销，以求得到更多的利润。这种策略适用于市场较小，竞争者威胁不大，市场上很多消费者已熟悉产品并愿意出高价购买的环境。

第三，快速渗透策略（rapid penetration），即以低价格、高促销费用的方式，迅速打入市场，取得尽可能高的市场占有率。这种策略适用于市场容量很大，消费者对产品不熟悉但对价格敏感，潜在竞争激烈，单位生产成本会随着生产规模的扩大而快速降低的情况。

第四，缓慢渗透策略（slow penetration），即以低价格、低促销费用来推出新产品。这种策略适于市场容量大，消费者对产品熟悉、对价格敏感，并且潜在竞争比较激烈的市场环境。

（二）成长期

产品在导入期的销售取得成功以后，便进入成长期。此时，顾客对产品已经熟悉，逐渐接受该产品，需求量和销售额迅速上升，市场逐步扩大。因为产品已具备大批量生产的条件，所以随着生产成本的降低，企业的利润也迅速增长。与此同时，竞争者看到有利可图，纷纷进入市场参与竞争，使同类产品供给量增加，价格下降，企业利润的增长速度放慢。

在成长期，企业常常采用以下策略：第一，集中企业力量，进行基本建设和技术改造，迅速扩大产能，降低生产成本；第二，改进产品质量和功能，以产品特色来吸引更多的消费者购买，与竞争者竞争；第三，通过市场细分，找到新的潜在市场，迅速进入；第四，把广告宣传的重心从介绍产品转移到建立品牌或企业形象，提高知名度，使之深入人心，形成消费者忠诚或偏好；第五，降价促销。

（三）成熟期

经过成长期以后，随着购买产品的人数增多，市场需求趋于饱和，潜在的顾客已经很少，销售额增长停滞甚至下降，产品进入成熟期。在这一阶段，竞争逐渐加剧，一方面产品售价降低，另一方面企业不得不加大在产品质量、花色、规格、包装和服务等方面的投入，从而增加成本和促销费用。这两个方面都会导致企业利润下降。

企业的营销策略主要集中在延长产品生命周期上，包括：

第一，市场调整，通过挖掘产品的新用途，开发新的市场，保持和扩大市场份额。例如，通过努力寻找市场中未被开发的部分，使非使用者转变为使用者；通过宣传推广，促使顾客更频繁地使用或每次使用更多的量，以增加现有顾客的购买量；通过市场细分，努力打入新的市场区划，赢得竞争者的顾客。

第二，产品调整，通过产品特征的改良，更好地满足顾客的需求，提高或维持销售量。例如，可以进行产品改良，增加耐用性、可靠性、速度以及改变口味等；特性改良，改变产品的规格、重量、材制、添加物和附属品等；样式改良，增加产品的美感。

第三，营销因素组合调整，即对产品、价格、渠道加以调整，以吸引更多的顾客。例如，通过降低售价来加强竞争力；改变广告方式以引起消费者的兴趣；采用多种方式加大促销的力度；扩展销售渠道，改进服务方式或货款结算方式。

（四）衰退期

随着科技的发展、新产品或新的代用品的出现以及消费习惯的改变，原有产品的销售量和利润会持续下降，这就进入了衰退期。此时，市场上已经有其他性能更好、价格更低的新产品，原有产品在市场上已经老化，不能适应市场的需要。那些成本较高的企业由于无利可图而陆续停止生产，成本较低的企业则会延续生产一段时间，有时甚至会拖一个长长的“尾巴”，直至最后完全撤出市场。

在这种情况下，企业可采用的策略包括：

第一，维持战略，即企业在目标市场、价格、销售渠道、促销等方面维持现状。由于这一阶段很多企业会先行退出市场，对一些有条件的企业来说，并不一定会减少销售量和利润。使用这一策略的企业可以用一些方法延长产品的寿命，比如降低产品成本和产品价格；增加产品功能，开辟新的用途；改进产品设计，提高产品性能和质量；美化产品的包装和外观。

第二，缩减策略，即企业继续经营原有产品，但是根据市场变动情况，在规模上做适当收缩。这有利于企业把资源集中在最有利的细分市场上，创造更多的利润，同时有利于企业的产品从市场上平稳退出。因此，缩减策略常常意味着集中战略。

第三，放弃策略，即企业当机立断，对衰退的产品放弃生产与经营。在撤出目标市场时，企业还需要考虑：原有的生产设备能否转让以及如何转让？为了给老顾客提供服务，企业需要持有多少零部件存货？

（五）产品生命周期的变形

实际上，产品生命周期的图形往往不像图 8－2 看上去那么规范，它有很多变形，包括风格型、时尚型、热潮型、扇贝形等。

风格型呈现的是一种循环、再循环的模式。在人类生活中，一些产品会随着时代的变化，时而流行，时而不流行，在各种风格之间转换。

时尚型的特点是产品刚上市时很少有人接纳（独特阶段），但随着时间的推移（模仿阶段）终于被广泛接受（大量流行阶段），之后缓慢衰退（衰退阶段）。

热潮型产品来势凶猛，很快就吸引大众的注意力，快速成长又快速衰退。

扇贝形产品的生命周期是随着产品的不断创新或新用途的不断发现而不断地延伸再延伸，呈现一个扇贝形结构。

（六）判断产品生命周期的方法

产品生命周期的概念，为企业提供了一套描述产品成长和衰退的方法，有利于营销管理者针对产品各个阶段不同的特点而设计和采取不同的营销组合方案。然而，它有两个致命的缺点。第一，产品生命周期各阶段的起止点无法确定。比如，当一种产品的销售增长率达到 10%时，它是在导入期、成长期还是在成熟期呢？因为并非所有产品生命周期的曲线都是 S 形的，即使是 S 形的，其高度也有不同，所以没有一个确定的标准来划分产品生命周期的阶段。因此，当知道产品的销售增长率达到 10%时，也无法确切地判断该产品处于其生命周期的哪个阶段。第二，产品生命周期的概念到底适用于一个品牌、一个产品项目还是一个产品大类，这也不容易确定。这两个缺点决定了它只是一个描述性的工具，无法帮助企业进行产品销售的预测。

如果不能确定产品所处生命周期的阶段，那么这一概念对营销管理的作用就会大打折扣。在实践中，企业通常使用以下方法判断企业产品所处生命周期的阶段：

（1）曲线判断法是根据产品销售量和利润额随时间的变化做出曲线，然后将该曲线与典型产品的生命周期曲线相比较，借以判断这种产品处于市场生命周期的哪一阶段。

（2）类比判断法是指参照类似产品的生命周期曲线，划分企业产品市场生命周期的各个阶段。

（3）产品普及率推断法是根据产品在某一地区人口或家庭的平均普及率来判断该产品处于生命周期的哪个阶段。普及率越高，产品的市场潜力越小，产品的生命周期越趋于成熟期。这种方法主要适用于判断高档耐用消费品生命周期的阶段。

（4）销售增长率法是指以产品的年度销售增长率来划分产品生命周期的各个阶段。产品的年度销售增长率是产品某一年全行业的销售量或销售额的增长额与产品上一年全行业的销售量或销售额之比，即产品的年度销售增长率等于产品第 n 年的行业销售量或销售额减去产品第 $n-1$ 年的行业销售量或销售额，再除以产品第 $n-1$ 年的行业销售量或销售额。由于产品所处生命周期的各个阶段与产品销售增长率关系密切，所以通过分析销售增长率的变化情况，就可以大致判断产品处于生命周期的各个阶段。据此划分产品生命周期四个阶段的一般标准是：（1）若产品的年度销售增长率由 0 升至 10%，产品处于导入期；（2）若产品的年度销售增长率上升且高于 10%，产品处于成长期；（3）若产品的年度销售增长率由高于 10%降至 10%以下但仍然大于 0，产品处于成熟期；（4）若产品的年度销售增长率低于 0 且逐年下降，则产品处于衰退期。

第 3 节　服务设计与管理

服务是一种广义的产品，特指为他人做事，并使他人从中受益的一种有偿或无偿的活动。它可以附着于实体产品之上，是实体产品的一个组成部分，也可以独立出来，成为市场买卖的标的物。这里所说的服务以及服务业指的是后一种，即以非实物的形式满足顾客或用户需求的活劳动。服务业即是专门提供服务并以此盈利的企业集合，是现代市场经济中的一个重要产业。

一、服务的分类

服务业也称为第三产业，是指除农业、工业和建筑业以外的其他行业。① 服务业是随着商品生产和商品交换的发展，继商业之后出现的一个行业，最初是为商品流通服务的。随着人们经济交往的增多和范围的扩大，为了解决由此产生的食宿、旅行以及货物的运输和存放等问题，便出现了餐饮、住宿、运输和仓储等服务业。随着城市的繁荣，居民的城市化，服务业不仅在经济活动中离不开，而且逐渐渗透到人们的日常生活中，这促使各种服务劳动逐渐独立出来，成为不同的服务行业。

三次产业就是根据社会经济活动的历史发展顺序对产业结构进行的划分。产品直接取自自然界的经济组织称为第一产业；对初级产品进行再加工的经济组织称为第二产业；为生产和消费提供各种服务的部门称为第三产业。这是世界上通用的产业结构分类法，只是各国的划分略有不同。

服务有各种不同的分类方法。在国民经济行业分类中，除了农业、工业（包括采矿

---

① 服务业和第三产业在应用上是有区别的。当需要通过国民经济具体产业部门如农业、工业、建筑业等来描述国民经济的产业部门时，采用“服务业”；当需要通过国民经济产业发展层次如第一产业、第二产业等描述国民经济产业部门时，就采用“第三产业”。

业，制造业，电力、热力、燃气及水生产和供应业，建筑业）之外，还有其他15个产业部门，即服务业。因此，服务最常用的分类方法是按照产业部门来划分，包括：（1）交通运输、仓储和邮政业；（2）信息传输、软件和信息技术服务业；（3）批发和零售业；（4）住宿和餐饮业；（5）金融业；（6）租赁和商务服务业；（7）科学研究和技术服务业；（8）水利、环境和公共设施管理业；（9）教育；（10）文化、体育和娱乐业；（11）卫生和社会工作；（12）房地产业；（13）居民服务、修理和其他服务业；（14）公共管理、社会保障和社会组织；（15）国际组织。

服务可以分为消费性服务和生产性服务（见表8-3）。前者以消费者个人或者家庭为服务对象；后者以企业或其他的团体为服务对象。

按照服务与人民生活和企业生产的关系，可以将服务分为：（1）基础服务，如通信服务和信息服务；（2）生产和市场服务，包括金融、物流、批发、电子商务、农业支撑服务以及中介和咨询等专业服务；（3）个人消费服务，包括教育、医疗保健、住宿、餐饮、文化娱乐、旅游、房地产、商品零售等；（4）公共服务，包括政府的公共管理服务、基础教育、公共卫生、医疗以及公益性信息服务等。

按照提供的形式，服务可以分为：（1）与有形产品有关的服务，如汽车维修；（2）提供与无形产品相关的服务，如传授知识；（3）与其他服务产品有关的服务，如为旅行做计划或为购买机票提供便利；（4）为创造快乐的氛围而提供的服务，如宾馆、商店或饭店的软环境和硬环境。

服务还有服务产业和服务事业之分。服务产业以营利为目的，由服务性企业组成；服务事业以满足社会公共需要而不以营利为目的，由政府部门和非营利组织（如学校、医院和教会等）组成。

二、服务的特点

与实体产品相比，服务具有无形性、不可分离性、易变性和易逝性的特点。它是无形的，人们在购买之前难以感觉到。它的生产与消费同时进行，生产与消费的过程难以分离。它的质量高度可变，具有易变性的特点；它还是易消逝的，不能储存。

（一）无形性

无形性是服务最显著的一个特点。因为服务是由一系列活动组成的过程，而不是实物，所以顾客不能像感觉有形商品那样看到、感觉到或者触摸到服务。

服务无形性对企业的营销活动既有有利的影响，也有不利的影响。

有利的影响表现在：第一，因为看不见、摸不着，所以给顾客的想象力留下了更大的空间；第二，可以让服务技巧以及知识和文化等在服务营销中有更大的发挥空间；第三，与产品相比，服务给顾客带来的利益更直接，直接带给顾客满足感。

不利的影响表现在：第一，因为看不见、摸不着，所以在购买之前，顾客难以辨识或判断服务给其带来的利益；第二，顾客在购买之前，缺乏确定服务质量的线索；第三，顾客在接受服务后，也常常很难察觉或立即感受到服务所带来的利益，无法对服务的质量做出客观的评价；第四，企业对服务质量的考核和控制比较难，常常会忽视服务质量问题，难以对服务人员的行为过失进行处罚；第五，因为缺乏有形的依据，所以企业难以公平地处理顾客的服务投诉和企业与顾客之间的纠纷；第六，缺乏展示手段，展示困难。

（二）不可分离性

服务的提供和消费具有同步性，提供与消费的过程难以分离。大多数有形产品是先生产，然后储存、销售和消费，而服务却是先销售，同时进行生产和消费。

服务的不可分离性对企业营销活动的有利影响表现在以下方面：第一，由于生产和消费不可分，所以服务企业不得不更加关心顾客的需求，这恰恰是营销的本质要求；第二，不可分离性使企业必须随时随地直接面对不同的顾客，因此服务营销的市场细分、市场定位和差异化更重要、更有价值；第三，不可分离性使得企业可以在与顾客接触中提高服务质量，及时进行服务补救；第四，适合于采用短渠道，有利于减少渠道费用；第五，有利于推动企业的全员营销，使企业的全体员工都成为营销人员。

不利的影响表现在：第一，难以通过集中化进行大规模生产，规模经济效应不显著；第二，一些服务只能用一对一的方式提供，这会限制客流量，出现排队等候现象，从而削弱服务的吸引力。而另一些服务是向很多顾客同时提供的，比如一场音乐会，顾客之间往往相互影响彼此的体验；第三，顾客参与是服务质量的保证，但是顾客参与会使整个服务过程变得更加复杂；第四，一些挑剔或情绪不好的问题顾客在服务提供过程中可能影响他人，从而降低其他顾客的满意度；第五，服务质量需要全体员工或所有部门的参与才能保证，但是要做到这一点很困难；第六，由于服务不像产品那样可以储存，所以在服务需求下降时，会造成人员过剩。

（三）易变性

服务的质量高度可变。服务提供者不同，提供服务的时间与地点不同，甚至服务对象（如顾客的多少、顾客参与的积极性）不同，都会使服务质量有很大的差别，带来不同的效果。服务是由人表现出来的一系列行动，而且员工所提供的服务通常是以顾客的感受来体现的，由于没有两个完全一样的员工，也没有两个完全一样的顾客，所以也没有两种完全一致的服务。当服务由中间商提供时，因为无法直接控制质量，所以服务的易变性会更大。

服务的易变性或不一致性对服务营销有利的影响主要表现在：第一，差异化与个性化营销在服务营销中更有优势；第二，促使企业更关注市场的变化，提高应变能力和营销的柔性；第三，需要更大的创造性和灵活性，有助于吸引创造性和灵活性较强的员工参与；第四，比制造业更容易采取差别定价。

不利的影响主要表现在：第一，服务不易标准化和规范化，致使服务质量不稳定；第二，由于易变，服务规范较难严格执行；第三，顾客不易确定服务的质量，企业形象和服务品牌较难树立。

（四）易逝性

服务还是易消逝的，不能储存，即使没有人购买，相关的服务与设备也不能转移。比如一个有300个座位的航班，如果在某天只有50名乘客，也不可能将剩余的250个座位储存起来留待下个航班销售和使用；咨询师提供的咨询服务即使没有任何价值，顾客也无法退换，更不能转让给他人。

服务的易逝性对服务营销有利的影响主要表现在以下两个方面：第一，促使企业珍惜时间资源和服务的时间效率，因为再有价值的服务，如果提供的时间不对，也会变得没有价值；第二，促使企业珍惜空间资源和服务的空间利用率，因为对服务空间进行适当的设计和安排，就会大大提高服务的产出量。

其不利的影响主要在于：第一，服务供求在时间上和空间上的矛盾很难协调，这使很多企业（比如一些季节性旅游热点地区的宾馆和餐饮企业）只能做一季生意；第二，在时间上的变动大，容易出现忙闲不均，影响服务质量和效率；第三，受空间或地理条件的限制较大。

三、服务设计

服务的四个特性既对服务营销产生有利的影响，也有不利的影响，因此服务设计的关键就是利用其有利影响，克服其不利影响。具体的方法如表 8－6 所示。

表 8－6　服务营销策略设计

服务特性	设计思路	
	针对有利影响	针对不利影响
无形性	服务提供技巧化	服务提供有形化
不可分离性	服务提供关系化	服务提供可分化
易变性	服务提供差异化	服务提供规范化
易逝性	服务提供效率化	服务提供可调化

资料来源：陈祝平．服务市场营销．3 版．大连：东北财经大学出版社，2012.

针对服务特性的有利影响，企业可以按照以下思路进行服务设计：（1）服务提供技巧化，即针对无形性的有利影响，强化在提供服务时服务人员的技能、技巧和知识以及企业文化的作用。（2）服务提供关系化，即针对不可分离性的有利影响，在服务提供时强调与顾客的沟通和互动，鼓励顾客参与，真诚待客，特别是善待老顾客，从与顾客的关系中提高服务质量，建立顾客对服务品牌的忠诚。（3）服务提供差异化，即针对易变性的有利影响，在提供服务中强调顾客差异以及服务的个性化和多样化，提高服务人员的应变能力。（4）服务提供效率化，即针对易逝性的有利影响，在服务提供中合理安排，强调规模化与灵活性的平衡以及服务的多功能化。

针对服务特性的不利影响，企业可以按照以下思路进行服务设计：（1）服务提供有形化，即针对无形性的不利影响，在服务提供时利用服务品牌、服务标志物、服务效果展示、服务承诺、服务设施、服务环境、服务人员的形象等有形手段使其有形化。（2）服务提供可分化，即针对不可分离性的不利影响，在服务提供时强调中间商的代理作用，通过电子网络、自动化和自助化的手段使服务提供与消费适度分离。（3）服务提供规范化，即针对易变性的不利影响，在服务提供时强调服务人员理念和行为的规范化，制定和执行服务质量的标准化条例，加强服务质量监督。还可以拟定不同的服务收费制度，将服务按质量分类提供。（4）服务提供可调化，即针对易逝性的不利影响，在服务提供时，灵活设计和调整服务时间、服务地点、服务供应量，灵活运用价格手段调节服务需求，在不能储存的条件下解决供求矛盾。比如，可采用弹性工作制，利用排队、预约时间、浮动价格来调节供求。

四、服务质量模型与服务缺口

帕拉苏拉曼、泽丝曼尔和贝里（Parasuraman，Zeithaml and Berry）在 1985 年提出了服务质量模型（model of service quality），简称 PZB 模型。此模型认为，服务质量是由顾客对服务的预期和对服务的实际感受二者的比较得来的。因为二者并不完全相同，所以就出现一些缺口，如图 8－3 所示。[①]

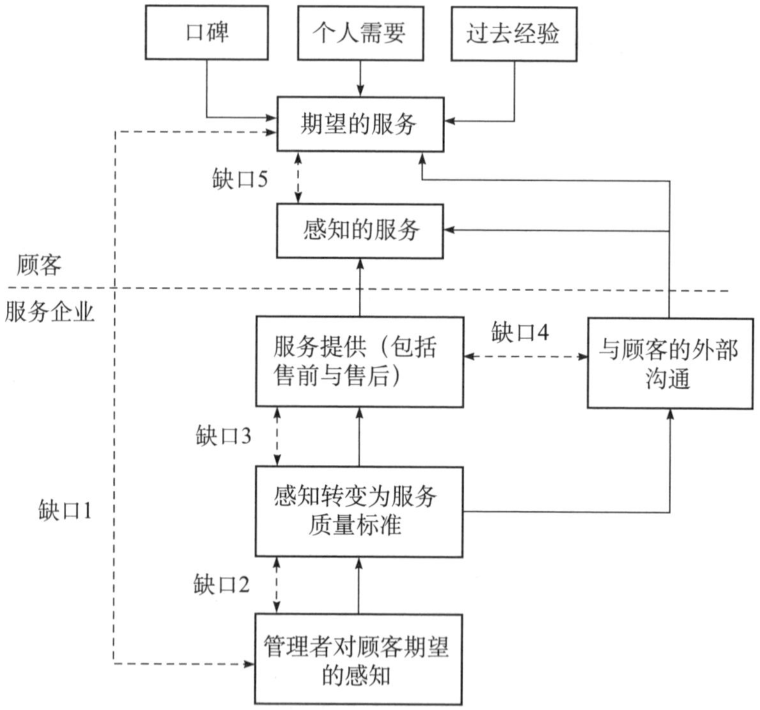

图 8－3　服务质量模型与服务缺口

缺口 1：管理者对顾客期望的感知与顾客期望之差，简称管理者认知缺口。服务提供商的管理者无法完全了解顾客真正希望得到的服务，这就可能造成企业提供的服务与顾客的需求不符，服务质量难以达到顾客的预期，导致顾客不满。

缺口 2：管理者对顾客期望的感知与服务质量标准之差。即使管理者对顾客期望的感知与顾客期望相吻合，企业仍然面临着将这些信息转化为服务标准的挑战。企业的管理者常常无法制定出真正欲求的服务质量标准。

缺口 3：服务质量标准与服务提供之间的差距。此缺口大多是由于一线员工的服务意愿不强和服务能力不足造成的。即使管理者制定了完整和切实可行的服务质量标准，但是

① Parasuraman A，Zeithaml V A，Berry L L. A Conceptual Model of Service Quality and Its Implications for Future Research. Journal of Marketing，1985，49（4）：44-49.

服务人员在提供服务的过程中，服务意愿不强和/或服务能力不足，将无法达到企业的服务质量标准。

缺口 4：服务提供与顾客的外部沟通之间的差距。该缺口产生于企业在进行广告宣传、市场促销时的过度承诺。当实际提供的服务低于顾客根据承诺产生的期望时，顾客便会产生失望情绪，导致缺口产生。

缺口 5：顾客对服务质量的感知与期望之间的差距。此缺口很大程度上源自顾客在接受服务前对服务的期望。当顾客期望过高时，企业很难达到其要求。此时，不管企业做得多好，顾客都难以满足。顾客的需求、过去的经验和企业的口碑都会影响顾客期望的形成，并最终决定顾客对服务满意与否。此缺口直接决定着顾客对服务质量的评价，是五种缺口中最重要的。

以上五个缺口，前四个来自企业，最后一个来自顾客。服务质量可以看成是服务缺口的函数，服务缺口越大，顾客对服务质量就越不满意。因此，对这些缺口进行分析，设法弥补这些缺口，正是企业提高服务质量的途径，也是企业进行服务设计和管理的起点和依据。缺口 1 可以通过企业进行深入细致的市场调研活动来弥补；缺口 2 和缺口 3 可以通过企业的服务标准化活动来弥补；缺口 4 可以通过企业的营销和市场沟通活动来弥补；企业的服务管理做得好，缺口 5 就会缩小。

五、服务标准化

服务标准化指对企业服务应达到的质量标准进行规范和控制的过程，包括标准的制定和执行。

服务质量标准是企业为顾客提供服务时的指标，也是考核企业服务水平的基本依据。国家标准和行业标准具有规范的强制性。如果企业标准低于国家标准、行业标准或者与国家法律、法规、规章制度的规定相抵触，则该标准不具有法律效力。企业标准只适用于企业内部，对社会不具有约束力。如果企业标准被写进说明书或者对社会公布，便具有合同条款的性质。企业提供的服务或者产品不符合其标准的规定，要承担违约责任。

服务质量标准的主要内容包括适用范围、制定依据和具体指标。比如，运输服务最重要的质量指标是安全、正点和服务。安全，除了不使旅客的身体和物品受到损害外，还包括旅客的精神不受到意外损害。正点，是保证旅客在票面规定的时间内到达目的地，避免误点、晚点。服务的内容则很广，比如文明服务、礼貌待客等。这些都是考核运输企业服务质量的基本指标，也是企业标准的内容。

企业制定的服务质量标准要与客户的需求相吻合：要具体明确，如规定微笑服务，就要界定清楚什么叫微笑服务；要可行和可测量，如有的企业规定微笑服务要笑露八齿，接听电话铃响不能超过三声，城区以内的维修服务都要当天解决等。

在执行服务标准的过程中，建立服务质量保证体系是一个重要的措施。服务质量保证体系从确保服务质量入手，完善服务管理制度，让服务观念深入到每个员工的心中，并自上而下地进行服务质量的监督、检查和考核，通过各个部门的协调，实现全程控制，保障企业的服务流程顺畅。

第4节 品牌决策与管理

品牌是企业一项重要的战略资产，它把企业的产品或服务与竞争对手相区别，使企业的产品或服务有了个性和特色。同等质量的产品，当标上不同知名度的品牌时，产品售价大相径庭。品牌有价，创造品牌价值，已成为企业一种新的营销导向。

一、什么是品牌

品牌是一种名称、术语、标记、符号或设计，或是它们的组合，用以辨认某个生产经营者或销售者的产品或服务，并使之与竞争对手的产品或服务区别开来。换言之，品牌是用以辨别不同企业、不同产品的文字、图形，或文字、图形的有机结合，包括品牌名称、品牌标识和商标。

品牌名称，即品牌中能用语言称呼的部分，如可口可乐（饮料）、柯达（胶卷）、脑白金（营养口服液）、桑塔纳（汽车）等。它的主要功能是产生听觉效果。

品牌标识是品牌中能够识别又不能用语言直接读出的部分，如可口可乐品牌中的黑红白三色和独特的图形。它的主要功能是产生视觉效果。

商标是按照法定程序向商标注册机构提出申请，经商标注册机构审查，予以核准，并授予专用权的品牌或品牌中的一部分。商标受法律保护，未经商标注册人许可，任何人不得仿效和使用。

品牌与商标的区别在于：品牌是一种商业称谓，商标则是一个法律术语。商标相当于一个受法律保护的品牌，品牌如果没有注册，则不受法律保护。由于二者是从不同的角度指称同一事物，故在日常生活中经常被混用。在中国，还有“注册商标”与“未注册商标”的说法。“注册商标”就是我们所说的商标，而“未注册商标”就是未注册的品牌。

二、品牌价值及其来源

品牌有价，已经是不争的事实，但是，品牌价值来源于何处？对于这一问题，大家却有各种各样的回答。这里将品牌价值的来源归之于营销磁滞。尽管这样的说法还缺乏经验证据的支持，但是在逻辑上是言之有理的。在实践上，这种认识对企业的营销活动也有重要的指导意义。

（一）品牌价值

2019年1月22日，在瑞士达沃斯世界经济论坛上，品牌价值及战略咨询公司Brand Finance公布了2019年度全球最有品牌价值500强排行榜。[①] 亚马逊排名第一，价值1 879亿美元；苹果排名第二，价值1 536亿美元；谷歌排名第三，价值1 427亿美元。第四到第十名依次是微软（1 195亿美元）、韩国三星（912亿美元）、AT&T（870亿美元）、脸

① Brand Finance. https://brandirectory.com/.

书（832亿美元）、中国工商银行（798亿美元）、威瑞森通信（711亿美元）和中国建设银行（697亿美元）。

Brand Finance是英国一家品牌价值咨询公司。它采用公开渠道的信息，对全球的商业品牌进行价值评估，每年发布一次全球最有品牌价值500强排行榜。这一排行榜因其专业性和独立性而得到人们的广泛认可。实际上，世界上类似的排名机构还有不少。比如，WPP（Wire & Plastic Products Group）旗下的调研公司，每年都会对全球著名的商业品牌进行研究，发布研究报告BrandZ，公布最具价值的全球品牌100强。Interbrand是另一家著名的国际品牌咨询机构，每年也会发布一个全球最有价值品牌的榜单。还有一家叫“世界品牌实验室”（World Brand Lab）的机构，是在美国成立的一家国际化、专业性的品牌研究机构，每年也有一个类似的排行榜。

随着中国从制造大国向制造强国的转变，中国政府越来越重视本土企业品牌的发展，多次强调中国企业要打造中国知名的自主品牌。2016年6月，《国务院办公厅关于发挥品牌引领作用推动供需结构升级的意见》中提出设立“中国品牌日”。2017年，国务院批准将每年5月10日设立为“中国品牌日”。中国的一些品牌评级机构也应运而生。其中，最有名的就是“中国品牌榜”。

由于采用的评价指标和数据不同，所以各个榜单的排名也不尽相同，有时同一品牌的价值排名差异还比较大。但是各个榜单的数据都能说明一点：品牌不但有价，而且有很高的价值。

品牌价值来源于何处呢？对此有很多说法。常见的说法是，品牌价值来源于品牌资产，分为顾客对品牌的认知、顾客对品牌的忠诚度、顾客对产品质量的感知、顾客对品牌产品在使用或消费过程中产生的附加联系、品牌资产的其他专有权（如专利、商标、营销渠道中成员之间的关系）等。

品牌资产又来源于何处呢？这里将品牌价值或品牌资产的来源归于营销磁滞的积累。更为重要的是，这样认识品牌价值的来源，有助于企业树立正确的品牌理念，开展深入、持久的品牌创建和维护工作。

（二）营销磁滞及其产生的原因

营销磁滞（marketing hysteresis）描述的是一种特殊的现象：一个营销因素（如广告）的暂时性变化引起了另一个营销因素（如销售额或市场占有率）的永久性变化。如图8-4所示，当企业在时间T_1突然增强广告攻势，产品的销售额会随之快速上升。在时间T_2，企业又突然将广告支出降到原有的水平，但是销售额并未一同降到原来的水平，而是长时间地维持在一个较高的水平。时间T_2以后销售额所维持的水平与时间T_1销售额所处的水平之差称为滞留。滞留可能是全部的，也可能是部分的。

磁滞（hysteresis）一词最早出现在物理学中，是由尤因（Ewing）根据他在实验中发现的一种现象提出的。[①] 尤因在磁化实验中发现，当把一块铁放入一个磁场中，铁会被磁化，而且随着磁场中磁力的加强，被磁化铁块的磁力会增加，直至达到饱和状态。随后，如果磁场的磁力减弱或消失，铁块的磁力并不会回归到原来的起点或零点，部分磁力永久

① Simom H. Hysteresis in Marketing：A New Phenomenon. Sloan Management Review，1997，38（3）：39-49.

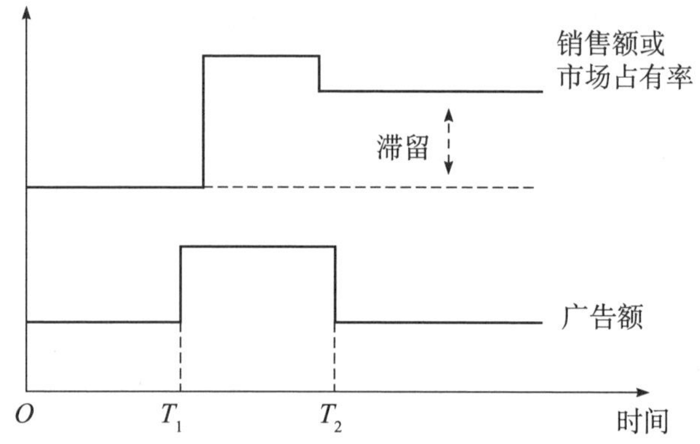

图 8－4 营销磁滞

性地滞留于铁块中。尤因将这种现象称为磁滞。西蒙更简明地将磁滞定义为这样一种现象——“一个因素的暂时性变化引起了另一个因素的永久性变化”。

经济学家后来将其引入经济学中，研究与分析经济领域发生的类似现象，如失业和对外贸易问题。经济学家发现，在一般情况下，当最初导致失业率上升的因素消失以后，失业率不会因此而降到原来的水平，而是会继续停留在较高的水平。在对外贸易中，暂时性的汇率波动往往使一国的贸易地位发生变化，而且往往是永久性的变化。很多人认为，类似的经济学问题，不借助磁滞这一概念是不容易说清楚的。有人则认为，磁滞现象实际上反映了人们的习惯性行为。[①] 近些年，磁滞的概念又被引入市场营销理论中，一些人开始研究市场营销中存在的磁滞现象。

磁滞现象与我们通常所说的滞后效应或衰减效应有所不同。滞后效应是尾随的，一个事物改变了以后，另一个事物在一段时间之后也随之改变。用前面的例子来讲，就是在时间 T_2，企业减少了广告投入以后，再经过一段时间，销售额才开始下降，并最终降至原来的水平。衰减效应与滞后效应类似，只不过它更强调逐渐衰减的过程。与此对应，磁滞是一种“准永久性”的驻留，既不会因为诱因回复到原来的状态而随之马上消失，也不会随着时间的推移而逐渐消失，它就如磁力永远驻留在经过磁化的磁铁上一样，“准永久性”地不会消失。这里说“准永久性”，是因为在营销中，永久性的东西是不存在的，任何东西都在变化。营销策略再好，带来的结果也不可能是永久的，但有些影响会存在相当长的时间，甚至几代人，我们姑且将其称为“准永久性”。一些世界名牌，如可口可乐、微软、华为、苹果等，谁能说它们今天的成就没有早期某一次成功的营销活动所带来影响的“滞留”呢？

那么，什么原因导致了磁滞现象的产生？西蒙曾经做过一个调查[②]，调查对象是 170 位各个行业的经理。在向这些经理解释了磁滞的概念以后，他提出三个问题：第一，你知道或意识到市场营销中的磁滞现象了吗？第二，你可以举出磁滞现象的个案吗？第三，你认为磁滞现象应如何解释？170 位经理中有 63 人回答了他的问题，其中有 30 人对于第一个问题的回答是不知道，回答清楚知道的只有 12 人。对于第二个问题，有 21 人说可以举

---

① Brown T M. Habit Persistence and Lags in Consumer Behavior. Econometrica，1952，20（July）：355-371.

② Simom H. Hysteresis in Marketing：A New Phenomenon. Sloan Management Review，1997，38（3）：39-49.

出一些例子，但不是很肯定，因为不能排除其他的一些解释，如滞后效应，只有4人很肯定地说他们的公司碰到过磁滞现象。对于第三个问题，这些经理们给出的答案则是多种多样的，包括消费者的麻木状态、顾客忠诚、转移成本、对变化的抵制、零售商的习惯、口头传播、学习效应、形象变化、长久记忆和竞争者反应迟缓等。

根据这些经理的解释，西蒙把营销中磁滞现象产生的主要原因归结为以下三点：

第一，顾客的长久记忆。一般来讲，磁滞现象是在消费者受到强烈刺激以后产生的。某一刺激物（如广告或产品的大幅度降价）的强烈刺激，会使顾客无意识地将有关信息或感觉存储于长期记忆中，就像烙印一样。在进行购买决策时，也许他们自己并无意识，但这种滞留在记忆中的信息或感觉会发挥关键作用，导致磁滞现象的发生。

第二，顾客的忠诚度。在刺激物的刺激之下，新的顾客会加入到某种产品或品牌的消费者队伍之中。如果用后满意，他们会继续使用，从而形成对某一品牌的忠诚度。这时，即使刺激物消失，他们也不会转而购买其他品牌。

第三，购买者的麻木状态。购买一个产品或品牌一旦成为习惯，顾客一般不太会考虑其他替代品。这时，他们对于替代品的刺激处于一种麻木状态。除非某个异乎寻常的事件发生，能够改变他们的习惯。工业品购买者的麻木状态表现得更加突出，他们一旦做出了某一项重复性购买决策，除非有意外的事情发生，否则长时间不会改变。

企业的每一次营销活动，都会带来或大或小的营销磁滞。而品牌的价值，正是企业一次次营销活动所得营销磁滞的累积。

（三）磁滞在营销中的应用

在营销中，磁滞既有有利的一面，也有不利的一面。有利的一面表现在：如前面广告的例子，暂时性地加大广告支出，会带来销售额准永久性的提高。不利的一面表现在：一旦企业某一项营销活动做得不好，或者市面上流传某种对企业不利的谣言，即使这些因素都是暂时的，也可能导致“准永久性”的后果。

我们如何利用这一概念在市场营销中趋利避害呢？营销磁滞现象有下列基本特征：第一，一般强烈刺激是磁滞产生的一个重要条件；第二，磁滞多产生于特殊的情况；第三，磁滞是多个营销变量共同作用的结果；第四，最先使用或创造性地使用某一营销工具有可能产生磁滞；第五，竞争者对企业的营销行为反应迟缓容易产生磁滞。

尽管营销磁滞的发生很难准确预测和有效控制，但是我们头脑中应该有这样一个概念，较大的营销磁滞一旦发生，应该及早发现、利用和应对。例如，当年秦池酒厂第一次争得“标王”并取得巨大成功的时候（见示例8-1），就应该意识到，即使企业不争第二次“标王”，适当减少广告投入，第一次成功的影响也会部分地滞留下来，使企业一直享用。如果当时秦池酒厂有这样的考虑，那么它很有可能会把主要的精力放在其他更重要的方面，如企业的内部管理、产品创新、生产规模的扩大、产品质量的提高和企业更长远的发展战略上，而不会把赌注压在“标王”上，以至于后来被巨额广告费拖垮。如果秦池酒厂早有这样一个概念，它会有意识地收敛自己的锋

示例8-1 不该争的第二个“标王”

芒，充分享受“标王”磁滞给自己带来的利益。那么秦池酒厂会有一个完全不同的结局。

营销磁滞概念给我们带来以下重要启示：第一，品牌价值是品牌所属企业长期不懈进行营销活动积累起来的营销磁滞，因此品牌价值所带来的竞争优势是可持续的；第二，因为营销磁滞有可能是负面的，所以企业一定要像保护自己的眼睛一样精心维护自己的品牌资产和品牌价值；第三，企业的营销活动要讲究节奏，不能平均用力，在一些重要的时点要加大投入，产生强烈的刺激。

营销磁滞概念还有利于企业对竞争者的竞争行为以及偶发不利事件保持警惕，以免成为磁滞现象的牺牲品。比如，当竞争者发起攻击时，绝不要以为影响只是暂时的。如果不及时做出正确的反应，不利影响可能会滞留下来，企业要想扭转局面难上加难。

三、品牌的作用

品牌价值表现在品牌的作用上。品牌的作用可以概括为建立差异、识别产品、保证质量和维护权益。

（一）建立差异

品牌的首要作用是建立差异，即在众多竞争者中使自己的产品成为独一无二的。品牌是一个复杂的符号标志体系，能够表达出下列几层含义：（1）属性，如昂贵、工艺精良、耐用、好的声誉；（2）利益，即属性转换成功能和情感利益，如属性“耐用”可以转化为“我可以用很长时间”的功能利益，而属性“昂贵”则可以转换成“这东西体现了我的地位”的情感利益；（3）价值主张，即品牌可以体现制造商的某些价值观，如高性能、安全和信誉；（4）文化，即品牌可能象征某种文化，如可口可乐、麦当劳体现着美国文化，而华为、腾讯、阿里巴巴、海尔、格力则是中国文化的代表；（5）个性，即品牌代表某种个性特征，如优衣库让人感觉舒适和闲散，李维斯则让人想起好莱坞电影中的美国西部牛仔；（6）使用者，即品牌还暗示出购买或使用这种产品的消费者，如脑白金的使用者是中老年人。

品牌就是通过这样一个复杂的符号标志体系，把一个企业的产品或服务与竞争者区别开，又通过申请注册成为商标，获得法律保护，成为独一无二的。品牌的独一无二意味着竞争障碍，意味着竞争者的产品或服务不能完全取代本企业。一旦企业通过品牌建立起特色优势，在法律的保护下，这一优势就是可持续的。

（二）识别产品

品牌以简单和清晰的方式，将产品的生产者和特点传达给顾客，给顾客提供了一个识别产品和判断产品质量的依据，从而大大简化了顾客选择商品的过程。由于能够帮助顾客识别产品，所以从企业的角度看，它又是产品促销的一个有效工具。

（三）保证质量

品牌既代表着某一生产者或经营者，也代表着这一生产或经营者产品或服务的一般质量。顾客之所以要特别去购买某个知名品牌的产品，往往是因为该品牌在质量或服务方面有着良好的声誉。在现实生活中，大多数人买名牌，就是购买产品或服务的质量保证。这是因为，一方面名牌在产品或服务上更可靠，另一方面即使出现问题，由于名牌企业更注重品牌声誉，所以也会想办法尽量补偿顾客的损失。

(四) 维护权益

企业的品牌一经注册，就取得了商标的专用权，其他企业不能仿冒。一旦发现仿冒品牌，企业可以依法追究仿冒者的法律责任，这就保护了品牌拥有者的利益。顾客也可以利用品牌来保护自己的权益，一旦发生产品质量问题，通过品牌来追究生产厂家或销售者的责任。

四、品牌决策

品牌决策内容可以用图 8-5 表示。由图可见，这些决策内容之间是相互联系的，并且可以按照决策顺序进行排列。

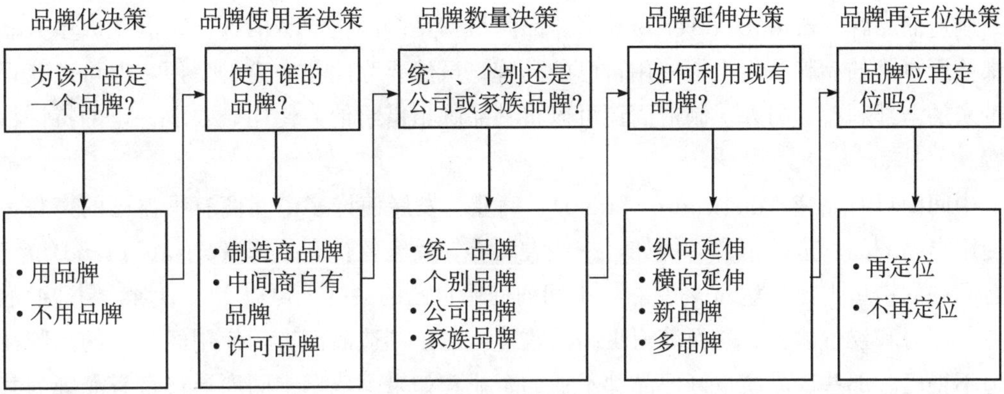

图 8-5 品牌决策的内容

(一) 品牌化决策

品牌化决策的目的，就是决定是否使用品牌。如上所述，使用品牌具有建立差异、识别产品、保证质量、维护权益等积极作用，但是使用品牌也要花相当大的费用。另外，有的产品使用品牌意义不大。在下列情况下，企业可能会不使用品牌：(1) 同质性产品，即品种、规格相同，产品不会因为生产者不同而出现差别；(2) 人们不习惯认牌购买的产品，如白糖、食盐、一些农副产品、原材料和零部件等；(3) 生产简单、无一定技术标准的产品，如图纸、小农具等；(4) 临时性或一次性生产的产品；(5) 人们已经习惯于某个经销商的品牌，乐于在此处购买包装简单、无品牌的商品。

由于品牌所起的差异化作用越来越显著，所以一些传统上不使用品牌的产品也开始使用品牌，如白糖、大米、食油、食盐和水果等。也有一些企业反其道而行之，推出许多无品牌产品，如一些零售企业在店中推出的无品牌商品。这些商品没有品牌，多为人们日常所需，如面条、卫生纸和一些罐装食品，包装简易。由于节省了包装、广告等费用，其售价比使用品牌的同类产品低 15%～30%，加上有零售企业的信誉做担保，所以很受欢迎。

品牌作为一种识别标记，通常由三大主要部分构成：一是品牌名称，以语义符号指称企业的产品；二是图案，以形象体现特色；三是色彩组合，以明度、色相、纯度突出和渲染品牌的感知氛围。因此，企业一旦决定使用自己的品牌，就需要进行品牌命名和设计。

示例8－2　品牌命名的方法

品牌命名如同给人取名，所用语义符号要能给人留下深刻的印象。一般遵循以下原则：（1）易于发音、拼读和辨认；（2）独特新颖，不落俗套；（3）提示产品特色；（4）不触犯法律，不违反社会道德和风俗习惯。示例8－2列示了多种品牌命名的方法。

（二）品牌使用者决策

一旦决定使用品牌，企业还要考虑使用谁的品牌。对于生产者来说，可以使用自己的品牌，也可以使用别人的品牌，如中间商品牌或其他制造商品牌，还可以使用他人的特许品牌。做出品牌使用者决策的关键，是与企业的营销战略相符、对企业实现营销目标有利。

制造商品牌（manufacturer brand）。品牌最初是产品生产者的标记，因此大多数制造商都使用自己的品牌。生产者使用自己的品牌，虽然要为此花一定的费用，但可以获得品牌带来的全部利益。另外，制造商还可以将其品牌租借给他人使用，收取一定的特许权使用费。

中间商自有品牌（distributor brand）。商业的发展使许多中间商有了自己的声誉，开始使用自己的品牌进行销售。例如，一些大型零售商经营自有品牌（private brand）产品，自有品牌的销售占比高达60%左右。中间商使用自己的品牌，可以大大增强对制造商的渠道控制能力和议价能力，从而获得更高的收益。对于制造商而言，使用经销商的品牌往往是迫不得已。那些产品质量好但品牌不强的企业，如果不依靠中间商通过自有品牌为其提供信誉保证，产品可能很难打开销路。另外，一些品牌知名度高但产能过剩的企业，也可能为零售商生产自有品牌的产品。

许可品牌（licensed brand）。许可品牌也称授权品牌，指品牌所有者将自己所拥有或代理的品牌，以合同的形式授予使用者使用，并对其提供人员培训、组织设计、经营管理等方面的指导与协助。使用者则需要按合同规定，从事生产经营活动，并向授权者支付品牌使用费。许可品牌有生产许可和经营许可之分。生产许可指受许人使用授权者的品牌以及专利、技术、设计和标准等以贴牌生产（OEM）的方式生产，如可口可乐的灌装厂、奥运会标志产品的生产。经营许可即经营特许（franchising），指受许人使用授权者的服务品牌进行服务与经营活动，如麦当劳、肯德基以及零售连锁企业的特许加盟店。

（三）品牌数量决策

决定使用自己品牌的企业，还要对使用多少品牌做出选择，包括是否使用统一品牌、是否使用个别品牌、是否使用公司品牌以及是否使用家族品牌。

统一品牌，即企业为其生产的各种产品使用相同的品牌。例如海尔集团，冰箱、洗衣机、空调、电视机、电脑等一系列产品，皆以“海尔”为品牌。使用这种做法，不仅可以节省发展新品牌的时间和费用，还可以集中力量突出品牌形象，显示企业实力，提高企业声誉，节省促销费用，提高促销效果。另外，企业新产品上市也可以借助已有品牌的影响力，减少和消除人们的陌生感，缩短适应过程，更快也更容易打入市场。

个别品牌，即企业为其生产的各种产品使用不同的品牌，有时甚至针对不同的细分市场为相同的产品使用不同的品牌。最典型的就是宝洁，仅它的洗发水就有许多不同的品牌，如飘柔、海飞丝、夏士莲、潘婷、润妍、沙宣和伊卡璐等。使用个别品牌，可以为每种产品寻求更适当的品牌定位，也可以起隔离作用，以免某一种产品的负面形象影响其他的产品。另外，也有利于新种类和新定位产品的推广。例如，一家企业原来生产某种低档产品。当要开发另一种高档产品时，就不宜采用原有品牌，因为原有品牌留给人的形象是低档次。此时，企业可以选择使用一个新品牌，推出高档产品。

公司品牌，即企业将其名称作为品牌使用，如海尔、海信、长虹、TCL 等。公司品牌用得最多的是服务性公司，如零售商、电信运营商、银行和宾馆等。

家族品牌，即企业把公司名称作为统一品牌，然后与每一种产品的个别品牌联用。在产品的个别品牌前冠以企业的统一品牌，可以使产品正规化，享受企业的声誉；在企业统一品牌后面跟上产品的个别品牌，又能使产品个性化。例如，大部分汽车公司都使用家族品牌，吉利下面有远景、帝豪、豪情、英伦和金刚等，丰田下面有卡罗拉、凯美瑞、皇冠、花冠、锐志、荣放、普拉多和汉兰达等。

（四）品牌延伸决策

品牌延伸（brand extension）是指企业利用其成功品牌的声誉来推出改良产品或其他类别新产品，如推出新的包装规格、口味和式样以及完全不同的产品等。比如，康师傅在成功推出康师傅方便面之后，又利用这个品牌推出冰茶、纯净水和其他一些新产品。显然，如果不利用康师傅方便面这个成功的品牌，这些新产品很难快速地打入市场。

通过品牌延伸，制造商可以节省宣传新产品的费用，使新产品能够迅速、顺利地进入市场。品牌延伸有两种基本做法：第一，纵向延伸，即企业先推出某个品牌的产品，成功以后，再用这个品牌推出改进后的产品，不断升级换代；第二，横向延伸，即把成功品牌用于新开发的不同产品，如上面所讲的康师傅。娃哈哈集团也采用横向延伸，先后以娃哈哈品牌推出口服液、果奶、纯净水和服装等产品。

与品牌延伸相对应的就是在推出新产品时使用新的品牌，发展多品牌策略。企业采用多品牌策略的优势在于：（1）有助于在零售终端与竞争者竞争——多种不同的品牌只要被零售商店所接受，就可占用更大的货架面积，挤压竞争者的展示空间；（2）有助于提高产品的市场占有率——多品牌既可以赢得一些品牌转换者，防止顾客流失，也可以使产品深入各个不同的细分市场，获得更大的市场份额；（3）有助于在企业内部各个产品部门、产品经理之间开展竞争，提高生产与营销效率。

不过，企业在推出多种品牌时，如果每个品牌的竞争力都不强，就会造成资源的浪费，不如将资源集中用于少数有发展潜力的品牌上。因此，使用多品牌的企业经常需要考虑放弃一些弱势品牌，重点发展几个强势品牌。

在进行多品牌决策时，企业需要考虑以下问题：企业能否为顾客找到购买新品牌的理由？新品牌会减少企业原有品牌的市场份额吗？新品牌的销售收入是否足以弥补品牌开发和促销费用？损益如何？

（五）品牌再定位决策

即使品牌最初在市场上的定位很好，但随着时间的推移，环境的不断变化，也可能需要重新定位。比如，某竞争者推出一个品牌，与本企业品牌的定位相近，使本企业品牌的市场占有率下降。再如，目标顾客的喜好发生了变化，由原来喜欢本企业的品牌转而喜欢其他企业的品牌，致使本企业销售减少。在这些情况下，企业就需要进行品牌再定位。

品牌再定位决策需要考虑再定位的成本和费用。一般来讲，新旧定位距离越远，成本和费用就越高。另外，企业还要考虑再定位能带来的收入，这取决于再定位市场的规模。企业需要权衡各种再定位的收入和费用，然后做出品牌再定位的决策。

第5节　产品组合与相关的营销问题

一般情况下，企业经营不止一种产品。当企业经营多种产品时，就涉及产品的组合问题。企业需要考虑应该经营多少品类产品，应该经营哪些产品，应该淘汰哪些产品，产品之间应该有怎样的关系。

一、产品组合

产品组合是指企业向市场提供的所有产品的结构，由产品线和产品项目组成。产品线也称产品系列或产品大类，是指在功能上、结构上密切相关，能满足同类需求的一组产品。每条产品线内包含若干产品项目。产品项目指某一特定品种、规格、型号、质量和价格的产品。产品项目是构成产品线和产品组合的基本元素。例如，某企业生产电视机、电冰箱、空调器和洗衣机4个产品系列，即有4条产品线，其中，电视机系列中的47英寸液晶彩色电视机是一个产品项目。

产品组合的特点可以从宽度、长度、深度和关联性四个方面来描述。组合宽度是指企业拥有产品线的数目；组合长度是指企业各条产品线所包含产品项目的平均数；组合深度是指一条产品线中包含产品项目的多少；组合关联性则是指企业各产品线在最终用途、生产条件、分销渠道等方面的相关程度。图8－6显示了某企业的产品组合。该企业产品组合的宽度是6条产品线，共27个产品项目。产品组合的深度从2～7不等，产品组合的长度为4.5（产品项目数（27）÷产品线数（6））。

		产品组合深度
产品组合宽度	A	a1，a2，a3，a4，a5，a6
	B	b1，b2，b3
	C	c1，c2，c3，c4，c5
	D	d1，d2，d3，d4
	E	e1，e2
	F	f1，f2，f3，f4，f5，f6，f7

图8－6　某企业的产品组合

产品组合的宽度、长度、深度和关联性在企业的发展战略、竞争战略和营销战略上有重要意义。增加产品组合的宽度（即增加产品线或产品大类）意味着企业扩大经营范围，实行多元化发展战略。这样不仅可以充分发挥企业的特长，使资源和技术得到充分利用，还可以减少经营风险。增加产品组合的长度和深度（即增加产品项目）意味着企业在产品款式、品种、规格和品牌等方面的改变和多样化。这样可以迎合更多消费者的需求和偏好，吸引更多的消费者购买企业产品。增加产品组合的关联性意味着企业各个产品大类在最终使用、生产条件、分销渠道等方面的关系更加密切。这样可以使企业在分散经营风险的同时，还能获得协同效应和范围经济。

二、产品组合内的营销协同

产品组合问题更多地与企业的发展战略有关。当企业由小到大不断成长时，涉足的产业会由少变多，市场范围也会由小到大。当企业由专业化转变为多元化以后，随着业务组合由单一业务转向多业务，它的产品组合也会由单一产品线发展为多条产品线。

这里要注意产品组合与业务组合的区别。产品组合是由企业的产品线构成，业务组合是由企业的业务经营单位构成。二者有时是相同的，比如当企业的业务经营单位按照产品大类或行业来划分时；有时是不同的，比如当企业的业务经营单位按照经营区域或品牌来划分时。产品组合越宽，意味着产品组合内产品线越多，也意味着企业涉足的行业越多，多元化程度越高。因此，与企业业务组合类似，企业产品组合的宽度不但标志着企业成长的结果，而且预示着企业未来的发展方向。这需要由企业高层通过制定企业的发展战略而决定，不是营销部门能够控制的——营销部门不能随意增减企业的产品线，即使发现产品组合的宽度需要改变，如需要增加或减少一条产品线，也只有建议权而没有决定权。营销部门应该把企业产品组合的宽度看作营销活动的一个背景或环境因素，设法去适应或利用，而不是去改变。因此，从营销的角度提出“扩大产品组合”与“缩减产品组合”的策略是不合适的，因为这会改变企业的战略发展方向。

营销部门所能做和需要做的是在企业的战略发展方向已经明确、产品组合的宽度已经确定的条件下，对产品线的深度以及产品项目进行调整，或者根据产品组合的关联性进行公司层面的营销协同，以获取营销的协同效应。营销部门在公司层面进行营销协同的具体思路如表8-7所示。

表8-7 产品组合内的营销协同

产品线	营销战略						
	营销目标	目标市场与市场定位	产品因素	价格因素	分销因素	促销因素	其他
产品线1							
产品线2							
产品线3							
⋮							
产品线 n							
协同因素							

首先，将企业所有产品线的营销目标、目标市场与市场定位以及各营销因素的相关内容列入表中。这里要注意，目标市场模式有五种：密集单一市场模式、有选择的专业化模

式、产品专业化模式、市场专业化模式和完全覆盖模式（第 7 章第 3 节）。目标市场模式与产品组合模式有着某种对应关系。比如，密集单一目标市场模式对应着密集单一产品组合模式，即企业只针对一个细分市场生产经营一种产品；产品专业化目标市场模式对应着产品专业化产品组合模式，即企业针对不同的细分市场集中生产经营一种产品；市场专业化目标市场模式对应着市场专业化产品组合模式，即企业针对同一个细分市场生产经营多种不同的产品；完全覆盖目标市场模式对应着多产品、全面型产品组合模式，即企业针对各个细分市场生产经营多种产品。因为采用密集单一产品组合模式和产品专业化目标市场模式的企业只有一条产品线，所以在进行营销活动时不需要考虑不同产品线之间的配合；相反，采用其他产品组合模式的企业，由于有多条产品线，所以需要考虑不同产品线之间的配合。

其次，找出各条产品线的营销目标、目标市场与市场定位以及营销各因素的相容与不相容之处。对不相容的内容，要考虑孰重孰轻，以便取舍；对相容的内容，要考虑相互之间如何搭配效果更好，尤其要注意分析和考虑各条产品线在营销方面的关联性。

最后，在公司层面对企业各条产品线的营销活动进行整合。对不相容的内容，合理取舍；对相容和关联性的内容，合理搭配，以便取得一次投入获得多方面收益的营销效果，获得协同效应。比如，如果几条产品线在目标市场上相同或有交叉，那么企业可以通过一条营销渠道销售几条产品线的产品，大大减少在营销费用上的投入。

由此，企业可以得到两种新的产品组合模式：生产相关专业型和营销相关专业型。前者在生产方面可以获得协同效应，即企业使用相同的生产技术、机器设备或技术人才生产多种不同的产品；后者在营销方面可以获得协同效应，即企业使用相同的营销技术、营销人才或营销渠道销售多种不同的产品。

三、产品线延伸与优化

产品线延伸是指在企业原有产品线中加入新的产品项目，使其不同于原有产品项目的市场定位，争取新顾客。不管企业有几条产品线，都会经常面对产品延伸问题。因为产品线延伸更多地涉及营销职能，而不涉及产品组合宽度或企业发展方向的改变，所以营销部门在产品线延伸决策中不仅有很大的发言权，而且有很大的决定权。

产品线延伸的关键是通过加入新的产品项目及其新的市场定位，满足更多细分市场上顾客的需求。每一个企业生产经营的产品，都有其特定的市场定位。例如，在汽车市场上，宝马定位在高档车市场，大众的别克定位在中档车市场，而奇瑞的 QQ 则定位于低档车市场。如果这些企业想通过产品线延伸向其他的细分市场渗透，宝马可以向下延伸，QQ 可以向上延伸，别克则可以双向延伸。

（一）向下延伸

向下延伸是指企业原来生产高档产品，后来决定增加低档产品项目。企业采取这种策略的主要原因有以下几点：（1）高档产品的销售额增长缓慢，因此需要在产品线中开发中低档产品提高销售增长率；（2）高档产品受到竞争者的挑战，通过向低档产品市场渗透的方式反击；（3）当初进入高档产品市场的目的是为了建立一个高质量的品牌形象，以便成功后更好地开发中低档产品；（4）增加低档产品是为了填补市场空隙，使竞争者无机可乘。

企业在采取向下延伸策略时需要注意：（1）向下延伸有可能损害企业原有高档品牌的形象；（2）向下延伸不仅有可能导致激烈的价格竞争，而且有可能因为原有生产者的反击而威胁自己原有的高档品牌；（3）企业原有的经销商可能因为利润小不愿意经营低档产品，而如果企业开拓新的营销渠道会增大成本或引发渠道冲突。

（二）向上延伸

向上延伸是指企业原来生产低档产品，后来决定增加高档产品项目。主要原因有以下三点：（1）高档产品销售增长更快或利润率更高；（2）企业估计高档产品市场上的竞争者较弱；（3）企业想成为品种齐全的生产者。

企业采取向上延伸策略也有风险，如可能迫使高档品牌的生产者进入低档产品市场，对自己形成威胁；顾客可能不相信企业的能力，因此不认可其生产的高档产品；企业销售代理商和经销商可能没有能力经营高档产品。

（三）双向延伸

双向延伸即原定位于中档产品市场的企业掌握了市场优势以后，决定向产品线的上下两个方向延伸，一方面增加高档产品，另一方面增加低档产品，扩大市场阵地。产品线双向延伸可以使企业占领更多的细分市场，满足更广泛的市场需求，增强产品线的竞争力。

产品线并不是越深越好。产品线过深，有可能带来产品线过深综合征。比如，一些产品项目销售额很低，对企业业绩的贡献很小；一些新引入的产品项目虽然有一定的销售额，但是会使其他产品项目的销售额大幅下降或者使原有的产品项目迅速老化、过时；资源被较多地投入到销售额和利润额很小的产品项目中。

（四）产品线优化

随着市场需求和消费者偏好的变化以及竞争者的进出，企业的营销环境在不断地变化，这给企业的某些产品线带来机会或者威胁。因此，企业需要经常分析、评价和优化产品线。特别是在某些情况下，如市场不景气或原材料、能源供应紧张时，企业需要收缩产品线，从产品线中剔除获利少或亏损的项目，集中力量做获利多、竞争力强的项目。

产品线优化是指企业在分析和评价现行产品线的基础上对其做出的调整。包括以下三个步骤：

首先，通过对产品线销售额和利润分析，评估现行产品线内不同产品项目所带来的销售额和利润额。如图 8－7 所示，企业的一条产品线共有五个产品项目。第一个产品项目的销售额和利润占比分别为 50％和 30％；第二个产品项目为 30％和 30％。因为销售额和利润额集中在前两个产品项目上，说明这条产品线比较薄弱。如果这两个项目突然受到竞争者的打击或销售疲软，整个产品线的销售额和利润额会迅速下降。此时，公司一方面要对其加强保护，另一方面需要努力发展其他具有良好市场前景的产品项目。最后一个产品项目只占整个产品线销售额和利润额的 5％，在企业需要收缩产品线时，可以剔除。

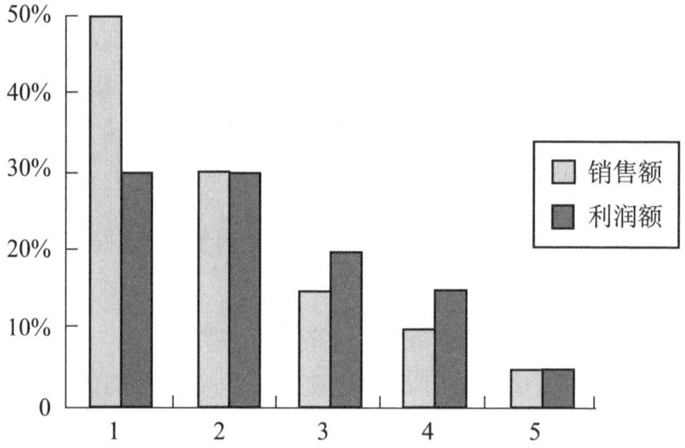

图 8－7　产品线分析

其次，通过对产品线竞争定位分析，比较产品线内各产品项目与竞争者同类产品的竞争地位。如图 8－8 所示，A 家具公司的一条产品线是沙发。顾客对沙发最重视的指标是款式和功能。款式分为豪华、美观和一般三个档次；功能分为单功能、双功能和多功能。A 公司生产三种沙发：豪华双功能型、美观双功能型和美观多功能型。它的两个竞争者是 B 公司和 C 公司。B 公司生产两种沙发：豪华单功能型和美观单功能型；C 公司也生产两种沙发：一般双功能型和一般多功能型。如果 A 公司另有一个产品项目为豪华单功能型，与 B 公司的产品重叠，那么在进行产品线收缩时，就可以考虑先把它剔除。从图 8－8 中也可以看出，市场上仍有两个空白点。在市场前景看好、企业需要延伸产品线时，企业可以优先考虑开发能够占据这两个空白点的产品项目。

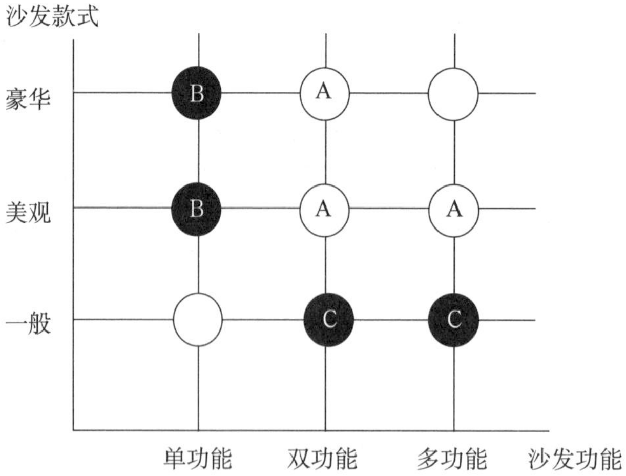

图 8－8　产品线竞争定位分析

最后，综合考虑产品线的盈利能力和竞争地位，提出多种优化组合方案，并对各种方案进行论证，反复对比，做出选择。通过优化组合方案的执行，达到企业优化产品线的目的。

四、产品项目差异化

产品项目差异化一是指企业设法让顾客对各产品项目在形象上有不同的感知；二是指企业设法让顾客对其产品项目在形象上有独特的感知，产生偏好。由于产品项目差异在很大程度上是一种主观感受，存在于顾客的心里，所以很难测量。从理论上讲，需求的交叉弹性可以用来测量产品项目的差异程度。计算方法如下：假设 E_{xy} 为产品项目 x 对于产品项目 y 的需求交叉弹性，则

$$E_{xy}=\frac{\Delta q_x}{q_x}/\frac{\Delta p_y}{p_y}=\frac{\mathrm{d}q_x}{\mathrm{d}p_y}/\frac{q_x}{p_y} \qquad (8-1)$$

式中，$\mathrm{d}q_x/\mathrm{d}p_y$ 为 x 需求量对于 y 价格的导数。考虑 $E_{xy}>0$ 的情形，在 x 与 y 可替代的条件下，E_{xy} 越大，则 x 与 y 的替代程度越高，产品差异程度越低；反之，E_{xy} 越小，则 x 对 y 的差异程度就越高。将产品项目之间的交叉弹性进行比较，需求的交叉弹性越高，产品项目之间的差异程度就越低；反之，则越高。

企业可以使用以下方法实现产品项目差异化：第一，通过产品项目的设计与研发，使产品项目之间在质量、式样和造型等方面有所不同；第二，通过品牌形象塑造，使产品项目在品牌形象上区别于竞争对手；第三，通过其他方法，如渠道差异、促销差异和服务差异，使产品项目之间在顾客心目中有实质性差异或感知上的差异。

▶ 思考题

1. 如何理解产品概念的五个层次？
2. 产品构成要素包括哪些内容？
3. 人们在便利品、选购品、特殊品和非欲求品这四类消费品的购物习惯上有什么区别？
4. 如何理解顾客的使用标准、信号标准和采购标准？
5. 什么是新产品？新产品包括哪几种类型？
6. 新产品的采用者分为几种类型？这些类型的采用者与产品生命周期有什么关系？
7. 简述知晓、兴趣、评价、试用以及采用并重复购买五个阶段的内容。
8. 典型的产品生命周期可分为哪几个阶段？各阶段都有什么特点？
9. 服务具有哪些特点？这些特点对服务营销有哪些有利的和不利的影响？
10. 服务质量存在哪些缺口？如何弥补？
11. 什么是品牌？品牌为什么有价值？品牌价值是如何来的？
12. 请用自己的语言讲解营销磁滞。你能在现实中找到相关的事例吗？
13. 品牌的作用有哪些？品牌决策涉及哪些内容？
14. 什么是产品组合、产品线和产品项目？
15. 什么是产品组合的宽度、长度、深度和关联性？
16. 企业的营销决策如何改变企业的产品组合？
17. 分析书末案例 6，回答案例后面的问题。

| 第 9 章 |

定价与价格管理

营销活动由四个基本的战术要素组成，即产品、促销、分销和价格。企业通过前三个要素在市场中为顾客创造价值，通过价格从所创造的价值中获取收益。从企业的角度看，在营销组合因素中，价格是唯一能产生收益的因素，其他因素则表现为成本。企业定价与价格管理直接决定收益的大小和盈利率的高低。因为价格问题都可以用其他方面的策略解释，所以企业定价与价格管理方面的失误，一般很难被发现。本章介绍价格的内涵与企业定价权、价格的构成、价格目标、定价方法以及企业定价的程序与分析框架。

第 1 节　价格的内涵与企业定价权

价格是商品或服务与货币交换的比例。从生产经营者的角度看，价格是其劳动成果的体现，也是利润的源泉；从购买者或消费者的角度看，价格则是为得到一个单位的某种产品或服务而必须付出的货币成本。

一、价格的表现形式与价格分类

在没有其他限定条件下，价格指单价，即一个计量单位的某种商品与某种货币的交换比例。商品单价包括三项基本内容：(1) 计量单位，如一件、一个或一台等；(2) 计价货币，如人民币、美元或欧元；(3) 单位商品的价值金额，如每件 5 元、每吨 8 000 美元、每辆 30 000 欧元。

在国际贸易中，商品单价还包括价格术语。价格术语又称价格条件或交货条件，是在国际贸易中用来表明进出口商品的价格构成、买卖双方各自应承担的责任和风险以及负担的费用等术语，如“离岸价格”、“到岸价格”和“成本加运费和保险费价格”等。采用的价格术语不同，商品的单价也不同。

价格有多种不同的表现形式和分类方法。

根据交易商品的特点，价格可以分为商品价格、服务价格和要素价格。商品价格是指有形产品的价格，如工业品价格和消费品价格。服务价格是指通过市场进行交换的服务或劳务的价格，如运输业价格、餐饮业价格、旅游业价格、公用事业价格等。要素价格是指通过市场进行交换的生产要素的价格，如资本价格、劳动力价格、土地价格、技术和信息价格、企业家价格等。

根据商品的流转环节，价格可以分为出厂价、收购价、批发价和零售价等。出厂价是指制造商将其产品不经过任何中间环节直接对外销售时确定的价格。收购价是指批发或制造企业为转卖或加工而收购农副产品、原材料时确定的购买价格。批发价是指开展批发业务的企业，向购买一定数量商品的单位或个人出售商品时确定的销售价格，如工业品批发价和农产品批发价，产地批发价和销地批发价。零售价是指零售企业向个人或集团消费者出售商品的价格，如工业品零售价、农产品零售价、饮食业零售价、服务收费价格，全国统一零售价和地区零售价。

根据商品交易视角的不同，价格可以分为买价、卖价、成交价。买价是指购买者购买商品愿意支付的价格。在这个价格以下，购买者都愿意购买。卖价是指销售者在出售商品时能够接受的价格。在这个价格以上，销售者才愿意出售商品。成交价是购买者与销售者达成交易时的价格，它既等于或低于买价，又等于或高于卖价。在商店出售商品时，通常由销售者先标出卖价，购买者则根据自己愿意支付的价格（买价）决定是否购买。只要卖得出去，卖价就是成交价。在股票交易市场上，情况则有所不同。购买者与售卖者就一只股票随时给出买价和卖价，交易系统按照先价格、后时间的顺序自动撮合成交。有时可能出现只有卖价的情况，如标出售价但无人购买的房屋。也可能出现只有买价的情况，如一些中学附近的住宅楼常有人贴出求租房屋的小广告，但是没有人回复。当这两种情况出现时，就是人们常讲的“有价无市”。

另外，根据管理方式的不同，价格可以分为政府管制价格和市场调节价格。政府管制价格由政府主管部门制定产品价格或通过政策对产品价格进行指导或限制。比如，为了保护农民的利益，保障粮食市场的价格稳定，中国政府常常对一些重点粮食品种实行宏观调控，在主产区实行最低收购价格。当这些粮食品种的市场价格低于国家确定的最低收购价时，国家委托具有一定资质的粮食企业，按照国家确定的最低收购价收购农民的粮食，国家则给予粮食企业一定的补贴。市场调节价格也称自由价格，是指企业或其他生产经营者根据市场供求情况或买卖双方自由协商确定的价格，政府部门一般不进行直接干预。日常生活中人们购买的消费品大多属于这种价格。

二、价格的基础

价格的基础是价值。由于人们对于价值的认识不同①，所以对价格的基础认识也不尽相同。比如，劳动价值论认为，价值是凝结在商品中的一般的人类劳动，其大小由社会必要劳动时间决定。因此，凝结在商品中人类劳动的数量和质量是价格的基础。边际效用论则认为，商品价值由物品的稀缺性和效用决定。效用是人们对物品给其带来利益或满足程度的感觉和评价，与稀缺性相结合，就构成了人们对于一个物品价值的感知。这个感知是购买者衡量此物品的价格是否可以接受的基准。只有当购买者觉得物品的价值（即物品给其带来的利益）大于购买此物品所需货币的价值（即货币给其带来的利益）时，才可能购买。

按照营销学的传统，本书从购买者或消费者的角度理解价值，将价值看作顾客价值。

---

① 陈峻．中国价格鉴证通论．北京：中国物价出版社，1999：79-81.

顾客之所以会购买，是因为他认为所购买物品的价值（给他带来的利益或满足感）大于他手中货币的价值（给他带来的利益或满足感）。因此，市场交换不是按照等价交换的原则进行的。

我们从以下两种情况讲“价格的基础是价值”：其一，价值是购买者衡量一个价格是否可以被接受的最高基准——在正常情况下，购买者不会接受一个他认为价格大于价值的产品或服务；其二，企业必须向市场提供物有所值的产品或服务，即企业提供的产品或服务至少对于一部分购买者（一个细分市场）而言价值大于价格，否则企业没有存在的意义。因此，我们这里所讲的价值，从经验的角度看，就是所谓的“顾客感知价值”，即购买者所感知到的商品带来的利益或满足感。

顾客对于一个产品或服务的感知价值，来自于顾客对这个产品或服务带来的利益的感觉和知觉过程。感觉是人们对于事物属性的反映，如事物的色彩、味道、温度等。知觉则是在感觉的基础上，对某一事物属性的综合反映。人们通过感官看、听、闻、尝和摸等接收信息，然后选择一些信息经过整合形成知觉。感觉和知觉合称为感知。

不同的人对同一事物的感知是不一样的，同一个人在不同的时间或用不同的方式获得的感知也不相同，因此，顾客感知价值有很强的主观色彩。不同的人对于同一个产品价值的感知或判断是不同的，顾客感知价值也由此称为主观价值，这与产品的生产成本有很大的差别。不过，如果把顾客感知价值看作社会某一个群体感知到的一个产品或服务带来的平均利益，它就具有客观性，即不以某个人感知的改变而改变。从这个意义上讲，主观价值并不主观。

实际上，劳动价值论也不是那么客观。比如，当一个产品中内含简单劳动和复杂劳动时，虽然从理论上讲简单劳动和复杂劳动的换算比例有一个最合适的比例，但是在实际操作中这个比例是根本找不到的，解决的办法也是用社会平均值。

顾客对于产品或服务的感知价值常常会和其他人的感知价值不一致，甚至与社会平均的顾客感知价值有很大的差距。这可能源自以下两个原因：第一，他对商品带来的利益不了解或不关心；第二，他对每一单位货币的价值与他人有不同的感知。

图 9-1 显示了三个细分市场的顾客对同一数量货币（P）的价值有着不同的感知（V_1，V_2 和 V_3）。其中，同一数量货币的价值在细分市场 1 最大，在细分市场 2 次之，在细分市场 3 最小。容易看出，当 P 是一个产品或服务的价格时，只有顾客对于这个产品或服务的感知价值大于 V_3 时，才会有一部分顾客（即细分市场 3 的顾客）愿意购买；在顾客对于这个产品或服务的感知价值大于 V_2 时，细分市场 2 的顾客加入进来；只有在顾客对于这个产品或服务的感知价值大于 V_1 时，细分市场 1 的顾客才肯掏钱购买。

由此也可以看出顾客感知价值与经济学中市场需求曲线的逻辑关系。排除其他因素的影响，假设市场中的每一个顾客对商品 A 都有一个感知价值，从高向低排列，那么，当商品 A 的价格下降时，会有越来越多的顾客愿意购买。因为会有越来越多的顾客发现，当商品 A 的价格降到某一点时，他对商品 A 的感知价值会高于商品 A 的价格（实际上是货币的价值）。这是价格与需求量之间反向变化的根源。因此，顾客感知价值虽然具有较多的主观色彩，却有坚实的经验基础，不仅可以被观测或感觉到，而且也是顾客进行购买决策的依据。

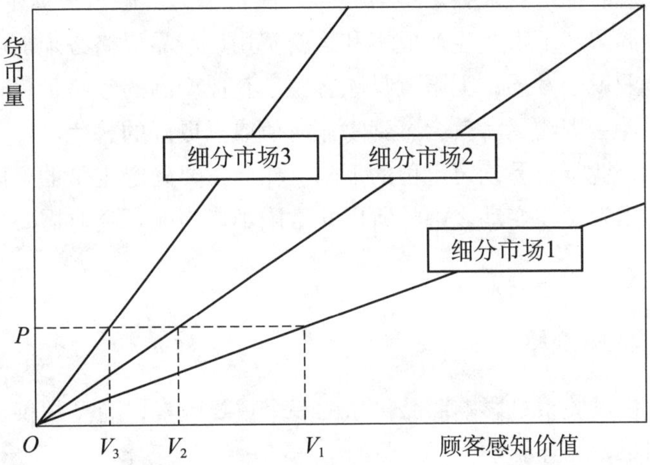

图 9-1 顾客对货币价值的感知

三、顾客感知价值与参考价格

顾客感知价值与参考价格很像。参考价格，又称为心理价格或保留价格，是指消费者在购买决策时用来与观测到的实际价格进行比较的心理标准。[①] 一般而言，观测到的价格低于参考价格时，消费者会感到物有所值，这是其购买的一个必要条件；反之，则会觉得物非所值，不愿购买。按照温纳（Winer，1988）的说法，“假设 P_o 是观测到的零售价格，P_r 是消费者个人内心的参考价格。P_o-P_r 为正，消费者就会感到物有所值；P_o-P_r 为负，消费者就会感到物非所值”[②]。只有在感觉物有所值甚至物超所值时，消费者才会考虑购买。换言之，与顾客感知价值类似，商品的参考价格也是购买者愿意购买该商品的最高价格。

参考价格也有与顾客感知价值的不同之处，它一般会低于顾客感知价值，因为它是顾客在有意或无意地整合各种相关因素（不仅仅是商品能够给他带来的利益或满足感）的信息后而形成的一个价格心理标准。

本书第 1 章第 1 节曾经提及：企业的产品仅仅满足购买者某方面的需求，让购买者觉得物有所值，还不足以保证在市场竞争中胜出，要想胜出，企业必须使其产品比竞争对手的产品有更高的利价比。这背后的原因，其实与参考价格有一定联系。影响顾客参考价格形成的因素很多，其中一个很重要的因素是市场上竞争产品的多少以及相对优劣程度。即使顾客对一种产品的感知价值不变，如果有更多的竞争产品参与且竞争产品更有优势，那么顾客也会对该产品形成较低的参考价格。因此，企业要想使其产品在市场竞争中胜出，就要想办法使顾客对其产品形成较高的参考价格。此时，即使企业的产品价格较高，顾客也会接受。当企业的产品价格较低或与竞争产品的价格相同时，顾客更乐于接受企业的产品，由此企业产品的市场占有率得以提高。

---

① Kalyanaram G，Winer R S. Empirical Generalizations from Reference Price Research. Marketing Science，1995，14（Summer）：161-169.

② Winer R S. Behavioral Perspective on Pricing：Buyers Subjective Perceptions of Price Revisited//Devinney T M. Issues in Pricing：Theory and Research. MA：Lexington Books，1988：35-57.

参考价格的概念有助于企业在定价时思考产品价格的上限。根据企业定价理论[①]，企业定价有上下两个界限：下限是生产成本和运营费用，产品价格必须能够弥补生产成本与运营费用，否则企业就会亏损；上限就是顾客关于企业产品的参考价格，企业的产品价格不能高于这一价格，否则购买者就会感到物非所值或有更好的替代品，从而放弃购买。根据内部成本核算，企业很容易确定定价的下限。然而，要确定定价的上限，因为涉及的因素太多，而且这些因素又在变动之中，所以非常困难，为此，企业需要进行深入细致的市场调研。

四、市场供求关系与价格

市场上商品的供求关系是影响商品价格的一个重要因素。商品的供求关系变动与商品的价格变动互为因果，相互影响。

价格变动所引起的需求量变动称为需求的价格弹性（简称需求弹性），反映出需求变动对价格变动的敏感程度。需求的价格弹性可以用需求弹性系数来测量，计算公式如下：

$$Ed=\frac{\Delta Q/Q}{\Delta P/P} \tag{9-1}$$

式中，Ed 表示需求弹性系数；Q 表示价格变动前的需求量；ΔQ 表示价格变动后需求的增量；P 表示初始价格；ΔP 表示价格的变动量。需求弹性系数就是需求量变动的百分比与价格变动的百分比之商。

需求弹性按弹性系数的大小可以分为三种类型：

第一，$Ed>1$，需求富有弹性，即价格上升或下降会引起需求量更大幅度的减少或增加。此时，降低价格，可以扩大销售，如果提价，则可能带来销量大幅滑坡。

第二，$Ed=1$，需求是刚性的，即价格的变动会引起需求量等比例的变动，如价格下降 10%，则销售量增加 10%；价格上涨 10%，销售量减少 10%。此时价格变动对销售量的变动影响不大。

第三，$Ed<1$，需求缺乏弹性，即需求量的变动幅度小于价格的变动幅度。此时提高价格，销售收入会增加；降低价格，销售收入会减少。因此，企业要慎用降价方法。

除此之外，需求与价格之间还存在交叉弹性，称为需求的交叉弹性，即一种产品的价格变动所引起的另一种产品销售量的变动率。需求的交叉弹性告诉企业：在产品定价时，不但要考虑价格变动对于某一产品销售的影响，还要考虑其他相关产品价格变动对该产品销售的影响。

五、竞争结构与企业定价权

总需求函数实际上是市场对生产某一类产品的所有企业需求函数的叠加。市场对于一个特定企业产品的需求函数因竞争结构的不同而有几种不同的情况，即完全竞争市场、垄断竞争市场、寡头垄断市场和完全垄断市场。不同的市场结构意味着不同的竞争程度，也

---

① 门罗．定价：创造利润的决策：第 3 版．北京：中国财政经济出版社，2005：1-11.

意味着企业不同的定价权。

在完全竞争市场上，有许多经营者和购买者，且经营者的产品极为相似，有很高的替代性。购买者则有完全的市场信息，能够准确判断所要购买产品的质量以及价格差异。在这样的市场上，企业产品的需求弹性趋于无穷大，需求曲线为一条与横轴平行的直线。当企业产品的价格高于市场价格时，销售量为零；低于市场价格，则要面对整个市场的需求量。因为市场上有很多的竞争者，且每个企业产品的需求弹性都无穷大，所以这个市场上的企业只能获得社会平均利润或稍低的利润。企业没有降价的空间和动力，因为降价意味着低于社会平均利润率，即如果把银行利率看作社会平均利润率的话，企业降价意味着亏损。在这一市场上，价格完全由市场决定，企业只是价格的接受者。这种完全竞争的市场在现实中很难找到，只是理论上的一种假设。在现实生活中，只能发现一些类似的例证，如以个体经营户为主体的自由市场。

在垄断竞争市场上，虽然也有许多竞争者，但是由于它们对自己的产品有一定的垄断性，所以能够以不同的价格进行交易。企业产品的需求曲线与总需求曲线相似，为一条由左上向右下倾斜的曲线。企业对产品的垄断性，来自于对自己的产品在质量、特点、式样、品牌形象以及服务上的差异化。因为存在差异，所以不同企业的产品之间并非完全可比，可以定不同的价格。在垄断竞争的市场结构中，企业对价格的控制程度取决于产品的差异化程度。产品差异化程度越高，企业对价格的控制能力越强。

在寡头垄断市场中，少数企业控制着整个市场，它们对自己的产品有很大的垄断性和定价权。企业产品的需求曲线也与总需求曲线相似，由左上向右下倾斜。根据产品的特征，寡头垄断市场可以分为纯粹寡头垄断市场和差别寡头垄断市场两类。在纯粹寡头垄断市场中，竞争者生产的产品没有差别；在差别寡头垄断市场中，竞争者生产的产品有明显差别。因为竞争者实力都比较强，所以虽然它们对自己的产品有很大的定价权，但是在改变价格时，要充分考虑竞争对手的反应，以免引起对整个行业都不利的价格战。

在完全垄断的市场中，一般只有一个销售者，多是政府垄断组织或获得政府授权的垄断性企业。市场对企业产品的需求一般缺乏弹性，需求曲线即总需求曲线。在完全垄断的市场中，企业对价格有很大的控制权，但是政府一般会对市场进行干预与管制，以防止企业获取过高的利润，损害消费者的利益。

企业的定价权受很多因素的影响。表 9-1 给出了一些具体因素。其中有一些与竞争结构有关，如主要竞争对手的数量、企业与竞争者的成本结构相似度、需求增长状况、市场进入壁垒和退出壁垒，有一些则与企业其他的营销环境因素有关，如顾客的地理分布、产品占消费或生产成本的比例、顾客忠诚度、品牌强度、品牌或产品象征意义以及政府管制。

表 9-1 决定企业定价自由度的因素

影响因素	企业定价的自由度	
	高	低
主要竞争对手的数量	很少	很多
企业与竞争者的成本结构相似度	小	大

续表

影响因素	企业定价的自由度	
	高	低
需求增长状况	速度快、稳定	速度慢、不稳定
固定成本与变动成本之比	低	高
过剩产能	小	大
顾客的地理分布	分散	集中
产品占消费或生产成本的比例	小	大
市场进入壁垒	高	低
市场退出壁垒	低	高
顾客忠诚度（转移成本）	大	小
企业与竞争者之间产品的差异程度	大	小
品牌强度	强	弱
品牌或产品象征意义	大	小
政府管制	无	有

六、价格的质量指示功能

如前所述，需求是价格的函数，并且一般情况下需求随着价格的涨跌呈反向变化。于是，当企业降低产品售价时，往往会问：销售量将增加多少？而当提高产品价格时，又要问：每单位产品增加的收益能否弥补销售量下降带来的损失？

这种价格观念虽然有助于经济学中的理论分析，但是由于忽视了消费者购买过程中心理因素的影响，所以常常与现实相悖。一些研究发现，购买者可能会把价格看作质量的指示器，这使得需求量会随着价格的上升而增大。①

市场上产品种类繁多，质量差异很大。为了购买到称心如意的产品，消费者不得不依靠各种各样的指示器判断产品质量的优劣。商标、包装、公司的规模、历史甚至财务状况都可以当作判断产品质量高低的依据，价格更是因其易于衡量的特性而成为指示产品质量的最重要的工具。

经验告诉人们，价格高的产品并不总是比价格低的产品质量好，但是高价产品比低价产品质量好的可能性要大。因此，消费者在选购商品时总是试图在花钱多少和风险大小之间做出平衡。为了躲避决策风险，消费者常常购买高价品牌或商品。另外，消费者个性、收入和商品的性质也会通过风险意识影响消费者的选择。缺乏自信的消费者更倾向于依据价格判断商品的质量。收入越低的人，在购买大宗商品时，越倾向于购买价格较高的商品，因为他们对风险的承受能力较弱。相对于主要部件，零配件的价格越高，对主要部件的功能影响越大，消费者越倾向于购买价高的产品。

① 庄贵军．价格的质量指示功能及其应用．中国物价，1994，(10)：21-24.

在企业定价中，恰当地运用价格的质量指示功能，能够使企业获得更多的利益。比如，质量高低难以判断且差异较大的产品、对主要部件影响较大的零配件以及礼品等，适合运用价格的质量指示功能定高价。追求商品的象征意义、缺乏自信以及不愿承担风险的消费者，最常用价格的质量指示功能判断产品的质量，也易受高价策略的影响。当然，企业定价的成功不能脱离其他营销因素。如果企业希望通过高价策略给消费者形成一个产品高质量的形象，还必须运用其他因素加强这种形象，如产品外观、包装、渠道和广告等。

第 2 节　价格构成

价格构成是指构成价格的各要素及其在价格中的组成状态或比例，这实际上是站在了卖方的角度。由于商品种类繁多，规格千差万别，经过的环节也不一样，所以其价格有不同的构成。表 9－2 显示了商品价格构成在生产、流通的不同环节上的具体因素。

表 9－2　商品的价格构成

<table>
<tr><th colspan="3">生产环节</th><th colspan="6">流通环节</th><th>增值税</th><th>含增值税价格</th></tr>
<tr><td rowspan="2">生产成本</td><td rowspan="2">工业利润
农业纯收入</td><td rowspan="2">消费税
资源税</td><td colspan="2">产地批发环节</td><td colspan="2">销地批发环节</td><td colspan="2">零售环节</td><td rowspan="2">生产的销售商品环节增值税</td><td rowspan="2">含税工业品出厂价格</td></tr>
<tr><td>流通费用</td><td>批发利润</td><td>流通费用</td><td>批发利润</td><td>流通费用</td><td>零售利润</td></tr>
<tr><td colspan="3">生产者价格</td><td colspan="2">进销差价</td><td></td><td></td><td></td><td></td><td rowspan="2">批发环节增值税</td><td rowspan="2">含税批发价格</td></tr>
<tr><td colspan="3">产地商业批发价格</td><td colspan="2"></td><td colspan="2">地区差价</td><td></td><td></td></tr>
<tr><td colspan="3">销地商业批发价格</td><td colspan="2"></td><td colspan="2"></td><td colspan="2">批零差价</td><td rowspan="2">零售环节增值税</td><td rowspan="2">含税零售价格</td></tr>
<tr><td colspan="3">零售价格</td><td colspan="6"></td></tr>
</table>

资料来源：翟建华，孙德峰．价格理论与实务，大连：东北财经大学出版社，2002：80. 有改动。

由表 9－2 可见，从供应者角度划分，商品的价格构成大致可以分成生产者价格构成和经营者价格构成。生产者价格构成是指商品在生产环节价格的构成。比如，工业品出厂价格的构成有三种情况：(1) 一般工业品出厂价由生产成本、工业利润构成；(2) 如果工业企业生产的是应税消费品，则出厂价格是由生产成本、利润和消费税三个因素构成；(3) 如果是矿产品开采和盐的生产企业，则出厂价格是由生产成本、利润和资源税三个因素构成。三种情况再加上工业生产环节增值税，则为含税工业品出厂价格。农产品收购价格由农产品生产成本和农业纯收益构成。

经营者价格构成是指商品在流通环节价格的构成。比如，产地批发价格由出厂价格（或收购价格）加产地批发企业流通费用和利润构成，再加上该环节的增值税，为含税产地批发价。销地批发价格由产地批发价格加销地批发企业的流通费用和利润构成，再加上该环节的增值税销项税额，为含税销地批发价。商品零售价格由批发价格加零售环节的流通费用和利润构成，再加上该环节增值税销项税额，为含税零售价格。我们在商店中购买商品时的价格，就是含税零售价格。

商品价格构成的具体因素有很多变化。生产成本、经营费用、税金和利润是四个基本要素。

一、生产成本

生产成本是指生产制造企业或其他生产单位（如农民）为生产产品或提供服务而发生的用货币衡量的各项费用。它是生产过程中各种资源利用情况的货币表现。

工业品生产成本由制造成本和期间费用构成。其中，制造成本是指与企业直接生产过程有关的物质消耗和工资支出，包括直接材料、直接工资和制造费用三个部分。直接材料是指在生产过程中消耗的原材料、辅助材料、备品备件、燃料和动力等；直接工资是指生产过程中所耗费的人力资源，可用工资额、补贴和福利费等计算；制造费用则是指生产过程中使用的厂房、机器、车辆及设备等设施及机物料和辅料，它们的耗用一部分是通过折旧方式计入成本，另一部分是通过维修、定额费用、机物料耗用和辅料耗用等方式计入成本。

期间费用指与直接生产过程无关但又与生产活动相关的费用，包括管理费用、财务费用和销售费用。

生产成本是衡量生产耗费的尺度，是计算生产制造企业盈亏的依据，也是企业制定产品价格的重要基础。生产制造企业只有当收入超出其为取得收入而发生的支出时，才有盈利。因此，生产成本限定了生产制造企业出售产品的最低价格。低于这一界限，生产制造企业就入不敷出，发生亏损。

二、经营费用

经营费用也称为销售费用或销售成本，指企业在销售产品、自制半成品和提供服务过程中所发生的各种费用，包括由企业负担的包装费、运输费、广告费、装卸费、保险费、委托代销手续费、展览费、租赁费（不含融资租赁费）和销售服务费、销售部门人员工资、职工福利费、差旅费、办公费、折旧费、修理费、物料消耗、低值易耗品摊销等。

设有独立销售机构（如门市部、经销部）的工业企业，其独立销售机构所发生的一切费用均列入销售费用。未设立独立销售机构且销售费用很小的工业企业，按照规定可以将销售费用并入管理费用。商业企业在商品销售过程中所发生的各项费用属于商品流通费用，一般不计入商品的经营费用，而是通过商品的进销差价来直接补偿。

经营费用又可以分为变动性经营费用和固定性经营费用。变动性经营费用是指企业在销售产品过程中发生的与销售量成正比例变化的各项经费，如委托代销手续费（代理商佣金）、包装费、运输费、装卸费等。固定性经营费用是指企业在销售产品过程中不随产品销售量的变化而变化的各项费用，如租赁费、销售人员的工资、办公费、折旧费以及销售人员培训费等。

三、税金

税金是纳税人依法向国家或地方政府缴纳的各种费用，如消费税、城市维护建设税、资源税、土地增值税等。它负担着国家和地方政府运转以及为国民提供服务所需的费用。国家安全、国家外交、社会基础设施建设、社会福利、教育、保健卫生、警察和消防等方面的支出，大多来自税金。

商品价格构成中的税金主要发生在生产制造企业的商品销售环节、批发企业的批发环节和零售企业的零售环节，除了免征、不征增值税的产品和服务，一般商品都包含增值税。

课税的基础是计税价格，即课税对象在计算应征税额时使用的价格，如消费税以出售产品的销售价格为计税价格，进口关税以到岸价格为计税价格。一般而言，计税价格越高，应纳税额越多。

商品的计税价格有含税价格和不含税价格两种形式。含税价格是产品或服务包含税金在内的销售价格。国家一般以含税价格为计税基础，含税价格乘以税率即为企业应纳的税金。企业以含税价格对外销售产品或服务，在取得销售收入之后，需要向税务机关交纳税金。不含税价格是不包含税金在内的产品或服务的销售价格。产品销售价格不含税通常有三种情况：一是国家规定对该产品不征税；二是国家对该产品免税；三是实行价外税制度。前两种情况一般适用于增值税以外的流转税，第三种情况一般适用于增值税或从量定额计征的税种。

四、利润

利润是企业生产经营成果的最终体现。由表 9－2 可见，利润发生在每一个生产或经营环节。企业的利润越高，绩效就越好。在市场经济体制健全的条件下，也意味着企业为顾客创造的价值和对社会的贡献越大。

利润有多种表现形式，如毛利润、利润总额、净利润和商品的单位利润等。

毛利润简称毛利，由企业的营业收入减营业成本而得。比如，企业的营业收入为 60 亿元，营业成本是 40 亿元，毛利就是 20 亿元。

毛利润减去经营费用和应缴纳的税金以后就是营业利润。比如，上述企业的经营费用为 5 亿元，按照营业收入的 20％缴纳税金，即应纳税额为 1.2 亿元，则其营业利润就是 13.8 亿元。

营业利润加上营业外收入减去营业外支出就是利润总额。比如，上述企业无营业外收入和支出，那么其利润总额与营业利润相等，都是 13.8 亿元。

从利润总额中减去按规定缴纳的企业所得税，就是净利润。净利润的计算公式为：

$$\text{净利润}=\text{利润总额}\times(1-\text{所得税税率}) \quad (9-2)$$

上述企业的企业所得税税率为 20％，其净利润就是 11.04 亿元。

商品的单位利润是指一个单位商品内所含的利润。它等于商品单价减去该商品内所含生产成本、流通费用和税金以后的剩余，也等于一种商品给企业带来的总利润额与该种商品销售量之商。它与商品价格的关系最为密切。

第 3 节　价格目标

企业的价格目标是企业通过为产品定价所要达到的目的，体现且服从于企业的营销目标。企业的营销目标包括销售目标、利润目标、满意目标和形象目标等（第 3 章第 5 节），企业价格目标则分为销售目标、利润目标、竞争目标和生存目标等。表 9－3 显示了它们的对应关系。

表 9－3　企业价格目标与营销目标的对接

价格目标	营销目标				
	销售目标	利润目标	满意目标	形象目标	……
销售目标	通过价格工具，提高销售额、销售增长率和市场占有率	通过价格工具，提高销售额的同时提高利润额，有时会有矛盾	通过价格工具，为顾客提供利价比更高的产品，扩大市场需求	通过价格工具，塑造高利价比形象，扩大市场需求	……
利润目标	以提高销售额为途径提高利润额，有时会有矛盾	通过价格工具，提高净利润、销售利润率和投资收益率	通过价格工具，为顾客提供利价比更高的产品，提高利润额	通过价格工具，塑造高利价比形象，提高利润额	……
竞争目标	通过价格工具，在竞争中提高或维持自己的市场占有率	通过价格工具，在竞争中提高或维持自己的利润水平	通过价格工具，为顾客提供利价比更高的产品，提高竞争力	通过价格工具，塑造高利价比形象，提高竞争力	……
生存目标	通过价格工具，在逆境中获得可生存的销售额	通过价格工具，在逆境中获得可生存的利润	满足顾客对“长尾”产品的需求	……	……
……	……	……	……	……	

如表 9－3 所示，价格目标中的销售目标与营销目标中的销售目标完全一致，目的都是提高或维持企业的销售额、利润额、销售增长率和市场占有率。不同之处在于价格目标中的销售目标主要通过企业定价和价格调整来实现，而营销目标中的销售目标不仅通过价格工具来实现，而且通过其他营销因素（如产品、促销、营销渠道和顾客关系管理）来实现。另外，价格目标中的销售目标与营销目标中的利润目标、满意目标、形象目标等虽然关注点不同，但是并不矛盾。

一、销售目标

销售目标是以销售额的增加为导向的价格目标，其目的是提高或维持市场占有率。这种价格目标的思路是先做大，再做强；以市场规模的扩大或市场占有率的提高，降低企业单位产品的生产成本和营销费用，达到盈利的目的。

市场占有率是企业经营状况和市场竞争能力的直接反映，关系到企业的兴衰存亡。产品具有较高的市场占有率，可以保证企业产品的销路，巩固企业的市场地位，从而使企业的利润稳步增长。市场占有率的高低常常比投资收益率更能说明企业未来的营销状况。有时，由于市场的不断扩大，企业的投资收益率可能很高，也获得了可观的利润，但是相对于整个市场来说，企业的市场占有率正在下降。这预示着企业产品在市场上的竞争力正在下降，企业未来的投资收益率或利润额会下降。因此，大多数企业在行业成长期都会以提高市场占有率为目标来定价。

但是，这种价格目标很容易引起行业内的价格战。当一家企业通过低价抢夺市场时，其他企业是不会袖手旁观的。先是失去地盘的企业会报复或反击，继而其他企业也会采取行动。当大家都希望采用这一价格目标时，价格战将无法避免。中国家电行业激烈的价格竞争就是一个很有代表性的例子。比如，在30多年的时间内，中国电视机制造行业的几大巨头长虹、康佳和TCL都曾经做过行业市场占有率的老大，但是整个行业一直挣扎在亏损的边缘。

二、利润目标

利润目标是指企业以获取利润为主要目标。获取利润是企业从事生产经营活动的最终目的，只能通过产品定价实现。获取利润目标可以再分为以下三种：

第一，以获取高的投资收益为目标。投资收益是在一定时期内企业的投资报酬与投资额之比。采用这种价格目标的企业，根据投资收益率，计算出单位产品的利润额，加上产品成本作为其产品的销售价格。

第二，以获取合理利润为目标。合理利润是企业在竞争条件下获得令自己满意的利润。采用这种价格目标的企业，往往不愿引起行业内过度的价格竞争，只以自己的平均成本为基础，加上令自己满意的或合理的利润作为产品的价格。

第三，以获取最大利润为目标。最大利润是企业在一定时期内能够获得的最高利润额。在激烈的市场竞争中，如果企业具备下列两个条件，则可追求利润最大化：一是企业的某种产品在技术或质量上占有优势，在市场上处于领先地位，短期内同行业竞争对手的力量不强，不足以对企业的市场占有率构成大的威胁；二是企业对市场需求情况和成本情况有精确的了解，可以计算出现有条件下使利润最大化的销量和价格。

以利润为目标的定价必须考虑利润是以产品的单位利润还是总利润来衡量。如果产品的单位利润高，但销售量小，总利润不一定高。因此，利润目标定价必须和产品的价格弹性联系起来才有意义。此外，竞争者的价格及价格变动也是需要考虑的因素，因为竞争产品的不同价格会影响企业产品的销售量。

三、竞争目标

竞争目标是指以应付和防止竞争为主要目的的价格目标。价格是企业最容易操纵的营销工具，但是价格变动的后果难以预测。其后果一方面取决于市场的反应，另一方面取决于竞争者的反应。一般而言，企业对同行业其他企业的价格变动会十分敏感，并采用以竞争者价格为参照的价格确定方法，以便应对和防止过度的价格竞争。根据自身条件的不同，企业可以采用的竞争目标分为以下三种：

第一，稳定价格目标，即以保持价格相对稳定，避免过度的价格竞争为目标。一般行业中的大企业或占主导地位的企业经常使用这种价格目标，以建立良好的竞争环境。如果其他企业与大企业达成共识，整个行业的产品价格不会有太大的波动，此时，大企业可以获得适中的利润，中小企业也有生存的空间。

第二，追随价格目标，即企业跟随竞争者定价，以应付竞争者价格变动对自己产生的不利影响。采用这种价格目标的企业，以竞争者的价格为定价依据，根据具体情况将产品的价格定得略高或略低于竞争者。如果竞争者的价格不变，企业维持原价；如果竞争者的价格有涨落，企业也跟随对价格做出调整。中小企业常常采用这种价格目标。

第三，挑战价格目标，即企业在具备强大实力或条件优越时，用价格手段挑战竞争者，以获取更大的市场份额。比如，采用大大低于竞争者的价格出售产品，抢占竞争对手的市场；低价入市，迫使弱小企业无利可图而退出市场或阻止竞争对手进入市场。

四、生存目标

利润目标、销售目标和竞争目标定价都是以利润增长为目的。然而，在面临困境且又缺少选择时，企业定价常常不得不采用以维持生存为目的的生存目标。比如，当产能过剩、竞争激烈或需求剧烈变动时，为了确保工厂继续开工和售出存货，即使无利可图，企业也必须按照某个价格出售。此时，生存比获利更重要。

市场上可能出现一些“长尾”产品，它们经过了产品生命周期的各个阶段，处于衰退期。此时，虽然市场在萎缩，销售额在下降，但是随着大量企业的退出，竞争者越来越少。如果企业能够生存下来，专门针对“尾巴”上的顾客营销，以生存为目标而定价，也可能有意想不到的收获。比如，有些生产中国传统戏服和传统工艺品的企业，常常采用生存目标定价，它们的存在对于保护中国传统文化意义重大。随着中国的崛起，中国文化在世界的流行，它们存在的意义将会逐渐被人们意识到、关注到。

第4节　定价方法

根据关注焦点的不同，企业定价方法可以分为需求导向定价法、竞争导向定价法、成本导向定价法和价格折扣法等。

一、需求导向定价法

需求导向定价法以顾客的偏好、生活方式、购买力、购买行为等因素为企业定价的关注点或依据，可以具体分为感知价值定价法、倒推定价法、需求差异定价法和心理定价法。

(一) 感知价值定价法

顾客对产品的感知价值是指顾客所认可的产品所带来的利益或满足程度。感知价值定价法就是根据消费者对产品价值在主观上的判断而确定产品价格的定价方法，也称为理解价值定价法或认知价值定价法。在实际操作过程中，顾客感知价值可以用参考价格来代替。

顾客对所购商品都有一个基本的价值判断，比如以某价格购入某商品是否值得。只有在物有所值的条件下，顾客才会购买；否则，顾客就会捂紧自己的钱包。感知价值定价法的核心就是企业要充分了解顾客对商品价值的主观判断，据此确定一个顾客能够接受同时又能使企业获利的价格。

企业了解顾客感知价值有两种方法：第一，市场测试法，即通过邀请有代表性的顾客对产品的价值进行评议，得出不同类型顾客对产品价值的判断；第二，营销创造法，即通过有针对性的广告宣传、市场定位和销售环境布置，使顾客产生一种定向判断，从而以相应的价格销售。示例 9-1 显示了一家拖拉机制造企业运用感知价值定价法。通过对比，说明将其拖拉机的价格定在 10 万元的合理性。

示例 9-1　某拖拉机制造商对其产品价格的说明

该公司采用积极的营销沟通，通过模仿购买者的决策过程（对比和计算），使购买者确信该公司每台拖拉机的真实价值是 11 万元，而不是 10 万元。因此，将价格定在 10 万元，实际上是给了购买者 1 万元的折扣。这符合购买者的购买决策心理，使购买者觉得物超所值。

采用这种方法定价时，企业需要考虑企业产品由于质量、服务、广告宣传等非价格因素在顾客心目中所形成的利益，并参照竞争产品所提供的价值和企业的成本费用，确定顾客购买的货币成本，即价格。价格确定以后，企业再预测在该价格水平上的销售量以及企业的总成本和总利润。图 9-2 可以更清楚地说明顾客感知价值定价法的思路。

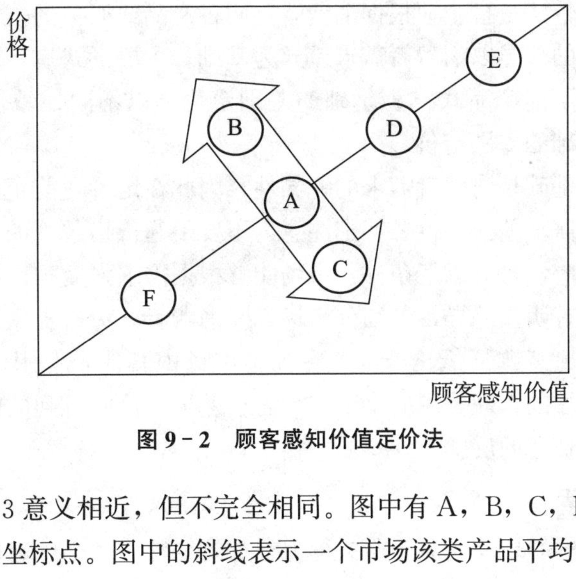

图 9-2　顾客感知价值定价法

图 9-2 与图 1-3 意义相近，但不完全相同。图中有 A，B，C，D，E，F 六个顾客感知价值与价格组成的坐标点。图中的斜线表示一个市场该类产品平均的利价比，即顾客感

知价值与价格之比。A，D，E，F四个点在这条线上。虽然这四个点的价格和顾客感知价值各不相同，但是其利价比是相同的，因此竞争力和竞争优势也基本相同。采用顾客感知价值定价法的企业，首先要搞清楚企业产品在顾客感知价值这条横轴上处于什么位置，然后根据行业竞争情况确定图中的斜线，最后找出企业产品的价格点。也可以反过来先确定一个价格，然后依据行业竞争情况确定图中的斜线，最后决定企业产品应该给顾客带来的价值。

按照C点定价，是企业的一个选项。这就是所谓的渗透定价——企业利用低于行业平均利价比的价格点销售产品，可以抢占更多的市场，提高产品的市场占有率。B点是企业尽量要避免的价格点，因为在此点上，企业产品的利价比低于行业平均利价比，企业会渐渐失去市场。

（二）倒推定价法

倒推定价法又称反向定价法，指企业根据产品的市场需求状况，通过试销、评估和价格预测，先确定消费者可以接受的零售价格，然后倒推出批发价格和出厂价格。出厂价格可以用下面的公式计算：

$$出厂价格=市场可销零售价格\times(1-批零差价率)\times(1-进销差价率) \quad (9-3)$$

采用倒推定价法的关键在于正确测定市场可销零售价格。考虑的主要因素包括：产品的市场供求情况及其变动趋势、产品的需求函数和需求价格弹性、消费者愿意接受的价格水平以及与同类产品的比价关系。

常用的测评方法有：第一，主观评估法，即由企业内外部专业人员参考市场上的同类产品，比质比价，并结合考虑市场供求趋势，对产品的市场零售价格进行测评；第二，试销评估法，即以一种或几种不同的价格在相似但不同的区域进行实地销售，根据销售结果判断市场可销零售价格水平；第三，顾客评估法，即采用上门询问、问卷调查、小组座谈等形式征求消费者意见，判断市场可接受的零售价格。

（三）需求差异定价法

采用需求差异定价法是指企业根据消费者对同种产品或服务的需求强度不同，制定不同的价格。价格之间的差异以消费者需求差异为基础。主要形式有：以不同消费者群体为基础的差别定价；以不同产品式样为基础的差别定价；以不同地域位置为基础的差别定价；以不同时间为基础的差别定价。

需求差异定价的基础是消费者需求的差异性，因此在定价之前企业需要以某种标准对市场进行细分。使用需求差异定价要特别注意，不要引起价格歧视的指控。企业在进行需求差异定价时，市场应该具备以下条件：市场能够根据需求强度加以细分，且细分后的市场之间在需求强度上有明显差异；各细分市场之间消费者认为所提供的产品是不同的，即高价市场的消费者不愿意购买低价产品；在高价市场中其他企业用低价竞争的可能性不大；市场细分后所增加的管理费用应小于实行需求差异定价所得到的额外收入；价格差异不会引起高价市场消费者的反感。

（四）心理定价法

顾客对产品价格的心理反应对于购买行为有重要的影响。心理定价法就是利用顾客对价格的认知心理来确定价格的方法。可分为以下几种形式：

（1）声望定价。在某些情况下，价格可以看作是产品质量的指示器。声望定价就是依据价格与质量的关系，将价格定得很高。当顾客对产品质量缺乏认识或者强烈追求名望时，采用这种定价方法非常有效。此时，价格低了，反而无人购买。

（2）尾数定价。零售商常常将产品价格定在整数以下，如 1.99 元、298 元、5 699 元。尾数定价有深厚的心理学基础。一般而言，消费者对于某个产品的参考价格都是整数，如消费者常常会这样想："这个产品如果高过 100 元（500 元，1 000 元，10 000 元），我就不买了。"如果这个产品标价 101 元（502 元，1 003 元，10 004 元），消费者很有可能选择不买。尾数定价能以很小的价格差异，让顾客感到便宜，对企业是有利的。如果同样小的价格差异运用于一般的价格之中（如 98 元和 95 元），消费者所感知的价格差异就很小，不能起到促销的作用。

（3）整数定价。整数定价与尾数定价正好相反，企业有意将产品价格定为整数，以显示产品具有较高的质量，多用于价格较高的耐用品或礼品，以及消费者不太了解的产品。

（4）招徕定价。用低价格吸引顾客，聚集人气。零售商店经常用这种方式在节假日促销。它们推出几种价格很低的商品，甚至低于成本，目的在于吸引顾客购买低价商品的同时，购买其他商品，以求增加总销售量。

（5）分级定价。企业将规格、型号、质量相近的商品划分为几个不同的等级，然后按等级定价。分级定价的目的有两个：第一，提供质量差异方面的信息，帮助消费者进行购买决策。一般的消费者在购买商品时，不可能对所购商品都具有专门知识。面对众多相似的商品，他们很难选择。分级定价利用质价联想，通过商品价格的差异，把有关商品质量差异的信息（不管是真实的，还是想象的）提供给消费者，引导消费者根据自己的收入水平，选择相应的商品。第二，扩大产品的差异，帮助生产经营者吸引更多的顾客。消费者在个性、习惯和爱好等方面千差万别。为了吸引不同的消费者，企业通过分级定价突出产品的差别，从而起到吸引不同消费者的作用。

二、竞争导向定价法

竞争导向定价法是以竞争者的价格和竞争行为为定价的关注点或依据，根据竞争者采取或可能采取的竞争战略确定自己的产品价格。具体方法包括高价陷阱定价法、低价排斥定价法、通行定价法、拍卖定价法和投标定价法等。

（一）高价陷阱定价法

高价陷阱定价法的含义是：当某种产品由企业独家生产时，企业可以根据产品在市场上的垄断情况，制定一个较高的价格，以此获得尽可能多的利润，而当其他企业进入该市场后，该企业突然降低价格，使价格降到竞争对手赔本销售的水平，迫使竞争对手退出市场。这种定价方法是以高价设置一个引诱他人进入的陷阱，然后以低价击垮竞争对手。

如果用在新产品定价中，这种定价方法就是撇脂定价。因为是创新产品，所以顾客没有判断其价格高低的参照物，愿意接受较高的价格。当企业将牛奶上面最富营养的一层油脂撇出以后，竞争者进入，此时再大幅度降价，让跟进的竞争者无利可图。

（二）低价排斥定价法

低价排斥定价法是指企业以低价排斥竞争对手、夺取市场份额的方法。这种方法与高价陷阱定价法相反，以较低的价格出售产品，目的是告诉竞争者本市场无利可图，阻止其他竞争者进入。

如果用在新产品定价中，这种定价方法就是渗透定价。因为是新产品，消费者不了解，所以企业用低价吸引消费者购买和试用，一方面抢占市场和确立市场地位，另一方面阻止竞争者进入。

（三）通行定价法

由于高价陷阱定价法和低价排斥定价法在一定程度上会挑起或激化企业之间的价格竞争，所以当企业希望市场稳定或在市场上无竞争优势时，就可以采取通行定价法。采用通行定价法的企业，将产品的价格设定在行业平均水平上下，因此也叫随行就市定价法。

这种“随大流”的定价方法，主要适用于需求弹性较小或供求基本平衡的产品。在这种情况下，单个企业提高价格就会失去顾客，而降低价格，需求和利润也不会增加。这种定价方法具有以下优点：第一，在企业产品成本难以预算、分解时，这是一种简便易行的定价方法；第二，因为有助于行业的稳定，所以有利于行业的健康发展；第三，行业通行的价格反映了行业平均的生产成本和利润要求，按通行价格定价有助于形成全行业的竞合关系，与同行和平共处，减少市场风险。

（四）拍卖定价法

在商品交易中，有一种独特的竞争定价方法是通过拍卖的方式来定价。拍卖定价法一般是通过公开价格竞争的方式形成交易价格。比如，由参加购货的买主对卖主最初的要价进行加价，谁加到最后，谁就是买主，最后的出价是成交价。再如，拍卖人最初叫一个高价，然后逐渐降低，直到有一个买主愿意购买为止。

（五）投标定价法

投标定价法是投标方根据招标方的规定和要求进行报价而确定价格的方法，一般由一个卖主（或买主）对两个以上相互竞争的潜在买主（或卖主）的报价择优成交。有密封投标和公开投标两种形式，主要适用于提供成套设备、承包建筑工程、设计工程项目、开发矿产资源或大宗商品订货等。在满足招标方基本要求的情况下，中标者往往为报价最低的企业。

企业参加投标时，如何决定价格是成功的关键。报价过高，则利润大，但中标机会小；报价过低，中标机会大，但利润也低。最佳的报价应是预期利润最高的价格。不过，中标概率的大小很难估计，涉及与竞争者的博弈。

三、成本导向定价法

成本导向定价法是以企业利润目标和成本结构为企业定价的关注点或依据。这种定价方法虽然简便易行，但是容易忽视顾客对产品价值的感知和市场竞争的要求。成本导向定价法又可以分为目标收益定价法和成本加成定价法。

（一）目标收益定价法

目标收益定价法是盈亏分析方法在企业定价中的具体运用，其定价基础是企业事先为自己确立的一个目标收益或目标收益率。目标收益定价法的计算公式为：

$$单位产品价格=\frac{固定成本}{销售量}+单位变动成本+单位产品的目标收益 \tag{9-4}$$

以目标收益作为定价基础，企业需要对销售量做出估计。然而，销售量与价格密切相关，二者互为因果关系。因此，在价格不确定的情况下预测销售量，极其困难，有很大的不确定性或风险。如果市场需求低于企业的预测，那么应用这种方法定价企业可能亏损；相反，如果市场需求高于企业的预测，那么企业也会因为定价过低而蒙受不必要的利润损失。这是企业应用这种方法进行定价的难点所在。

（二）成本加成定价法

企业在生产经营中的各项费用，必须在销售收入中得到补偿，这是成本加成定价法的依据。从理论上讲，产品价格应根据企业的完全成本，加上应纳税金和合理的利润得出。在实际应用中，成本加成定价按照下面的公式计算出产品售价：

$$价格=\frac{完全成本\times(1+成本加成率)}{1-税率} \tag{9-5}$$

式中，成本加成率＝利润率÷成本率×100%，表示单位产品的利润额与成本额之比。成本加成率的确定通常有两种方法：第一，固定加成，即不论市场状况、需求弹性、消费者偏好和收入等因素如何变化，都采用固定的加成率；第二，变动加成，即根据企业产品实际销售状况，结合市场形势，在不同的市场条件或不同的时期采用不同的变动加成。

成本加成定价法有以下优点：首先，从企业角度来看，计算成本比计算顾客感知价值更精确，也更便捷；其次，成本加成定价能使企业在生产和销售中消耗的各项费用得到补偿；再次，同行业的企业均采用该方法时，各企业的价格基本相似，可以避免或减少行业内的价格竞争。

成本加成定价法的缺点主要表现在：不能反映市场需求与消费者对于产品价值的理解。另外，若企业为多品种经营时，很难找出一种通行的成本分摊方法，特别是对间接费用的分摊。

四、价格折扣法

价格折扣法是一种以企业原定价格为着眼点或依据的定价方法。企业按照产品或服务的原定价格给予购买者一定的让利或折扣。价格折扣有多种不同的目的，比如促销、应付竞争、反季节销售、加大货款的回收力度等。如果应用得当，价格折扣不仅可以增强企业产品的竞争力，还可以有效地维持与顾客的关系。价格折扣主要有下列几种方式：

（1）现金折扣，即当场给付清货款的购买者提供的一种优惠，以鼓励顾客提早用现金付款。采用这种方法，企业可以及时收回货款，增加可用现金，加速资金周转。

（2）数量折扣，即为了鼓励消费者大批量购买，企业根据一次或一定时期内多次购买的数量，分别给予不同的价格优惠，有累计折扣和非累计折扣两种形式。非累计折扣是一次性的，累计折扣是一定时期内多次累积的。

（3）季节折扣，即企业对在销售淡季购买产品的顾客所给予的价格优惠。它常常在一些商品的反季节销售时使用。

（4）功能折扣，也称交易折扣，是一种专门针对中间商的折扣。它是为了鼓励中间商更多地购买和销售企业的产品而提供的折扣。此外，当生产制造企业希望中间商承担更多的渠道功能（如帮助生产制造企业促销或为生产制造企业提供市场信息）时，也会通过商谈，提供功能折扣。

（5）旧货折让，即顾客购买产品时如能提供同类或同品牌的旧产品，则旧货的折价可以抵扣所购买新产品的价格。这种价格折扣方式常用于耐用消费品的销售，可以提高产品更新换代的速度。

第 5 节　企业定价的程序与分析框架

企业定价没有一个统一的程序，不同的企业可能会有不同的做法。第 7 章第 5 节提供的逻辑框架，在企业定价时也适用，只是需要针对价格因素做一个变通，先对企业产品的目标市场和价格现状进行回顾和分析，然后据此确定企业的价格目标，选择定价方法，制定和实施价格方案，如图 9-3 所示。

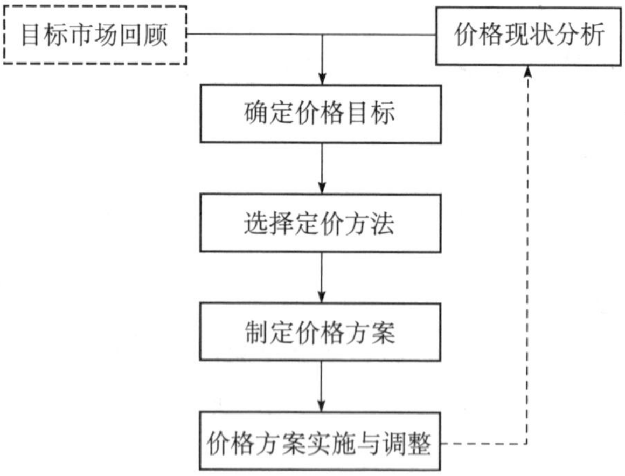

图 9-3　企业定价的程序

一、目标市场回顾

根据确定营销因素组合的逻辑思路，在确定价格策略之前，需要先对企业产品的目标市场及其特点进行系统的回顾。表 9-4 体现了这一思路，即企业根据目标市场的特点来思考、选择和确定价格因素。

表 9-4　制定产品价格的思路

目标市场	价格因素					
	顾客价值	顾客成本	利价比	价格目标	定价方法	其他
Who						
What						
Why						
When						
Where						

因为关于目标市场特点的分析是企业制定营销战略的依据，所以在正常情况下，企业在定价时直接使用此前的分析结果就可以了。然而，在定价时，企业可能并没有掌握多少与定价高度相关的数据和信息，比如反映顾客价值感知的数据和信息。另外，企业也可能在执行某一营销战略过程中发现某一产品的价格方面存在问题，需要对价格进行调整。此时，它面对的是与原来不同的环境。在这两种情况下，企业都需要对目标市场的特点重新进行分析。

使用这一分析框架确定价格因素，企业首先要针对目标市场的 5W 系统地思考和分析企业产品在哪些方面（与哪个 W 有关）给顾客带来什么利益（即顾客价值），为了获得这一利益，顾客需要在哪些方面（与哪个 W 有关）付出什么成本（即顾客成本），以及企业产品的利价比（即顾客价值与顾客成本之比）优势如何，以此来确定企业产品的价格现状，分析产品在价格上是否具有优势。

然后，针对目标市场的 5W，进一步思考提高顾客价值、降低顾客成本的方法和途径，提高企业产品的利价比或竞争优势。其中，涉及企业如何控制产品的生产成本和营销费用的问题。比如，为了提高企业产品的顾客价值，企业需要增加生产成本和营销费用，此时，把生产成本和营销费用控制在一定的限度内，可能是提高企业产品利价比的关键。再如，为了降低顾客成本，企业需要降低产品价格，这又会涉及如何降低生产成本和营销费用的问题。

在此基础上，企业再根据目标市场的 5W，综合考虑其他影响因素，选择和确定企业产品的价格目标和定价方法。由于对企业产品的价格现状和未来调整方向心中有数，所以企业制定出的价格方案就会更符合实际，也更具有可操作性。

以上这些内容，都可以在表 9-4 中进行。企业的价格制定者需要先认真考虑每一格已有的或可能有的内容；然后，将其思考的结果以一一对应的方式置于每一格中，比如用缩略语的形式将其标注在每一格中（有些格中可能没有内容）；再次，思考结果的相容与不相容之处，将相容的结果整合，在不相容的结果之间做出选择；最后，制定出不相矛盾的价格方案。

二、价格现状分析

价格现状分析的目的在于了解企业产品价格的优势或劣势。顾客感知价值与价格定位图（见图 9-2）描述了顾客对企业产品的价值感知与企业产品价格的对应关系，可以用来确定企业产品的价格优势或劣势。

使用顾客感知价值与价格定位图进行价格现状分析的关键是确定市场上同类产品顾客价值与价格之比的平均值，即图中的斜线。为此，企业需要进行深入的市场调查与分析，具体的方法与操作程序可以参考本书第 3 章的内容。市场上同类产品顾客价值与价格之比的平均值确定以后，企业就可以绘制出该市场上同类产品的顾客感知价值与价格定位图，并依图分析。一般而言，图中斜线以下的产品处于能够提高市场份额的位置，斜线以上的产品处于会失去市场份额的位置；斜线以下的产品有竞争优势，斜线以上的产品存在竞争劣势；刚好压在斜线上的产品处于行业或市场的平均水平，既无竞争优势，也无竞争劣势，如果其他企业产品的利价比不发生大的变化，则该产品能够保持市场占有率。

顾客感知价值与价格定位图是一个非常有用的工具，它不仅可以用来帮助企业分析产品的价格现状，还可以用来帮助企业确定价格目标和定价思路。下面从三种情况说明企业的产品价格所处的劣势地位、优势地位和中等地位。

（一）劣势地位

企业的产品价格处于劣势地位，即企业的产品价格处于图 9-2 中 B 的位置。这意味着企业产品的顾客感知价值与价格之比低于市场平均值。此时，企业的产品正在失去市场份额或有失去市场份额之虞，因此企业应该以销售目标和生存目标为主要的价格目标。

如图 9-4 所示，企业可以通过以下三条途径改善产品在市场中的地位，实现价格目标。

途径 1，保持价格水平，提高顾客感知价值，如为顾客提供更多的利益。此时，需要其他营销因素的配合，如通过广告树立产品的品牌形象，为顾客带来更大的形象价值；通过增加服务项目或提高服务质量，为顾客提供更多的服务价值。

途径 2，保持顾客感知价值，降低价格。这是仅通过价格因素就可以做到的。

途径 3，降低价格的同时，提高顾客感知价值或利益。这需要其他营销因素的配合。

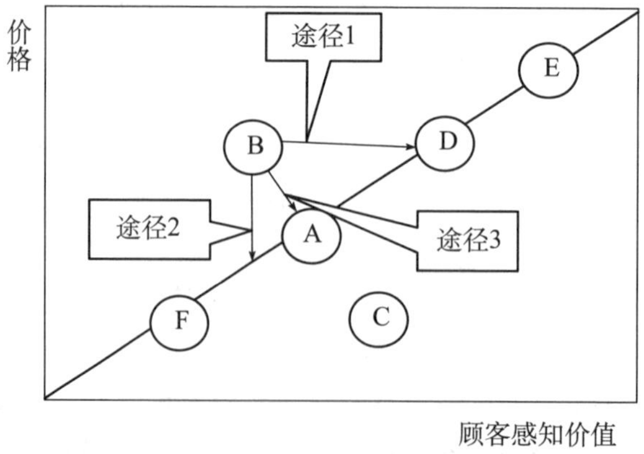

图 9-4　企业的产品价格处于劣势地位

（二）优势地位

企业的产品价格处于优势地位，即企业的产品价格处于图 9-2 中 C 的位置。这意味着企业产品的顾客感知价值与价格之比高于市场平均值，企业的产品正在获得更多的市场份额，企业的价格目标可以是销售目标、利润目标和竞争目标。

如图 9－5 所示，企业可以通过以下几条途径巩固其产品在市场中的地位，实现其价格目标：

其一，如果企业采用的是销售目标和竞争目标，可以维持现有价格水平不变，继续增加产品的市场份额，即途径 1。此时，企业需要关注的是其他企业产品利价比的变化，确保自己产品的利价比高于其他企业。

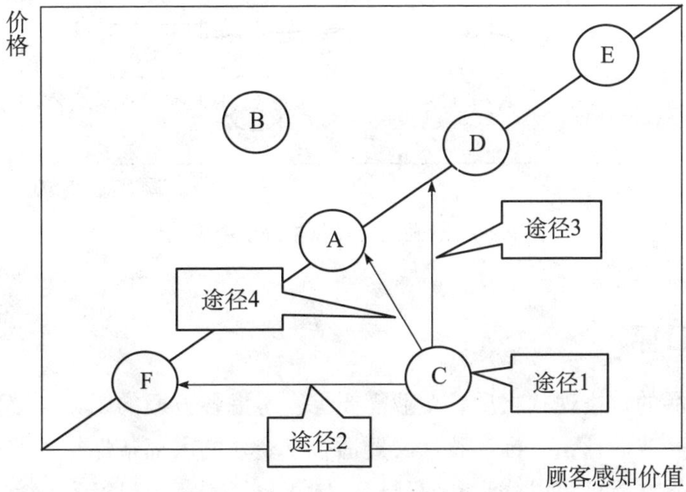

图 9－5　企业的产品价格处于优势地位

其二，如果企业采用的是利润目标，可以根据自己的具体情况选择采用图 9－5 中的以下途径：途径 2，即保持价格水平，降低顾客感知价值及相关成本，增大利润；途径 3，即保持现有顾客感知价值或利益，提高价格水平，增大利润；途径 4，即综合使用提高价格和降低顾客利益的手段，增大利润。此时，企业实际上是在利用其优势地位，减少投入，收获成果，需要其他营销因素的配合。

（三）中等地位

企业的产品价格处于中等地位，即企业的产品价格处于图 9－2 中 A 的位置。这意味着企业产品的顾客价值与价格之比处于市场平均水平，企业的产品可以在一定的时期内保持相对固定的市场份额。此时，企业的价格目标应该以竞争目标和生存目标为主。

如图 9－6 所示，企业可以通过以下途径开展市场竞争或维持产品的市场份额：

其一，如果企业采用的是生存目标，可以维持现有价格水平不变，即图中途径 1。此时，企业需要密切关注其他企业的价格变化，一旦其他企业降低价格，其市场份额将会流失。

其二，如果企业采用的是竞争目标，可以根据具体情况选择采用图 9－6 中的以下途径：途径 2，即提高价格和顾客感知价值或利益，开发高端市场；途径 3，即降低价格和顾客感知价值或利益，开发低端市场；途径 4，即保持价格水平，提高顾客感知价值或利益，增强企业在价格上的竞争力。这几种途径都可以维持甚至提高企业产品的市场占有份额，也都需要其他营销因素的配合。

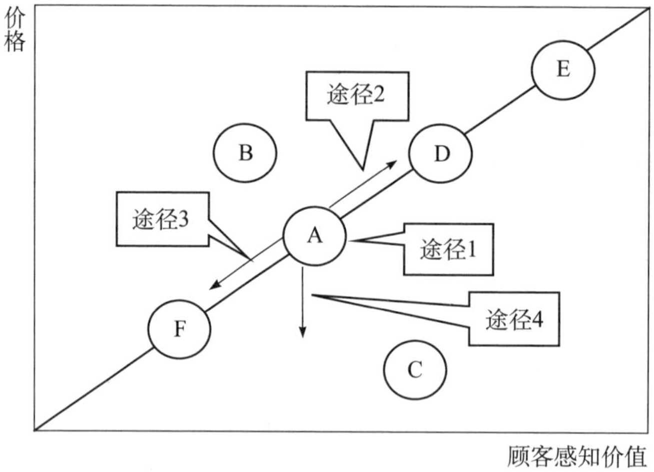

图9-6 企业的产品价格处于中等地位

三、确定价格目标

在明确了产品的价格现状之后，企业需要综合考虑各方面的因素，确定一个合理的价格目标，既要与企业的营销目标一致，又要适合于企业的内部条件与外部环境。

企业定价的基本目标可以分为利润目标、销售目标、竞争目标和生存目标。在企业进行定价时，可以取其一种，也可以将各种价格目标进行某种组合，确定更明确的价格目标，以便于执行与操作。例如，可以将企业的价格目标细化为以下一些类型：长期利润最大化；短期利润最大化；增长；稳定市场；减小顾客对价格的敏感度；维持价格领导地位；阻止进入者；促使弱势企业退出市场；避免政府调查与控制；维持中间商的忠诚与支持；提升企业及产品的形象；促进最终顾客的公平认知；让顾客对产品产生兴趣与惊喜；提升产品线中弱势产品的销售；阻止其他企业降价；增加市场流量。[①]

企业还可以根据顾客感知价值与价格定位图中企业产品的地位，选择和确定企业的价格目标。比如，在企业的产品价格处于劣势地位时，以生存目标为主确定价格目标；在企业的产品价格处于优势地位时，以利润目标为主确定价格目标；在企业的产品价格处于中等地位时，以竞争目标为主确定价格目标。

四、选择定价方法

选择定价方法就是要根据企业的价格目标，选择恰当的定价方法。企业定价的基本方法有需求导向定价法、竞争导向定价法、成本导向定价法和价格折扣法。具体操作时，可以使用表9-5所示的方法，将企业的价格目标和定价方法结合起来考虑，以保证所选择的定价方法为企业的价格目标服务。

① Oxenfeldt A R. A Decision-Making Structure for Price Decisions. Journal of Marketing，1973，37（January）：50-57.

表 9-5　定价方法的选择

定价方法	价格目标			
	利润目标	销售目标	竞争目标	生存目标
需求导向定价法				
竞争导向定价法				
成本导向定价法				
价格折扣法				

选择定价方法的思路如下：

首先，确定企业可以使用的定价方法。比如在提出需求导向定价法时，企业可以使用的具体定价方法有感知价值定价法、倒推定价法、需求差异定价法和心理定价法等。

其次，确定每一种定价方法的选择依据。比如在新产品定价时，企业决定使用竞争导向定价法中的高价陷阱定价法（撇脂定价）或低价排斥定价法（渗透定价），表 9-6 是新产品定价方法的选择依据。

表 9-6　新产品定价方法选择

选择依据	渗透定价条件	撇脂定价条件
销售推广工作	很少	很多
产品特性	普及产品	特殊性
生产方式	标准成品方式	定制
市场大小	普遍性市场（大）	选择性市场（小）
产品时效性	长销品	短时即消失
技术更新	技术稳定	技术创新速度快
生产资料使用方式	劳动力密集	知识密集
市场占有率高低	市场占有率高	市场占有率低
分销渠道长短	短渠道	长渠道
收回成本时间	长期收回	短期收回
产品兼用的可能性	单一用途	多种用途
服务工作	少	多
产品使用寿命	短	长

再次，评估每一种定价方法完成企业价格目标的效能。比如，可以在表 9-5 的空格处填上每一种定价方法完成企业价格目标的可能性以及优缺点。

最后，在上一步的基础上对各种方法进行比较，确定一种或几种企业认为能够较好完成价格目标的定价方法。

五、制定价格方案

制定价格方案这一步实际上是对企业整个价格决策过程所做的一个总结，一般以策划方案的形式出现。策划方案的内容包括：价格策划的目的；对企业营销目标、目标市场和竞争者的分析或回顾；企业产品的价格现状分析；价格目标的选择及其依据；定价方法的选择及其依据；价格方案实施的明细规定，如具体工作的任务、负责人、时间和目标；其他营销因素需要做出的配合。

策划方案的文本格式，包括标题、前言、目录、摘要、正文、结论和附录等。详细内容可参考第 7 章第 6 节营销策划书的主要内容和一般格式。

六、价格方案实施与调整

在制定了价格方案之后，企业需要将其付诸实施。在实施过程中，企业一方面要对方案实施过程进行控制；另一方面要根据环境的变化（如竞争者的价格变动、原材料价格的涨跌等）对价格做出适时调整。

企业可能利用自己的价格优势，主动对价格进行调整，也可能为了应对竞争者的挑战而对价格做出被动调整。无论是主动还是被动的价格调整，形式不外乎降低价格和提高价格两种。

调低价格常用于以下几种情况：（1）产品供过于求，生产能力过剩；（2）市场竞争激烈，产品市场占有率下降；（3）生产成本下降，企业通过降价可以获得更高的市场占有率；（4）企业新产品上市，对老产品进行清仓处理；（5）企业急需回笼资金。

调高价格则常用于：（1）通货膨胀或原材料价格上涨，引起企业成本增加；（2）产品供不应求，暂时无法满足市场需求；（3）政策、法规限制消费，要求企业通过提价遏制某些产品（如香烟或居民用电等）的消费；（4）改变产品形象，利用顾客质价联想的心理，通过提价提升品牌形象。

因为调高价格往往会引起消费者或用户的反感，而调低价格则可能引发行业内竞争者之间的价格战，所以价格调整要讲究技巧。当需要变动时，可以先通过产品容量的增减间接调整价格。例如，酱油生产企业在其产品包装上注明“送 20%不加价”，这实际是在降价。如果瓶装酱油每瓶的容量从 600 毫升下降为 500 毫升而价格没有变，那么这实际是在提价。不过，在使用这种方法调整价格时要注意：如果增加产品容量，增加量要在顾客的差别阈限之上，让顾客能察觉到；在减少产品的容量时，减少量要在顾客的差别阈限之下，让顾客对差别不敏感。

当必须对价格本身做调整时，也要慎重，不要轻易做大幅度的调整。因为价格调整本身可能有负面的磁滞效应。一旦提价把消费者赶到竞争者那里去，再想通过降价把他们拉回来可就不容易了。或者一旦降价让消费者得了实惠，再想把价格提上去，可能会引起消费者更大的反感。

▶ 思考题

1. 你如何理解“价格的基础是价值”这句话？
2. 为什么说“市场交换不是按照等价交换的原则进行的”？
3. 参考价格对企业定价有什么作用？
4. 价格构成有哪些基本要素？

5. 企业的价格目标分为哪几种类型？它们与企业的营销目标有什么关系？
6. 企业的定价方法有哪几种？各有什么优缺点？
7. 企业定价的程序分为哪几个步骤？
8. 企业在什么情况下需要进行价格调整？
9. 分析书末案例7，回答案例后面的问题。

| 第 10 章 |

营销渠道管理

常常听到企业抱怨，它们的产品价格虽然贵一点，但质量很好，性价比可能更胜一筹，为什么就卖不动呢？当有这种疑问时，企业最好先看看渠道，看看合作伙伴是怎样销售产品的。问题很可能出在那里。本章将介绍营销渠道的功能与结构、渠道管理的特点与程序、渠道设计与策略选择、渠道成员选择以及渠道合作与控制。

第 1 节　渠道的功能与结构

营销渠道（marketing channels），简称为渠道，指的是产品或服务转移所经过的路径，由参与产品或服务转移活动以及使产品或服务便于使用或消费的所有组织构成。营销渠道的起点是生产制造商，终点是消费者或用户。中介组织包括中间商（如批发和零售企业）和其他一些帮助转移所有权的组织，如银行、广告商、市场调研机构、物流企业等。图 10－1 是渠道的简单模型，其中图 10－1（a）是消费品的渠道模型，图 10－1（b）是工业品的渠道模型。

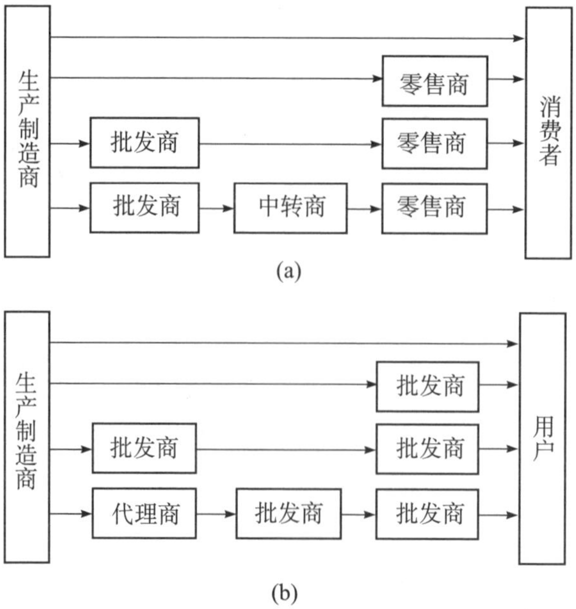

图 10－1　渠道的简单模型

由图 10－1 可见，制造商的产品或服务可以经过多条渠道到达消费者或用户手中。有的渠道经过的环节多一些，涉及较多的中介机构；有的渠道经过的环节少一些，涉及较少的中介机构。

一、渠道参与者

凡是在营销渠道中发挥一定作用的组织或个人都是渠道参与者，包括生产制造商、批发商、零售商、消费者以及其他发挥某种重要功能的企业。根据是否涉及商品所有权的转移，渠道参与者大致可以分成两类：一类是成员性参与者，如生产制造商、批发商、零售商和消费者或用户等；另一类是非成员性参与者，如运输公司、仓储公司、物流公司等[①]，如图 10－2 所示。

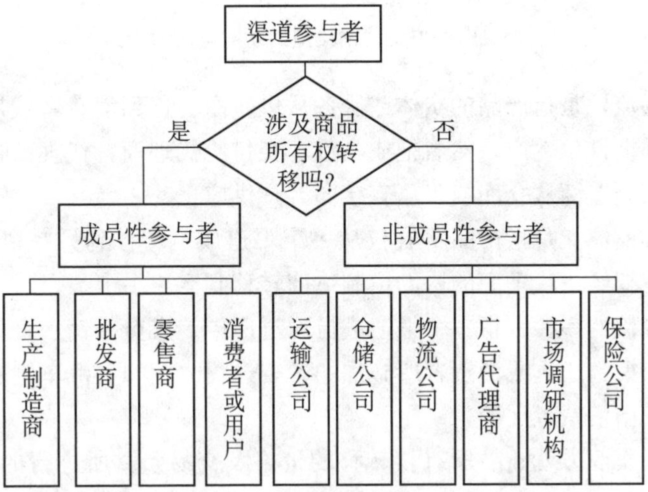

图 10－2　渠道参与者的分类

每一个渠道参与者都发挥着这样或那样的功能。虽然一些渠道参与者在物流、信息流和促销流中发挥着重要作用，但是与供应者之间不存在商品所有权的转移和关于商品所有权转移的谈判。这种不涉及商品所有权转移的渠道参与者称为非成员性参与者。反之，则称为成员性参与者或渠道成员。渠道的主要功能和渠道结构一般是按成员性参与者来分析的。

二、渠道功能

渠道的功能是消除或缩小产品供应与消费需求之间在时间、地点、产品品种和数量上存在的差异，高效和顺畅地在恰当的时间、恰当的地点、以恰当的形式将产品或服务提供给恰当的人。具体而言，包括媒介交换、实体分销、信息传播、接洽与谈判、争取与接受订货、商品组配、风险承担和融资等功能流程，如图 10－3 所示。

① Rosenbloom B. Marketing Channels. 3rd ed. Chicago：The Dryden Press，1987：26-28.

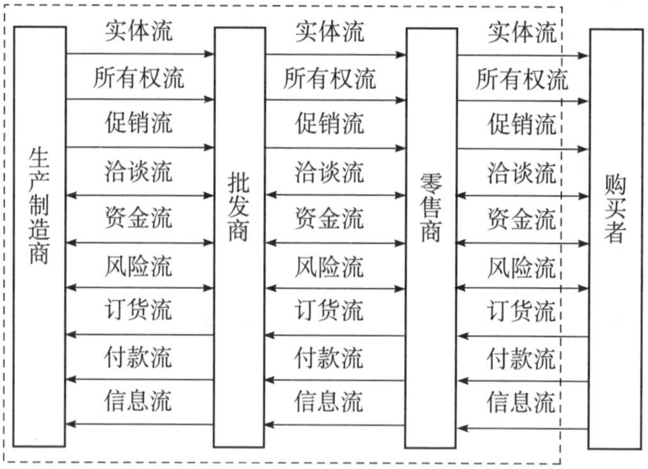

图10-3 营销渠道的功能与流动

实体流也称物流，是指产品的实体或服务从供应商转移到消费者或用户的过程。以汽车为例，制造商根据订单生产，然后把成品汽车交付给代理商，代理商再运交顾客。当订单较大时，也可由制造商从仓库或工厂直接向客户供应。

所有权流也称商流，是指产品所有权从一个渠道成员转移到另一个渠道成员的过程。比如，汽车的所有权经由代理商的协助由制造商转移到客户手中。

促销流是信息流的一种，指一个渠道成员通过广告、人员推销、宣传报道、销售促进等活动，对另一个渠道成员或消费者所施加的影响过程。比如，汽车制造商向代理商和消费者促销，代理商向消费者促销。

洽谈流是指买卖双方就商品所有权转移的价格及交易条款所进行的谈判过程。例如，代理商必须就汽车的价格、交货日期、付款方式等问题与汽车制造商进行谈判，而购买者也必须就这些问题与代理商进行谈判。

资金流是指各成员之间伴随所有权转移所形成的货币支付流程，如现金流或信用流。

风险流是指各种风险伴随着产品所有权在各成员之间的转移。这些风险包括产品过时和报废，以及由于自然灾害、经济不景气、竞争加剧和需求萎缩等因素所造成的有形或无形损失。

订货流是指渠道的下游成员为上游成员争取、接收和发出订单的过程。比如，汽车的购买者向代理商下订单，代理商向制造商下订单。

付款流是指货款由下游成员向上游成员流动的过程。例如，汽车的购买者通过银行或其他金融机构向代理商支付账单，代理商扣除佣金后再将货款付给制造商。

信息流在这里特指市场信息流，而不包括促销信息。因此，信息流指各渠道成员之间相互传递市场需求信息的过程。例如，汽车销售代理商将所收集到的购买者或竞争者的信息传递给汽车制造商，制造商据此进行生产或营销。

这些流程将组成营销渠道的各类组织机构联系起来。其中，最重要的是实体流、所有权流、付款流和信息流。不同流程的流向也有很大区别。实体流、所有权流、促销流是从生产者流向最终消费者或用户；付款流、信息流和订货流是从消费者或用户流向生产者；

而资金流、洽谈流及风险流则是双向的，因为成员之间达成交易，谈判、风险承担及资金往来均是双向的。

渠道功能有一个重要的原理：企业可以通过渠道的结构调整，取消或替代一些渠道参与者，但是那些参与者所发挥的功能不能被取消；当一些渠道参与者被从一条渠道中取消之后，它们的功能将随之上移或下移，由其他的参与者承担。

三、渠道结构

对于企业而言，渠道结构有两层含义：一是指企业某一条渠道的层次、参与者和覆盖范围；二是指企业使用的渠道类型以及各类型渠道在企业销售中所占的比重和覆盖范围。前者可以称为渠道构成结构，后者可以称为渠道组合结构。企业的渠道构成结构可以按照长度、宽度、密度、中间商类型和企业使用的渠道数量进行分类。

（一）渠道长度

渠道长度也称渠道级数，指在渠道中处于制造商和消费者或用户之间中间环节的多少。据此，渠道可以归纳为两大类：一类是直销渠道，如图 10-1 中的“生产制造商→消费者”和“生产制造商→用户”两条路径；另一类是中间商渠道或间接渠道，如图 10-1 中的其他路径。

直销渠道指制造商使用自己的销售队伍直接把产品销售给顾客或用户，具体形式有人员推销、邮寄销售、电视销售和网络直销等。中间商渠道指制造商通过中间商（如批发商、代理商和零售商）销售自己的产品，按照层级的多少来论长短。通常一条渠道中的层级越多，渠道就越长；反之，则越短。实际上，直销渠道是零层次渠道，其中商品的所有权转移不经过任何其他中介组织。

（二）渠道宽度和渠道密度

渠道宽度和渠道密度虽然密切相关，但是含义不同，各有其独立的意义。渠道宽度指渠道的覆盖范围，意味着渠道可以使企业产品抵达区域的多少或大小；渠道密度则指企业在某一区域内销售网点的数量，意味着企业在某一区域的销售力度。二者组合，有四种情况，如表 10-1 所示。

表 10-1　渠道的宽度和密度

宽度：覆盖范围	密度：网点数量	
	多	少
广	宽而密的渠道：渠道的覆盖面广，且每一区域内的销售网点数量多	宽而疏的渠道：渠道的覆盖面广，但每一区域内的销售网点数量少
窄	窄而密的渠道：渠道的覆盖面窄，销售网点多	窄而疏的渠道：渠道的覆盖面窄，销售网点少

由表 10-1 可见，一条渠道可以是宽而密的，即渠道的覆盖面广，且每一区域内的销售网点数量多；也可以是宽而疏的，即渠道的覆盖面广，但每一区域内的销售网点数量

少；还可以是窄而密，即渠道的覆盖面窄，销售网点多；或者窄而疏的，即渠道的覆盖面窄，销售网点少。

在图10-4中，生产制造商使用了两条渠道：一条是“生产制造商→零售商→消费者”；另一条是“生产制造商→批发商→零售商→消费者”。首先，后者比前者更长。其次，如果两条渠道的覆盖面相同且后一条渠道的零售商之市场覆盖面至少部分重叠，那么后一条渠道更密；如果两条渠道中各个零售商的覆盖面相同且后一条渠道的零售商之市场覆盖面不完全重叠，那么后一条渠道更宽；如果两条渠道中各个零售商的覆盖面相同且后一条渠道的零售商之市场覆盖面只有部分重叠，那么后一条渠道比前一条渠道更宽也更密。

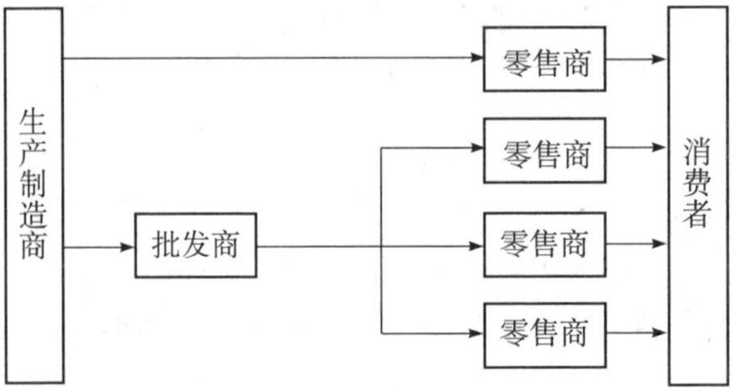

图10-4　渠道的宽窄与疏密

一般而言，在渠道层级和渠道覆盖范围不变的情况下，一条渠道中各层级中间商的数量越多，渠道就越密；反之，则越疏。在渠道层级和渠道密度不变的情况下，一条渠道中各层级中间商的数量越多，渠道就越宽；反之，则越窄。二者共同决定着渠道的覆盖范围和销售力度。

（三）中间商类型

除非只使用直销渠道，否则制造商在销售产品时必然有中间商的介入。中间商指在制造商（或其他类型供应商）与消费者（或用户）之间起中介作用的商业组织。中间商的种类很多，既可能处在不同的渠道层级上发挥不同的作用，也可能处在相同的渠道层级上采取不同的经营方式发挥相同的作用。

中间商主要有两大类，即批发商和零售商。批发商是指从制造商购进产品，然后大批量转售给其他批发商、零售商、生产用户以及各种非营利组织的商业机构的中间商。零售商则是以经营零售业务为主，向顾客销售商品以供其生活消费的中间商。

除了批发商、零售商以外，还有经销商、代理商、分销商和经纪人等中间商。经销商（dealer）是指受制造商委托，签订经销合同，在一定区域内负责该制造商产品销售的批发商或零售商。代理商（agent）与经销商有下列三点区别：第一，制造商一般在一个地区只使用一个代理商，但是可以同时使用多家经销商；第二，经销商一般拥有商品的所有权，而代理商常常不拥有商品的所有权或只部分拥有商品的所有权（如付50%的款提货）；第三，代理商一般替制造商代理销售全部产品，在销售价格和其他销售条件上有较大的决策权，经销商则只销售它们想销售的产品，在价格和其他销售条件上受制造商的限制较大。分销商（distributor）与中间商含义相同，都是指那些专门从事商品流通活动的机构或个人，但是在实际应用时，一些企业将其视为经销商或代理商的代名词。经纪人（broker）又称掮客，一般既没有资金，也没有商品所有权，只是受委托人委托进行购销谈判活动，他们沟通产销，获取佣金。

从职能上看，这些中间商之间的界限并不能完全分开，一种类型的中间商常常承担着其他类型中间商的功能。比如，在现实中，一些制造商常常与零售商形成委托经销或代理关系。此时，零售商也称为某品牌的经销商或代理商，它们一方面继续发挥零售商的作用；另一方面由于与制造商有了较为密切的合作关系，也发挥批发商的一些功能，如代理制造商开拓市场，为其他零售商提供商品。

（四）渠道组合结构、复合渠道与全渠道

渠道组合结构是指一个企业所使用的各种渠道及其在企业中的销售占比，涉及复合渠道和全渠道问题。

复合渠道是相对于单一渠道提出的，也称为多渠道（multiple channel）或混合渠道（hybrid channel），指一家企业同时利用多条渠道销售同一种产品。复合渠道并不是一个新的概念，一些企业很早就开始使用。[①] 例如，美国的西尔斯早年是做邮购销售业务的，直到 1925 年才开设了第一家零售店。之后，又陆续开设了其他一些零售渠道。不过，早期的复合渠道并没有引起人们的特别关注。复合渠道引起人们的广泛关注，主要原因是互联网技术的发展、应用和普及，很多企业开始采用复合渠道营销。越来越多的企业在传统的线下渠道之外开设线上渠道，或者反过来，那些网上创业的企业在网店之外又在线下开设实体店。与之相伴随的，是顾客的跨渠道购买和消费行为——在一条渠道上搜索信息，在另一条渠道试用和体验，在第三条渠道下订单、完成购买。企业为了避免多条渠道之间的冲突和侵蚀效应，尝试在渠道之间进行跨渠道整合和协调，开展全渠道（omni-channel）营销。

里格比（Rigby，2011）最早提出全渠道的概念。[②] 他针对互联时代消费者购买行为的变化、网络零售的发展以及传统零售商面临的巨大挑战和不思进取的麻木状态，指出未来的零售将是融网络商店和实体商店为一体的全渠道零售。零售商通过各种渠道与顾客互动（包括网站、实体店、服务终端、直邮和目录、呼叫中心、社交媒体、移动设备、上门服务等），为顾客带来一体化的无缝购物体验。其后，越来越多的研究文献以全渠道为题刊出，尽管有一些只是讨论线上线下双渠道问题或复合渠道的问题。

企业采用多渠道有助于扩大产品的市场覆盖面，提高市场占有率，但是也更可能导致不同的渠道之间和不同的渠道成员之间发生冲突，增大管理的难度。此外，企业采用复合渠道还会引发一些新的管理问题，例如跨渠道的信息收集和决策问题，跨渠道的顾客沟通和促销协同问题，顾客的跨渠道价格比较问题，以及顾客的渠道迁徙问题。企业的渠道结构设计就是在渠道的长度、宽度、密度、中间商以及使用渠道的数量等方面做出选择。选

---

① 庄贵军，邓琪，卢亭宇．跨渠道整合的研究述评：内涵、维度与理论框架．商业经济与管理，2019（12）：30-41.

② Rigby D. The Future of Shopping. Harvard Business Review，2011（12）：64-75.

择不同，企业的渠道结构策略也不同。本章第3节对此有详细的介绍。

第2节 渠道管理的特点与程序

管理是指协调与整合他人的工作活动，与他人合作，有成效或高效率地完成工作任务的程序。虽然与一般的管理活动没有本质差别，但是渠道管理由于其对象的特殊性而体现出自身的特点。

一、渠道管理的特点

渠道管理的一个重要特点是它是一种交叉着组织内部管理的跨组织管理，不仅涉及本企业的员工或部门，在大多数情况下，还涉及分属于不同利益主体的组织或个人。图10－5显示的是基于制造商视角的营销渠道管理路线图。这个图也可以从中间商（如批发商或零售商）的角度绘制。视角虽然不同，但表达的含义相同。

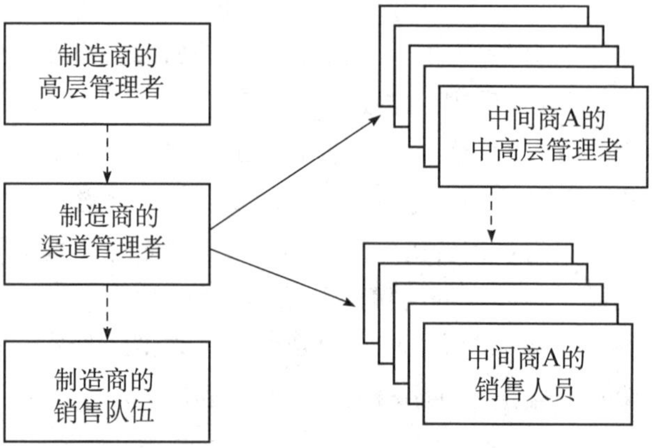

图10－5 交叉着组织内部管理的跨组织管理

由图10－5可见，制造商可能同时采用直销渠道和中间商渠道。因为性质不同，两种营销渠道涉及的管理问题有着根本的区别。

直销渠道是制造商使用自己的销售队伍（如自己的推销员或外设销售机构）销售产品，涉及的管理问题是企业内部销售队伍的计划、组织、激励和控制。此时，制造商对于营销渠道的管理就是企业内部对于销售队伍的管理。

中间商渠道是制造商需要使用中间商（如批发商、代理商和零售商）的力量销售自己的产品，涉及的管理问题既有企业内部的计划、组织、激励和控制（制造商的高层管理者对制造商渠道管理者的管理），也有跨组织的计划、组织、激励和控制（制造商通过其渠道管理者对于中间商的管理）。此时，制造商对于营销渠道的管理就是一种交叉着组织内部管理的跨组织管理。管理中所涉及的问题，一方面与企业的内部管理有关，另一方面与跨组织管理有关。

中间商渠道的这一特点，决定了中间商渠道管理的复杂性和难度。中间商渠道管理的效率和效果，既取决于各渠道参与者的组织内部管理（如图10－5中制造商的高层管理者对制造商渠道管理者的管理和中间商的中高层管理者对中间商的销售人员的管理)，也取决于各渠道参与者之间针对彼此的跨组织管理（图 10－5 站在制造商的角度，展示了制造商通过其渠道管理者对于中间商的管理)。

在现代市场经济中，因为中间商渠道占主导地位，所以中间商渠道这种交叉着组织内部管理的跨组织管理是渠道管理的常态，也是渠道管理的难点。

二、渠道管理职能

企业对渠道的管理通过渠道管理人员来完成。渠道管理人员一般位于企业的中低层，属于专业管理者，主管渠道的设计、开发与维护。大部分企业没有单独设立渠道经理这一职位，因此渠道管理人员在不同的企业有不同的叫法，如渠道主管、贸易营销主任、客户业务发展主管、销售开发主任等。有些大公司主管营销的副总经理、营销经理、产品经理、品牌经理和销售经理，都会或多或少地涉足渠道管理工作。

与管理的一般职能相对应，渠道管理人员的具体职能有下列几项：渠道设计、渠道组织、渠道激励和渠道控制。由于渠道管理是一种交叉着组织内部管理的跨组织管理，所以这四大职能体现在企业内外部两个层面上，分为企业内部的渠道管理与跨组织的渠道管理，如表 10－2 所示。

表 10－2 渠道管理职能与管理分层

管理分层	渠道管理职能			
	渠道设计	渠道组织	渠道激励	渠道控制
企业内部	企业的渠道目标和渠道类型、比重及覆盖范围	企业内部渠道管理人员和销售人员的配置和职责	对企业内部渠道管理人员和销售人员的领导和激励	对企业营销渠道的运行情况进行监测和评价，并在必要时纠偏
跨组织	企业所采用中间商渠道的层次、参与者和覆盖范围；渠道的跨组织目标	中间商渠道合作伙伴的选择、渠道功能安排以及各渠道成员责任和权力的确定	对渠道合作伙伴的影响和激励	对渠道合作伙伴的投机行为进行监督和约束

（一）渠道设计

渠道设计也称为渠道策划，是企业根据其营销目标和优劣势，对渠道目标、渠道任务、渠道结构、渠道管理方法和政策等进行规划的活动。具体内容包括：预测未来渠道环境的发展趋势，了解渠道现状，建立渠道目标，确定渠道策略等。在建立渠道目标、确定渠道策略时，又分为企业内部的渠道设计和跨组织的渠道设计两个层面。

企业内部的渠道设计是从企业的视角来考虑企业的渠道目标，对企业的渠道策略进行的整体规划，涉及企业已采用和将采用的渠道类型、渠道目标在各类型渠道上的分解（比重）和所有类型渠道的覆盖范围（地域和不同的细分市场)。企业可以采用的渠道类型很多，既可以只使用一种，也可以同时使用多种。同时使用多种渠道，称为混合渠道策略，是企业渠道策略的常态。

在大多数情况下，企业会同时使用多种渠道，很少有企业会单独采用直销一种渠道。企业的渠道设计通常要涉及其他组织，这就使渠道设计成为跨组织的。跨组织渠道设计，主要考虑企业所采用的每一条中间商渠道的层次结构、参与者的类型和覆盖范围等。另外，因为是跨组织渠道设计，所以渠道管理人员在进行渠道结构的设计时，不仅要考虑自己的渠道目标，还要了解合作伙伴的渠道利益或渠道目标。

（二）渠道组织

渠道组织是指企业为了实现其渠道目标所进行的渠道构建、功能安排和分工协调活动。具体工作内容有两项：一是根据设计的渠道结构选择渠道参与者，进行渠道功能的安排；二是在不同主体之间进行分工和协调，增进渠道参与者之间的合作，预防不同参与者之间出现的矛盾和冲突。这些工作内容也可以分为企业内部的和跨组织的两个层面。

企业内部的渠道组织主要涉及企业内部渠道管理人员和销售人员的配置、分工以及权、责、利的确定。要达到的目的是通过人员的合理配置，企业内部的相关人员分工协作，使渠道策略顺利实施。

跨组织的渠道组织主要涉及每一条中间商渠道的成员选择、渠道功能安排以及每一条渠道中各成员责、权、利的协商和确定。要达到的目的是通过不同参与者渠道功能的整合和安排，使每一条渠道中的参与者在自愿的原则下分工协作，在实现整体目标的前提下，实现自己的渠道目标。这里要特别注意，每一个企业都有各自独立的目标，因此渠道成员需要利用其他成员对于各自目标的追求来实现自己的渠道目标。

（三）渠道激励

企业的渠道组织结构确定之后，为了高效率地实现企业的渠道目标，渠道管理者一方面要促使企业内部的渠道管理人员和销售人员努力工作，另一方面要促使渠道合作伙伴积极与本企业合作。如果企业在一条营销渠道中处于领导地位，那么企业的渠道管理者（如渠道经理）就要领导整个渠道的所有成员完成整个渠道的任务。如果处于从属地位，也要采取各种措施，激励其他企业与本企业建立一种良好的合作关系。因此，渠道激励也可以分为企业内部的渠道激励和跨组织的渠道激励两个层面。

企业内部的渠道激励主要是通过企业内部各种各样的政策和管理者的领导行为，激励企业内部的渠道管理人员和销售人员努力为企业工作（包括对于营销渠道中其他企业的监督和控制）。具体内容与一般的管理领导和激励行为相同，如研究渠道管理人员和销售人员的需要、动机与行为；制定关于渠道管理人员和销售人员的激励政策，加强领导，调动渠道管理人员和销售人员工作的积极性；协调内部关系，给渠道管理人员和销售人员创造一个愉快的工作环境。

跨组织的渠道激励主要是处于领导地位的企业由其渠道管理人员作为代表，通过企业的渠道政策和渠道管理人员的行为，对渠道合作伙伴进行影响和激励。具体内容包括：研究渠道运行过程中不同参与者的需要、动机与行为；采取适宜的渠道政策和措施，调动各渠道参与者的积极性，自愿与本企业合作；协调渠道关系，避免大的渠道冲突或矛盾的发生。

（四）渠道控制

渠道控制就是企业为确保渠道目标按计划实现而对渠道活动进行监督，并在发生明显偏差时进行纠正的活动程序。渠道控制的具体内容，从纵向讲，包括：制定各种控制标准；检查工作是否按计划进行以及是否符合既定的标准；对各渠道参与者的经营状况进行监测；对渠道网络运行效率和效益进行评估；根据渠道网络运行效率和效益，适时调整企业的渠道网络；消除渠道成员间的利益冲突和内耗，防止渠道混乱。从横向讲，包括：对营销渠道中产品和服务质量的控制；对价格和费用的控制；对销售区域的控制；对广告与促销方式的控制。企业的渠道控制对内和对外的意义有很大的不同。

企业内部的渠道控制以企业整个营销渠道体系为控制对象，是渠道管理者对企业渠道体系总体运行情况所进行的监督、评价和纠偏活动。包括三个步骤：第一，设定渠道控制标准；第二，对营销渠道运行情况进行监测与评价；第三，在发现实际执行情况与控制标准之间有偏差时，根据偏差形成的原因，采用纠偏行动。

跨组织的渠道控制是以渠道中其他渠道成员的行为为控制对象，一方面加强合作，确保渠道目标的完成；另一方面对渠道中其他渠道成员可能发生的投机行为进行监督和约束。本章第 5 节有详细讲解。

三、渠道管理程序

渠道管理的计划、组织、激励和控制职能，在企业的日常管理活动中，要通过企业的渠道管理程序来实现。如图 10 - 6 所示，渠道管理程序可以分为五个主要步骤：（1）渠道分析与目标确定；（2）渠道设计与策略选择；（3）渠道成员选择与物流组织；（4）渠道合作与控制；（5）渠道效率评估与调整。其中，前两步主要对应于渠道管理的计划职能，第三步主要对应于管理渠道的组织职能，后两步则主要对应于渠道管理的激励和控制职能。

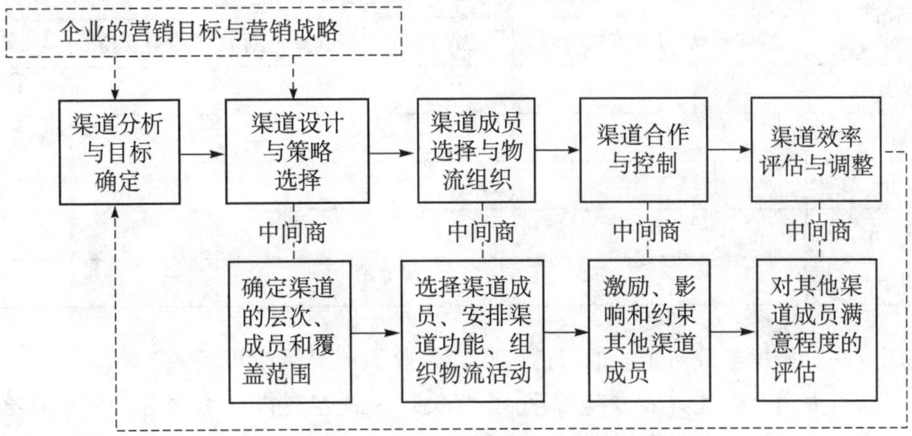

图 10 - 6　渠道管理程序

图 10 - 6 中的虚线框“企业的营销目标与营销战略”以及与其连接的虚线和箭头，表示企业的渠道管理以企业的营销目标和营销战略为前提，贯穿于前两个环节之中。由于渠道管理是一种交叉着组织内部管理的跨组织管理，所以涉及许多跨组织管理的内容，在

图10－6中用与相关步骤相连的方框表示。

（一）渠道分析与目标确定

渠道分析的目的在于了解企业渠道管理中存在的问题。主要内容包括：确定目标市场对渠道服务的要求，寻找企业渠道管理的不足之处，探讨企业改善渠道管理的可能途径。

顾客对渠道服务的要求主要有五项内容：购买批量、等候时间、空间便利、选择范围和服务支持。渠道存在的根本原因就在于它可以降低顾客在收集信息、等候时间和储存等方面的成本或费用。

购买批量。顾客希望每次购买较小的批量，因此企业需要通过渠道为顾客的小批量购买提供服务。

等候时间。顾客希望订货后快速拿到商品，因此企业需要通过渠道缩短顾客等待的时间。

空间便利。空间便利关系着顾客购买产品的难易程度。在其他条件不变的情况下，空间便利与顾客到达商店的距离（出行距离）成正比。另外，交通状况也是决定空间便利的一个因素。因此，企业需要通过渠道为顾客提供购物的空间便利。

选择范围。顾客希望在购买时有较大的选择余地和范围，这可以降低其购买的时间、精力和体力成本，也可以带来更多的快乐。因此，企业需要通过渠道给顾客提供更多的产品和花色品种。

服务支持。企业还可以通过渠道为顾客提供各种附加服务，包括信贷、送货、安装、维修、稳定供货、提供信息等。

渠道分析可以根据确定营销因素组合的逻辑思路，用同样的方法系统地思考和回答这些问题。表10－3体现了这一思路。

表10－3 基于目标市场特点的渠道服务要求

目标市场	渠道服务					
	购买批量	等候时间	空间便利	选择范围	服务支持	其他
What						
Who						
Why						
When						
Where						

使用这一分析框架分析企业的渠道现状，企业要针对目标市场的5W，首先分析企业现在已经通过渠道在哪些方面（与哪个W有关）为顾客提供什么服务，带来什么利益；然后，考虑企业还可以通过渠道在哪些方面（与哪个W有关）为顾客提供什么服务。由此，得出企业的现有渠道中存在的问题以及可能的解决方法和途径。其中，涉及企业如何控制渠道成本的问题。

以上这些内容都可以填写在表10－3中。企业的营销管理人员需要先认真考虑每一格已有的或可能有的内容；然后，将思考的结果以一一对应的方式填于每一格中，比如用缩略语将其标注在每一格中（当然，有些格中可能没有内容）；第三，思考这些结果的相容与不相容之处，将相容的结果整合，在不相容的结果之间做出选择。由此得出多种内部不相矛盾的渠道改进思路。在此基础上，再考虑渠道环境的机会和限制，确定企业的渠道任务与目标。企业的渠道任务与目标是指企业为了实现其营销目标与营销战略，希望通过渠道管理活动在一定时间内达到的效果。在企业的实际工作中，有两种性质不同的目标：一类是渠道在一定时间内必须完成的任务；另一类是管理者根据渠道分析发现的问题所确定的渠道要达到的结果。[①] 前者称为渠道任务，后者称为渠道目标。

渠道任务具有较高的强制性，如果完成不了，要被问责。它们是对营销目标在销售区域和销售渠道上的分解，包括销售量、销售额、利润额等。营销目标的落实与实现，最终要体现在渠道运行的结果上。比如，某企业的产品有 A，B，C，D，E 和 F 六个销售区域，这六个销售区域通过传统批发、连锁超市直供、网上直销和厂家专卖店四种渠道进行覆盖。为了完成 100 亿元的年销售目标，六个区域分别需要承担一定数量的年销售额。

渠道目标则不具有太大的强制性，它是管理者对“理想”渠道的一种追求。下面是几个例子：

- 下年度，XYZ 公司在东南沿海地区的销售网点要增加到 200 个（市场渗透目标）。
- 在两年之内，XYZ 公司的产品要进入所有地级城市。在三年之内通过经销商销售的比例达到 30%以上（市场覆盖目标）。
- 在 2020 年末，XYZ 公司的营销渠道将保证让 90%的城市居民在驱车 20 分钟的距离内就能购买其产品（空间便利目标）。
- 到 2020 年 10 月 15 日，XYZ 公司网上交付订单的时间要缩短两个小时（等候时间目标）。
- 在 2020 年，XYZ 公司在各地的业务人员要了解一级经销商的市场开拓情况，每人每月至少向一级经销商推荐或介绍一家愿意经销本企业产品的二级或三级经销商（渠道监督和支持目标）。
- 在 2020 年，XYZ 公司要加强与经销商的联系，各地销售公司要组织与经销商的联谊活动两次（渠道关系目标）。

渠道目标包括：渠道建设目标，主要涉及市场渗透、市场覆盖、经销商发展和终端市场展示等方面；渠道服务目标，主要涉及渠道的服务产出，如购买批量、等候时间、空间便利、选择范围和服务支持等方面；渠道治理目标，主要涉及渠道组织形式、渠道控制、渠道信任、渠道关系、渠道满意度、渠道合作、渠道适应性以及渠道投机行为和渠道冲突等内容。

（二）渠道设计与策略选择

管理者要根据企业的渠道任务和目标，设计企业的渠道结构，选择企业的渠道策略。涉及的内容包括：确定企业渠道的长度、宽度、密度、中间商的类型以及渠道的组合结

① 庄贵军．营销渠道管理．3 版．北京：北京大学出版社，2018：72-77.

构；选择企业的渠道结构策略，如直接分销、独家分销、选择分销、广泛分销或密集分销；选择渠道组织形式，决定企业的渠道治理策略，如采用公司型、特许型、管理型或关系型的渠道治理策略。

企业在进行渠道设计与策略选择时，有很多内容是跨组织的，比如在确定使用中间商渠道以后，企业需要确定渠道的层次结构、参与者、覆盖范围、交叉程度以及合作与协调机制等。因此，企业不但要考虑自己的需要，还要考虑合作者的需要。本章第 3 节对此有详细的介绍。

（三）渠道成员选择与物流组织

渠道设计方案和渠道策略选定以后，接下来就要组织实施，涉及渠道的组织、领导、激励与协调问题，其中的第一要务是寻找和选择渠道成员。具体内容包括：了解每一种渠道参与者发挥的功能，寻找渠道成员，评价和选择渠道成员，在渠道参与者之间分配渠道功能任务。本章第 4 节对此有更详细的介绍。

为了使商品能够在适当的时间、适当的地点、以适当的形式提供给消费者或用户，物流也是营销渠道管理者需要认真考虑的一项重要内容。由于物流包括运输、储存、包装、装卸、交货等多方面的活动内容，不但需要企业内各个部门密切配合，而且涉及企业外部很多机构（如运输公司、仓储公司、经销商、保险公司等）的合作，所以营销渠道管理者需要站在营销渠道运行的角度对企业的物流系统进行管理，组织和协调企业内外各方面的力量，更有效率地完成任务。

（四）渠道合作与控制

渠道合作指渠道成员为了共同的以及各自的目标而采取的共同且互利性的行动。渠道管理的主要目的是加强合作，减少冲突，提高整个渠道系统的运行效率，为每个渠道成员创造出单个企业难以获得的竞争优势。

为了加强合作，减少冲突，防止渠道中的投机行为伤害自己，企业需要对渠道进行控制。渠道控制有两个重要的方面：第一，对渠道策略能否在实施中得到有效贯彻进行监控；第二，对渠道中各渠道参与者可能从事的投机行为进行监控。其中，第二个方面的渠道控制属于跨组织控制问题。二者相互补充，缺一不可。本章第 5 节有更详细的介绍。

（五）渠道效率评估与调整

渠道效率是渠道活动的投入产出比。对渠道效率的评估，可以用量化指标和非量化指标从渠道和渠道成员两个层面上进行，如表 10－4 所示。

表 10－4　渠道效率评估的层面和指标

评估层面	量化指标	非量化指标
渠道	● 商品流量指标，如不同渠道的销售量、销售增长率、市场占有率、渠道份额和计划执行率 ● 现金流量指标，如不同渠道的总销售额、销售费用、销售利润和利润率	● 企业渠道策略的执行情况自评 ● 不同渠道之间的关系与互动，如不同渠道之间的互补关系，不同渠道之间的冲突及其程度 ● 消费者或用户的渠道满意度

续表

评估层面	量化指标	非量化指标
渠道成员	● 商品流量指标，如不同渠道成员的销售量、销售增长率、市场占有率、渠道份额和计划执行率 ● 现金流量指标，如不同渠道成员的总销售额、销售费用、销售利润和利润率 ● 其他量化指标，如货款支付率、平均存货量、存货周转率	● 与某一渠道成员的关系与互动，如合作与冲突水平、信任和承诺水平、投机倾向和行为 ● 渠道成员的渠道满意度 ● 渠道氛围

量化指标主要考虑渠道的可量化产出，如不同渠道的销售量、销售增长率、市场占有率、渠道份额和计划执行率；非量化指标主要考虑渠道的不可量化产出，如企业渠道策略的执行情况、渠道满意度和渠道氛围。对渠道效率的评估，就是将渠道效率的可量化指标及不可量化指标，或与企业过去的表现相对比，或与竞争者的表现相对比，或与企业的渠道任务相对比，找出企业渠道的差距和问题，为渠道调整提供依据。

采用复合渠道或全渠道的企业需要从渠道层面上评估渠道效率，主要分析和比较不同渠道的运作效率，搞清楚下列问题：复合渠道或全渠道的总体效率如何？不同的渠道之间是否互补？是否需要对企业的多条渠道进行整合？不管是否采用复合渠道或全渠道，企业都需要从渠道成员层面上评价渠道效率，主要分析和比较某一渠道内渠道成员执行渠道功能的效率，搞清楚下列问题：渠道成员执行渠道功能的效率如何？结果让人满意吗？是否需要对某条渠道的成员构成结构做出调整？是否需要对某个渠道成员承担的渠道功能做出调整？渠道调整的方式可以分为下面几种：

第一，调整渠道构成结构，即将原有渠道的构成方法加以改变。比如，将企业原来以直销渠道为主的渠道构成结构改为以中间商渠道为主的渠道构成结构。

第二，调整渠道中的代理方式，如原来采用独家代理的方式，为了制约独家代理商的行为，防止其过分扩张，适当增加代理商的数目，把独家代理方式变为多家代理方式。

第三，调整渠道政策。企业的渠道政策包括价格政策、市场推广政策、信用额度政策、铺货政策、奖惩政策等，它们服务于一定的环境，也要根据环境的变化，做出适时的调整。比如，很多企业就经常调整渠道信用政策。在产品不太好销或者要加大产品的促销力度时，对经销商采用“先供货，后付款”的政策；在一些中间商发生信用问题时，为了减少信用风险，则采用“款到送货”的政策。

第四，调整渠道成员关系，即根据渠道成员经营本企业产品的业绩，调整其在渠道中的地位，给予一些优惠政策。比如，对业绩突出的经销商，企业给予优先供货、价格打折、提高信用额度等优惠政策或各种奖励。对那些业绩下降的中间商，则取消原有的一些优惠政策，直至淘汰。

第五，调整区域市场的渠道构成结构，即根据市场变化，在不改变整个企业渠道构成结构的前提下，改变某个区域市场的渠道构成结构。比如，在某个区域市场上增加一条新渠道，以满足该市场上某些顾客特有的需求；缩小某个地区市场的渠道覆盖范围，减少渠道中经销商的数量。

第六，重组和更新整个渠道体系。由于自身条件、市场条件、商品条件的变化，企业原有的渠道体系制约了企业的发展，这时就必须对整个渠道体系进行调整。这种调整涉及面很广，不仅要调整渠道构成结构，而且要调整渠道组合结构，执行起来很困难。因为可能引发渠道功能的重新安排和渠道利益的重新分配，所以既可能遭到企业内部某些既得利益者的反对，也可能受到某些渠道合作伙伴的抵制。

第 3 节　渠道设计与策略选择

管理者要根据企业的渠道任务和目标，设计企业的渠道结构，选择企业的渠道策略。其中涉及的内容包括：确定企业渠道的长度、宽度、密度，中间商的类型以及渠道的组合结构；选择企业的渠道结构策略；决定企业采用的渠道组织形式；选择渠道治理策略。其中，有很多内容都是跨组织的，不但要考虑自己的意愿，而且要考虑合作者的意愿。

一、渠道结构策略

企业的渠道结构策略体现于对渠道结构的设计和选择之中。渠道结构设计是企业在渠道的长度、宽度、密度，中间商类型，以及使用渠道的多少等方面做出的规划与选择。规划与选择不同，企业的渠道结构策略也不同。因此，渠道结构策略与渠道结构设计密切相关。

根据企业在渠道的长度、宽度、密度，中间商类型，以及使用渠道的多少等方面做出的选择，企业的渠道结构策略可以分为直接分销、独家分销、选择分销、广泛分销和密集分销。其内涵以及与渠道结构的关系如表 10－5 所示。

表 10－5　企业的渠道结构策略

渠道结构策略	渠道结构因素				
	长度	宽度	密度	中间商类型	渠道数量
直接分销	零层次短渠道	覆盖面小	密度小	无中间商	单一
独家分销	不确定，取决于代理商的渠道层次	不确定，取决于代理商的网点范围	密度较小	地区独家代理	单一
选择分销	不确定，取决于代理商或经销商的渠道层次	不确定，取决于代理商或经销商的网点范围	不确定，取决于代理商或经销商的网点密度	同类型或不同类型多家代理	不确定，取决于选择的代理商或经销商是否属于同一类型
广泛分销	渠道有长有短	覆盖面大	不确定，取决于经销商的网点密度	不同类型中间商	复合渠道，同时使用多种渠道
密集分销	渠道有长有短	不确定，取决于经销商的网点范围	密度大	不同类型中间商	复合渠道，同时使用多种渠道

各种渠道策略并无绝对的好坏，关键是要适合企业的需要和实际情况。因此，在确定渠道策略时，企业要根据其渠道任务和目标、目标市场、品牌定位以及其他营销因素的匹配状况灵活选用。

（一）直接分销

直接分销指制造商或服务提供商使用自己的销售队伍直接把产品或服务销售给顾客或用户，如图 10-1 中的"生产制造商→消费者"和"生产制造商→用户"两条路径。具体形式有人员推销、邮寄销售、电话销售、电视销售和网上销售等。在工业品和保险营销中，企业常常使用这种渠道结构策略。

直接分销具有渠道短、覆盖面小、密度小、无中间商介入和渠道单一的特点。

相对于其他渠道结构策略，直接分销的优点是产销直接见面，便于企业与顾客沟通和联络感情，也便于企业了解市场，提供个性化产品和服务，控制渠道和价格。缺点是销售费用高，密度小，范围受限制，要求企业有较强的销售能力。

（二）独家分销

独家分销指制造商或服务提供商在一定的市场（比如一个城市）范围内只利用一家中间商进行销售。消费品中的特殊品尤其是奢侈品，常常使用这种渠道结构策略。

独家分销具有密度较小、独家代理和渠道单一的特点。密度较小，是因为代理商一般不愿意让其网点相互重叠。虽然独家分销常常意味着较短和较窄的渠道，但是并不确定，这取决于代理商的渠道层次和网点范围。当代理商的渠道层次多或网点范围广时，那么企业尽管采用的是独家分销，其渠道也会比较长和宽。

独家分销的优点是企业只与一家代理商打交道，交易成本低，易于控制，也易于与代理商建立长期稳定的合作关系。当企业与代理商之间有较高的信任和承诺水平时，渠道会有很高的运行效率。如果代理商的实力强，这种策略还有助于提高企业及其产品的声望。另外，对代理商而言，由于在本地没有其他中间商参与该品牌的竞争，所以它可以独家享受制造商促销行为带来的利益。它的缺点是过分依赖一家代理商，这会使代理商拥有较大的渠道权力，一旦代理商有投机行为或销售不努力的现象，企业将很难处理。另外，因为密度比较小，所以这种策略不太适用于竞争激烈的产品。

（三）选择分销

选择分销指企业在一定的市场（比如一个城市）范围内选择几家代理商或中间商经销其产品。消费品中的选购品和特殊品以及需要经销商大力推销的工业品，经常使用这种渠道结构策略。

选择分销在渠道长度、宽度、密度，中间商类型以及单一或复合等方面均有不确定性。它可以是与独家分销比较接近的单一渠道，也可以是与广泛分销或密集分销比较接近的复合渠道。这取决于代理商或中间商的类型及其渠道层次、网点范围和网点密度。

当与独家分销比较接近时，其优缺点与独家分销相似；当与广泛分销或密集分销比较接近时，其优缺点与广泛分销或密集分销相似。由于只与几家代理商或中间商打交道，所以选择分销渠道策略一方面有助于企业与代理商或中间商建立良好的合作关系，另一方面也避免对一家代理商或中间商的过度依赖，有助于企业更好地控制渠道。

（四）广泛分销

广泛分销指企业同时利用多种渠道，尽量扩大产品的销售区域和市场覆盖面，让更多的消费者或用户购买。日用品（如香烟、饮料、酒和日用小百货）的购买频率高，对服务的要求低，只要市场上有货，消费者就会按照习惯购买，因此日用品的生产制造企业经常采用这种渠道策略。

广泛分销具有覆盖面大、多类型经销商和多种渠道的特点。由于有多种渠道，所以构成广泛分销的渠道有长有短。广泛分销的渠道密度不确定，有可能密，也有可能疏，这取决于经销商的网点密度以及各网点之间相互覆盖的程度。

广泛分销的优点是企业同时与尽可能多的经销商打交道，不会过分依赖某一经销商，这会增大企业的渠道权力，增强企业对渠道的影响力。由于市场覆盖面大，所以这种渠道策略有利于企业寻找更多的市场机会，扩大产品销售。它的缺点是经销商的质量可能良莠不齐，既不利于企业树立良好的产品形象，也不利于企业与经销商建立长期稳定的合作关系。此外，如果经销商太多，经销商之间容易发生恶性冲突，企业对渠道的控制力度也会减弱。

（五）密集分销

密集分销指企业在某一个市场区域内同时利用多种渠道销售，增加销售网点的数量和相互覆盖的程度，使消费者或用户能够更方便地购买。这种渠道策略适合于日用品营销。比如一些饮料，不仅超市、便利店、饮料批发部和街头小贩在卖，而且企业将其放入自动售货机，设置在城市的各个角落售卖。

密集分销具有密度大、多类型经销商和多种渠道的特点。由于有多种渠道，所以构成密集分销的渠道也有长有短。密集分销的渠道范围不确定，覆盖面可能很大，也可能不太大，这取决于经销商的网点范围。不过，因为企业采取密集分销的动机是追求薄利多销，所以往往来者不拒——只要经销商愿意经销企业的产品，企业就让其去经销。这就使得密集分销的渠道通常有比较大的市场覆盖面，尤其是对不同细分市场（而非地理范围）的覆盖。

密集分销的优缺点与广泛分销类似。不同之处在于：由于更强调同一区域内有尽可能多的销售网点，所以密集分销渠道策略会使销售网点之间形成相互覆盖的关系。从有利的角度看，这会提高企业在一定区域的渠道竞争力，但是从不利的角度看，这会降低企业的渠道效率，增大渠道成本，还容易引发销售网点之间的矛盾和利益冲突。

二、渠道的组织形式与渠道治理策略

渠道是由许多企业参与的一种“超级组织”，各个参与者要密切合作，共同努力，才能保持渠道的高效和畅通。这就要求渠道要有一个相对稳定的组织结构，因而涉及渠道治理问题。

从一家企业的角度看，渠道治理就是通过某种形式把渠道参与者组织起来，为“超级组织”的共同利益密切合作，共同努力，并建立对其他参与者的约束机制，防止其他参与者针对自己从事投机行为。因此，渠道治理与渠道的组织形式高度相关，渠道的组织形式往往是渠道治理策略的体现。

大多数企业的渠道都是由许多企业参与构建的相对稳定的垂直营销系统，根据构成方式的不同，分为公司型、特许型、管理型和关系型。这些垂直营销系统既是不同的渠道组织形式，也是不同的渠道治理策略。表 10－6 显示了它们在治理上的特点。为了便于比较，表中将纯粹的层级治理和纯粹的市场治理作为两种极端的治理形式列在表的上下两端。而在现实中，这两种纯粹的渠道治理策略很少使用。

表 10－6　渠道的组织形式与交易治理的三个维度

渠道的组织形式	治理维度		
	产权（全资-独资）	权威（强-弱）	激励（高-低）
层级治理	全资：委托人拥有全部产权，代理人只是为委托人工作并因此获得报酬	极强：工作和其他活动的类型、方法和时间都由委托人决定，代理人没有任何自主权	极低：根据投入获得报酬，不承担业绩表现不佳的风险，也不会因为超额完成任务而获得奖励
公司型	全资到参股	极强到较强	中到极高
特许型	独资	极强	较高
管理型	独资	较强	极高
关系型	独资	弱	极高
市场治理	独资：代理人的产权独立于委托人，代理人为自己工作，不从委托人那里获得报酬	极弱：工作和其他活动的类型、方法和时间自主决定，代理人拥有完全的自主权	极高：根据产出获得报酬，并因此承担业绩表现不佳的风险

资料来源：庄贵军．基于渠道组织形式的渠道治理策略选择：渠道治理的一个新视角．南开管理评论，2012（6）．

根据马卡多克和考夫（Makadok and Coff，2009）[①]，交易治理包括三个关键维度：（1）产权（ownership），即谁拥有用于工作的重要资源；（2）权威（authority），即谁有权决定怎么完成工作和参与什么活动；（3）激励（incentives），即工作者是根据产出还是投入获得报酬，以及是否因此承担业绩表现不佳的风险。这三个维度相互独立，可以单独变化，从而形成丰富多彩的混合（hybrid）治理模式。在一个维度上与市场治理相似，而在另一个维度上与层级治理相似。

（一）公司型渠道组织

公司型渠道组织也称公司型垂直营销系统（corporate vertical marketing system），它的最大特点是主导企业全资拥有或通过控股或参股的方式实际拥有一条营销渠道。主导企业全资拥有的渠道，主要指制造商设立的直销渠道，比如制造商通过本企业的推销人员、外设销售机构或自设的专卖店进行销售。通过控股或参股的方式实际拥有的渠道，一个典型的案例就是格力的营销渠道工商股份合作制。它的最大特点就是，格力公司在每个省和当地经销商合资建立以格力为大股东的销售公司，"以控价为主线，坚持区域自治原则，

---

① Makadok R，Coff R. Both Market and Hierarchy：An Incentive-system Theory of Hybrid Governance Forms. Academy of Management Review，2009，34（2）：297-319.

确保各级经销商得到合理利润”（详见书末案例7）。

对于全资拥有的渠道而言，在权威方面，企业有很大的控制权，与层级治理相同；在激励方面，则较多地采用市场治理的激励方法，即根据销售业绩来支付报酬。销售岗位不适合按投入支付报酬，这是因为销售人员在工作时间、技能和经验上的投入不容易计量，而且那样做会导致销售人员出工不出力的投机行为。

对于通过控股和参股方式实际拥有的渠道，在激励方面，主导企业采用类似于市场治理的激励方法，允许各个参与者追求自己的利益，通过自己的努力和销售业绩获得报酬，主导企业则参与最终的分配。在权威方面，由于参与者股权相互交叉，利益彼此渗透，又有很多公司治理的机制可以使用，所以主导企业也有比较大的控制权，类似于层级治理。例如，在格力的渠道模式中，制造商对渠道有很大的控制权。在价格方面，厂家以统一价格对各区域销售公司发货，并给产品价格划定一个标准区，各销售公司在批发给下一级经销商时根据当地的实际情况在标准区内进行“有节制的上下浮动”；在促销方面，格力公司负责实施全国范围内的广告和促销活动，合资销售公司则负责完成当地的广告和促销活动以及店面的装修之类的工作；在销售方面，销售工作全部由合资销售公司负责，而各地一级经销商必须从合资销售公司进货，严禁跨省市窜货；在售后服务方面，由合资销售公司负责与各服务公司签约，并监督其执行，格力公司只对其中一部分业务抽查和回访。

（二）特许型渠道组织

特许型渠道组织也称特许型垂直营销系统（franchising vertical marketing system），是由一家主导企业以特许经营合同为基础将不同层级的企业联系起来而组成的渠道联合体。其特点是产权独立，权威极强，激励较高。

特许经营是一种以转让特许经营权为核心业务的经营方式。特许商（franchisor）将自己所拥有的商标、商号、产品、专利、专有技术或经营模式等以特许经营合同的形式授予受许商（franchisee）使用，受许商则按照合同的规定，在特许商统一的业务模式下从事经营活动，接受特许商的管理，并向特许商支付特许费或加盟费。

特许经营可以基于商品品牌，也可以基于服务品牌。前者多为制造商授予批发商、零售商或维修商特许经营权，如可口可乐公司授权装瓶厂在指定地区使用可口可乐公司提供的原浆进行生产，使用可口可乐品牌进行销售；石油公司授权开设很多加油站，以其名义销售石油公司冠名的汽油。后者多为一家服务企业授予其他服务企业特许经营权，如零售、餐饮和住宿等行业的连锁企业。特许商开的店叫直营店，与总店在同一个产权下，不存在授权关系；受许商开的店叫加盟店，与总店是不同的法人，产权独立，有授权关系。

因为是不同的法人，所以在特许型渠道组织中，各个参与者各有自己的利益追求，会为了自身的利益而努力工作，并根据销售业绩获得报酬。因为要接受主导企业的领导，所以不承担全部的经营风险。当经营出现困难时，主导企业有责任帮助它们摆脱困境。因此，虽然特许型渠道组织有较高的激励机制，但不是最高的。

尽管产权独立，但是主导企业对其他合作者有极高的控制权。比如，在特许加盟的连锁系统中，加盟合同要求加盟店接受总店的管理，在店铺标识、名称、经营标准、产品和服务质量标准、经营方式等方面都要严格遵守总店的规定。总店对加盟店的管理就像对直营店的管理一样，没有差异。从外表以及企业员工的行为上，外人很难看出加盟店与直营店的区别。因此，在权威机制上，特许型渠道组织采用的是层级治理的方式，主导企业决定和安排合作企业的主要工作和活动，合作企业的自主权很小。

这种渠道组织之前一直被称为契约型（contractual）垂直渠道系统，原因是要强调合同在建立这种特定合作关系时的重要性。企业之间要签订正式的合同，以正式的合同为基础将不同层级的企业联合起来。言下之意，似乎其他形式的渠道组织不需要在企业之间签订正式合同或合同不重要。这显然是有问题的。社会发展到现今这样的法治社会，企业之间合作越来越重视合同的作用，已经很少有企业不签订正式合同就与其他企业进行渠道合作了。那么，为什么其他的渠道组织形式不叫契约型垂直渠道系统呢？这明显讲不通。而将其称为特许型垂直渠道系统，不仅符合其原意，而且能够反映其独特性。

（三）管理型渠道组织

管理型渠道组织也称管理型垂直营销系统（administrate vertical marketing system），由处于渠道不同层次的企业自愿参与而构成，在一家核心企业的控制下运行。核心企业称为“渠道领袖”，具有较大的权力，承担领导和管理职责。管理型垂直营销系统的特点可以简述为：产权独立，权威较强，激励极高。

在管理型垂直营销系统中，合作者之间没有产权或股权关系，甚至没有特许型垂直营销系统中那种特许经营合同规定的依附关系。合作者之间在法人地位上是平等的，一家企业之所以被认作“渠道领袖”，是因为它承担和执行着最重要的渠道功能，具有较大的控制权（权威机制较强），可以在很大程度上影响或改变其他企业的相关决策。其他企业之所以愿意接受它的领导，是因为在力量上无法与“渠道领袖”抗衡，在经济上通过“被领导”可以得到更大的利益——接受核心企业的领导是一种更稳妥和更节省的运作方式。但是，需要自己努力工作，根据自己的产出获得报酬，承担全部的经营风险。那些业绩不佳的企业，常常会被淘汰出系统。

“渠道领袖”既可以是制造商，也可以是中间商，如英国的马狮百货集团（Marks & Spencer）。马狮采用中间商主导的管理型垂直营销系统，生产和销售自有品牌（private brand）产品。它委托 800 多个制造商按其设计进行贴牌生产，使用马狮的品牌“圣米高”销售，成为一个“没有工厂的制造商”。很多大型零售商都采用类似的组织形式开发和销售自有品牌产品。

（四）关系型渠道组织

关系型渠道组织也称关系型垂直营销系统（relational vertical marketing system）。它是指由处于渠道不同层次的企业基于共同的利益、依据关系规范而构建的渠道组织。它与管理型垂直营销系统的区别仅在于：它没有一个发挥“渠道领袖”作用的核心企业。它的特点可以简述为：产权独立，权威机制弱，激励机制极高。

在现代市场经济中，企业一般都在功能上进行了专业化，因此被分为制造商、批发商、零售商或其他类型的企业。术业有专攻，每一个企业所执行的功能比其他类型的企业更有效率，不过也因此不得不依赖于其他类型的企业帮助它执行其他的功能，否则就无法生存。这就为渠道中不同层次的企业提供了合作的基础，即企业之间在渠道功能上相互依赖。除了直销渠道以外，其他各种类型的渠道组织都建立在这种企业之间的相互依赖上，只是互依的结构和程度不同罢了。关系型垂直营销系统一般建立在合作者之间互依程度较高且互依结构比较对称（即彼此之间的依赖程度大致相当）的基础之上。在实践中，这种类型的渠道大量存在，比如大多数制造商与零售商之间的关系。

因为合作者之间不存在产权或股权关系，而且在渠道中的地位相对平等，所以任何一家企业都不能像管理型垂直营销系统中的“渠道领袖”那样对其他企业有很强的控制力。因此，企业一般很少运用权威机制进行治理，权威机制很弱。企业主要通过互依、互信、彼此承诺和合作等关系规范来实现对彼此的控制，从而形成关系型治理机制。通过关系型垂直营销系统，各个参与者都能够获得单个企业难以获得的竞争优势。当然，它们各自的利益大小主要取决于自身的努力和工作业绩，经营风险也需要自己承担。

（五）市场化的渠道交易

从渠道治理的角度看，企业还可以选择一种渠道交易形式，即市场化的渠道交易。比如，一家企业到一个开放的市场将自己的产品售卖给任何人，包括从事批发与零售的机构。如果购买者是最终用户，那么这等同于直销渠道，属于公司型垂直渠道系统的一种。如果购买者是从事批发与零售的机构，那么这就不是直销渠道了，而是一种市场化的渠道。

之所以将其称为“市场化的渠道交易”而不称为“市场化的渠道组织”或“市场化的渠道系统”，是因为从企业的角度看，它不是一种稳定的组织形式，不需要企业对其进行治理。换言之，它是一种没有治理的治理方式，学术上将其称为市场治理。

市场治理有下面三个特点：在产权维度上，工作者或代理人自己拥有用于工作的重要资源；在权威维度上，自己有权决定怎么完成工作和参与什么活动；在激励维度上，根据产出获得报酬，并因此承担业绩不佳的风险。

在市场治理的情况下，所有参与者都在国家法律、法规的构架下按照市场规则交易，买卖者之间不保持持续的交易关系。某一次交易活动既不受此前交易活动的影响，也不影响以后的交易活动。一家企业一旦把产品卖出去，就不再关心产品的流向。在这样的渠道中，交易双方的交易纯粹出于经济利益的考虑，不受情感的影响。买方把所有的卖方看成是一样的，卖方也把所有的买方看成是一样的，对彼此而言，与谁交易都一样。交易双方互信程度很低，更不需要有太高的互依水平和太多的彼此承诺。交易采用“一手钱、一手货”的方式进行，并且交易过后谁也不认识谁，谁也不打算以后再找对方，因此这中间即使有投机行为（如欺骗）出现，投机行为也是一次性的。上当受骗，也是“花钱买教训”。

三、渠道方案的设计、评价与选择

企业的渠道设计涉及很多因素和变量，如表10-7所示。

表 10-7 渠道设计的因素和变量

因素	变量
长度	渠道层级数：0，1，2，3，…，n
宽度	覆盖范围：县、市、省、大区、全国、大洲、全球
密度	渠道终端的数量和网点商圈的交叉情况：少，不交叉；多，不交叉；多，交叉
中间商类型	批发商：综合批发商、大类商品批发商和专业批发商 零售商：百货商店、超级市场、专营店、专卖店、便利店、仓储会员店、家居建材商店和其他 其他类型的中间商：经销商、代理商和经纪人
渠道数量	性质不同的渠道条数：0，1，2，3，…，m
渠道结构策略	直接分销、独家分销、选择分销、广泛分销、密集分销、不同策略的组合
渠道治理策略	渠道组织形式：公司型、特许型、管理型和关系型；市场化的渠道交易

假定某企业的渠道长度有一个选项（如使用"制造商→批发商→零售商→消费者"的渠道模式），宽度有两个选项（如覆盖全国和覆盖某个地方），密度有三个选项（网点高度重叠、中度重叠和不重叠），中间商类型为四种（零售商中的便利店、百货商店、超级市场和仓储会员店），再加上三种渠道结构策略（选择分销、广泛分销和密集分销），那么渠道设计方案就有 72 个（1×2×3×4×3）。

这样设计渠道方案虽然系统和全面，不会漏掉任何一个可能的选项，但是在对方案进行评价时，就会很烦琐。另外，把每种可能的方案都想到，也没有必要。那么，应该如何设计和评估备选的渠道方案呢？

（一）确定渠道策略

设计企业渠道的备选方案，可以从确定渠道治理策略和渠道结构策略开始。这是因为渠道治理策略与企业的发展战略和资源要素有关，渠道结构策略则与企业的营销目标、营销战略和渠道任务有关。

企业的发展战略着眼于整个企业的长期发展问题，影响整个企业的资源配置，内容包括公司的使命、长期发展目标、业务组合和组织结构。一个成熟的企业，有其偏好的渠道治理形式，比如称为"工商股份合作制"的格力渠道模式。从格力的角度讲，这一模式最大的优点就是把合作伙伴的利益与自己的利益捆绑在一起，减轻了格力进行渠道治理的难度。合作伙伴会为了自己的利益而努力工作，只要格力的产品卖得好，自己的利益也就有了保障。另外，各区域销售公司的董事长由格力方出任，这也加强了格力对销售公司的控制。在 2004 年，当国美要求格力绕过其合资销售公司以更低的价格直接向其供货时，格力断然拒绝（详见书末案例 7）。这背后的逻辑是，如果格力答应了国美的要求，会引起连锁反应，苏宁和其他大型零售商也会提出同样的要求。格力精心打造的渠道体系将彻底崩溃。换言之，国美要求的背后，暗含着格力渠道治理策略的改变，由公司型转变为关系型，这是格力无法接受的。因此，当一家企业选定了一种渠道治理形式，那么在设计渠道方案时，与这种治理形式不符的选项就可以排除在外。

营销目标是企业进行各项营销活动希望得到的结果。营销战略则是营销部门根据企业发展战略和营销目标而确定的营销计划，涉及目标市场、品牌的市场定位、产品要素组合、产品定价、营销渠道选择与管理、沟通与宣传、关系管理等内容。企业的渠道结构策略要能够完成营销目标和营销战略确定的渠道任务和目标，而那些不能完成渠道任务和目标的渠道结构策略和与之相对应的渠道结构因素或选项，就可以排除在外。

例如，一家名为 NX 的制造商出于公司战略的考虑，需要对渠道进行严格的控制，因此选择了公司型渠道组织作为其渠道治理策略。因为广泛分销和密集分销不太适用于公司型渠道组织，而 NX 的市场范围又较广，不适合直接分销，所以在渠道结构策略上就剩下独家分销和选择分销两个选项，而在渠道结构上也就剩下与独家分销和选择分销两种策略相对应的结构因素选项。

由此可见，渠道治理策略和渠道结构策略一旦确定下来，其他因素的选择范围就被划定了，可行的备选方案会大大减少。

（二）确定渠道的宽度、密度和渠道数量

渠道的宽度、密度和渠道数量与企业的营销战略、营销目标和渠道任务有关。

继续用上面 NX 公司的例子说明。我们知道，NX 公司已经选择了公司型的渠道组织形式作为其渠道治理策略，而且只可能采用独家分销和选择分销两种渠道结构策略，那么如何来确定其渠道的宽度、密度和渠道数量呢?

渠道宽度和渠道密度虽然密切相关，但是含义不同。渠道宽度指渠道的覆盖范围，意味着渠道可以使企业产品抵达区域的多少或范围的大小；渠道密度则指企业在某一区域内销售网点的数量，意味着企业在某一区域的销售力度。二者组合，就有宽而密的渠道、宽而疏的渠道、窄而密的渠道和窄而疏的渠道四种情况。

NX 公司的市场范围较广，所以它的渠道要求有比较广的覆盖面。因此，它只能选择宽而密或者宽而疏的渠道。假设 NX 公司的渠道要覆盖全国。管理者需要测算 NX 公司的渠道网点在全国各个地区应该覆盖多大规模的城市，在每个城市应该设置多少网点才可能完成渠道任务和目标。比如，经过测算得出，NX 公司需要在全国人口超过 100 万的城市各设 5 个网点或在人口超过 50 万的城市各设 1 个网点。相对而言，前面一个是宽而密的方案，后面一个是宽而疏的方案。

还有一种选择，即采用多种不同的渠道，一方面覆盖全国，另一方面在一些重点地区加大密度。比如，利用电子网络渠道覆盖全国，向全国各地的顾客或用户销售；利用经销商的实体店覆盖重点区域，人口越多的城市，销售网点越多，这可以称为“多渠道区域密集分销”。

上面三种方案与已经确定的独家分销和选择分销两种策略交叉考虑，就有 6 种不同的组合。不过，独家分销与多渠道有矛盾，因此可能的组合只有 5 种：（1）宽而密的独家分销；（2）宽而疏的独家分销；（3）宽而密的单一渠道选择分销；（4）宽而疏的单一渠道选择分销；（5）多渠道区域密集分销＋选择分销。

（三）确定渠道的长度

渠道的长度也就是处于制造商和最终消费者或用户之间中间商的层级数。中间商的层级数越多，渠道越长。直销渠道中没有中间商，因此它是最短的一种渠道，也称为零层级渠道。

如果不考虑覆盖面和密度，制造商总是希望它的渠道越短越好。渠道越短，制造商距离顾客越近，越容易了解顾客的需求，也越容易控制渠道。然而，当企业追求渠道覆盖面和销售密度时，常常不得不采用长渠道。因此，从逻辑上讲，在设计渠道方案时，渠道长度的选择应该在渠道的宽度、密度和渠道数量选择之后。

继续用上面 NX 公司的例子说明。NX 公司在选择了公司型渠道组织形式之后，又从渠道的宽度、密度和渠道数量方面确定了 5 种可能的方案。那么，在上面 5 种不同的方案中，NX 公司渠道的长度应该如何确定呢？

渠道的长度和中间商的层级类型密切相关。中间商的种类很多，既可能处在不同的渠道层级上发挥不同的作用，如批发、零售，也可能处在相同的渠道层级上发挥相同的作用，只是采取的经营方式不同，如零售商中的百货商店、超级市场、专营店、专卖店、便利店、仓储会员店、家居建材商店。前者称为"中间商的层级类型"。

企业常常通过选择中间商的层级类型来选择渠道的长度。比如，NX 公司如果选择向大型连锁零售企业（如沃尔玛、华润万家、国美或苏宁）直供，那么它的渠道只经过一个层级的中间商，渠道比较短。相反，如果它使用的是起批发作用的总代理（如格力的模式），那么它的渠道至少要经过一级代理和零售商两个层级。

在 NX 公司的例子中，确定渠道长度的问题其实就是选择哪一个层级经销商作为合作伙伴的问题。如果选择零售商做合作伙伴，那么渠道就比较短；如果选择批发商或其他类型的经销商做合作伙伴，那么渠道就比较长，而且具体的长度将取决于合作伙伴的渠道长度。不过，因为 NX 公司选择的是公司型渠道治理策略，需要通过控股或参股合作伙伴的方式来控制渠道，所以独立性很强的批发商和零售商不太适合做它的合作伙伴。因此，NX 公司最好选择某种类型的经销商作为其合作伙伴，而渠道的长度则取决于各经销商的渠道长度。

这里需要特别说明一点：不管采用独家分销还是选择分销，NX 公司一旦找到了合适的经销商，后面的渠道层级交给经销商决定即可，没有必要做硬性规定。只有在一些特殊的情况下才应该干预，比如经销商下面的层级太多，把渠道拉得过长，缺乏效率；经销商的能力不足，下面的网点太少，无法完成企业的渠道任务和目标。

（四）确定中间商的类型

最后，确定同一层级中间商的类型。比如，如果选定零售商做自己的合作伙伴，那么这一步就是要确定使用其中的百货商店、超市、专营店、专卖店、便利店，还是仓储会员店。

因为不同类型的中间商针对不同的目标市场、使用不同的经营方式、经营不同种类的商品，所以对于一家企业而言，并不是所有类型的中间商都同样适用，企业要根据自己产品与不同类型中间商经营特点的匹配情况进行选择。比如，生产食品的制造商，在零售层级上，可以用沃尔玛、华润万家，不适合用国美、苏宁；生产家用电器的制造商，首选国美、苏宁，也可以用沃尔玛和华润万家，但不能用老百姓大药房。

具体到 NX 公司的例子，NX 公司在选择经销商作为合作伙伴时，要事先考察和了解备选经销商的渠道中都有哪些类型的下游中间商，它们是否适合经营本企业的产品。比如，如果 NX 公司是一家生产家用电器的制造商，那么它就应该选择那些在下游中间商中有国美、苏宁或其他家用电器商店的经销商合作；如果 NX 公司是一家快速消费品的生产厂家，那么它就应该选择那些在下游中间商中有沃尔玛、华润万家或其他超市的经销商合作。

（五）渠道方案的评价

经过上面几个步骤，企业可以设计出若干备选的渠道方案。用 NX 公司的例子说明，在经过上面的多个步骤之后，设计的 5 种方案中还剩下 3 种：方案 1，宽而疏的独家分销；方案 2，宽而密的单一渠道＋选择分销；方案 3，多渠道区域密集分销＋选择分销。如何对这些渠道方案进行评价和选择呢？

定性判断法简单实用。使用这种方法时，渠道管理者往往根据比较重要的决策因素对不同渠道方案的适用性进行定性的评价、比较。至于什么是重要的因素，则见仁见智，并没有统一的标准。一般而言，渠道任务与目标、渠道成本、目标市场与市场定位、产品与价格、宣传与信息沟通、中间商以及环境适用性等，都是在评价渠道方案适用性时需要考虑的，如表 10－8 所示。

表 10－8 渠道方案的适用性评价

评价因素	方案		
	方案 1（宽而疏的独家分销）	方案 2（宽而密的单一渠道＋选择分销）	方案 3（多渠道区域密集分销＋选择分销）
渠道任务	中等：能够完成销售任务	较高：能够较好地完成销售任务	高：能够很好地完成销售任务
渠道建设目标	中等：覆盖面大，但渗透率不足	较高：覆盖面大，渗透率高	高：覆盖面大，区域渗透率高
渠道服务目标	较低：当独家经销商的网点数量不足时，等候时间、空间便利和服务支持等方面都会存在问题	较高：在等候时间、空间便利和服务支持等方面没有太大问题	中等：在重点区域的服务没有问题，在电子网络渠道覆盖的非重点区域会有问题
渠道治理目标	高：容易控制，协调成本低，但是独家经销商的权力较大	中等：需要协调同一区域不同经销商的利益，协调成本较高	中等：在重点区域需要协调不同经销商的利益，另外还需要协调不同渠道的利益，成本较大
渠道成本适用性	高：相对于其他两种方案，成本最低	较高：相对于其他两种方案，成本较低	中等：相对于其他两种方案，成本较高
目标市场与市场定位	难以确定：取决于选取的经销商	难以确定：取决于选取的经销商	难以确定：取决于选取的经销商
产品与价格	高：产品的特点和价格水平对渠道没有特别的要求	高：产品的特点和价格水平对渠道没有特别的要求	较高：电子网络渠道对物流要求较高
宣传与信息沟通	较高：经销商能够主动地帮助企业宣传产品和进行信息沟通	较高：经销商能够主动地帮助企业宣传产品和进行信息沟通	高：电子网络渠道不仅对非重点区域销售，而且是一条重要的信息传播渠道

续表

评价因素	方案		
	方案 1 (宽而疏的独家分销)	方案 2 (宽而密的单一渠道＋选择分销)	方案 3 (多渠道区域密集分销＋选择分销)
中间商	较低：对经销商的要求很高，既要有实力，还要愿意接受制造商的特殊要求，合适的经销商难求	较高：对经销商的要求不是特别高，相对比较容易找到合作者	较高：对经销商的要求不是特别高，相对比较容易找到合作者
环境适用性	高：无限制	高：无限制	高：无限制

适用性可以按照“高”“较高”“中等”“较低”“低”评价，如表 10－8 中给出的评价；也可以打分，如“高”为 5 分，“较高”为 4 分，“中等”为 3 分，“较低”为 2 分，“低”为 2 分。即使打分也要特别注意：在整个评价过程中，重要的不在于每一项得多少分，而在于打分时的思考过程。打分计算的目的是为了用客观的方法做出主观的判断。

在评估渠道方案时，应遵循以下步骤：

第一步，要从渠道任务和目标的角度评价各个方案的适用性，相关的因素包括渠道任务、渠道建设目标、渠道服务目标和渠道治理目标。比如，在 NX 公司的例子中，虽然三个方案都能够完成销售任务，但是相对而言，方案 3 最好。在渠道治理目标方面，方案 1 的协调成本最低，最容易控制，因此最好。

第二步，考虑渠道成本。在 NX 公司的例子中，从渠道成本的适用性上考虑，方案 1 最好（渠道成本的适用性高），因为这一方案只需找到各区域的总经销商或总代理商，以参股或控股的方式与其建立战略联盟，然后利用它们的渠道网络销售就可以了。用其他两种方案，NX 公司则需要找更多的经销商，分别与其商谈股权合作事宜，在渠道运行时，还要做大量的协调工作，成本较高。

第三步，考虑不同方案在目标市场与市场定位上的适用性，相关的因素主要是渠道覆盖面与目标市场的吻合度、渠道形象与产品形象的吻合度。在 NX 公司的例子中，各方案在目标市场与市场定位上的适用性取决于 NX 公司最终所选择合作的经销商，因此在经销商未选定之前，各方案在目标市场与市场定位上的适用性难以确定。

第四步，考虑不同方案在各营销因素上的适用性，包括产品、价格和促销宣传等方面。在 NX 公司的例子中，因为公司的产品特点和价格水平对渠道没有特别的要求，所以三种方案在各营销因素上的适用性差别不大。

第五步，考虑不同方案在中间商中的适用性，包括中间商的可得性、服务产出和成本。在 NX 公司的例子中，因为方案 1 对经销商的要求很高，既要求经销商要有实力，还要求经销商要愿意接受制造商的特殊要求，所以合适的经销商很难找到。如果没有办法找到足够的愿意合作的经销商，那么即使企业偏爱方案 1，也只能将其暂时搁置，先采用其他两种方案。

第六，考虑环境的适用性，即考虑环境有没有对某一渠道方案的特殊支持或限制。在 NX 公司的例子中，环境对三种方案都无限制。

经过这样的评价以后，企业对各备选方案的优缺点会了然于心。在此基础上，不管是不是采用量化的方法计算得出结果，都可以形成一个大致的选择顺序。不仅如此，由于认识到每种方案都不是十全十美的，在日后的渠道管理工作中，可以有针对性地加强某一方面的管理与控制。

第 4 节　渠道成员选择

企业的渠道策略选定以后，下一步就要选择构成渠道的成员，内容主要包括：寻找渠道成员，评价与选择渠道成员，分配渠道任务。

一、寻找渠道成员

寻找渠道成员就是搜寻企业未来在渠道活动中可能的合作伙伴。当然，有些企业在确定渠道成员时，可能并不需要这一步，因为它们已经有足够多的合作者，要做的是从中找出最满意的，但是对于那些新创立的企业，寻找渠道合作伙伴，就是一项必须做的工作。

一般来说，寻找渠道成员时，搜寻的范围越大越好，这样更可能找到合适的渠道成员。企业寻找渠道成员的途径主要有：自设销售组织、商业途径、网上查询、顾客和中间商咨询等。

（一）自设销售组织

大多数制造商都有自设的销售组织和推销人员，他们的一项重要职责就是要发展和保持与中间商的合作关系，随时注意发现新的渠道成员，因此，他们一般比企业的其他人员更清楚在某一区域内谁最有可能成为好的渠道成员。当需要增加或替换新的渠道成员时，企业要充分发挥他们的作用。

（二）商业途径

商业途径包括贸易组织、出版物、电话簿、商业展览会等，这些都是企业寻找渠道成员的有效途径。商业展览会或商品交易会，聚集着某一领域的制造商、批发商、零售商或经销商。通过参展，企业有机会接触到大量不同类型的商业机构，找到合适的合作伙伴。

（三）网上查询

通过互联网，尤其是访问专业网站，渠道管理人员可以搜寻到某一行业中很多同一类型或不同类型的企业。通过互联网，企业可以找到很多未来可能的合作伙伴，而且几乎不需要什么投入。

（四）顾客和中间商咨询

企业营销活动围绕的中心是顾客需求，而要满足顾客需求需要借助中间商，如零售商。顾客对中间商的服务满意，就会经常与这些中间商打交道；对中间商的服务不满意，就可能离中间商而去。企业可以通过正式或非正式的调查，了解顾客在所处的区域内对不同中间商的看法，以便确定哪些中间商可以成为企业未来的合作伙伴。另外，通过咨询现有的中间商或让其推荐，企业也可能找到新的合作伙伴。

（五）其他途径

企业寻找渠道成员的途径还有很多。比如广告，在有关出版物上刊登广告，等待有兴趣的渠道成员前来联系、询问。再如，通过熟人介绍或委托经纪人寻找。很多方法可以交叉使用，比如一方面做广告，另一方面在企业黄页和网上查找，或让中间商推荐。

二、评价与选择渠道成员

企业找到一定数量的潜在合作伙伴后，在确定与谁合作之前，先要对每一个可能的合作伙伴进行评价，以便选择最合适的合作伙伴，避免由于选择不当造成损失。

渠道成员选择的重要性与公司的渠道密度高度负相关——渠道密度越小，渠道成员的选择越重要。独家分销的密度最小，企业在一定的区域内只使用一个渠道成员，因此，一旦选择了某个渠道成员，就意味着这个企业丧失了使用其他渠道成员的机会，同时，公司的渠道任务能否有效实施，将完全取决于该渠道成员的表现，风险很大。相反，密集分销的密度很大，渠道成员选择的重要性就相应减小。采用密集分销的公司往往将公司的产品投放到几乎每一个可能的渠道中去，以确保消费者在任何地方都可以方便地购买。此时，除了考虑渠道成员的信用外，企业很少需要花精力去鉴别和选择渠道成员。

对于渠道成员的评估，需要进行综合考虑，可以从能力、可控性和适应性三个方面进行。对渠道成员能力的评价，涉及的主要内容有市场覆盖范围、地理区位优势、产品知识、财务状况、储运能力、管理水平、综合服务能力以及合作态度。对可控性和适应性的评价，则要分析和了解渠道成员的可控内容、可控程度和控制方法以及渠道成员适应企业原有渠道结构的程度和适应环境变化的程度。在操作时，可以使用与表 10－8 相同的方法通过对重要因素的评分评价渠道成员的优劣。

如果是一家不知名的小企业，在选择渠道成员时，会受到很多限制。这时，即使找到了一些自认为很合适的合作伙伴，对方也不一定愿意合作，那么设法满足对方的要求可能是唯一的选择。

三、分配渠道任务

渠道任务在渠道成员之间的分配与渠道成员的选择，实际上是一个过程的两个阶段，难以严格区分开。不过，最初的任务分配可能只是一种口头上的“君子协定”或是一种约定俗成的默契，对双方的约束力都不强。待渠道合作关系确定之后，尤其是一方向另一方做出某种重要的承诺（如制造商向中间商承诺特约经销权或总经销权）之后，渠道任务就要在渠道成员之间以签订正式协议的方式，通过规定各方的权利与义务，进行分配。

示例 10－1 所示的是一家制造商 XL 公司与其经销商的经销合同文本，其中规定了双方的权利与义务，以及双方需要共同遵守的条款。第三条“乙方义务”的第 1～7 款，更是说明了乙方必须承担的渠道任务。

示例 10－1　XL 公司的经销合同

市场经济也是法制经济。法制经济对于经济行为的一个基本要求是，交易各方一旦签订正式合同，只要没有不可抗力导致的不能履约，合同就必须履行。如果一方拒不执行合同规定的义务，那么违约的一方将会受到法律的制裁。为了使渠道任务在渠道成员之间的分配既明确又可行，合作双方或多方需要本着发挥各自优势、互惠互利、合作双赢的原则，通过协商，规定各方的权利和义务，并用合同的方式使其合法化。

渠道任务在渠道成员之间的分配，可以通过价格政策、交易条件和地区划分等内容明确界定。

价格政策是一个渠道成员针对另一个或另一些渠道成员在价格方面所制定的规定。如示例 10-1 中，第四条是制造商针对经销商的价格政策："除非双方另有规定，甲方向乙方供货的一般批发价为甲方产品售价的八折"，"乙方必须按甲方规定的售价向顾客售卖商品，不得随意抬价或压价"。

交易条件包括付款条件、商品质量保证、按时供货保证、货物交割方式以及中间商的库存水平、服务质量和服务方式等。示例 10-1 中的第七条"收益支付"就是制造商向经销商支付销售佣金的有关规定。制造商针对中间商的一项重要付款条件，是对于提早或按时付清货款的中间商如何给予价格折扣的规定。此条款可以激发中间商及时付款的积极性。

地区划分规定了中间商的地区权利，明确说明各中间商的顾客服务范围，以免渠道内成员之间发生内耗。当涉及独家经销或独家代理、总经销或总代理、特许经营关系时，制造商更应当就有关中间商的分销地区范围、促销、市场渗透水平和发展渠道新成员等问题与中间商认真进行磋商，在合同中做出明确规定。

除了上面所讲的责任和义务的规定以外，在一些特定内容上，也要在渠道成员之间明确划分责任界限，如针对促销、信息沟通、资金帮助、人员培训、销售服务、商品展示和商品陈列等方面所做的安排。

第 5 节　渠道合作与控制

选定了渠道成员并按照合同规定的任务使整个渠道运作起来之后，渠道成员选择过程结束。选择与渠道成员共事，不是仅仅为了一笔生意或一桩买卖，而是要长期合作。渠道管理的一个主要目的，是加强渠道成员之间的合作，减少冲突，提高整个渠道系统的运行效率，为每一个渠道成员创造出单个企业难以获得的竞争优势。为此，企业需要对渠道加强管理和控制。

一、渠道合作

渠道合作指渠道成员为了共同以及各自的目标而采取的共同且互利的行动。它源于渠道成员之间的相互依赖性，而相互依赖性又是渠道成员功能专业化的结果。

渠道功能专业化的原始动力是通过专业化充分发挥自己的优势，获得在某个功能上的规模经济。但是，功能专业化也将再生产过程割裂开来，使得任何一个企业都难以高效率地完成再生产所要求的每一个环节。这就产生了一个企业对于其他企业的依赖，而且它所依赖的企业处境是相似的，也要依赖其他企业才能完成再生产过程，因此渠道中企业之间的依赖是相互的。相互依赖性就由此成为渠道中企业之间合作的基础或根源。一般而言，互依性越强，合作的基础就越坚实，在其他情况相同时，合作的程度也就越高。互依性消失了，合作的基础就没有了，合作也会随之消失。

渠道合作的内容与形式有很多，主要有联合促销、联合储运、提供专卖产品、信息共享、联合培训、地区保护和渠道联盟等。

联合促销包括：联合广告活动，如制造商把中间商的名字列入产品或企业广告中；联合产品展示活动，如制造商向批发商和零售商提供示范产品，批发商和零售商积极配合；联合销售活动，如制造商加入到批发商或零售商的销售活动中；联合调研活动，如制造商提供价格折扣，让批发商和零售商帮助进行市场调查；联合担保活动，如售出的产品发生质量问题既可以找中间商，也可以找制造商。另外，在价格竞争十分激烈时，为了让中间商更灵活地应对，制造商还常常向中间商提供价格补偿。

联合储运包括：制造商和中间商联合加入适时管理系统（JIT）和电子数据交换系统（EDI），制造商或批发商发起或参与对中间商的紧急货运活动，以及制造商帮助批发商和零售商筹措存货资金等。

提供专卖产品是指制造商向自己的渠道成员提供专门为其设计的产品，以应对或减轻价格竞争对它们的影响。这是因为专卖产品设计独特，而且只在专门指定的范围内销售，使消费者不太容易与类似的产品在价格上进行比较，从而降低价格竞争。

信息共享包括：制造商、批发商和零售商共同加入电子数据交换系统，方便、快捷地交换信息；制造商和中间商共同发起或加入销售商联合会，增加同业交流与沟通；渠道成员分享渠道调研成果。

联合培训包括批发商和零售商联合加入制造商的销售培训及产品培训项目。比如，一些制造商利用自己的教育基地（如海尔大学），对中间商的业务骨干进行教育培训。

地区保护即制造商特许中间商的地区独家代理权。渠道合作会因为这种地区保护政策得到加强。

渠道联盟是处于同一渠道中的双方或多方成员通过签署协议形成的利益共同体。在渠道联盟中，渠道成员按照商定的渠道策略和游戏规则，共同开发市场，共同承担市场责任和风险，共同管理和规范销售行为，公平地分享经济利益和合作成果。

二、渠道冲突

渠道冲突指的是这样一种状态：一个渠道成员正在阻挠或干扰另一个渠道成员实现其目标或有效运作；或一个渠道成员正在从事某种会伤害、威胁另一个渠道成员的利益，或者以损害另一个渠道成员的利益为代价而获取稀缺资源的活动。[①]

渠道成员之间要进行合作，矛盾或冲突在所难免。合作与冲突是一枚硬币的两个面，谁也离不开谁。合作意味着两个独立个体的协调行动。既然是两个独立的个体，就不免在

---

① Etgar M. Sources and Types of Intrachannel Conflict. Journal of Retailing，1979，55（1）：61-78.

目标、角色、意识和资源的分配等方面存在利益上的差异和矛盾，这些差异和矛盾就是潜在的冲突。

许多因素可能导致渠道冲突。按照伊德嘉（Etgar，1979）的说法，有七种基本因素。

第一，角色界定不清。在渠道中，角色是对各渠道成员应该发挥功能和活动范围的界定，涉及“应该做什么”和“应该怎样做”的问题。如果角色界定不清，一方面渠道成员之间功能重叠，造成渠道资源的浪费；另一方面一些成员会采取投机行为，有利可图和容易做的事情抢着做，无利可图又难做的事情推给别人。在发生责任事故而使整个渠道蒙受损失时，大家又会想尽办法逃避责任，相互推诿。不管哪种情况出现，都会导致渠道冲突。

第二，资源稀缺。为了实现各自的目标，渠道成员在一些稀缺资源的分配问题上有时会产生分歧，导致冲突的产生。比如，无论是制造商还是批发商，都将零售商看作实现其分销目标的重要而稀缺的资源，因此制造商和批发商常常会在零售商的分配问题上发生冲突。制造商要保留一批销售业绩好的零售商作为直供客户，而批发商会认为这种对资源的分配对其不利而坚决反对。再如，在特许经营渠道中，一个供应商在同一个市场范围内将经营权特许给一些新的经营者，对老的经营者而言，新的经营者就是在和他们抢市场这一稀缺资源，这样老的特许经营者与特许供应商之间就会发生冲突。

第三，感知差异。感知指人对外部刺激进行选择和解释的过程。不同的人由于个性、背景、态度和敏感程度等方面存在差异，感知也存在差异。在渠道中，针对同一种刺激，不同的渠道成员可能会有不同的感知或对感知有不同的理解。一项研究结果表明：在配对渠道成员的关系中，存在着对于彼此依赖程度的感知差距，对彼此依赖程度感知上的差异会导致渠道成员之间更多的摩擦或冲突。①

第四，期望误差。一个渠道成员会对其他成员的行为有所预期，并根据预期采取自认为应该采取的行动。如果预期有误，它就会采取错误的行为，它的错误行为又会导致意想不到的与渠道中其他成员之间的互动，由此产生冲突。

第五，决策领域有分歧。由于发挥不同的功能，承担不同的责任，扮演不同的角色，渠道成员都有自己的决策领域某一方面的话语权。在合同制（如特许经营）渠道体系中，合同会明确划清决策领域的界限并做详尽解释，而在那些由独立公司组成的比较传统、组织松散的渠道中，决策领域有时“需要争夺”。因此，当触及“谁有权决策，做何决策”的问题时，便常常引发冲突。

第六，目标不一致。渠道成员除了有一些共同的目标外，如满足顾客需求、提高渠道效率和整个渠道的竞争力，还有各自的特定目标。当渠道成员的目标不一致或不相容时，就容易产生冲突。

第七，沟通障碍。沟通是在两个或更多的当事人之间进行的关于事实、思想、意见和情感等方面的信息交流。如果当事人之间不进行沟通，或在整个沟通过程中存在着大量的干扰和噪声，那么沟通就存在障碍。不进行沟通、沟通困难或沟通无效，都有可能导致渠

① Zhou N，Zhuang G J，Yip L S. Perceptual Difference of Dependence and Its Impact on Conflict in Marketing Channels：An Empirical Study with Two-sided Data. Industrial Marketing Management，2007，36（3）：309-321.

道冲突。

渠道冲突在所难免，一旦出现，企业必须想办法解决。企业可以根据具体情况，使用下面四种方法[①]：（1）问题解决法（problem solving），即通过讨论或商谈，找到使双方都能够接受的解决冲突的方案；（2）劝解法（persuasion），即一个渠道成员通过说服的方式改变另一个渠道成员对于一些重要问题的看法或决策标准；（3）讨价还价法（bargaining），即双方各自利用自己拥有的权力迫使对方在相关问题上做出让步，通过讨价还价的程序，为双方寻找一个得与失的平衡点；（4）第三方介入法（politics），即由独立第三方或司法机关介入，为双方解决矛盾。一般来讲，采用问题解决法和劝解法，有利于渠道成员之间合作关系的进一步发展与巩固，而采用讨价还价法和第三方介入法，特别是过分依赖这两种方法，则会破坏渠道成员之间的合作关系。

三、渠道控制

渠道控制是一种交叉着组织内部控制的跨组织控制，它不仅需要进行针对本企业的员工或部门的控制，而且需要进行针对分属于不同利益主体的组织或个人的控制。因此，渠道控制有纵、横两个方面。纵向的渠道控制属企业内部的渠道控制，以企业整个营销渠道体系为控制对象，是渠道管理者对企业渠道体系总体运行情况所进行的监督、评价和纠偏活动。横向的渠道控制属跨组织的渠道控制，以企业所采用的中间商渠道中其他渠道成员的行为为控制对象，是企业通过渠道管理者对中间商渠道中其他渠道成员可能发生的投机行为进行的监督和约束。二者相互补充，缺一不可。

（一）企业内部的渠道控制

企业内部的渠道控制，以企业整个渠道体系为控制对象，是企业对渠道系统总体运行情况所进行的监督、评价和纠偏活动。可以分为设计渠道控制标准、对渠道系统的运行情况进行监测、纠偏三个步骤。

渠道控制标准是渠道管理者希望营销渠道部门能够达到的状态或完成的任务，一般根据控制者的要求（渠道目标和渠道策略）、市场环境、目标市场的情况、竞争者情况和控制者的控制能力等因素确定。渠道控制标准可以分为两大类：一类是定性标准，如消费者或用户的渠道满意度、不同渠道之间的互补关系、渠道成员的角色与功能发挥、渠道成员之间的关系发展；另一类是定量标准，如销售业绩（销售量与销售额）、盈利能力（利润及利润率）、渠道费用（费用及费用率）、增长潜力（销售增长率）、竞争力以及渠道成员的货款返还情况。

对渠道系统的运行情况进行监测是指企业通过对相关数据或资料的分析，了解企业渠道系统的运行情况。企业内部渠道控制能否达到预期效果，这是关键的一步。监测的方法有许多，包括对销售业绩进行数据统计和分析、对顾客进行调查和分析、在现场进行观测和分析以及通过中介组织进行调查和分析等。监测的目的在于发现问题，即找出渠道运行

---

① Dant R P，Schul P L. Conflict Resolution Processes in Contractual Channels of Distribution. Journal of Marketing，1992，56（Jan.）：38-54；周筱莲，庄贵军．营销渠道成员之间的冲突与解决方法．北京工商大学学报（社会科学版），2004，19（1）：22-26.

中实际执行情况与控制标准之间的差距。具体内容如下：第一，通过实际执行情况与控制标准的比较，发现哪里出现了偏差以及分析偏差的性质；第二，分析偏差的大小及容忍度；第三，分析偏差形成的原因，制定纠偏措施。

根据偏差形成的原因，纠偏有两方面的措施：第一，修改或调整企业自己的渠道目标和渠道策略，适应环境的变化；第二，影响或指导渠道成员改变某些不当行为，采用合理先进的工作方法，提高渠道效率与合作水平。

（二）跨组织的渠道控制

跨组织的渠道控制是以渠道中其他渠道成员的行为为控制对象，包括对其他渠道成员的评估、监督和约束。

对于渠道成员的工作成绩，企业应定期予以评估，以便及时发现问题并采取可行的补救办法纠偏。评估时可以考察以下内容：销售定额完成情况、平均存货水平、向顾客交货时间、损失和遗失货物的处理、与企业的合作情况以及应对顾客提供的服务等。对于成绩突出的渠道成员予以奖励，对于成绩不好的渠道成员则根据具体情况予以指导、批评或惩罚。

渠道控制，即企业对渠道合作伙伴的监督和约束，主要有三种方法：权力、合同和规范。[①] 使用权力方法控制，企业通过权力和权力的使用来影响或控制其他成员，比如使用奖励权力、强迫权力、法定权力、认同权力、专家权力或信息权力施加影响。使用合同方法控制，企业通过合同的签订与对合同执行情况的监督来影响或控制其他成员。使用规范方法控制，企业通过互信、承诺、合作等关系规范来影响或控制其他成员。三种控制机制可以有所侧重，但不相互排斥，可以组合使用。

渠道控制方法的选择与企业所采用的渠道治理策略密切相关。[②] 在一家企业基于渠道的组织形式选定了一种渠道治理策略以后，它实际上就与渠道合作伙伴约定了彼此之间关系的性质，包括产权形式、权力结构（权威机制）和激励方式。然而，要把某种约定或制度安排落到实处，各个渠道参与者需要按约行事，发挥自己的渠道功能，履行自己的义务。在这一过程中，一些渠道的参与者可能会主动或被动地从事各种投机行为。因此，一个企业要想建立稳定的渠道组织，就必须将渠道治理策略转变为行动，对渠道合作伙伴进行跨组织的监督和控制。

四、渠道中的投机行为与控制

渠道中的投机行为是指在渠道交易中，一方缺乏坦诚，使用欺骗或诡计，以牺牲他人利益为代价，为己方谋取私利。[③] 比如，在供应商与零售商关系中，零售商接受了供应商提供的促销津贴或实物，但并不按照事先的约定使用这些津贴或实物，而是另做他用，为

① Weitz B A，Jap S D. Relationship Marketing and Distribution Channels. Journal of the Academy of Marketing Science，1995，23（4）：305-320.

② 庄贵军．基于渠道组织形式的渠道治理策略选择：渠道治理的一个新视角．南开管理评论，2012，15（6）：72-84.

③ Wathne K H，Heide J B. Opportunism in Interfirm Relationships：Forms，Outcomes，and Solutions. Journal of Marketing，2000，64（Oct.）：36-51.

自己谋利；零售商有意夸大供应商竞争对手所提供的折扣，意在从供应商处获得更大的折扣；供应商承诺为提高产品的销售额，会加大广告的投放力度，目的是增加零售商对自己产品的信心，但在零售商订货以后，供应商没有兑现自己的承诺；供应商一方面给予零售商某一地区的独家销售权，另一方面又通过其他渠道进入这一地区，即窜货。

渠道中的投机行为可以按照交易环境（交易环境是否发生变化）和行为（主动还是被动）分为四种类型，如表 10－9 所示。

表 10－9　渠道投机行为的分类

行为	交易环境	
	原有环境	新环境
主动	侵害：某一渠道成员在环境没有发生变化的情况下，为了自己的利益，从事某种被明确禁止或没有明说但隐性禁止的行为	强制让步：一个渠道成员有意识地利用环境的变化从另一个渠道成员争取和获得更大的特权或让步
被动	逃避：在环境没有发生大的变化的情况下采取逃避或者推脱责任与义务的行为	拒绝调整：一个渠道成员在环境发生变化的情况下缺乏弹性或拒绝调整

侵害（violation）是一种原有环境下的主动投机行为，指某一渠道成员在环境没有发生变化的情况下，为了自己的利益，从事某种被明确禁止或没有明说但隐性禁止的行为。比如，一个中间商违反协议跨区域经销；一个生产制造商或供应商有意识地窜货。

强制让步（forced renegotiation）是一种新环境下的主动投机行为，指一个渠道成员有意识地利用环境的变化从另一个渠道成员争取和获得更大的特权或让步。比如，一家生产制造商为了适应环境的快速变化，重新调整了营销战略，此营销战略需要零售商更加积极配合，如进行更多的沟通，提供更及时的信息。然而，零售商并不热心，反而提出了很多使其享有特权的条件，如更大的折扣、更大的资金支持、更大的价格决定权等。强制让步行为的实质是：一个渠道成员利用另一个渠道成员在变化或调整中的脆弱性（vulnerability），与后者讨价还价，以便获得更多的利益。因此，它的直接后果是利益在渠道成员之间的重新分配——投机者通过讨价还价获得了更多的利益，而反方则不得不做出某些让步，利益受到损害。不过，从长期来看，受害者会增大对投机者的不信任感，产生离异倾向，最终破坏双方的合作关系，使双方都受到伤害。除此之外，还会增大双方的洽谈成本。

逃避（evasion）是一种原有环境下的被动投机行为，指在环境没有发生大的变化的情况下采取逃避或者推脱责任与义务的行为。比如，在特许经营渠道中，特许加盟店没有按照特许商的规定，提供应有的高质量的服务。再比如，在一个以零售商为渠道领袖的渠道中，生产制造商为零售商生产的自有品牌产品没有按照零售商的质量控制系统进行操作。逃避行为能够在短期内为投机者节约经营费用或生产制造成本，但从长期来看，则会因为消费者不满的增大而降低渠道控制者和整个渠道的收益。

拒绝调整（refusal to adapt）是一种新环境下的被动投机行为，指一个渠道成员在环境发生变化的情况下缺乏弹性或拒绝调整。比如，上面那家为适应环境变化而重新调整营销战略的生产制造商，当要求零售商积极配合时，零售商虽然没有明确地提出异议，但是暗地里不愿意对自己原有的经营方式做出相应的调整。拒绝调整行为不会给其他渠道成员带来多大的成本，短期看还可能提高投机者的收益，如上例中，零售商可能会得到生产制造商更大的支持。不过，从长期来看，渠道成员缺乏弹性或拒绝调整，会使整个渠道不能随着环境的变化而变化，适应性大减，从而减少渠道产出，影响每一个渠道成员的业绩。

渠道中的投机行为主要有三个根源：一是利益上的差异；二是锁住效应，即由于某种原因使得一个渠道成员不能毫无成本地与另一个渠道成员解除既有的交易关系，前者被锁在了与后者的关系中，不得不忍受后者的投机行为；三是信息不对称，这增加了前者发现后者投机行为的难度，同时也使得后者从事投机行为而不必过于担心被前者抓住。针对这三个原因，企业可以通过四种方法控制渠道合作伙伴的投机行为，如表 10－10 所示。

表 10－10 渠道投机行为的控制方法

控制方法	目的	前提	对投机行为的影响
监视	降低信息的不对称性，为奖罚提供依据；通过奖罚增大利益共同点	有明确和适用的监视标准；有监视合法性的约定	只适用于基于信息的投机行为；对原有环境下的投机行为最有效；选择效应
激励	使投机之所失大于投机之所得；使渠道成员成为利益共同体	有较大的渠道权力；适用的信息	能够限制各种投机行为；渠道成员之间针对彼此的交易专有资产增加
选择	降低信息的不对称性；选择双方有共同利益的合作者；选择效应	认证体系；选择成本不大；关于声誉的适用信息	有效性取决于选择程序与标准；信号
社会化	促进渠道成员之间的目标一致化，增大利益共同点	普适性的价值标准	有效性取决于价值标准的普适性；信号；选择效应

监视。在信息不对称的关系中，一方有可能从事投机行为而不被察觉。监视的目的就是通过降低信息不对称性，使奖罚更加公平，由此增大双方的利益共同点，在某种程度上解决这个问题。监视行为本身也会给被监视者形成一种压力，使被监视者采取顺从的行为。因为监视的目的是通过降低信息不对称性来控制投机，所以当投机行为的根源与掌握信息的多少无关时，监视很可能就是无效的。比如，在新环境下，当一个渠道成员针对另一个渠道成员采取拒绝调整或强制让步行为时，即使后者通过监视获得了更多的信息，知道前者在进行投机，也无法阻止前者的行为。

激励。企业可以通过激励方法的选择和使用，使投机者受损，不投机者得利，增大双方的利益共同点，减少对方针对自己的投机行为。比如，对于渠道成员不履行合同规定义务的行为（逃避行为），渠道控制者可以根据渠道成员各自的表现，奖勤罚懒，使懒之所失大于懒之所得；对于供应商有意降低质量标准的行为（侵害行为），零售商一方面给予质量标准执行好的供应商一些特权（如好的货位、较高的进货价和更多的促销支持），另一方面适当惩罚质量标准执行不好的供应商，使供应商侵害行为的所失大于所得；对于新环境下的强制让步和拒绝调整行为，应用激励的思路，通过渠道双方在交易专有资产上进行一定的投入，可以使投机之所失大于投机之所得。

选择。企业可以通过选择程序，对潜在交易伙伴进行调查和了解，降低信息的不对称性，与共同利益高的交易伙伴建立长期的合作关系。另外，建立一种自选择机制（选择效应），使那些投机倾向高的渠道成员自己选择不加入某一渠道。比如，为了控制出工不出力的逃避行为（原有环境下的被动行为），特许商只选择那些愿意接受全程监视的经营户加盟；为了控制生产制造商有意降低产品质量的侵害行为（原有环境下的主动行为），零售商只选择与那些愿意按照零售商质量监控程序生产运作的生产厂家打交道。

社会化。企业还可以使用社会化技巧，使渠道成员的目标趋向一致。具体的做法有很多，如麦当劳建立“汉堡包大学”，一方面向其加盟店传授做生意的技巧，另一方面推广麦当劳的经营理念；丰田汽车经常为其经销商举办研讨会，讨论的重点不是销售技巧和营销战略，而是公司的价值观；中国的很多制造企业每到年末都会邀请自己的经销商参加公司年会，一方面强化合作关系，另一方面交流观点和经营理念。社会化方法可以用于控制各种投机行为。另外，它也能产生一种选择效应，让那些不同意企业经营哲学与理念的渠道成员一开始就不加入渠道系统中。

▶ 思考题

1. 什么是营销渠道？营销渠道都有哪些功能？
2. 互联网有可能改变营销渠道的哪几种功能？如何改变？
3. 什么是渠道结构？渠道结构有哪两层含义？
4. 为什么说“渠道管理是一种交叉着组织内部管理的跨组织管理”？
5. 营销渠道管理程序有哪几个主要步骤？
6. 渠道结构设计要考虑哪些因素的影响？
7. 什么是渠道合作？它的根源是什么？
8. 营销渠道策略有哪几种？
9. 请举例说明渠道成员选择的决策过程。
10. 谈谈你对营销渠道控制的认识。
11. 什么是渠道冲突？导致渠道冲突的因素主要有哪些？
12. 举例说明什么是营销渠道中的投机行为以及如何进行控制。
13. 分析书末案例 8，回答案例后面的问题。

| 第 11 章 |

宣传与沟通管理

在营销中，促销、宣传、传播、沟通和互动这些术语在大多数情况下可以相互替换，都是指企业针对顾客的信息传播活动。它们之间又有一些细微的差别。比如，促销、宣传、传播这类术语强调企业的意志，信息从企业到顾客单向流动；沟通和互动则强调买卖双方的意志，信息在企业和顾客之间双向流动。

宣传与沟通是企业营销的一个重要的战术组合要素。有效的宣传与沟通，要根据目标市场的特点，综合运用各种促销方法，提供明确、连续、一致的信息。本章首先讨论如何进行整体沟通策划，然后介绍广告、人员推销、网上宣传、销售促进和公共关系等宣传与沟通手段。

第 1 节　营销信息传播

企业宣传与沟通的实质是信息传播，即企业通过声音、文字或图像等传播工具，向消费者、用户或社会公众传送有关企业产品、品牌、服务、形象等信息，以达到影响消费者、用户或社会公众态度和行为的目的。它的核心内容是：什么人，向谁说什么，用什么方式说，通过什么途径说，达到什么目的。

一、信息反馈与信息传播

图 11－1 是一个简单的营销信息流动模型。图中有两条信息流在企业和购买者之间流动，一条由购买者流向企业，一条由企业流向购买者。前者称为信息反馈，由企业的市场信息系统（包括市场调研）执行这一职能；后者称为信息传播，由企业促销执行这一职能。

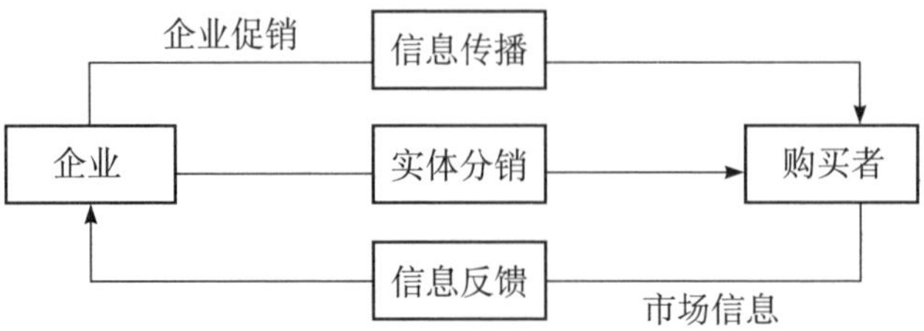

图 11－1　营销信息流动模型

信息反馈的目的是降低企业营销决策的不确定性和风险，提高企业的营销业绩。信息传播的目的则是企业通过告知、劝导和提醒等方式，影响顾客、社会公众的态度和行为向有利于企业的方向转变，最终提高企业的营销业绩。不过，在客观上，企业的信息传播也能够帮助顾客降低购买决策的不确定性和风险，做出正确的选择。

二、营销信息传播的过程与要素

图 11－2 表示的是信息传播的一般过程，包括信息、信息媒体、信息的发送者、信息的接收者、编码和解码以及接收者的反应、企业的信息反馈和噪声等要素。

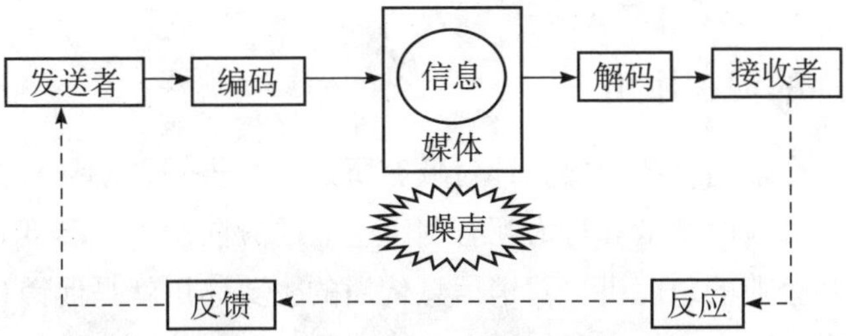

图 11－2 信息的传播过程与要素

企业营销信息的传播过程和要素与此相同。企业是企业营销信息的发送者；消费者或用户是企业营销信息的接收者；商品信息或企业形象信息是企业要发布的营销信息；企业使用的促销工具是信息媒体；在使用各种媒体传播企业营销信息之前有一个编码的过程，即将企业的营销信息制作成媒体能够传送的形式，如广告、销售诉求、新闻稿件和售点陈列等；在消费者或用户收到编码信息之后，需要通过解码才能了解企业营销信息的内涵。

企业营销信息传播的效力或有效性，取决于企业发出的营销信息与消费者或用户接收到的营销信息的一致性程度。这种一致性程度，需要通过消费者或用户的反应和企业的信息反馈才能知晓。其中，传播过程中任何一个环节出现问题，都会影响企业营销信息的传播效力。比如，企业由于定位不准，发布了错误的信息；企业编码有误，发布的信息并不是自己真正想要发布的；媒体选择失误，企业的营销信息并不能让目标顾客接收到；消费者或用户解码出现问题，没有理解企业想要表达的意思；信息虽然抵达了消费者或用户，但并没有引起他们的注意。除此之外，各种各样的噪声，也会通过影响信息传播过程的各个环节，影响企业营销信息的传播效力和效率。任何一个环节的疏忽，都会导致营销信息传播的失误或失败。

此外，目标受众对于信息的接收具有选择性。企业无法强制目标受众接收、理解和记住企业要传播的营销信息。目标受众接收到的信息，可能并不是企业想要传播的信息，做出的反应也可能不是企业想要的。因此，企业在宣传和沟通时，不但要考虑传播什么营销信息，还要考虑目标顾客或目标受众在以下三个方面的选择性①：

第一，选择性注意。人们每天收到大约 1 600 条商业信息，其中只有 80 条被注意到，而只对 12 条有所反应。这是因为人们的注意力和感知力是有限的，在一定的时间内只能

① Kotler P. Marketing Management. 10th ed. Beijing：Tsinghua University Press，2001：551-552.

关注或感知少量的事物。因此，只有那些在“眼球的争夺”中胜出的信息，才会受到关注。在互联网环境下，人们接触的信息量更大，企业之间在信息传播方面对“眼球的争夺”就更加激烈。

第二，选择性曲解。人们想看到或听到符合自己信念的事情。因此，目标受众常常只接受信息中符合其信念的内容，而不注意其他内容，或者将接收到的信息按照自己的信念来理解。

第三，选择性记忆。人们只会在得到的信息中选择记忆一小部分，而其他大部分信息即使看到或听到了，也会很快忘记。目标受众一般倾向于接受和记住自己支持的论点，拒绝接受但会记住那些他们反对的且重要的论点。

三、营销信息传播的促销作用

营销信息传播是企业通过各种媒体针对顾客所进行的告知、劝导和提醒等活动。其目的是影响顾客或社会公众的态度和行为朝有利于企业的方向发展或转变，最终提高企业的营销业绩。因此，从企业的角度讲，营销信息传播的主要作用就是促销，包括：

第一，传递信息，建立声誉。即传递企业或产品信息，使顾客了解企业、产品或品牌的特色并产生好感，为销售打下良好基础。

第二，创造需求，扩大销售。即针对顾客的购买动机，诱导或激发顾客需求，开发新市场，扩大产品销售。

第三，突出特色，建立优势。即宣传品牌产品给顾客带来的特殊利益，建立品牌的特色优势，提高顾客对企业品牌的忠诚度，增大顾客对企业产品的重复购买率。

四、品牌资产与营销信息传播

品牌资产（brand equity）也称品牌权益，是品牌能够产生的市场效益，即产品在有无某个品牌时的市场效益之差。这种市场效益体现在两个方面：一是投资者，他们在购买公司股票时的出价，包含对公司所拥有品牌的估值；二是产品购买者，他们在购买产品时的出价，包含对产品品牌的估值。

品牌资产由品牌知名度、品牌感知质量、品牌忠诚度、品牌联想以及其他专有资产集合而成。品牌知名度指顾客对于品牌的识别度和回忆度。品牌感知质量指顾客对于品牌标志产品在质量上的认识和信念。品牌忠诚度指顾客针对品牌表现出的偏爱心理和重复购买行为。品牌联想指顾客针对品牌在产品特性、顾客利益、相对价格、使用方式、使用对象、生活方式与个性等方面能够产生的联想（这些联想常常是他们买或不买某个产品的理由）。其他专有资产则包括商标、专利、营销渠道中成员之间的关系等。

品牌价值或品牌资产来源于营销磁滞的积累。其中，企业的营销信息传播发挥着极为重要的作用。

首先，企业通过告知、劝导和提醒等活动，提高顾客对品牌的识别度，使顾客形成对品牌的长久记忆。这种滞留在顾客记忆中的信息在顾客进行购买决策时会发挥作用，导致顾客对企业品牌产品的购买。

其次，企业的营销信息传播有意识地提供强烈的刺激物或信息，使新的顾客会加入到某种品牌产品的消费中。如果用后满意，他们会继续购买，从而形成对这一品牌的忠诚度。这时，即使刺激物取消，他们也不会转而购买其他品牌。

最后，一旦在企业营销信息传播的诱导下，购买者重复购买某一品牌成为习惯，他们对于其他刺激物就处于一种麻木状态。此时，除非发生意外情况，否则他们长时间不会改变购买习惯。

第 2 节　营销信息的传播方式

营销信息传播的方式很多，而且随着技术的发展，还在不断增加。企业常用的营销信息传播方式包括广告、人员推销、销售促进、公共关系和直复营销五大类，如表 11－1 所示。

表 11－1　企业营销信息传播方式

广告	人员推销	销售促进	公共关系	直复营销
印刷和广播广告	推销展示	竞赛、游戏	报刊稿件	目录销售
外包装广告	销售会议	兑奖、彩票	演讲	邮购服务
电影画面	激励方案	奖励和赠品	研讨会	电话营销
宣传小册子	样品	样品	年度报告	网络购物
海报和传单	商品、贸易展销会	商品、贸易展销会	慈善捐款	电视购物
工商名录		展览会	捐赠	直播带货
户外广告牌		示范表演	出版物	电子信箱
陈列广告牌		赠券	关系	语音信箱
售点陈列		折扣	游说	
视听材料		低息融资	确认媒体	
标记和标识		招待会	公司杂志	
录像带		商品搭配	公司事件	

一、广告

广告是企业发起的对产品、服务、品牌或企业的宣传行为。

按照内容，广告可以分为产品广告、品牌广告和企业广告。产品广告的主要目的是介绍产品或服务的功能，告知顾客产品或服务能够给他们带来的利益。品牌广告的主要目的是介绍和宣传品牌，让顾客了解某一品牌的特性和给他们带来的独特利益，树立品牌形象。企业广告的主要目的是介绍和宣传企业，树立企业形象。三种形式的广告并不相互排斥，一些广告中常常有三种广告的要素，不过，它们可以独立存在。

按照目的，广告可以分为告知性广告、劝导性广告和提示性广告。比如，同是为产品做广告，告知性广告着重宣传产品的质量、性能、品种、用途、价格和服务，解除顾客对产品的顾虑，诱导顾客尝试初次购买；劝导性广告着重宣传产品的用途，说明产品的特色，突出产品的优越之处，使顾客形成偏好；提示性广告着重宣传产品的市场定位，不断强化顾客对产品的认识、理解和记忆，巩固企业产品在市场上的地位。

按照采用的媒体，广告可以分为印刷广告、视听广告和户外广告。印刷广告的媒体主要包括报纸、杂志和外包装。视听广告的媒体主要包括电台、电视台和互联网。户外广告的媒体主要包括招贴、广告牌、交通牌和霓虹灯等。

与其他信息传播手段相比，广告有以下四个主要特征：第一，群体传播，迅速触及广泛的受众，短期的营销刺激比较强烈；第二，媒体费用高，但受众人均费用低；第三，通过重复和节奏控制，可以获得与受众接触的倍增效应，产生较大的营销磁滞，潜移默化地塑造品牌和企业形象；第四，内容由企业控制，可以向所有目标受众传播同一信息，运行模式简单，运用得当，会具有较强的冲击力。

二、人员推销

人员推销是企业通过派出推销人员，与一个或多个潜在顾客面谈，做口头陈述，促进和扩大商品销售的信息传播行为。

人员推销的具体做法包括上门推销、柜台推销和会议推销。上门推销是最常见的人员推销形式，由推销人员携带产品样品、说明书和订单等走访顾客，推销产品。柜台推销又称门市，是指企业设置固定门店或在零售店内设置柜台，由企业委派的营业员向进入门市的顾客推销产品。会议推销是指企业通过自己的推销人员，利用各种会议向与会人员宣传和介绍产品，开展推销活动，如订货会、交易会、展览会、物资交流会等。

与其他促销方式相比，人员推销有以下几个方面的特点：第一，信息双向沟通，推销人员可以通过察言观色或询问的方式，随时了解顾客的反应，进行更有针对性的宣传活动；第二，灵活，推销人员可以在不同的时间，根据不同需求，采用不同的宣传方式；第三，针对性强，在开展推销活动之前分析和了解顾客的需求和欲望，在推销过程中及时解决顾客提出的问题；第四，与顾客接触机会多，容易建立较稳固的购销关系；第五，是企业收集市场信息的一条重要途径。当然，它也有覆盖面小、信息传播费用高和发生作用需要较长时间的缺点。

三、销售促进

销售促进是指企业采用的那些能够刺激顾客需求，使顾客立即采取购买行动的信息传播活动。由表11-1可见，销售促进的方法很多，几乎包括除广告、人员推销、公共关系和直复营销以外的其他所有促销方式。

从大的方面看，销售促进可以分为针对消费者的销售促进和针对中间商的销售促进。针对消费者的销售促进，包括优惠券、赠品、抽奖、价格折扣、售点展示、展销和消费信贷等；针对中间商的销售促进，包括数量折扣、现金折扣、推广津贴、销售竞赛和贸易展销等。

与其他信息传播方式相比，销售促进的主要特点有：第一，利益诱导，刺激作用直接而强烈，能够直接给消费者、用户、经营商或推销人员带来利益；第二，更注重产品销售目标，迅速见效；第三，方式多样，不拘一格。销售促进的方式非常多，而且会不断开发出新的方法。比如，曾经在很多城市流行的家电产品“还本销售”，虽然存在很多问题，但在当时确实引起了轰动，引得很多企业纷纷效仿。

不过，销售促进往往伴随着各种优惠活动，很容易使人联想到企业在生产经营中遇到了什么问题，产品积压，质量下降，甚至有倒闭的危险，有损产品或企业形象。因此，那些注重品牌形象的企业要慎用。

四、公共关系

公共关系是企业为了树立良好的企业形象或扩大商品销售，采取的促进公众对企业认识、理解及支持的信息传播活动。公共关系管理的职能包括：评估社会公众的态度，确认与公众利益相符合的个人或组织的政策与程序，拟定并执行各种行动方案，以争取社会公众的理解与接受。

企业进行公共关系活动的具体方法有很多，比如：密切与新闻界的关系，吸引公众对某人、某产品或某服务的注意；通过新闻媒体对产品或企业进行宣传报道；开展联谊活动，加强企业与相关群体的关系；游说立法机关与政府官员；支持相关团体，赞助相关活动；安排特别活动，宣传企业或产品；处理顾客抱怨，满足顾客需求，保持顾客忠诚。

与广告相似，企业进行公共关系活动也要利用各种各样的大众传播媒体，如报纸、期刊、电视、广播以及商业出版物等。不同之处在于企业进行公共关系活动时，利用的大众传播媒体一般是不付费的。当然，也有一些关于企业的报道属于有偿新闻，但那实际上是广告与公关活动的某种结合，受国家政策或法律的限制。另外，还有一些软文广告，貌似新闻报道，实为企业广告，也是广告与公关活动的某种结合。这两种广告或公关活动如果把握不好分寸，很可能违反道德甚至触犯法律。

与其他的信息传播方式相比，企业公共关系的特点如下：第一，目的在于树立企业整体形象，促销只是附带功能；第二，是一项长期的形象工程，必须有长远观点；第三，对于结果企业难以控制。在公共关系活动中，媒体的立场和企业的立场并不完全相同，而且传播什么信息由媒体而不是企业主导。

五、直复营销

直复营销（direct marketing）运用一种或多种通信手段或广告媒介，传播企业的营销信息，促使某一区域的消费者产生购买动机，到展示店购买或通过各种方式订购。一般的过程是：传播信息→消费者产生购买动机→消费者订购→企业送货。

直复营销与通常所说的直销有所不同。直销指人员推销，而直复营销则是一种相互影响、交互作用的营销方式和信息传播方式。利用先进的通信技术和设备，直复营销使消费者不出家门就可以完成采购活动。消费者用电话或电脑就可以下单订购。直复营销有以下几种典型形式：

第一，目录营销，即生产商、批发商或零售商把所经销的全部产品制成商品目录或分类目录，通过报纸杂志、广播电视、电脑网络等，传达或寄送给潜在顾客，潜在顾客则根据需求下单选购，企业或者在门店销售，或者送货上门。

第二，电话营销，即企业运用电话进行沟通，获取订单，然后送货上门或上门服务。车船机票、信息咨询、饭店订餐、家政服务以及住房装修等常用这种方法促销。

第三，直复广告，即企业在广播、电视或网络上做广告，描述或演示商品外形、规格、使用特性、作用效能、操作示范、价格比较和服务承诺等，吸引顾客即刻做出反应，电话订购，企业则送货上门。

第四，网络直销，即企业通过互联网直接向最终消费者或用户进行信息传播和营销活动。网络直销过程一般可以分为以下六个步骤：（1）消费者通过互联网查看企业的网页；（2）消费者通过购物对话框填写购货信息，包括姓名、地址、所购商品名称、数量、规格、价格；（3）消费者选择支付方式，如信用卡、电子支票、微信、支付宝等；（4）企业的客户服务器检查支付方服务器，确认汇款是否认可；（5）企业的客户服务器确认消费者付款后，通知销售部门送货；（6）消费者的开户银行将支付款项转到消费者的信用卡公司，信用卡公司负责发给消费者收费单。

第五，直播带货，即企业通过直播视频中的“网红”向“粉丝”进行促销的活动。这是近两年十分火爆的促销方式。2018 年“双十一”，仅天猫而言，“网红主播”李佳琦直播 5 分钟就卖出了 32 万个单品，共计 15 000 支口红，销售额超过 6 700 万元；薇娅每场直播人均观看“粉丝”数高达 230 万，而她单场直播最高观看人数超过 800 万，开播两小时销售额就达到 2.67 亿元，平均一小时 1.335 亿元。在 2019 年“618 大促”活动，仅仅在 6 月 1 日的预热环节，薇娅直播一个半小时，成交额突破 6 200 万元；李佳琦则在 3 分钟内卖出了 5 000 单资生堂红研肌活精华露，销售额超过 600 万元。①

直复营销有以下几个显著特点：第一，非公众性，信息一般发送至某个特定的人；第二，定制，信息为某人定制以满足他的诉求并发送给他；第三，及时，信息传播速度非常快；第四，交互反应，信息内容可根据个人的反应而改变。

除了以上五种营销信息传播方式，企业营销的其他要素，如产品的式样、价格、包装、颜色、销售人员的风度和服装等，都发挥着营销信息的传递作用。另外，顾客的口碑或网上“鼠碑”（即顾客之间在线上进行的关于产品、服务、品牌或企业的信息交流）也是企业进行营销信息传播可以利用的方式。企业可以在不断满足顾客需求的过程中将顾客发展成为自己的支持者或合作者，然后主动为企业进行宣传，这种传播方式发生在顾客之间，具有更高的可信度。

第 3 节　整合营销传播

整合营销传播（integrated marketing communication）指企业综合运用各种信息传播方式，提供明确的、连续一致的产品、品牌或企业信息，以求达到最佳的宣传效果。其核

① 直播 1 小时超 1 个亿，网红带货超越明星．（2019-12-01）．https://www.360kuai.com/pc/9598de70c30c67779?cota=3&kuai_so=1&sign=360_e39369d1&refer_scene=so_54.

心是建立品牌形象，提升品牌价值或品牌资产。

图 11－3 显示了整合营销传播的内涵。由图可见，整合营销传播与传统促销活动的最大区别在于传播的一致性，即不管企业采用什么方式进行信息传播，其作用点必须一致。如果作用点不一致，如传统促销活动那样，各种营销手段之间的效果可能会相互抵消。

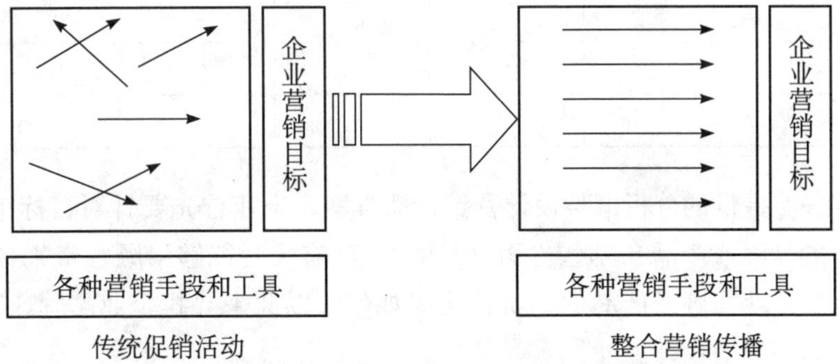

图 11－3 整合营销传播的内涵

进行整合营销传播，需要对企业的整个宣传与沟通活动进行规划与设计。整合营销传播的程序一般有以下步骤，如图 11－4 所示。

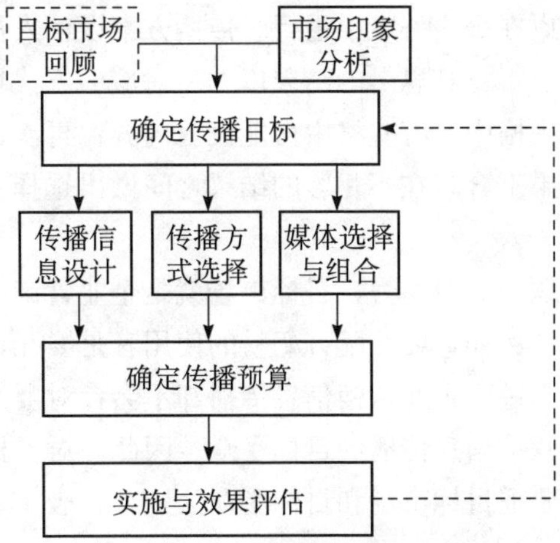

图 11－4 整合营销传播的程序

一、目标市场回顾

关于目标市场特点的分析，是企业制定营销战略的依据。因此，在确定整合营销传播目标和方案之前，需要先对企业产品或品牌的目标市场及其特点进行系统的回顾。在正常情况下，企业直接使用此前制定营销战略时的分析结果就可以了。但是，如果企业需要单独对传播方案进行调整且营销环境发生大的变化时，就需要对目标市场的特点重新进行分析。在此基础上，企业根据目标市场的特点（如 5W）来思考、选择和确定营销传播因素和方式。表 11－2 体现了这一思路。

表 11-2　制定整合营销传播方案的思路

目标市场	传播因素与方式						
	信息内容	广告	人员推销	销售促进	直复营销	公共关系	其他
Who							
What							
Why							
When							
Where							

按照表 11-2 提供的分析框架设计营销传播方案，企业首先要针对目标市场的 5W 思考和分析企业的品牌或产品在哪些方面（与哪个 W 有关）能够给顾客带来什么利益（即顾客价值）以及企业品牌或产品的利价比优势如何，以此来寻找企业品牌或产品的卖点。这主要涉及信息内容的设计。

然后，针对目标市场的 5W，进一步思考有利于目标顾客接受企业营销信息的方法和途径。这主要涉及营销传播工具的选择和组合。

第三，综合考虑其他影响因素，设计明确的、连续一致的营销信息，对各种可能的传播媒介和方式进行整合。

以上这些步骤，都可以在表 11-2 中进行。传播方案设计人员需要先认真考虑每一格已有的或可能的内容；其次，将其思考的结果以一一对应的方式填于每一格中，比如用缩略语的形式将其标注在每一格中，有些格中可能没有内容；再次，思考这些结果的相容与不相容之处，将相容的结果整合，在不相容的结果之间做出选择；最后，制定出内部不相矛盾的传播方案。

这里需要注意一个问题。一般而言，目标市场就是企业营销信息传播的目标受众，但是有时二者并不完全相同。例如，婴儿配方奶粉的使用者是婴儿，他们是婴儿配方奶粉生产企业的营销终极目标。不过，企业营销信息传播却不会针对婴儿，而是要针对他们的父母。换言之，父母是企业营销信息传播的目标受众。因此，对目标市场的回顾与分析，虽然方法相同，但是常常需要把目标市场和目标受众区别开。表 11-2 中的目标市场包括目标受众。

二、市场印象分析

市场印象分析的目的在于了解目标受众对企业或其品牌的形象认知。市场印象与市场定位密切相关，它实际上是市场定位的结果或要达到的目的。市场定位更多地反映企业的愿望，如企业希望自己的品牌在顾客心目中是怎样的形象；市场印象更多地反映顾客的感知，如某一品牌在顾客心目中实际上是怎样的形象。通过市场印象分析，企业一方面可以确定市场定位是否实现，如果没有实现，企业应该朝哪个方向努力；另一方面，在与竞争者进行比较以后，可以确定市场定位能否与竞争者区别开，有无优势，以及应该如何突出自己的特点，增强自己的优势。

市场印象分析的第一步是确定目标受众对宣传对象的熟悉度和偏爱度。这可以用一些简单的量表进行测量。例如，在测量熟悉度时，用下面一个问题引导：你对 XYZ 品牌的了解程度如何？选项如下：1＝从未听说过；2＝听说过，但不了解；3＝知道并有一些了解；4＝比较了解；5＝很了解。在测量偏爱度时，用下面一个问题引导：你对 XYZ 品牌的喜爱程度如何？选项如下：1＝很不喜欢；2＝不太喜欢；3＝不喜欢，也不反感；4＝比较喜欢；5＝很喜欢。

第二步，根据测量结果，绘制熟悉-偏爱分析图，如图 11－5 所示。图中有四种情况：A 是最有利的，人们对 XYZ 品牌不但熟悉而且喜欢；B 是一种糟糕的情况，人们熟知 XYZ 品牌，但是不喜欢；C 的情况也不好，人们不熟悉 XYZ 品牌，也不喜欢它；D 的情况有些尴尬，人们喜欢 XYZ 品牌，但是熟悉它的人不多。处于不同地位的企业，进行营销信息传播的任务或目标不同。比如，D 要加强宣传；B 和 C 要扭转形象；A 要维持高的知名度和良好的形象。

	不喜欢	喜欢
熟悉	B：熟悉但不喜欢	A：熟悉且喜欢
不熟悉	C：不熟悉，不喜欢	D：不熟悉，喜欢

图 11－5 熟悉-偏爱分析图

第三步，使用语义差别量表，通过市场调查，进一步研究人们喜爱或不喜爱某一宣传对象的内涵。即企业要搞清楚，宣传对象所具有的什么特点会使目标受众喜欢它。

典型的语义差别量表，由多个两头为两个极端答案、中间共分成七个程度类别的量表组成。比如，图 11－6 是用来测量 XYZ 品牌形象的一个语义差别量表。每一指标的两端是两个极端的答案，分别意味着“极好”和“极坏”，“极可靠”和“极不可靠”等，中间一个类别是中性答案，意味着“既不好也不坏”或“既不能说可靠也不能说不可靠”等，其他类别则表示对某一指标肯定或否定的程度。

品牌XYZ，品牌ABC								
质量可靠		XYZ		ABC				质量不可靠
功能强			XYZ ABC					功能弱
时髦			ABC		XYZ			过时
便宜				ABC	XYZ			贵
优雅		ABC		XYZ				低俗
高档		ABC		XYZ				低档

图 11－6 某消费者对品牌 XYZ 和品牌 ABC 的态度

调查者采用这个量表测量某个品牌的形象时，只是简单地要求被调查者根据他们对于该品牌的态度在量表的每一个指标上找到恰当的位置，做出记号。比如，图 11－6 是某个顾客对品牌 XYZ 和品牌 ABC 在不同指标上的态度。如果有很多被调查者，那么就可以收到很多这样的答卷，对这些答卷进行归纳分析，就可以得到顾客对品牌的综合态度，即品牌形象。

对于语义差别量表资料进行分析，可以采取以下几个步骤：首先，为每一指标的各类别赋值，一般是从有利态度向不利态度依次赋予递减的值，如 7，6，5，4，3，2，1；其次，把所有被调查者对于某品牌在每一指标上的打分加总、平均，即得到被调查者对于这个品牌在每一指标上的平均态度；最后，将上一步的结果绘制在经过改造的语义差别量表图上，进行图上分析，如图 11－7 就是对品牌 XYZ 和品牌 ABC 进行的图上分析。

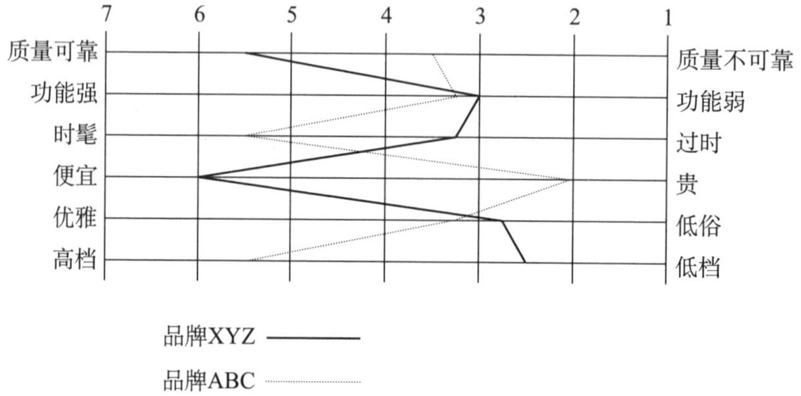

图 11－7　品牌形象语义差别量表图

以上三步完成之后，找出一个品牌与其他品牌之间区别较大的特性，这个品牌的相对形象就测量出来了。比如，如图 11－7 所示，相对于品牌 ABC 来说，品牌 XYZ 的形象是：质量可靠、价格便宜、中低档；相对于品牌 XYZ 来说，品牌 ABC 的形象则是：价格较高、较时髦、档次较高。

如果人们喜欢 XYZ 品牌，可能就是因为它质量可靠、价格便宜、中低档的形象。当然，如果不喜欢，可能是因为它过时、价格便宜、中低档的形象。

市场印象分析的最后一步是确定定位缺口，为企业确定传播目标提供依据。定位缺口指市场印象与市场定位之差。市场定位更多地反映企业的愿望，市场印象更多地反映顾客的感知。二者如果不一致，就形成定位缺口。定位缺口的大小，取决于二者不一致的程度。当定位缺口出现时，企业需要分析其性质对企业是否有利。当缺口有利时，需要改变企业的定位战略，即企业的市场定位战略向市场印象靠拢；当缺口不利时，需要通过整合营销传播改变市场印象，即使市场印象向企业的市场定位战略靠拢。

三、确定传播目标

企业的传播目标是企业通过整合营销传播所要达到的目的。虽然它体现且服从于企业的营销目标，但是与营销目标的制定不同，传播目标多依据顾客所处的购买阶段来制定。

顾客购买阶段有不同的划分方法，一般分为认知、情感和行为三个阶段。认知阶段是指顾客对于产品或品牌的知晓或感知，包括对产品或品牌存在性的感知，对其属性、特色或优势的知晓、了解或理解；情感阶段指顾客对特定产品或品牌的态度或喜好程度，包括喜好、欲望、偏好或确信；行动阶段指顾客对产品或品牌采取或欲采取的行动，包括试用、购买、使用或者采纳。一般而言，顾客只有完成前一个阶段之后，才会进入下一个阶段。

基于对企业营销信息传播的不同理解，研究者设计了多种不同但相近的顾客反应模型，包括 AIDA 模型、层次效果模型、创新扩散模型和信息处理模型，如表 11－3 所示。

表 11－3　顾客反应模型

购买阶段	模型			
	AIDA	**层次效果**	**创新扩散**	**信息处理**
认知	注意	知晓、了解	知晓	展示、注意、理解
情感	兴趣、欲望	喜欢、偏爱、确信	兴趣、评价	接受、记忆
行为	行动	购买	试用、采纳	评价

AIDA 模型也被音译为“爱达”公式，由注意（attention）、兴趣（interest）、欲望（desire）和行动（action）四个英文单词的第一个字母组成。其基本观点如下：顾客对企业营销信息的接受程度是有差别的，依次可以划分为注意、兴趣、欲望和行动。即信息传播先引起顾客的注意，然后才能使顾客对传播的产品或服务信息产生兴趣，继而产生拥有或消费的欲望，最后才能使其采取购买行动。

层次效果模型则假定顾客从知晓产品或品牌的存在到实际购买要经过一系列步骤，分为知晓、了解、喜欢、偏爱、确信和购买。与 AIDA 模型最大的区别在于增加了了解和确信两个步骤。

创新扩散模型是在技术创新传播理论基础上演化而来。它将消费者采用新产品的过程分为知晓、兴趣、评价、试用和采纳五个阶段。根据这一模型，让消费者购买的一个重要步骤是设法让其试用，只有这样消费者才能评判产品的优劣。因此，企业在营销信息传播中要设法鼓励顾客参与和试用。

信息处理模型将营销信息的接收方（即目标受众或目标顾客）看作信息的处理者或问题的解决者，因此企业的营销信息传播要经过展示、注意、理解、接受、记忆和评价几个阶段。其中，突出“记忆”因素，即接收方把自己理解且认为有价值或与自己有关的信息保留在记忆中，成为今后购买决策的参考。

以上顾客反应模型的价值在于把顾客对企业营销信息传播的反应分为多个阶段，并认为前一个阶段是后一个阶段的前提或前因。因此，企业在进行营销信息传播时，需要根据顾客所处的反应阶段，确定传播目标和重点。大多数目标受众所处的购买或反应阶段，就是传播的目标所在。比如，当产品或品牌鲜为人知时，企业的传播目标以引起注意为主；当产品或品牌已经广为人知时，传播目标应转变为以激发兴趣和刺激欲望为主；在后期，传播目标需要转变为以促使购买为主。

确定传播目标需要遵从以下基本原则：第一，传播目标必须与企业的营销战略相适应；第二，传播目标必须具体并且易于测定；第三，传播目标要适应社会环境的变化；第四，传播目标必须与企业的资源相匹配；第五，传播目标要与企业其他营销组合相协调。

四、传播信息设计

传播信息设计的主要任务是确定独特的销售主张，并据此设计信息的内容、结构、形式和来源。其中，要贯彻传播的三个一致性。

（一）独特的销售主张

独特的销售主张（unique selling proposition，USP），俗称“卖点”或“痛点”，是企业希望通过宣传活动打动顾客，让顾客接受的关于产品、品牌或企业形象的诉求点。寻找独特的销售主张，是企业信息传播过程的一个关键环节。能否找到令目标受众心动的独特诉求点，会极大地影响企业信息传播的效果。例如，舒肤佳香皂以“有效除菌护全家”为卖点，通过广告让人们认识到日常生活中接触的细菌无处不在，只洗掉看得见的污渍是不够的，还要洗掉看不见的细菌；“白加黑”感冒药则针对上班族既要缓解感冒症状、又不因嗜睡反应影响工作的要求，广告语直击“痛点”：“白天吃白片，不嗜睡；晚上吃黑片，睡得香”。[①] 在确定独特的销售主张时，企业需要考虑以下几个方面的内容：第一，在考虑独特性时，不要仅仅局限于产品的质量和技术特性，还应该考虑产品的产地、历史、外形、名称、包装以及企业的追求；第二，独特的销售主张需要与顾客对竞争对手的感知形象（印象）有显著差异，否则独特性无从谈起；第三，在顾客心目中形成的独特性，要比产品可感知的独特性或差异性更重要；第四，关于独特利益的诉求必须重要且真实，既要得到顾客的认可，也要避免虚假宣传或过度宣传；第五，不要模仿别人。

值得注意的是产品或品牌的独特利益可能早就存在，只是企业和竞争对手以前从未提及。比如，“农夫山泉有点甜”，农夫山泉或其他的山泉水本来就有甜的口感，但是大家以前都没有提出这样的“卖点”，农夫山泉率先提出，成为其独特的销售主张。另外，大家都有的独特利益，第一个提出的往往会独占此“卖点”。比如，乐百事纯净水曾提出过一个“27 层过滤”的“卖点”，实际上市面的纯净水都经过相同或相似的过滤。

（二）信息的内容、结构、形式和来源

在确定了独特的销售主张以后，企业可以根据独特的销售主张设计信息的内容、结构、形式和来源。

信息的内容指企业在信息传播中说什么或诉说什么才能最恰当地表达独特的销售主张。诉求方式有许多种，如幽默、恐惧、生活片段、音乐等，可以分为理性、情感和道义三种类型。理性诉求作用于目标受众的理性思维，使目标受众对宣传对象的特点有一个清楚的认识，然后做出理性选择。情感诉求作用于目标受众的情感，以情动人，使目标受众在感动之余认同宣传对象。道义诉求作用于目标受众的道德和正义感，用来指导目标受众分辨是非，规劝人们支持社会公益事业和进行绿色消费。三种诉求方式可以组合使用，以

---

① 范万青．如何找到品牌的独特销售主张．农家参谋，2018（5）．

理性诉求传达信息，以情感诉求激发感情，以道义诉求唤醒道德和激发正义感。

信息的结构即企业在信息传播中如何说，主要涉及三个问题：第一，企业直接为目标受众提出结论还是让受众自己得出结论？第二，企业仅传播关于产品的正面信息，还是正面和负面信息都进行传播？第三，信息展示的次序，是先给出论点再提出论据，还是先提出论据再得出论点？

信息的形式即企业在信息传播中用什么符号表达独特的销售主张。信息形式是指信息的表达方式，如标题、文稿、图形、色彩等。

信息的来源即企业在信息传播中由谁来说。信息来源可以采用社会名人、影视明星、专业人士、普通消费者和企业员工等。在选择信息源时，应注意他们的专长、可靠性和对受众的吸引力。

五、传播方式选择

企业可以利用的营销信息传播方式很多，包括广告、人员推销、销售促进、公共关系和直复营销五大类。这些传播方式各有优缺点，也各有其适用范围，没有哪一种是最好的。企业在选择营销信息传播方式时，需要综合考虑各种因素。

（一）顾客因素

顾客的地理分布广、数量大时，利用非人员推销的广告方式可以更有效地与受众沟通；反之，则利用人员推销效果更好。如果顾客的购买决策属于程序化决策，那么引起注意和提醒购买的方式最为重要；如果顾客的购买决策属于非程序化的复杂决策，那么提供信息的方式最为重要。

（二）产品因素

对于不同性质的产品，如消费品和工业品，购买者的要求不同，所以需要采取不同的信息传播方式。如图 11－8 所示，消费品的技术和结构设计比较简单，容易标准化，而且购买人数众多，因此可以较多地使用广告，较少地使用人员推销；工业品的购买者多为专业用户，他们对产品的质量、技术性能以及规格型号等有具体要求，再加之行业差别大、购买者集中，因此需要较多地采用人员推销，较少地使用广告。两种产品在直复营销、销售促进和公共关系的使用上则没有明显的差别。

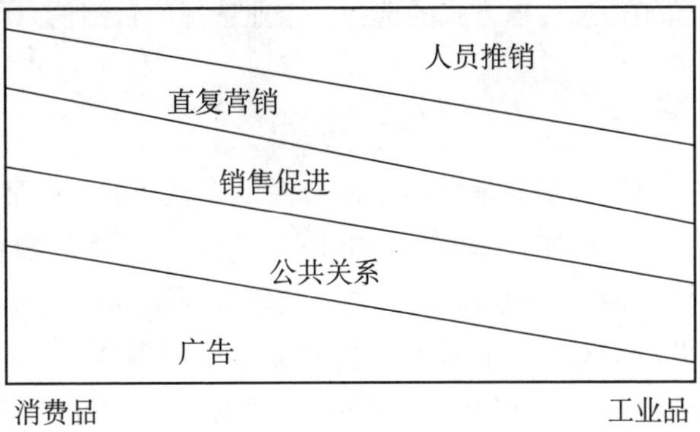

图 11－8 产品性质对信息传播方式使用程度的影响

产品在生命周期的不同阶段，因为营销目标不同，所以需要使用不同的信息传播方式。比如，在试销期，为了加快消费者或用户认识和了解企业产品的过程，可以多使用广告方式促销；在成长期，如果企业要迅速占领市场，可以继续加强原有的广告促销工作，但是要想获得更多的利润，则需要采用更多的销售促进或人员推销，减少广告支出；在成熟期，企业之间竞争激烈，为了应对竞争、保住市场份额，企业要加大促销力度，在做广告宣传的同时运用销售促进；在衰退期，企业应该逐渐减少促销活动，节省促销费用，只做少量的提示性广告即可。

另外，根据产品价格的高低，消费品和工业品在广告和人员推销的使用上也存在一些规律。如表 11－4 所示，人员推销在高价格的产品中起着重要作用，而广告在低价格的产品促销中更为重要。

表 11－4　消费品和工业品在广告和人员推销使用上的规律

产品特性	广告	人员推销
低价消费品	多	少
高价消费品	多	多
低价工业品	中等	多
高价工业品	少	多

（三）企业因素

企业营销的总体思路有推式与拉式两种策略。推式策略以人员推销为主，企业利用推销人员努力将产品推给批发商，批发商再努力将产品推给零售商，零售商最后将产品推给消费者。拉式策略以广告为主，企业针对最终消费者开展广告宣传活动，激发最终消费者的需求和购买欲望，消费者向零售商求购产品，零售商向批发商求购产品，批发商又向生产者求购产品。

相同的促销工具在实现不同的促销目标上，其成本效益会有所不同。因此，信息传播目标不同，也会影响企业对营销信息传播方式的选择。一般而言，在建立购买者知晓方面，广告和销售促进比人员推销的效果好；在促进购买者对企业及其产品的了解方面，广告的成本效益最好，人员推销次之；购买者对企业及其产品的信任，在很大程度上受人员推销的影响，其次才是广告。企业开展宣传与促销活动，需要支付费用。因此，企业的促销预算会限制企业对营销信息传播方式的选择。企业选择的营销信息传播方式必须是企业有能力负担的。

（四）竞争因素

企业需要根据其竞争地位和竞争者的宣传与促销策略（第 5 章第 3 节），考虑使用何种方式进行营销信息传播。比如，如果企业处于强势地位，是市场领导者或挑战者，那么它可以针锋相对地开展宣传与促销活动——主要竞争者选择何种方式宣传与促销，本企业以相同的方式回应，并压倒对方。相反，如果企业处于弱势地位，是市场追随者或弥隙者，那么它就不能硬碰硬，而应该以迂回的方式开展竞争，避免与市场领导者或挑战者发生正面冲突——选择与市场领导者或挑战者不同的方式进行宣传与促销。

另外，还有一些企业按照竞争对手的宣传与促销费用以对等或等比例的方式来决定本企业的宣传与促销预算。相应地，它们也会根据竞争对手的宣传与促销方式选择本企业的宣传与促销方式。

六、媒体选择与组合

传播媒体是信息传播者与信息接收者之间连接的媒介。传播媒体的种类很多，常用的有报纸、杂志、广播、电视、网络和户外媒体等。而网络媒体中又有文字、音频、视频和搜索排名等。企业要依据目标受众的基本情况和媒体的基本特点，对一种或多种媒体进行选择和组合。媒体选择与组合可以按照实用标准、效能标准和质量标准等进行。

（一）实用标准

实用标准即企业选择的传播媒体必须实用。重点考虑以下内容：

第一，准入标准，即企业在选择的传播媒体上进行宣传与促销必须是国家政策和法律允许的。在大多数国家，烟草类商品是禁止在大众媒体上做宣传的，因此，在大众媒体上做烟草类商品广告不符合准入标准。

第二，预期标准，即企业在选择传播媒体时必须符合媒体运作的时间规律。比如，购买一个电视台的广告时段可能只需要几天时间，而预订在一个大都市的繁华地段张贴大型海报则至少需要几个月的时间作为提前量。

第三，预算标准，即企业在选择传播媒体时必须符合企业的费用预算。比如，开展一次全国性的电视广告宣传活动一般需要几百万元的预算。如果企业的广告预算不足，那么最好做地区性宣传活动。

（二）效能标准

效能标准即企业选择的传播媒体必须有效力，能够达成企业的传播目标。重点考虑媒体的触及面、频率及影响力。

触及面也叫有效覆盖面，指在一定时期内某一特定媒体一次最少能够触及的个人或家庭数目，或者目标人口中至少有一次机会看到或听到传播内容的人数。触及面是反映媒体对目标人口覆盖能力的指标。如果传播内容显露在目标受众中的人数占比高，则媒体的覆盖能力就强。

频率是反映媒体重复播放能力的指标，是指在一定时期内传播信息显露于每个人或每个家庭的平均次数。如果媒体在一定时期内以较高的频率播放，那么传播信息显露于目标受众的可能性就越大，媒体的频率也就越高。例如，电视、海报或日报等媒体的频率比月刊要高得多。表 11－5 是一个媒体组合方案的频率统计分布表。由表可见，第一，目标受众中 15％的人接触不到企业传播的信息，即该媒体组合方案的净覆盖率是 85％；第二，信息显露于接触人口的机会是平均 4.8 次；第三，目标人口中接触广告 1～3 次的人数为 40％，4～6 次的为 24％，7 次以上的为 21％。

影响力是指使用某一媒体的显露价值或总效果，以媒体总触及率指标毛评点或 GRP（gross rating points）表示。GRP 等于信息发布的次数（接触次数）乘以覆盖率（视听率）。在表 11－5 的例子中，目标人口净覆盖率是 85％，接触人口平均接触次数是 4.8 次，因此这个方案的GRP值为408（即85×4.8）。通常，当广告的触及面较小、展露频率较大时，目标受众的知晓度也就相应提高。

表11-5　一个媒体组合方案的频率统计分布

目标人口总数	100%
目标人口净覆盖率	85%
接触人口平均接触次数	4.8
按接触次数计算的目标人口分布	
平均接触0次	15%
平均接触1～3次	40%
平均接触4～6次	24%
平均接触7次以上	21%
总计	100%

（三）质量标准

质量标准即企业选择的传播媒体必须能够高效率地达成企业的传播目标。重点回答下面的问题：传播媒体是否具有准确传播信息的能力？能否充分展示产品的特点？能否有效地运用色彩和画面？是否有进行论据陈述或展示的功能？回答上面的问题需要考虑以下内容：

第一，媒体的瞬时受众人数，即某种媒体一次播发信息所能触及的受众总人数。对报刊而言，瞬时受众人数就等于发行量。

第二，有效接触的平均成本，即在选定的媒体上播发一次信息的成本费用与受众总人数之比。

第三，媒体累计受众人数，即一则信息在某一媒体上多次播发后，反复触及的目标受众总人数。

第四，不同媒体之间的交叉受众人数，即不同媒体播发同一内容的信息广告所触及目标受众的人数和频率。

第五，有效受众人数，即媒体一次播发信息所能触及的属于销售目标人口范围内的受众总人数。

第六，媒体质量的其他资料，包括媒体在公众或业界的形象，媒体容量，是否承接了竞争性产品的宣传以及其他技术指标等。

（四）媒体组合

不同媒体之间的组合宣传会产生信息传播的延伸效应、重复效应和互补效应。延伸效应即各种媒体的组合运用可以增加信息传播的广度，延伸覆盖范围，提高产品、品牌和企业的知名度。重复效应即各种媒体的重叠可以增加信息传播的深度，提高顾客对产品的注意度、记忆度和理解度，诱发购买冲动。互补效应即不同媒体取长补短，宣传效果相辅相成。

企业可以尝试将各种媒体进行组合，增大宣传力度，提高宣传效率。比如，视觉媒体与听觉媒体的组合，给人以身临其境的真实感受；瞬间媒体（如电视）与长效媒体（如印刷品、路牌、霓虹灯）的组合，在给人以瞬间的震撼之后，能长期保留记忆；大众媒体（如报纸、电视、广播）与促销媒体（如招贴、展销、售点广告）的组合，使企业的信息传播能够“点”“面”结合。

七、确定传播预算

传播预算是营销管理中最为困难的决策之一。不同的企业在财力资源、市场需求、竞争地位、传播愿望等方面存在很大的差异，这使得传播预算很难由统一的方法确定。企业常用下列四种方法确定传播预算：

第一，量入为出法，即根据企业的财力来安排宣传与促销经费。这种方法量力而行，易于操作，许多企业都在使用。但是这样很容易使企业忽视宣传与促销对销售的影响，将宣传与促销的支出看作可有可无的额外支出。

第二，销售百分比法。具体有两种方式：一是根据上一年度销售额的某一百分比确定宣传与促销费用；二是根据下年度预测销售额的某一百分比确定宣传与促销费用。这种方法实际上是将企业的销售收入看作宣传与促销费用的函数，认为有多大的投入就可以带来多大的产出，容易忽视宣传与促销的目标和效率，甚至有时让营销部门为花钱而花钱。

第三，竞争对等法。有的企业按照竞争对手的宣传与促销费用以对等或等比例的方式来确定本企业的宣传与促销预算。使用这种方法确定宣传与促销预算，有以下前提：企业了解竞争对手的宣传与促销预算；企业是行业竞争的追随者，而非领导者。

第四，目标任务法，即首先确定宣传与促销目标以及实现目标所需要完成的具体任务，然后确定完成这些任务的传播方式和媒体组合，最终确定经费预算。从理论上讲，这种方法是最合理的，但是实际操作难度较大。另外，当企业财力有限时，用这种方法确定的经费预算可能会远远超出企业的能力，让人有好高骛远之感。

八、实施与效果评估

实施是企业营销信息传播方案的具体执行过程，涉及在什么时间、由谁、从事什么活动以及对于整个信息传播过程的监督和控制（第 13 章）。企业的营销传播活动能否按计划执行，很大程度上取决于这一阶段的工作质量。

（一）传播的一致性

整合营销传播与传统促销活动的最大区别在于传播的一致性，即不管企业采用什么方式进行信息传播，其作用点必须一致。实际上，为了成功地塑造品牌形象，企业在营销信息传播方案的执行过程中，要注意传播的三个一致性。

第一，前后一致，即企业的信息传播前后要一致。企业一旦确定了自己欲求的形象，就应该坚持下来，不能轻易改变。如果朝令夕改，只会使企业的品牌形象变得模糊不清。

第二，手段一致，即企业信息传播的作用点要一致。比如，当百事可乐说自己是“年轻一代的时尚饮品”时，广告中的人物就必须是青年人的偶像，产品的包装必须是青年人喜爱的，价格必须是青年人能够接受的，营销渠道也必须是青年人经常接触的。

第三，品牌一致，即企业利用同一个品牌推出的不同产品之间形象要一致。企业经常利用名牌效应在同一品牌之下推出不同的产品，这有利于新产品在短时期内迅速占领市场。不过，这样做也有弱化名牌的风险。为了推出一个新产品而弱化一个品牌，得不偿失。因此，企业要在一个品牌下推出不同的产品，这些产品之间必须保持形象一致。

（二）效果评估

效果评估是对企业营销信息传播过程进行监督和控制的重要依据。企业通过分析和比较宣传活动前、中、后的销售业绩和顾客态度，能够比较客观地评价宣传效果，发现问题，及时纠正。效果评估可以从信息传播效果和销售效果两个方面评价。

信息传播效果是指一次宣传活动能够触及的人数及其对宣传信息的感知、理解和接受程度，可以通过在信息播发之前或之后测量目标受众对信息的记忆、理解、信任、喜爱以及信息刺激购买的能力等得出结论。具体的方法有三种：

第一，直接评分，即要求目标受众在记忆、理解、信任、喜爱以及刺激购买的能力等方面对宣传活动打分，得出顾客对宣传活动的效果评价。

第二，组合测试，即先请顾客观看一组宣传广告，其中包括企业要测量的宣传广告；然后请他们回忆看过的内容和细节；最后根据顾客回忆内容的多少以及详细程度，确定信息传播的效果。

第三，实验室测试，即研究人员利用仪器来测量顾客在看到或听到一条宣传广告时的心理反应，如脉搏、血压、瞳孔以及是否流汗等，以此测量信息传播方式的吸引力。

销售效果指宣传活动刺激顾客购买的能力，可以使用下面的公式计算得出：

$$E=\frac{\frac{\Delta S}{S}}{\frac{\Delta A}{A}} \tag{11-1}$$

式中，E 为宣传活动的弹性系数；S 为销售额或销售量；ΔS 为增加宣传费用之后销售额或销售量的增加值；A 为原有的宣传费用；ΔA 为增加的宣传费用。E 值越大，宣传活动的效果越好。

这里应注意，在进行效果评价时，如果出现信息传播效果好但销售效果不好的情况，不能简单地否定宣传活动的效果，因为这可能是企业营销的其他方面（如产品、价格或营销渠道方面）出了问题。另外，信息传播效果的影响一般更长久，传播的效果可能会逐渐转化为销售效果。

▶ 思考题

1. 什么是宣传与沟通？
2. 信息传播与信息反馈有什么区别？
3. 信息传播的一般过程有哪些要素？

4. 营销信息传播的主要作用是什么?
5. 企业常用的营销信息传播方式有哪几种?
6. 企业在选择营销信息传播方式时，重点需要考虑哪些影响因素?
7. 什么是整合营销传播? 整合营销传播的程序一般分为哪些步骤?
8. 分析书末案例 9，回答案例后面的问题。

| 第 12 章 |

关系营销

关系营销对中国的营销实践有着重要的意义，它是中国人人际关系活动向市场活动或经济活动渗透的一种自然取向。本章介绍关系营销的基本概念、关系营销的动态组合模型、中国式关系营销以及关系营销策划等问题。

第 1 节　关系营销的基本概念

关系营销涉及三个基本问题：第一，什么是关系营销？第二，什么是关系营销的市场？第三，关系营销的手段有哪些？第一个问题关注的是关系营销的内涵，第二个问题关注的是关系营销的对象或关系市场，第三个问题关注的则是关系营销因素。

一、关系营销的内涵

关系营销是一个内涵丰富的概念[①]，到目前为止，人们还没有形成一个统一的认识，通常是指企业所有旨在建立、发展和维持关系交换（relational exchange）的营销活动[②]。不同于以非连续性交换为基础的交易营销（transactional marketing），关系营销以无形的情感、承诺、信任等为交换的基础，强调交换双方长期互惠互利的过程。当涉及商品买卖时，关系营销者不但在交易中关心自己的利益，也关心购买者的利益，宁可自己暂时少盈利，也要首先保证对方的利益。因此，关系营销比交易营销多了一个时间维度：交换双方互惠互利，并不要求对方即时给予等价的回报。[③] 表 12－1 显示了关系营销的特点。

表 12－1　关系营销的特点

	交易营销	关系营销
适合的顾客	低转换成本的顾客	高转换成本的顾客
核心概念	交易、创造需求	信任、沟通、纽带
企业着眼点	短期利益、盈利	长期利益、互惠关系

① 庄贵军．关系市场与关系营销组合：关系营销的一个理论模型．当代经济科学，2002，24（3）：43-48.

② Morgan R，Hunt S D. The Commitment-Trust Theory of Relationship Marketing. Journal of Marketing，1994，58（July）：20-38.

③ 庄贵军，席酉民．关系营销在中国的文化基础．管理世界，2003（10）：98-109.

续表

	交易营销	关系营销
企业与顾客的关系	买卖关系，不牢固，易被竞争者破坏	双赢互惠，牢固，不易被竞争者破坏
对价格的看法	主要的竞争手段	非主要的竞争手段
企业强调	市场占有率	回头率、顾客忠诚度、履行承诺、顾客满意度
营销管理的追求	某项交易的利润最大化	互利关系的长期与稳定
市场风险	大	小
了解对方的文化背景	不是很必要	非常必要
最终结果	买卖关系	有可能发展为战略合作伙伴

关系营销的非即时回报性决定了在关系营销中信任与承诺的重要性，它们是关系营销的两个关键的中间变量，企业或组织通过改变这两个中间变量，发展、维持和增进与某一个市场的关系。据此，摩根和亨特（Morgan & Hunt，1994）建立了一个关系营销的关键中间变量模型①，用以解释关系营销的内涵和影响关系营销成功与否的关键因素。关系终结的成本、关系带来的利益、共同的价值观、沟通、强权和"搭便车"行为等因素是关系营销的前因，会影响关系双方对彼此的信任和承诺的有效性。其中，前四个因素是正向的影响，后两个因素是负向的影响。顺从、合作、功能性摩擦、结束合作倾向和不确定性是关系营销的后果，会受到信任和承诺水平的影响。其中，前三项是正向的影响，后两项是负向的影响。

关系营销的内涵可以概括为以下两个基本观点：第一，关系营销强调双赢或多赢，企业不仅要满足自己绩效增长的需要，也要给交易方带来利益；第二，关系营销注重长期性，企业与交易伙伴之间的关系不是"一锤子买卖"，而是互惠互利、相互信赖、长期稳定、共同成长的合作关系。

因此，关系营销是对市场交换营销本质的回归，通过提供某种东西作为回报，从他人那里获取利益。不过，它更强调交换的长期性。

二、关系市场

关系营销不仅针对顾客，还针对其他重要的相关群体。根据佩恩（Payne，1995）的观点，关系营销有以下六类市场：顾客市场、相关市场、供应者市场、就业市场、影响者市场和内部市场。② 顾客市场处于中心地位，企业在其他市场上的关系营销活动都是为了更好地满足顾客需求。然而，在激烈的市场竞争中，要想比其他企业更有效地服务顾客市场，必须处理好与其他市场的关系。佩恩的关系市场模型如图 12－1 所示。

---

① Morgan R，Hunt S D. The Commitment-Trust Theory of Relationship Marketing. Journal of Marketing，1994，58（July）：20-38.

② Payne A. Relationship Marketing. A Broadened View of Marketing//Payne A. Advances in Relationship Marketing，London：Kogan Page Ltd.，1995.

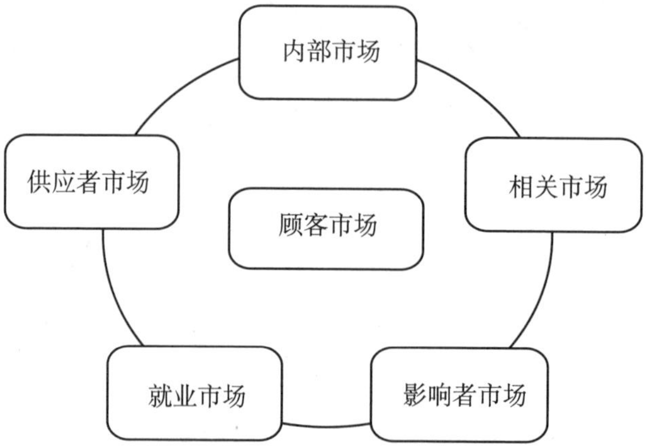

图 12－1 佩恩的关系市场模型

（一）顾客市场

顾客市场是传统营销理论中唯一认可的市场。可是即使在这里，关系营销与传统的交易营销也有所不同。交易营销偏重于一次性交易活动，注重产品特色和短期效果，很少强调顾客服务，属于有限的顾客参与和接触，质量主要由生产部门考虑。与此相反，关系营销则偏重于顾客保持活动，注重顾客价值和长期效果，强调高质量的顾客服务，鼓励顾客参与和与顾客接触，是一种全员质量观指导下的营销活动。

佩恩把顾客市场中企业与顾客的关系比喻为一个梯子，由下向上依次为潜在顾客、顾客、客户、支持者、宣传者和合作伙伴。传统的交易营销偏重于在下面两个阶梯运作，即发展新顾客和与现有顾客达成交易，关系营销则偏重于把现有顾客（第二个阶梯）向上发展，直至使其成为合作伙伴（最高一个阶梯）。

（二）相关市场

相关市场是指那些中介组织，比如批发商、零售商和其他各种类型的分销商、代理商，以及广告代理机构、银行、市场调研机构等中介组织。这些中介组织除了帮助企业进行正常的交易以外，与那些忠诚的顾客一样，也常常是未来生意的源泉。也就是说，企业处理好与中介组织的关系，不仅有利于稳定现有的客源，而且能够带来新的客源。

（三）供应者市场

供应者市场是指原材料、零部件或产品的供应者。传统营销理论更注重供应者与购买者之间讨价还价的对立关系，关系营销理论则注重二者的合作关系，即通过合作达到双赢。

（四）就业市场

就业市场是指那些有能力的待聘人员。企业要吸收的是优秀的待聘人员，这也许是现代经济中最稀缺的资源。发达国家的很多大公司为了得到优秀人才，向一些大学提供奖学金，当然一个重要条件是学生毕业后要加入这些公司。

（五）影响者市场

影响者市场是指政府部门、法律部门、社会团体和一些投资基金等。各企业或组织所处的行业或发展阶段不同，所面对的影响者市场也不同。影响者会对企业或组织的发展起到支持或限制的作用。对影响者市场的关系营销主要是处理好与对企业或组织影响较大的影响者之间的关系，以获取最大的支持，避免可能发生的各种不利影响。

（六）内部市场

内部市场是指企业内部的人员和部门，他们互为供应者和顾客。内部关系营销的目的，一是保证每个人和每个部门都既是高质量服务的提供者，又是高质量服务的接收者；二是保证所有人员都联合起来，为实现企业或组织目标、执行企业或组织战略服务。

佩恩的这一关系市场模型应该说是很全面的，包括了企业所要面对和处理的各种关系。不过，以顾客市场为中心或核心却不具有一般性。换言之，关系营销以顾客市场为中心不是无条件的。以中国为例，改革开放以前，市场上商品普遍供不应求，属于短缺经济。在这种市场环境下，企业与顾客的关系是次要的，企业与供应者的关系远比与顾客的关系重要得多，企业如果与供货商有稳固的购销关系，会在市场上占尽优势。同时，顾客为了得到某种商品往往要走企业的后门，而企业为了得到生产原料或零部件也要走原料或零部件生产者的后门。以关系营销的视角看，走后门无疑是针对供应者的关系营销。尽管走后门一直被认为是庸俗的关系学，却是当时条件下最有效的“营销方法”。在这种市场环境下，顾客市场显然不是关系营销的核心。时至今日，中国仍然有许多企业把针对政府部门的关系营销看得很重要，因为获得政府部门的支持是获得竞争优势的一条捷径。图 12－2 在佩恩模型的基础上稍做改变，使其更具一般性。

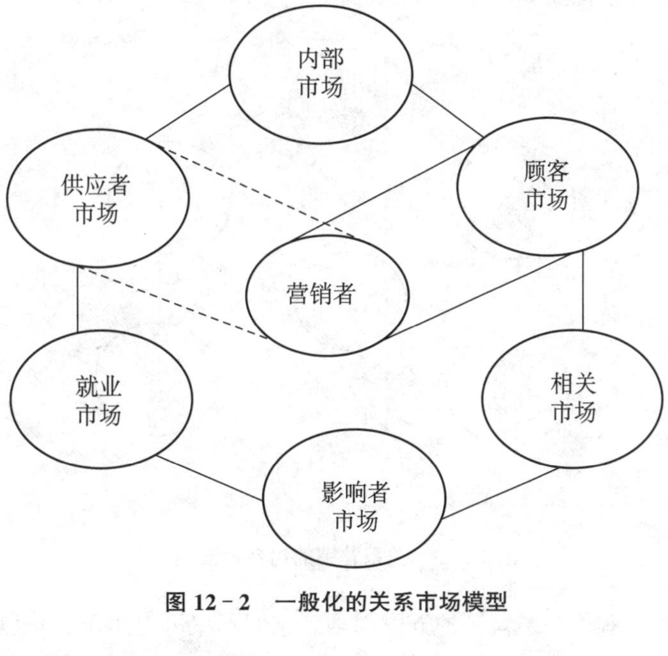

图 12－2　一般化的关系市场模型

由图 12－2 可见，这里取消了关系营销以顾客市场为中心的假定，使关系营销的中心市场依照具体情况而定。在一定的市场条件下（如卖方市场条件下），关系营销的中心市场是供应者市场，而在另一种市场条件下（如买方市场条件下），关系营销的中心市场是顾客市场。对于大部分企业来说，关系营销的中心市场是顾客市场或供应者市场，而对小部分企业来说，关系营销的中心市场则是影响者市场（如政府部门）或相关市场（如银行）。图12-2中将营销者与顾客市场套在一起，表示顾客市场是企业关系营销的核心或重点。不过，这种关系是可以变化的，比如，从顾客市场移向供应者市场（虚线）。一般化的关系市场模型，使关系营销有了更大的适用性。

三、关系营销因素

在传统的营销理论中，4P模型占据着非常重要的位置，它告诉营销者可以采用哪些手段进行营销活动。尽管4P模型也有缺陷，但是它的最大优势就是让营销管理者知道从哪些方面做些什么，这使传统的营销理论具有很强的操作性。那么，关系营销的手段有哪些呢?

在关系营销的关键中间变量模型中，摩根和亨特将信任和承诺的前因看作类似于4P模型的营销因素——要与某一个市场发展、维持和增进关系，企业或组织就要设法增加关系终结的成本、关系带来的利益、共同的价值观和沟通，而减少强权和“搭便车”行为。[①]这一模型更适合企业维持和增进既有的关系，而不太适合开发新的关系。因为：第一，意识到某种关系的存在是一回事，而去建立与发展这种关系是另一回事；第二，强化已有的关系是重要的，但通过某种方法去建立和发展欲求的关系也同样重要；第三，强化已有关系的方法，可能并不适合开发新的关系。

根据中国传统文化中人际关系的处理方法[②]，本书提出关系营销的五种方法，即予法、借法、化法、合法和信法，如图12-3所示[③]。

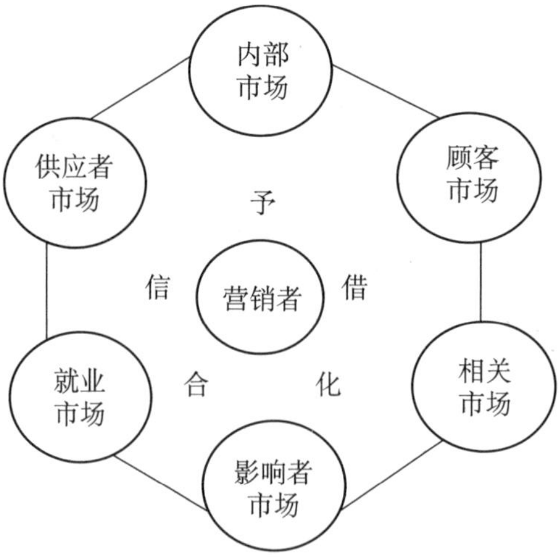

图12-3 关系营销的组合因素模型

这五种方法可以看作关系营销的五大因素。它们不仅可以用于强化已有的关系，而且

---

① Morgan R, Hunt S D. The Commitment-Trust Theory of Relationship Marketing. Journal of Marketing, 1994, 58 (July): 20-38.

② 吴稼祥．智慧算术：加减谋略论．上海：上海三联书店，1997.

③ 庄贵军．关系市场与关系营销组合：关系营销的一个理论模型．当代经济科学，2002，24（3）：43-48.

可以用于开发新的关系。关系营销组合因素的内涵与特点如表 12-2 所示。

表 12-2　关系营销的组合因素及其特点

因素	含义	具体操作方法分类	特点
予法	给予之法	物质利益：雪中送炭和锦上添花 非物质利益：扬人之善和掩人之过 物与非物的结合：送人情和给面子	非即时回报性 人情法则：超额回报
借法	借用、利用之法	借力、借名、借势 外借、自借、互借和串借 明借与暗借	非强迫性 有利于建立互惠的关系网络
化法	将相克关系转化为相容关系	威逼利诱：重新划定利益边界 风雨同舟：强化外部冲突，化解内部纷争	对外，不战而屈人之兵 对内，解决矛盾，增加凝聚力
合法	利用某种共有的东西发展关系	寻找或利用共同点建立关系 五缘文化营销：亲缘、地缘、业缘、物缘、神缘	关系跳跃式发展 寻找有效的关系路径最重要
信法	取信于人，建立长久的合作伙伴关系	关系营销的关键中间变量模型：共同利益、共同的价值观、沟通、权力使用和减少投机行为	适用于强化已有的关系，而不太适用于没有发生的关系

(一) 予法

予法（giving）即给予之法。根据社会交换理论，在大多数情况下，人们在社会交换中会按照相互性原则处理与他人的关系。施恩，会得到报答；伤害，会遭到报复。即所谓“善有善报，恶有恶报”。当你向某人施惠，对方即刻报答，称为“不欠债相互性”。如果对方不能马上报答，表明对方欠了债，通常会延期报答，延期报答称为“欠债相互性”。

如果欠债不能报答，就会出现关系双方的不平衡。不平衡产生权力。只要愿意，施惠方可以把他的意志强加于受惠方，而受惠方的服从可以看作对施惠方的报答。一个欠债而不思报答的人，会被社会视为忘恩负义的小人，这种谴责是一种社会惩罚。大多数人会选择报答而不选择被社会谴责。正因为社会交往中存在这种相互性，所以以施惠为手段的关系营销才特别有效。

然而，予，也要讲究策略和技巧。恰当的予，事半功倍；不恰当的予，轻者达不到预期的效果，重者还可能触犯法律。讲究予的策略和技巧，就是根据具体情况，针对不同的市场，采用不同的予法。予法具体的策略可分为以下几种：雪中送炭；锦上添花；扬人之善；给人面子；己所欲，施于人。

(二) 借法

借法（borrowing）即借用、利用之法。予法是自己出钱、出力，建立各种互惠关系，借法则是借用他人之资、他人之力，建立一个互惠关系网。借法可再分为借力、借名和借势。借力泛指借助他人之人力、物力和财力，惠及自己的关系市场。借名指借别人的名气或名义，发展、维持和增强欲求的关系。借势则指借某种社会趋势，影响关系朝有利于自己的方向发展。

比如，一个企业了解到一家国外的大公司正准备在中国寻求投资机会，而企业所在的地方政府又特别希望有外资企业来投资，于是这家企业先与外商接触，谋求合作。项目谈成，又根据地方政府的意向，借外商之力，谋求政府支持。该企业不费一枪一弹，不仅占尽先机，还发展和加强了与外商和地方政府的关系，由此可见借法之妙。借法的具体策略可分为：借力、借名、借势；外借、自借、互借和串借；明借与暗借。

（三）化法

应用予法与借法的前提是予者与被予者之间、借者与被借者之间存在相生或相容关系。如果是相克关系，就不能简单应用上述方法，化法（transforming）是此时可以使用的一种方法。化者，将相克关系转化为兼容关系也。化法的具体策略可分为两种：威逼利诱和风雨同舟。

威逼利诱指当一方的行为威胁到自己的利益，而直接与其发生冲突则会两败俱伤时，一方面出让一些利益诱导对方，另一方面做出姿态威胁对方，使对方改变行为，与自己合作。比如，吴稼祥的书中有一个例子，说的是卡内基合并普尔曼的故事。[①] 当时卡内基经营一家专供铁路使用的卧铺车公司，而普尔曼却研制了一种当时最好的卧铺车——“普尔曼皇宫车”，获得了很大的成功，直接威胁到卡内基卧铺车公司的前景。卡内基先是以优厚的条件要求与普尔曼公司合并，继而威胁说，如果不合并，那就只好拼个你死我活，展开大规模倾销。在前有利诱、后有威逼的情况下，普尔曼终于同意合并，由竞争对手变成了合作伙伴。

风雨同舟指利用外部压力，发展内部关系。政治学中有一种外部压力理论，说的是当外部威胁加大时，内部的纷争就可能减少，团结起来，一致对外。当一批小企业面对一个共同的实力强大的竞争对手时，与其束手待毙，不如团结一心，同舟共济。当经济形势不景气时，更容易使企业的所有员工团结一致，渡过难关，走出困境。

（四）合法

予法、借法和化法，都是以物质利益为出发点处理企业或组织面对的各种关系。合法（combining）则是利用非物质的东西，比如共同的经历、信仰、种族或民族、历史等，建立、维持或巩固欲求的关系。合法的真谛在于：利用关系，建立、维持和发展关系。具体的做法包括寻找或利用共同点建立关系和五缘文化营销。

社会心理学告诉我们，当一个人相信他与另外一个人之间有某种关系或某种缘分时，不管这种关系或缘分多么微小，都会影响他对这个人的态度和行为。奥恩和贝瑟尔（Aune & Basil，1994）的一项实验非常具有代表性。[②] 他们在大学校园中做调查，请学生们向一个著名的慈善机构捐款。一种情况下，调查人员不提供任何个人的资料；另一种情况下，调查人员先问：“你是不是学生?”然后说：“噢，太好了，我也是!”这才请学生们捐款。结果表明，第二种情况下，有25%的学生捐款，而第一种情况下只有9.8%的学生

---

① 吴稼祥．智慧算术：加减谋略论．上海：上海三联书店，1997.

② Aune R K，Basil M C. A Relational Obligations Approach to the Foot-in-the-mouth Effect. Journal of Applied Social Psychology，1994，24（6）：546-556.

捐款。这项实验他们做了多次，结果大同小异。

中国人历来重视人和人之间的缘分，正所谓“有缘千里来相会，无缘对面不相识”。国内有学者主张“五缘文化营销”①，即是利用合法进行关系营销。五缘包括亲缘、地缘、业缘、物缘和神缘。亲缘指宗族亲戚关系，包括血亲、姻亲和假亲（如金兰结义）。地缘指邻里、乡党关系，即通常所说的“大同乡”和“小同乡”。业缘指同学同行关系。物缘指以物为媒介的关系，如共同喜好某种东西。神缘指宗教信仰关系，如共同信奉某种宗教。这五缘基本上概括了合法可以利用的各种关系。

（五）信法

所谓信法（trust），即取信于人，以求建立长久的合作伙伴关系。正如摩根和亨特指出的，任何长期合作互利关系都依靠信任维持，不论这种关系是水平的合作关系，还是垂直的权力关系。失去了别人对你的信任，就失去了合作和权力的基础，也就成了孤家寡人。

取信的方法很多。前面摩根和亨特在其关系营销的关键中间变量模型中已经比较全面地讨论了这些方法，如通过共同的利益、共同的价值观，通过加强沟通与联系，减少使用强权和“搭便车”行为等。

第2节 关系营销的动态组合模型

上述关系营销的组合因素模型可以增强关系营销的可操作性，它指示出关系营销可以使用的因素、方法或技巧。不过，它是静态的。要动态地描述企业的关系营销活动，就需要了解企业关系营销的前因后果，如图12-4所示。

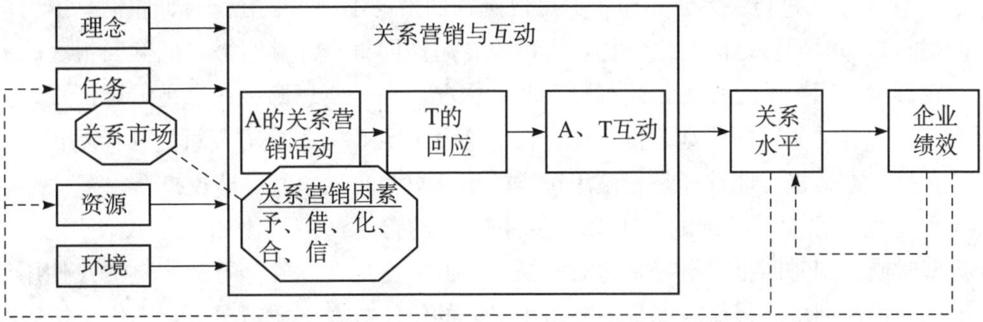

图12-4 关系营销的动态组合模型

一、关系营销与互动

如图12-4所示，关系营销包括前后相继的三个步骤：第一，关系营销的发起者（关系营销者或A，取“actor”之意）的关系营销活动；第二，关系营销活动的对象（关系市场或T，取“target”之意）的回应；第三，A和T之间的互动。

① 林有成．“五缘”文化与市场营销．北京：经济管理出版社，1997.

（一）A的关系营销活动

A的关系营销活动指关系营销活动的发起者A所进行的所有旨在建立、发展和维持关系交换的活动。在关系营销的组合因素模型中，我们将其归纳为予、借、化、合与信五种方法（见表12-2）。比如予法，根据所予之物的性质，具体的策略和技巧可分为物质利益的给予、非物质利益的给予，以及物质利益与非物质利益相结合的给予。物质利益的给予，根据予的时机不同，可分为雪中送炭（在对方困难时给予，以解对方的燃眉之急）和锦上添花（在对方顺利时给予，让对方喜上加喜）；非物质利益的给予，根据性质分为扬人之善（正面的夸奖）和掩人之过（给人留面子）；物质利益与非物质利益组合的给予，根据组合的内涵分为送人情和给面子。其特点是非即时回报性和人情法则，即A方给予，并不要求T马上给予等价的回报，但是一旦T有机会回报时，往往需要超额回报（“滴水之恩，涌泉相报”），否则T会被视为小气、缺乏诚意或丢面子。

再如信法，目的在于与相关的组织建立长期稳定的合作关系。此时，合作已经开始，重要的是如何加强和稳定已有的合作关系。关系营销的关键中间变量模型已经给出操作方法，如关系双方增加共同利益，共享价值观，加强沟通与联系，减少使用强权和“搭便车”行为等。其特点是适用于强化已有关系，而不太适合建立和发展那些虽重要但还没有发生的关系。

企业在进行关系营销活动时，可以单独使用其中的一种方法，也可以将几种方法进行组合，搭配使用。具体使用哪一种方法或怎样组合使用不同的方法，则由企业的营销理念、关系营销的任务、资源状况和内外部环境决定。

（二）T的回应

通过关系营销，A首先希望得到的就是T的善意回应。T的回应，可以分成多种。比如，在A使用予法进行关系营销时，T可以选择回报与不回报。在选择回报时，T可以在即时回报与非即时回报之间做出选择，也可以在超额回报、等额回报与低额回报之间做出选择。在做出不回报的选择时，还可以有两种情况：一是不思回报；二是虽思回报，但无力回报，此时有“欠”的感觉。再比如，在A使用信法时，T一方面可能选择是否采用信法回应，另一方面也可能选择是否滥用对方的信任只为自己牟利，即投机。

A和T的关系能够继续的一个必要条件是T的善意回应。比如，在A使用予法时，T选择即时或非即时回报，最好是超额回报，最低限度是有“欠”的感觉；在A使用信法时，T选择信法回应，最低限度是不能滥用对方的信任。在多数情况下，人们会按照社会交往中的相互性原则处理与他人的关系。

不过，并不是所有的人或组织都会遵守这种人情法则。当T不遵守这种人情法则时，则表明T或者不愿意与A发展持续的关系，或者只想投机、占便宜。对于前者，企业的关系营销难以展开；对于后者，企业最好放弃，因为这种关系即使建立起来对企业也没有益处。

（三）A、T互动

A、T之间的互动，可以分为良性互动与不良互动。在良性互动中，A和T之间有来有往，有着正向的相互作用或相互影响，相互之间会有一种亲近的心理联系，存在一种相互吸引的力量。不良互动则相反，A 和 T 之间的相互作用或相互影响是负向的，即关系双方在交往过程中不能获得甚至有碍于获得各自在利益上的满足，双方会疏远、结束关系，交往可能会中止，严重时还可能发生恶性冲突，产生敌对情绪。这时，A 和 T 之间要么不存在吸引力，要么有排斥力。

从这个角度看，关系营销的本质就是关系营销发起者和关系营销对象之间的良性互动，最理想的状态就是 A 和 T 之间互为关系营销的对象。

二、关系营销的结果

关系营销的结果是关系营销的意义所在。关系营销的最终目的是提高企业的经营效益，但其直接结果则是企业与营销对象之间关系水平的提高。

关系水平是一个综合测量指标，包括关系双方的心理距离、互依程度、互信程度和相互承诺的程度等维度。关系双方的心理距离指关系双方的亲近感；互依程度指关系双方相互依赖的程度；互信程度指关系双方相互信任的程度；相互承诺的程度指关系双方相互承担责任的意愿和行为及其程度。一般而言，心理距离越近，互依程度、互信程度和相互承诺的程度越高，双方的关系水平就越高。反过来讲也成立，双方的关系水平越高，双方所感受到的心理距离就越近，互依程度、互信程度和相互承诺的程度就越高。

企业之所以要提高与营销对象之间的关系水平，对顾客市场而言，是要通过提高交易占有率（business share）来提高市场占有率（market share）；对其他市场而言，则是要最大限度地获得欲求的资源和相关群体的支持与帮助。二者都有助于企业绩效的提高。

以企业针对顾客市场的关系营销为例，企业获取或提高市场占有率的方法有两种：一种是通过一般的市场交易；另一种是通过与客户建立持续的交易关系，扩大自己在客户生意中所占的比例（即交易占有率）。比如，企业与 10 个客户进行交易，如果只是进行一般性的市场交易，那么 10 个客户从这个企业把产品买走，交易即完成，至于以后这些客户是否还从企业购买，企业则不考虑。用这种方法，企业虽然也获得了一定的市场占有率，但缺乏可持续性。相反，如果企业更看重长远利益，那么在与这 10 个客户进行交易之初，就谋划与这些客户建立长期的互惠关系。企业从各个方面优先考虑这些客户的利益，甚至有意识地扶持它们，与其建立和发展互依互信的战略合作伙伴关系，使客户逐年增加从本企业购买的比例。企业在这 10 家客户的交易占有率不断提高，在整个市场上的占有率也因此提高。用这种方法获得的市场占有率更加稳定，更有保证，也更具有可持续性。

然而，关系水平的提高本身并不是目的，也未必带来企业绩效的提高。图 12－5 可以说明这一点。图中横轴表示企业与其关系营销对象的关系水平，纵轴表示企业绩效，a，b，c 三条线分别表示关系水平提高与企业绩效提高之间可能的三种组合。其中，只有组合 a 表示随着关系水平的提高，企业的绩效也跟着提高，因此也是企业进行关系营销所要追求的目标。组合 b 这种情况是企业进行关系营销要避免的，因为企业在关系营销方面的投入并没有改变企业绩效低位徘徊的窘况。对于组合 c，关系营销虽然没有提高企业绩效，但可能有助于企业将其效益维持在一个高水平上，因此也是必要的。简言之，关系营销的目的是要通过关系水平的提高增进企业绩效，而不仅仅是与关系营销对象建立良好的关系。

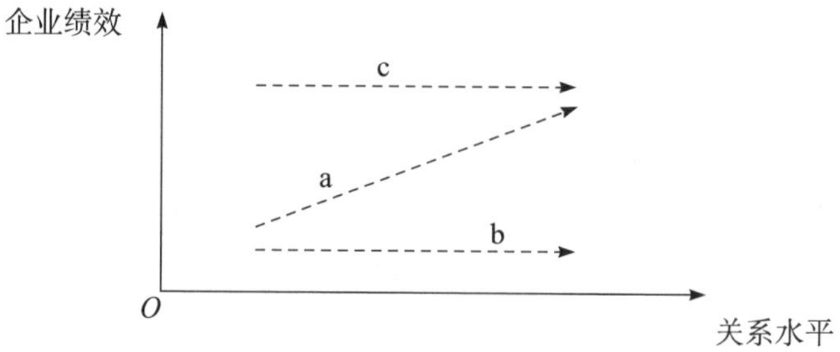

图 12-5　关系水平与企业绩效

企业绩效对于关系水平有反作用，如图 12-4 中连接企业绩效和关系水平之间的虚线所示。一般而言，企业与合作伙伴合作的绩效越好，企业越希望进一步提高双方的合作水平，因此也越有助于双方关系水平的提高。

三、关系营销的前因

关系营销的前因可以归纳为四大类：企业的营销理念、关系营销任务、关系营销资源和关系营销环境（见图 12-4）。关系水平与企业绩效也会通过反馈作用，成为影响企业关系营销的一个间接因素。

（一）企业的营销理念

营销理念是企业进行营销活动的指导思想，体现着企业怎样看待交换活动、怎样看待自己、怎样看待顾客、怎样看待竞争者和怎样看待社会意识。随着市场经济的发展，历史上占主导地位的营销理念已经发生过多次转变，从生产导向到产品导向，再到销售导向，进而发展为市场导向、社会导向、战略导向和关系导向并存的局面。在不同的营销理念指导下，企业会有不同的营销行为，也会有不同的关系营销行为。关系导向的企业，更强调与交易伙伴以及其他重要的相关群体建立一种互惠互利、相互信赖、长期稳定、共同成长的合作关系，并借此获取可持续的竞争优势。在与交易伙伴打交道时，会更多地站在交易伙伴的角度考虑问题，优先保证交易伙伴的利益。因此，以关系导向为营销理念的企业，相对于以其他理念为指导的企业，会更频繁地使用各种关系营销手段，而且力度也会比较大。而以生产导向或销售导向为营销理念的企业，更多地专注于产品的生产或销售，不太看重甚至不愿意与顾客或其他相关群体建立持久的联系，因此很少使用各种关系营销手段。

（二）关系营销任务

关系营销任务涉及两个方面的内容：第一，企业从事关系营销针对哪个或哪些关系市场？第二，企业与某一市场的关系处于哪个发展阶段？

关系市场分为顾客市场、供应者市场、影响者市场、相关市场、内部市场和就业市场。企业与各市场关系发展的动态过程可以分为知觉、开发、强化、承诺和散伙五个阶段。针对不同的市场，在关系发展的不同阶段，关系营销的任务不一样，适用的关系营销方法也有所不同。表 12-3 是一个关系营销任务矩阵，企业以此更系统地考虑向谁、为什么和在什么基础上进行关系营销。

表 12-3 关系营销任务矩阵

关系发展阶段	关系市场					
	顾客市场	供应者市场	影响者市场	相关市场	内部市场	就业市场
知觉						
开发						
强化						
承诺						
散伙						

以在营销渠道中一个企业（A）针对另一个企业（T）在知觉阶段和强化阶段（一种相关市场）的关系营销为例。在关系的知觉阶段，A 发现与 T 有共同的利益，因此 T 有可能成为交易伙伴。A 一方面希望对 T 有进一步的了解，以判断 T 是否值得交往；另一方面寻找第三方，希望在适当的时机第三方能起到中介作用。这时，在 A 和 T 之间基本没有或只有少量的沟通和互动，第三方的中介作用可能是达成彼此了解和信任的一条捷径。寻找与发现关系市场、分析双方的共同利益所在和确定合作的基础，是 A 在这一阶段进行关系营销的基本任务，可以使用的关系营销手段主要有借法和合法。使用借法，借第三方的信息、影响力和关系网络，了解对方，与对方进行初步的接触。使用合法，以共同的经历、共同的信仰、共同的历史等为媒介，增进了解，达成彼此间的基本信任。

在关系强化阶段，A 和 T 之间的沟通增多，合作增强，互依性提高，信任螺旋式上升。此时，关系营销的基本任务就是与合作伙伴加强沟通，增强互信，提高合作效益，可以利用的关系营销手段主要是予法和信法。使用予法，一是优先考虑合作伙伴的利益；二是率先投入能够促进双方关系发展的交易专有资产。使用信法，通过共同的利益和价值观把彼此联系起来，通过加强沟通与联系，彼此适应，通过减少使用强权和“搭便车”行为避免不信任感的产生。

（三）关系营销资源

企业的关系营销资源指企业所有可以用来进行关系营销活动的要素及其构成，分为有形资源与无形资源两大类。有形资源包括企业的人、财、物，无形资源则包括企业拥有的知识、信息、形象以及社会关系等。无形资源能够使企业权衡利弊，灵活地采用各种关系营销方法，因此是一种更为重要的关系营销资源，比如，关系营销方面的知识。如果企业有关系营销的理念，并且了解关系营销的内涵和方法，就可能在进行关系营销之前精心策划，组合运用各种方法。相反，企业如果只是把关系营销理解为“拉关系，走后门”，就有可能只知道“金钱开路”，轻则违背道德，重则可能触犯法律（如商业贿赂）。再如，企业领导或员工所拥有的社会关系。虽然关系营销侧重于发展和巩固企业与相关组织的合作关系，但是组织之间良好的合作关系往往是由组织之间良好的私人关系体现和维系的，特别是私人关系较少功利性，一开始并不是为了利益交换而建立起来的，因此通过私人关系建立组织关系至少在中国现有的环境下更容易获得对方的信任。社会关系丰富的企业，使用借法、合法、信法等进行关系营销，将得心应手，游刃有余。

如果说关系营销任务告诉企业向谁、为什么和在什么基础上进行关系营销，那么关系营销资源则告诉企业是否有能力进行某种关系营销活动，以及怎样根据企业的内部条件对企业的关系营销方式进行组合。这使得关系营销建立在企业的现实条件之上，成为可以并且应该策划的活动。

（四）关系营销环境

企业的关系营销环境可分为外部环境与内部环境。外部环境是指企业无法改变而必须适应的存在于企业外部的条件，比如社会文化环境、道德法律环境以及其他的宏观环境。内部环境则是指企业虽然可以改变，但为了企业的长远利益和整体利益又不能轻易改变的企业内部因素，比如企业的发展战略和规章制度，企业的规模、信誉、文化和形象等。这些因素是企业制定关系营销策略的背景和前提条件，营销人员只能遵守和适应，有时也能有一定的变通，但不能从根本上改变。

关系营销环境从内外两个方面，给出了企业进行关系营销的限制条件。企业的营销人员是否采用以及在何种程度上使用某种关系营销方法，很大程度上取决于环境因素。比如，在中国的政治法律体系、经济管理体制和文化传统的共同作用下，中国的企业更注重关系营销，更喜欢通过私人关系来发展、维持和强化组织关系。

（五）关系水平与企业绩效

关系水平与企业绩效虽然是关系营销的结果，但它们会通过反馈，作用于关系营销的前因变量，成为影响企业关系营销的一个间接因素（见图 12－4）。比如，企业与某一市场的关系可能处在关系发展的开发、强化或承诺阶段（关系水平不同），这就可能既是关系营销的结果，又是企业进行下一步关系营销的前提（任务）和资源（如借法）。再比如，企业的绩效既可能是通过关系营销而使关系水平得以提高的结果，又决定了企业未来进行关系营销的任务（如以提高或稳定企业的绩效为目的）和可以利用的有形资源（如予法或借法的物质利益）以及无形资源（如商誉和形象）。

第 3 节　中国式关系营销

中国式关系营销根源于中国的人际关系。中国的人际关系有着丰富的文化内涵，它在很大程度上体现着中国人的生活，也是中国人参与社会可以利用的重要资源。从关系而不是其他途径参与社会活动，是中国人的一种自然选择，具有某种必然性。实际上，中国的关系营销就是中国人由关系参与市场活动或经济活动的外在表现。因此，中国的市场营销一开始就是关系营销。

一、人际关系

从最宽泛的意义上讲，人际关系就是人和人之间通过交往或联系而形成的对双方或多方都发生影响的一种“心理连接”[①]；是“在现实社会的实际活动中，通过交往而形成的人

---

① 李春苗．人际关系协调与冲突解决．广州：广东经济出版社，2001.

与人之间的一种心理联系（包括认知、情感）和相应的行为表现"[①]。

人际关系由三部分构成，即认知（如人和人之间的相互认同和理解）、情感（人和人之间心理上的远近）和行为（如语言、表情、手势和通过行为表示出来的爱憎）。人与人的关系通过彼此的认知理解、情绪体验和各种外显行为表现出来，这三种成分相互联系，互为因果。当我们讲某人与某人之间有某种关系时，实际上是指他们之间在认知、情感和行为等方面会发生相互作用和影响。如果他们之间的相互作用或影响是正向的，即关系双方在交往过程中获得了各自的生理或心理上的满足，那么在他们之间便会产生并保持亲近的心理联系，彼此之间就会存在相互吸引的力量。相反，如果他们之间的相互作用或影响是负向的，即关系双方在交往过程中不能获得甚至有碍于获得各自的生理或心理上的满足，他们就会疏远，交往可能会中止，严重时还可能发生冲突，产生敌对情绪。这时，关系双方之间要么不存在吸引力，要么有排斥力。

在很多情况下，良好的人际关系本身就是关系活动的目的，因为良好的人际关系可以带来身心的愉悦，给人以认同感、归属感和安全感。当然，关系活动也可能另有目的，比如通过关系活动谋取各种有形或无形的利益。这种另有目的的关系活动称为工具性关系。

人际关系的生成、维持与发展有三个要素：第一，联系，这是人际关系形成的基础，因此也称为关系基础。在互不联系的个体之间是不会形成人际关系的。关系基础有时是潜在的，如在两个彼此既不相知也无交往的亲戚之间。人际关系的生成在很多情况下就是使潜在的联系转化为显在的联系。第二，联系的媒介，包括实物媒介（如礼品）、信息媒介（如语言、文字、表情和电磁波等）和情感媒介（如喜欢与厌恶的感觉和情绪表现）。这是形成人际关系的桥梁，没有这些媒介，人们无法产生关系。只要人们之间产生关系，那么关系双方一定是有意或无意地使用了这些媒介。在很多情况下，这三种媒介是同时使用的，如一个人送礼，他既送给对方实物，又用语言和表情等表达自己的感情。第三，交往。这是人际关系的动态过程——人们在一定的基础上有来有往，人际关系由此得到发展。在人际关系的范畴内，只有交往，联系才有意义。以上三个要素在人际关系中同时存在，不可或缺。

人际关系的动态过程（人际关系的生命周期）一般有五个阶段，即知觉（awareness）、开发（exploration）、强化（expansion）、承诺（commitment）和散伙（dissolution）。[②]在知觉阶段，一个人只是意识到他与另一个人存在某种联系或需要发展某种关系，有点类似于"单相思"。然后，他尝试着与对方建立所希望的那种关系，类似于"求爱"过程。当双方都认同这种关系以后，在强化阶段，双方的交往开始增加，互依性不断增强，类似于"恋爱"过程。进入承诺阶段，二者之间互相承担责任，有了更多的共同利益，类似于"结婚"。人际关系有可能散伙，就如夫妻有可能离异一样。

以上是人际关系的基本内涵和一般理论，适用于描述任何社会环境下的人际关系与人际交往活动。不过，不同的国家或民族有着不同的文化，由此形成的人际关系和人际关系

---

① 乐国安，王晓霞，汪新建．当前中国人际关系研究．天津：南开大学出版社，2002.

② Dwyer F R, Paul H S, Sejo O. Developing Buyer-Seller Relationships. Journal of Marketing, 1987, 51 (April): 11-27.

行为也具有不同的特点。

二、中国的人际关系

根据荷兰学者霍夫斯泰德（Hofstede）的观点，不同文化的价值取向可由五个维度来测量，即个人或集体主义、权力距离、不确定性规避、夫权或妻权主义、长期或短期导向。[①] 研究表明，东西方文化的价值取向在这五个维度上都有差别，其中对个人或自我的认识是最基本的。在自我的价值取向上，西方文化是个人主义取向的，而东方文化是集体主义取向的。中国文化中的集体主义取向是"大我之中有小我"，是一个由自我（小我）推及家庭、单位、社区乃至国家（不同级层的大我）的网络。

西方文化与中国文化对自我的不同认识，决定了各自不同的社会结构和人际关系。西方文化以个体为基本取向，自我是独立自主的、有别于他人的个体。西方文化强调个人的自由、权利及成就，注重个人独立、自主的培养；个人幸福是社会幸福的基础；鼓励与奖赏个人利益的追求者；社会的运作靠法律维系。中国文化以集体为基本取向，自我是小我，集体是大我，小我在大我中有适当的位置，要面对及处理各种关系。中国文化强调小我对大我的责任与义务；注重大我概念的培养；大我幸福是小我幸福的先决条件；服从规范，"牺牲小我，成就大我"是受鼓励及奖赏的；社会的运作靠个人自律及舆论维系。

在人际关系方面，西方更强调对等原则，中国则更强调一个人在一个关系网络中的位置和针对不同的人所应采取的不同态度和行为。中国的人际关系由此呈现出一种"以己为中心"由近及远的"差序格局"[②]，是"以人伦为经，以亲疏为纬"的人际网络[③]。由于中国人存在、体现于关系网络之中，因此"从关系而不是其他途径参与社会，一定程度上就是中国人的生活本身"[④]。于是，我们看到中国人在生活中讲关系，关系成为一种人们之间相互信任与合作的资源。

（一）关系目的

天人合一的思想，使中国人看重人与自然之间和人与人之间的和谐。因此，对于中国人来讲，追求人与人之间的和谐关系本身就是目的，它是人生幸福的一个最重要的源泉。[⑤]

为了达到人与人之间的和谐，一个人必须认清他在社会网络中的位置，并根据他所面对的不同的人采取不同的态度和行为，做到"君君、臣臣、父父、子子"，这才符合"礼"的要求。当一个人达到了"礼"的要求，他就成为"君子"——中国文化中人的典范，能够享受心灵的安宁与平静，这也是中国人常常可以不计利害得失而维持和发展某种关系（如亲情与友谊）的原因。

有很多人是不能达到这种境界的。人与人之间的关系往往被用作谋取经济利益和政治

---

① Hofstede G. Culture's Consequences：International Differences in Work-related Values. Calif.：Sage，1980；Hofstede G. Dimensions of National Cultures in Fifty Countries and Three Regions//Deregowski J B，Dziurawise S，Annies R E. ed. Expiscations in Cross-Cultural Psychology，Lisse. The Netherlands：Swets & Zeitliger，1983.

② 费孝通．乡土中国．上海：上海人民出版社，2006.

③ 庄耀嘉，杨国枢．角色规范的认知结构．本土心理学研究：中国人的思维方式，1997（7）.

④ 韩巍，席酉民．关系：中国商业活动的基本模式探讨．西北大学学报（哲学社会科学版），2001，31（1）.

⑤ 马中．人与和：重新认识中国哲学．西安：陕西人民出版社，2007.

利益的工具。尽管从实践上讲，工具性人际关系是普遍存在的，但是从文化上讲，它并不被认可。当一个人意识到另一个人与他交往是因为他有利用的价值，就会从内心深处感到很不自在。中国人更喜欢自然（随缘）的交往。当然，有了良好的关系，关系双方会互相照应。只在需要帮助时才与人交往，被说成是“平时不烧香，急来抱佛脚”。

这里，我们发现一般中国人对待关系目的的一种矛盾心理：需要发展和保持某些有用的（可以带来利益的）关系，但又不能让人觉得这些关系是因为有用才发展与保持的，否则将被斥为势利眼。

（二）关系基础

联系是人际关系形成的基础。人和人之间之所以能形成某种或长久或短暂的关系，一定是在他们之间存在着某种或长久或短暂的联系，中国人常常将其归结为宿命感很强的“缘”——人和人之间一种命定的联系。缘也成为一些人掩盖关系发展真实目的的一种很方便的说辞。我喜欢与你交往，不是因为我要利用你，而是因为我与你有缘。

在中国文化中，缘有两类，即缘分与机缘。① 缘分涉及父子、夫妻、师生、朋友等长期的社会联系。有人将其归纳为亲缘、地缘、神缘、业缘和物缘。机缘则涉及同舟、同店、同（考）场、同难等短暂的社会联系。

相比较而言，中国人更注重长久性的命定之缘，即缘分。在五种缘分之中，亲缘是最核心的，家人关系是其外在形式，其他四缘围绕着亲缘，外显为熟人关系。熟人关系之外，便是由机缘决定的“与自己无任何直接或间接的持久性社会关系之人”，即生人关系。②

表12-4显示了中国文化中三种不同关系基础之间的功能性区别。比如家人关系讲责任，往往不求回报；人们多采取全力保护和很特殊（常常不讲原则）的方式对待自己的家人；家人之间往往无条件地相互依赖；如果家人之间的关系是良性互动的，那么彼此会无条件信任，有亲爱之情；如果家人之间的关系是不良互动的，那么彼此会有负罪感，并会因此而沮丧或焦虑，只有在极端的情况下才会产生愤怒的情绪和敌意。这些区别对于中国人来讲是不言自明的，是一种文化共识，中国人以此为人际关系行为的准则。

表12-4 关系基础与其功能

关系基础	功能				
	对待原则	对待方式	互依形态	良性互动	不良互动
亲缘（家人关系）	讲责任 低回报性	全力保护 高特殊主义	无条件 互相依赖	无条件信任 亲爱之情	负罪感、沮丧和其他焦虑，少有愤怒与敌意
其他缘分（熟人关系）	讲人情 中回报性	设法通融 低特殊主义	有条件 互相依赖	有条件信任 喜好之情	耻感和其他焦虑，愤怒与敌意
机缘（生人关系）	讲利害 高回报性	便宜行事 非特殊主义	无依赖	有缘之感 投好之情	常有愤怒与敌意，少有耻感

① 杨国枢．中国人的心理．北京：中国人民大学出版社，2012.

② 杨国枢．中国人的心理与行为．北京：中国人民大学出版社，2004.

这三种联系既是中国人构建人际关系网络的初始点，也是进一步发展人际关系的基础。当然，这三种联系本身也在一般意义上表示关系水平或关系质量的高低。决定关系水平高低的，更大程度上取决于关系活动，也就是交往。

（三）交往与关系基础

在中国人的人际关系中，不同的关系基础有着不同的功能，代表着不同的关系水平，也意味着进一步发展关系（即交往）的难度或成本的不同。因此，在中国人的人际关系中，寻找或建立适用的关系基础是第一位的。

图12－6以简化的形式显示了关系基础、关系水平与交往成本的相关关系。为简便起见，这里将关系水平与交往成本之间的相关关系描述为直线的。实际上，二者之间的相关关系要复杂得多。不过，这里的简化并不影响对问题的说明。

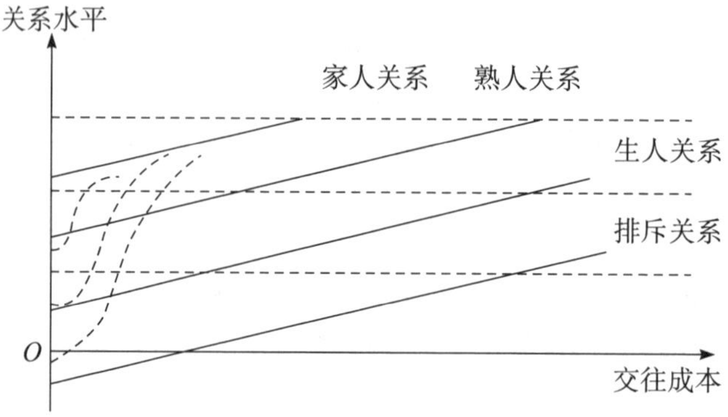

图12－6　关系基础、关系水平与交往成本的相关关系

图12－6中纵轴表示关系水平，横轴表示交往成本。交往成本包括在人际交往中所发生的各种有形和无形的费用，也包括耗费的时间。关系基础除了前面列出的三种以外，又加上了一个排斥关系，它指的是由于不良互动而产生的相互怨恨的关系。在给定的时点上，排斥关系在关系水平的量度上是负的。

由图12－6可见，第一，不同关系基础的关系水平在起始点上就是不同的。家人关系高于熟人关系，熟人关系高于生人关系，生人关系高于排斥关系。第二，要达到一定的关系水平，基于不同的关系基础所需要的交往成本是不同的。熟人关系成本大于家人关系成本，生人关系成本大于熟人关系成本，排斥关系成本大于生人关系成本。第三，同一种关系基础内关系水平的高低也是不同的：其他情况相同时，交往多（因而交往成本大）的，关系水平高；交往少（因而交往成本小）的，关系水平低。第四，随着交往的增加（交往成本亦增大），熟人关系可能超越家人关系，生人关系可能先超越熟人关系，再超越家人关系，排斥关系也可能逐步攀升。生人关系超越了熟人关系，就变为熟人关系；熟人关系超越了家人关系，就变为“自己人”。家人是原始意义上的“自己人”，生人是“外人”，熟人介于“自己人”与“外人”之间——特别亲密的是“自己人”，一般的是“外人”。在构建人际关系网络时，人们倾向于把“自己人”的范围不断向外扩散。当一个人被另一个人视为“自己人”时，那就意味着他们之间有了某种责任联系，在他们打交道时，常常要按照家人的原则来对待。最后，关系水平的提高是有捷径的，就是通过某种方式（如通过亲戚、朋友、同事、上司介绍）跃上一个高水平的关系基础，如图12－6中夹在几条斜线中间的虚线所示。

为了得到某种利益，通过各种直接与间接的联系，结交可以给自己带来利益之人，这一点在人际关系发展中尤为重要，它能够解释“拉关系”行为。“拉关系”的一个重要窍门，也是人们最常用的方法，是通过家人或熟人介绍，结交“有用”之人。由图12－6可以看出，这是一种交往成本最低的方法。与一个人发生直接联系的关系基础是有限的，但通过家人或熟人介绍与自己发生间接联系的关系基础则是无限的。

（四）交往与交往媒介

在交往中，人们讲究礼尚往来：“往而不来，非礼也”“来而不往，亦非礼也”。交往的媒介物，除了物质的东西（如金钱、礼品），还有非物质的东西（如人情、面子、友谊、帮助等）。其中，人情、面子是中国人际交往中一种独特的文化现象，往往通过物质的形式（如礼品）来表现，但其含义远远超出了物质本身。

人情有三种基本含义：除了指人的情绪反应（人的七情六欲）和人际交往的社会规范（人情法则）以外，还指在人际交往时可以馈赠的资源。别人有喜事，以礼相送；别人有急难，给予实质性的救助，这就是“送人情”。A请B让C帮忙，C帮了，C就送了B一个人情，同时B也送了A一个人情。如果人情送得很容易，既不违反原则又是举手之劳，那么送的就是“顺水人情”。不管一个人接受了怎样的人情，他都是欠了人情。按照人情法则，欠了人情，就应当时时想办法尽力偿还，所谓“滴水之恩，涌泉相报”。如果关系双方遵从了人情法则，交往就会越来越密切；相反，欠了人情而不思回报的人，将被视为异类，会被整个社交圈所不齿，最终被排挤出社交圈。

面子是一个人透过别人的评价或对自己的行为与态度形成的自我心像（self-image）。当A通过某种方式让B觉得受人重视、赞赏和推崇，A就在给B面子，这时，B会在内心产生荣耀、神气和得意等愉快的感觉。相反，当A让B觉得不受重视、不受欢迎，A就在丢B的面子，B会产生难堪、困窘和羞耻等不快的感觉。中国人很重视面子，将其视为人生价值的一种外在体现，因此，面子常常被视为人际交往中可以赠送的最大礼物。当然，被给了面子的人，也要在适当的时候，通过某种方式将面子还给对方。面子的大小很大程度上取决于赠予人的名望，名望越大者面子越大。位高权重者去赴宴，是给宴请者一个面子；相反，一个地位卑微者被邀请，是对方在给他一个面子。

在人际交往中，如果礼物只是被当成物来看待，那么交往双方就只是生意关系，讲究利害得失和等价交换，与生人关系没有太大的区别。由于中国人在理想上将和谐的人际关系本身视为目的，所以这种以物的获取为目的的人际关系并不被看好，是一种很“俗”的行为，而且一旦某个关系被定位为一般的生意关系，要想提高关系水平就很困难了。

总之，在关于交往媒介的态度上，不管一个人的心里是怎样想的，至少在表面上，要淡化物的价值而突出人的感情，因为人们相信，人和人之间真正的感情是金钱买不来的，也是物的东西替代不了的。

（五）关系发展模式

中国人际关系发展的模式与人际关系发展的一般模型（分为知觉、开发、强化、承诺和散伙五个阶段）并不矛盾，而是它的具体化。有四种基本模式：传承的关系、嵌入的关系、渐生的关系、开发的关系。这四种基本模式的区别如表 12-5 所示。

表 12-5　中国人际关系行为的四种基本模式及其区别

模式	关系发展的阶段				
	知觉	开发	强化	承诺	散伙
传承的关系：血缘、亲缘、父辈的熟人	家庭生活中的交往；父辈介绍	家庭生活中的交往；进入父辈的社交圈；父辈介绍	家庭生活中的交往；以父辈的名义多走动	相互帮助是一种责任	父辈逝去后，血缘、亲缘关系会保持，但熟人关系会淡化
嵌入的关系：生人、熟人	扮演各种角色，不得不与相关的人员相识	为完成角色任务而与他人打交道	合作愉快而促成更多的合作	各自扮演的角色和承担的责任	关系双方中的一方不再扮演相应的角色
渐生的关系：由生而熟	志同道合；共同的兴趣与爱好；感情需要；有缘的感觉	在生活的过程中逐渐产生	日常交往中由于交往愉快而引起更多的来往	精神伙伴；一方有难，另一方会尽力帮助	关系双方的志趣背离
开发的关系：各种缘分与机缘	意识到某人对自己达到某种目的或将来获取某种利益有用	利用各种机会和各种方法接近对方	利用各种机会、各种方法和各种关系加强与对方的交往	取决于对于报答的期望值	某人失去了利用价值

传承的关系（inherent guanxi）是与生俱来的，如血缘关系、亲缘关系以及父母亲的“老关系”。一个人一生下来，就随父母与父母的家人、亲戚和朋友交往，因此，他对关系的知觉、开发与强化，多数是在随父母的交往中不知不觉完成的。一般中国人对于这种关系的承诺程度比较高，关系双方的相互照应和帮助是一种责任。传承的关系给一个人提供了社会活动的初始舞台，是一个人成长与发展的基础。传承的关系越丰富，一个人在参与社会活动的初期活动范围就越大，获得初始成功的机会也就越大。传承的关系是继承来的，一个人不需要花太多的力量去开发，但需要一定的努力来维持。

嵌入的关系（embedded guanxi）不是人一生下来就有的，是由于一个人在社会上要扮演各种角色而被嵌入某个位置所不得不发生的关系，如同学、同事、战友、上下级等。一个人因扮演某种社会角色而不得不与相关的人员相识，为完成角色任务而不得不与其他人打交道和合作，因交往愉快而强化关系。一个人对于这种关系的承诺程度主要取决于他在关系中的角色和职责。比如，在上下级的关系中，中国文化讲究“君君、臣臣”，即上级有责任和义务关心下属，为下属谋福利，并在需要时为下属提供庇护；下属首先要对上级忠诚，其次还有责任和义务为上级努力工作，为上级分忧。嵌入的关系与自己的行为和努力程度直接相关，受自己生活空间的限制，可以在一定程度上被控制。如父辈为儿女选择学校或选择邻居（孟母三迁）；一个人可以自己选择职业；老乡认才是，不认就不是。

渐生的关系（emerging guanxi）是一个人在生活的过程中逐渐生成的关系，如志趣相投的朋友。渐生的关系很大程度上受自己生活圈子的限制，与嵌入的关系相重叠。不过，渐生的关系之所以发生是因为关系双方情感方面的需要，志同道合、共同的兴趣与爱好和有缘的感觉才是其根本原因。这种关系在一个人生活的过程中逐渐产生，要经过长时间的考验。一旦关系建立起来，彼此就有很强的精神上与物质上的互依性，一方有难，另一方会尽力帮助。

开发的关系（developed guanxi）是一个人为了达到某种目的而刻意发展的关系，适用于各种缘分和机缘，关键是对方是否有助于实现其目的。开发的关系一般从意识到某人对自己将来获取某种利益有用时开始，然后利用各种机会和各种方法接近此人，并通过增加交往而强化关系。由于拉关系的人希望以现在的投入换取即时或将来可能的报答，所以对关系的承诺取决于对回报的期望值。一旦某人失去了利用的价值，这种关系也就到了结束的时候。

上述四种关系行为模式可以相互转化。比如，嵌入的关系可以转变为其他关系：父母的老战友，对于父母而言是嵌入的关系，对于儿女而言是传承的关系；同学是一种嵌入的关系，当成为朋友、知己或恋人就是一种渐生的关系，当成为可以用来达到某种目的而需要发展或强化的关系时就是一种开发的关系。渐生的关系可以由其他三种关系发展而来：由亲缘关系而生友情，由同事而成知己，由利益伙伴而成哥们儿。

夫妻关系是一种性质比较特殊的关系，它一方面属于一种嵌入的关系，是由于大多数人都要扮演夫妻这样一种角色才产生的；另一方面，在自由恋爱的社会里，大多数情况下又是由渐生的关系而来。更为有趣的是，它使夫妻双方获得第二次的传承关系。

以上四种关系行为模式渗透在日常生活中，构成了一个人生活的重要内容。基于某种关系基础，一个人针对另一个人的关系行为会导致关系质量的改善或恶化，而改变后关系质量又成为下一次关系行为的基础。一个人针对另一个人的关系行为由此展现为知觉、开发、强化、承诺和散伙等不同的阶段。虽然有的人不屑于或者不善于“拉关系”，但是不可否认的是，通过四种关系行为模式，每个人都会或多或少积累一些人脉，在必要时可以用来提供帮助。

人脉有广度和能量的区别。广度指人脉的丰富程度或多样化程度。能量指人脉的有用性或能力。一个人的人脉越广、能量越大，他的社会影响力就越大。从这一角度观察，中国人的关系行为就像人脉积累的过程：起始于传承的人脉，随着社会参与度的提高，发展出嵌入的人脉、渐生的人脉和开发的人脉，人脉也越积越广。不过，人脉积累有一个峰值，随着一个人社会参与度的下降（如退休），他的关系数量会减少，人脉也会萎缩。

三、中国人际关系中的关系营销因素

关系是人们参与社会的一种资源和一条便捷的途径，因此，在经济或商业活动中使用关系、依关系行事就有其必然性。中国人所讲的关系包含着许多关系营销的基本因素。

第一，非即时回报性。描述传统的交易营销需要两个维度，即交易双方各自从交易中所得到的利益。交易营销得以成功的必要条件是，交易双方必须同时从一项交易中得到利益。在描述关系营销和中国的关系时，还需要加一个维度，即时间。关系营销和中国的关系活动并不要求交易双方在某一项交易中都要得到利益，它要求的是在长期交往中，二者都能得到利益，相互满足。如果在一次交易中，一方得到了利益，而另一方没有得到利益（甚至亏损），这意味着得利一方对未得利一方有所亏欠，将来一定要想办法回报。在这里，时间是平衡交易双方利益的一个重要因素，也使得在交易中人们可以使用“先予后取”的策略。

第二，讲责任、讲感情。中国人做生意与西方人做生意有一个重要差别：西方人一般是先做生意，生意做得好进一步发展关系，关系好了，再做更多的生意，即“生意—关系—生意”；中国人则相反，先关系（虽然有时目的是做生意），后生意，生意做得好，为做更大的生意进一步发展关系，即“关系—生意—关系和生意”。两者有一点是共同的：在经济活动中，生意不仅仅是生意，还融入了人的感情因素，还要讲情义、讲责任。

第三，信任与承诺是关键的中间变量。由于具有非即时性回报的特点，所以与关系营销相同，信任与承诺也是中国人际关系活动的关键中间变量。从现象上看，中国人之间的关系活动由各种各样的迎来送往和情感交流构成，但从更深的层次上看，信任与承诺也是其中的关键变量。信任是一个人对于另一个人可靠与否的信念或期望。承诺是一种担负某种责任和义务的愿望表达。当然，愿望表达不一定是口头上的，也可能是行为上的，比如“破釜沉舟”就是项羽在表达不灭秦军誓不罢休的决心。在中国的人际关系中，信任与承诺是内在的。比如在家人关系或哥们儿关系中，人们之间的相互依赖是无条件的，相互承诺也是无条件的，这是因为人们彼此之间互信，家人或哥们儿绝不会害我，绝不会亏待我。在信任与承诺问题上，中国的人际关系与西方的关系营销有以下几点不同：（1）中国人的承诺常常是一种文化上的默契，比如朋友之间相互帮忙，出手相助者一般不会要求被助者有口头上的承诺。但这并不意味着这种未表达出来的承诺没有约束力，因为被帮助一方如果不思回报，就会被人所不齿。在西方的关系营销中，承诺要明确表达出来，并且常常要规定一个实现承诺的期限。（2）在中国的人际关系中，信任具有更加重要的地位。这一方面根源于中国传统文化中的“重德治，轻法治”观念，另外也与人们之间的承诺方式有关，即常常是一种文化上的默契。（3）中国人对他人的信任也呈现出一种以己为中心的差序格局，越靠近自己的越容易达成互信，离自己越远的越难以达成互信。

第四，互惠网络。与西方关系营销相同，中国的人际关系强调互惠网络的建立。人们以家人为出发点，以层层推进的方式不断向外拓展自己的关系网，比如家人的朋友、朋友的朋友、哥们儿的哥们儿。两者的不同之处在于：西方关系营销中互惠关系网是根据产品供应链的程序编织出来的，而中国人际关系中的互惠关系网是以人伦为经、以亲疏为纬编织出来的。

第五，关系发展与关系管理的技巧。在中国的传统文化中，有许多论述如何处理人际关系的经典，将其应用于企业营销之中，可以得到关系营销的五种方法，即予法、借法、化法、合法和信法，这可以在很大程度上解决关系营销的操作性问题。

中国的关系营销与西方的关系营销是两条不同的发展路径：西方是先有利益关系，然后在利益关系中讲信任与情感，由此发展出关系营销；中国是先有信任与情感关系，然后利用信任与情感关系做生意，即在信任与情感关系中加入了利益因素，由此发展出关系营销。

四、建立在中国文化基础上的关系营销

中国的关系营销建立在中国的文化基础之上，与西方倡导的关系营销有所不同。表 12 - 6 列出了两者的主要区别以及中国关系营销的文化基础，有关系主体、关系目的、关系基础、交往原则、关系媒介、行为模式、道德问题七个方面。

表 12 - 6 中国的关系营销与西方的关系营销

	西方的关系营销	中国的关系	中国的关系营销
关系主体	组织与组织之间；组织间的人际关系往往体现的是组织与组织之间的关系	个人与个人之间	利用人际关系发展组织与组织之间的关系
关系目的	工具性关系：通过信任、承诺与合作达到经济利益上的双赢	在理念上，人与人之间的和谐关系本身就是目的，但在实际生活中，关系也被用作获取各种利益的手段	工具性关系：经济利益是第一位的；常常利用非工具性关系来开发工具性关系
关系基础	共同的经济利益；在社会性纽带与结构性纽带中更重视结构性纽带	命定的联系（缘）；主要是社会性纽带	人际关系常常是组织间关系的基础；在社会性纽带与结构性纽带中更重视社会性纽带
交往原则	经济上长期的互惠互利（双赢）	不同关系基础之间的功能性区别；人情法则	义利兼顾；重亲情、人情，轻法制
关系媒介	合作中各自获得的经济利益；礼尚往来在加强	礼尚往来；人情、面子	合作中各自获得的经济利益；礼尚往来；人情、面子
行为模式	开发的关系	基于不同的关系基础和关系目的，有不同的关系行为模式	开发的关系；其他关系行为模式掩盖下的开发的关系行为模式
道德问题	存在道德问题	非工具性关系符合中国的人伦道德观念，不存在道德问题；工具性关系道德问题严重	存在道德问题；有时非常严重，往往与“灰色营销”相交织

（一）关系主体

西方的关系营销主要讲的是组织之间的互动活动，即使涉及组织间的人际关系，强调的也往往是通过个体所体现的组织之间的关系。因此，西方的关系营销显得更理性，虽然也讲人情或感情，但人情或感情是要让位给利益。关系是为了共同的利益，当共同的利益没有了，关系也就要结束了。当共同的利益还存在的时候，个人之间的情感因素一般不会对组织间的关系有决定性影响。组织间的关系一般不会随着一个人的离去而结束。

中国的关系营销与西方的相比略有不同，它虽然也是指组织之间的互动活动，但更强

调个人在其中的作用，往往指的是利用个人之间的关系建立与发展组织之间的关系。因为更多地体现为个人之间的互动，所以个人之间关系的质量会对组织之间关系的质量有很大影响。一个关键人物的离去，常常足以导致一个组织与另一个组织关系的结束。

中国关系营销的这一特点，根源于中国文化中的关系主体，即人和人之间的关系。人们生活于关系之中，因此利用关系而不是其他途径参与社会是便捷之路。利用已有的私人关系建立与发展能够给自己和自己的组织带来利益的组织关系，正是对于关系这种资源的一种利用。

（二）关系目的

西方的关系营销是通过信任、承诺与合作达到经济利益上的双赢，获取竞争优势。它所要建立与发展的是一种典型的工具性关系。关系本身不是目的，而是获取利益的手段。

中国的关系营销也是工具性关系，经济利益第一，但常常利用非工具性关系来建立与开发。中国人在理念上不喜欢工具性关系，所以不喜欢直截了当地谈生意（利益与利益的分配），而更愿意在饭桌上谈生意。在一起吃饭是联络感情，不涉及利益；感情好了，生意就好谈了。

这一特性根源于中国人对于人际关系目的的认识。如前所述，人与人之间的和谐关系本身就是中国人生活的目的，因此在理念上，中国人很忌讳将人际关系视为获取利益的手段。然而，人际关系又的的确确是中国人的一种资源，在市场经济条件下，可以用来获得经济利益，于是，它就自然而然地成为营销的工具，并使人际关系活动演变为关系营销活动。这也使得中国的关系营销活动呈现出“关系—生意—关系和生意”这样一种与西方的关系营销不同的关系营销程序。

（三）关系基础

共同的经济利益是西方关系营销的基础。在将合作伙伴联系起来的纽带中，西方的关系营销虽然也利用社会性纽带，但是对其的依赖程度要小得多，更多地依赖结构性纽带，构筑起有效的退出障碍，把顾客“锁住”。由结构性纽带或社会性纽带联系起来的买卖双方之间才会保持较长久的关系，双方之间才存在关系交换。①

在中国的关系营销中，人际关系常常是组织间关系的基础。在社会性纽带与结构性纽带中，中国的关系营销更重视社会性纽带。企业在从事营销活动时，会不遗余力地发掘、建立和利用各种社会性纽带，如亲缘、地缘、神缘、业缘和物缘等，进行所谓的“五缘文化营销”。“熟人好办事”就是对这种现象一个最直白的描述。

很显然，中国关系营销的这一特点，直接根植于中国文化的人际关系基础，也就是命定的联系——缘。人们由于各种各样的缘发生关系，又通过各种各样的关系去获取利益，于是有了关系营销。

（四）交往原则

西方关系营销的交往原则是经济上长期的互惠互利，达到双赢。基于中国文化的关系

① Jackson B B. Winning and Keeping Industrial Customers：The Dynamics of Customer Relations. MA：Lexington Books，1985.

营销则“义利兼顾”，更注重亲情和人情，对家人与熟人采取极为特殊的对待原则，遵从“滴水之恩，涌泉相报”的人情法则，因此，基于中国文化的关系营销也更多地与有道德问题的“灰色营销”交织在一起。灰色营销特指发生在推销中的请吃、请玩、送礼、给回扣、拉关系等有道德问题的营销方法或营销行为。

（五）关系媒介

在西方的关系营销中，关系媒介是合作中各自获得的经济利益。随着合作双方情感因素的增加，礼尚往来也在加强。

在中国的关系营销中，合作中各自获得的经济利益也是一个首要的关系媒介。即使私人之间的感情再好，如果组织之间的合作不能为双方带来应有的利益，组织之间的关系也会终结。除此之外，礼、人情、面子都是中国关系营销中常用的关系媒介，其中，人情和面子更是基于中国文化的关系营销所特有的。

（六）行为模式

西方关系营销的行为模式可以归纳为开发的关系，一般从意识到某人对自己达到某种目的或将来获取某种利益有用开始，然后利用各种机会和方法接近，并通过增加交往而强化关系。

基于中国文化的关系营销，虽然从根本上讲也是开发的关系行为模式，但是这种开发的关系行为模式常常被其他的关系行为模式掩盖。比如，一个组织要与另一个组织建立与发展关系，常常利用自己的员工与另一个组织内关键人物的私人关系（传承的关系、嵌入的关系或渐生的关系）。一些企业在招募员工时，非常注意候选者的背景，也是想利用员工已有的关系进行营销。这是由中国人际关系行为模式的多样性决定的——基于不同的关系基础和关系目的，有不同的关系行为模式。

（七）道德问题

不管是西方的还是中国的关系营销，都存在道德问题，都在某种程度上有庸俗的成分。不过，中国关系营销的道德问题更严重，这可以从“走后门”与回扣的流行、公款吃喝以及企业用于公关的费用等方面看出。

中国文化提倡对不同的人采用不同的对待原则和对待方式。如果将其应用于非工具性关系，反映中国的人伦道德观念，应该不存在大的道德问题，但如果将其应用于工具性关系，为谋取经济利益而建立、发展和利用关系，甚至成为一种寻租行为，则有很大的道德问题。现在的困难是，在中国的关系营销中，很难将道德的关系行为与不道德的关系行为区别开。

第4节 关系营销的策划

从企业行为角度讲，关系营销的特点主要表现在：第一，营销的对象是各种各样会影响企业生存与发展的关系市场，而不仅仅是某一目标市场上的顾客；第二，企业行为要素是关系营销的组合因素，而不是传统营销中的4P；第三，参与者必须有企业高层的深度介入和全体员工的积极参与，而不仅仅是营销部门。因此，关系营销策划包括以下主要内容：确定目标关系市场、目标关系市场分析、关系营销因素选择与组合、关系路径寻找与选择以及制定关系营销规范。

一、确定目标关系市场

确定目标关系市场相当于在一般的营销策划中选择目标市场，它为企业的关系营销指明方向。企业需要回答下列问题：为了实现战略目标和营销目标，企业要面对哪些重要的关系？这些重要的关系都对企业哪些方面有怎样的影响？这些关系之间有没有交互影响？有怎样的交互影响？哪一个或哪几个关系是关键？哪些重要的关系应该被确定为企业主要的关系市场？企业的关系市场应该有怎样的优先排序？是否需要针对几个关系市场同时进行关系营销？针对某一关系市场进行关系营销的目的是什么？

佩恩的关系市场模型（见图 12－1）或一般化的关系市场模型（见图 12－2）是可以用来确定目标关系市场的工具。通过对企业各种关系的比较和权衡，找出那些对企业实现战略目标或营销目标影响最大的关系，将其确定为目标关系市场，进行有针对性的关系营销活动。

确定目标关系市场涉及关系营销的效力问题，是做什么而非怎样做的问题，因此是对关系营销在战略层面上的思考，属于关系营销的战略策划。

二、目标关系市场分析

目标关系市场分析的目的是进一步了解企业所选定目标关系市场的性质与现状。

分析目标关系的性质，就是搞清楚企业与某一关系市场互动的性质：是利益共享、互补、相容还是对立？分析结果将直接影响企业对关系营销因素和工具的选择。比如，应用予法与借法的前提是予者与被予者之间、借者与被借者之间存在相生或相容关系。因此，如果企业与关系市场是相克关系，就不能简单地应用予法与借法了。这时，一种可能的选择是化法，将相克的关系转化为相容的关系。

分析目标关系市场的现状，就是要搞清楚目前企业与目标关系市场处于关系生命周期的哪个阶段，有什么特征。比如，在营销渠道的合作关系中，在关系生命周期的不同阶段，企业之间的关系就表现出不同的特点，如表 12－7 所示。

表 12－7　渠道关系生命周期及其关系营销方法

阶段	描述	关键特征	方法
知觉	● 一家企业发现另一家企业有可能成为交易伙伴 ● 一方很希望了解另一方，常常通过后者与其他企业的互动关系来了解对方 ● 希望有第三方搭桥 ● 少量的沟通与互动，目的在于彼此了解 ● 彼此缺乏信任	● 至少一方发现或意识到双方共同的利益，这是合作的基础	● 借法 ● 合法

续表

阶段	描述	关键特征	方法
开发	● 沟通与互动增加，开始谈判，双方互探对方的性质与动机 ● 彼此之间开始选择性地披露信息 ● 有了角色限定，开始尝试性的合作 ● 出现了关系准则，有了互依性	● 通过沟通，使一方的观点成为双方的共识 ● 对权力和公正问题极度敏感 ● 关系很容易被任何一方终止，关系终止的成本不大	● 借法 ● 合法 ● 予法
强化	● 合作使双方得益，有了更大的合作动力 ● 双方都愿意为合作承担更大的风险和责任 ● 目标的一致性更高 ● 沟通增多，合作增强，互依性提高 ● 其他企业替代合作伙伴的可能性降低	● 必须有进一步发展关系的动力，为此双方要寻找新的合作领域 ● 诚信最重要	● 予法 ● 信法
承诺	● 双方加大交易专有资产的投入 ● 关系的长期导向 ● 不会轻易寻找或使用替代者 ● 高度期望、高度信任、高度互依 ● 合同、关系准则和共同的价值观是强化双方关系的纽带 ● 有化解冲突、相互适应的有效机制	● 忠诚、适应性、持续性和高度的相互依赖性使得这一关系与众不同	● 信法
散伙	● 环境或双方的变化失去了合作的基础 ● 难以化解的冲突，使双方交恶 ● 一方撤回投资，激起另一方的报复 ● 维系双方关系的关键人物离去	● 建设需要双方的努力，但破坏只需一方 ● 在渠道关系中，失去共同的利益是关键	● 化法

在知觉阶段，一家企业发现它与另一家企业有共同的利益，希望能够成为交易伙伴。它一方面了解对方的历史和与其他企业的互动状况，以判断对方是否值得交往；另一方面寻找第三方在适当的时机起到中介作用。这时，在双方之间基本没有或只有少量的初步了解沟通和互动。因此，在很多情况下，第三方的中介作用很重要，是达成彼此了解和信任的捷径。知觉阶段的活动结果如果是正面的，渠道关系的发展就会进入下一阶段；如果是负面的，渠道关系没有开始就终止了。

在开发阶段，一方试探性地与另一方接触，开始尝试性的合作，比如进行一些市场交易活动。在进行市场交易活动时，双方都在小心地考察、考验和评估对方。关系的发展是渐进的。这一阶段可能持续较长的时间。如果双方的接触与初步合作是愉快的，它们就会增强沟通与互动。彼此之间有了角色定位和互依性，就开始有选择地披露一些相关的信息，甚至开始商谈，希望加强合作，或者开展范围更加广泛的合作。当然，如果接触与初步合作是不愉快的，关系发展可能就此停下来或结束。

在强化阶段，合作使双方得益，双方都有进一步发展关系的动力，都愿意为合作承担更大的风险和责任。这时，在渠道成员之间，沟通增多，合作增强，互依性提高，目标有了更高的一致性，信任螺旋式上升，其他企业的替代性降低。

在承诺阶段，经过长时间的考验，双方都坚信彼此之间关系稳定，谁也不会轻易寻找或使用替代者。为了使合作能够更好地展开，双方都有意加大交易专有资产的投入，巩固和维持彼此之间已达成的伙伴关系。即使出现一些矛盾与冲突，也比较容易化解。如果企业间良好的合作关系用某种合约的形式固定下来，就是渠道成员之间的战略联盟。

大多数渠道关系的散伙，是环境或双方的某些方面发生了变化，使双方失去了合作的基础所致。有时也可能是其他因素导致的，如一方的投机行为、强权行为或维系双方关系的关键人物离去等。

三、关系营销因素选择与组合

关系营销有五种基本方法，即予法、借法、化法、合法和信法。关系营销因素选择与组合，就是要针对不同目标关系市场的特性与现状，根据企业的关系资源，将这五种方法整合，综合运用，以达到最佳的效果。

比如，在营销渠道的合作关系中，企业可以根据渠道合作关系的性质（利益互补、相容）和所处关系生命周期的阶段，选择适用的关系营销方法。具体选择如表12-7“方法”一栏所示。

在关系的知觉阶段，以借法和合法为主。使用借法，借第三方的信息、影响力和关系网络了解对方，并进行初步的接触。使用合法，以共同的经历、信仰、种族或民族、经历等为媒介，了解对方，达成彼此间的初始信任。

在关系的开发阶段，继续使用借法与合法，辅之以予法。使用借法与合法，容易取得对方的信任，也容易拉近彼此之间的距离。对于那些自己想与之进一步发展关系的合作者，使用予法，将合作者的利益置于自己的利益之上，宁肯自己少得利甚至不得利，也要首先保证组织的利益，让对方感觉到自己真正关心对方的利益。

在关系的强化阶段，可以利用的关系营销手段主要是予法和信法。使用予法，一是优先考虑合作伙伴的利益；二是率先投入能够增进关系发展的交易专有资产。使用信法，通过共同的利益、共同的价值观把彼此联系起来。通过加强沟通与联系，彼此适应对方。通过减少使用强权和“搭便车”行为，避免不信任感产生。这时，只有取信于人，良好的关系才可能巩固与强化。

在关系的承诺阶段，因为经过长时间的考验，双方都坚信彼此之间关系稳定，谁也不会轻易寻找或使用替代者，所以除了继续使用信法巩固和维持关系以外，其他手段虽然可以采用，但必要性不大。

在关系的散伙阶段，如果企业还想使关系得以继续，化法是在这一阶段可以采用的。关系面临着解体，通常是原来双方相容的关系转化为相克的关系。利用化法，有可能将相克的关系再转化为相容的关系。

四、关系路径寻找与选择

关系路径寻找与选择是在确定了针对谁和做什么的问题以后，思考关系营销的具体操作问题，包括：谁来做或通过谁来做？什么时间做？如何做？如何予？如何借？如何化？如何合？如何信？

在中国的关系营销中，尤其要注意关系路径的寻找与选择。人们讲关系，并根据血缘和情感的远近，将关系基础分为家人关系、熟人关系和生人关系。不同的关系基础有着不同的功能，代表着不同的关系水平和进一步发展关系（也即交往）的难度或成本（见图 12－6）。关系路径选择就是要找到关系发展的捷径（见表 12－5）。常识告诉我们：在一个城市中，一个人可以通过四五个人认识这个城市中几乎所有的人，关键是要找对通向欲结交之人的关系路径。与一个人发生直接联系的关系基础是有限的，但通过家人或熟人与自己发生间接联系的关系基础则是无限的。示例 12－1 介绍的六度空间理论就是这个意思。

示例 12－1　六度空间理论

五、制定关系营销规范

在进行关系营销时要特别注意法律与道德问题。尽管企业不可能解决所有的道德问题，但通过制定关系营销的内部规范，至少可以在一定的限度内，抑制不道德甚至违法关系营销的发生。

企业可以根据关系营销人员工作的特殊性，针对关系营销人员制定特殊的道德规范。比如，明确界定道德与不道德的关系营销行为，明确说明不道德关系营销行为从长远看对企业的危害，以提高关系营销人员的道德意识。

企业在制定关系营销的道德规范时还要注意，不要掉入“道德理想主义”的陷阱，否则有可能发生“劣币驱逐良币”的逆向替代。在中国目前的情况下，如果对于自己的关系营销人员有过高的道德要求，很有可能使企业自己受损，而使那些低素质的企业胜出。对于灰色营销而言，它虽是一种恶性竞争，但力量强大，绝不可等闲视之，比较稳妥的策略是：有限制地参与，不让劣者淘汰自己，始终以正常营销为主，不让一时的得失迷惑自己。

▶ 思考题

1. 什么是关系营销？你是怎样理解的？
2. 举例说明关系营销有哪些市场。
3. 客户关系管理（CRM）是关系营销吗？为什么？
4. 关系营销可以使用什么方法？你还可以想到其他的方法吗？
5. 请用自己的语言描述关系营销的动态组合模型。
6. 中国的市场营销活动一开始就是关系营销。你同意这一说法吗？为什么？
7. 简述关系营销的策划程序及主要内容。
8. 阅读和分析书末案例 10，回答案例后面的问题。

| 第 13 章 |

营销活动的组织、实施与监控

营销管理是营销管理者通过计划、组织、领导、控制等管理职能来协调与整合企业营销活动中所有参与者的工作活动，并与他们合作，有成效和高效率地完成营销任务的活动（第 2 章第 1 节）。第 3～12 章虽然不局限于营销管理的计划职能，但主要是从营销策划的角度讲解营销管理的内容。再好的营销方案，如果实施不当，也难以取得好的营销效果。本章介绍营销实施及其相关内容，包括营销组织设计、营销方案实施、营销方案实施过程中的监控。

第 1 节　营销组织设计

完善的营销组织结构是企业营销战略得以贯彻执行的组织保证，它以物化的形式，体现着企业的发展战略、产品组合形式、市场覆盖范围和营销理念。

营销的组织结构有多种不同的形式，包括职能式营销组织、产品式营销组织、市场式营销组织、产品＋市场式营销组织、地区管理式营销组织和事业部式营销组织（第 1 章第 2 节）。在大多数情况下，这些组织结构是给定的，是企业在长期的发展过程中逐渐演变的结果。它嵌入在整个企业的组织架构之内，营销管理人员不能随意改变。营销管理人员能做的，就是根据岗位职责，做自己分内的事。此时，营销组织结构对于营销管理人员而言，就是一个环境因素——只能认识和利用它，而不能改变它。

但是，在一些特殊情况下，营销管理人员需要参与到营销组织结构的设计之中。比如，一个新成立的公司，此前没有营销部门；一个正在调整组织结构的企业，考虑为企业的营销职能重新定位。此时，营销管理人员可以帮助企业在以上各种形式的组织结构中做出选择，也可以帮助企业根据自身的特点，设计出一种适合本企业的营销组织结构。

一、营销组织结构设计的原则

营销组织结构的设计需要遵循一些基本原则，包括战略主导原则、高效可控原则和整体协调原则。

（一）战略主导原则

战略主导原则是指企业营销组织的设计必须以企业的发展战略为主导，必须有助于发展战略的实施与实现。一般而言，企业的发展战略决定着公司的组织结构。如果某企业是单一业务的小公司，那么其组织结构会比较简单，通常使用职能式的组织结构，如图 13－1 所示。图 13－1 与图 1－9 很像，实际上图 1－9 是按照图 13－1 的思路设计的。此时，企业的各职能部门都服务于一项业务。因为整个企业的组织结构比较简单，而且规模不大，所以营销部门的组织结构也不宜太复杂，否则，就会出现岗位重叠、责任不清、人浮于事的现象。

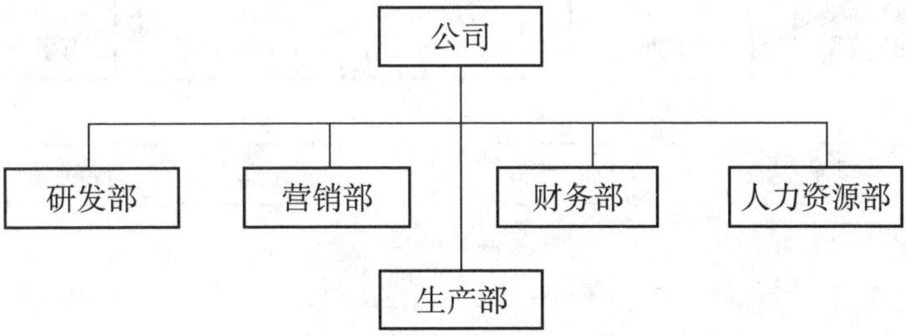

图 13－1　职能式组织

当然，在一个行业从事经营活动的公司可能是一家大企业，如很多跨国零售企业，那么它的组织结构就会复杂一些。企业通常会使用地区管理式的组织结构，如图 13－2 所示。图 13－2 与图 1－13 很像，实际上图 1－13 是按照图 13－2 的思路设计且与图 13－2 的组织结构相对应。此时，除了在公司层设有营销部门且有一名高管（营销副总经理）专门负责营销工作之外，企业还会分层设立地区经理、区域经理或市场经理，负责各区域市场的营销工作。

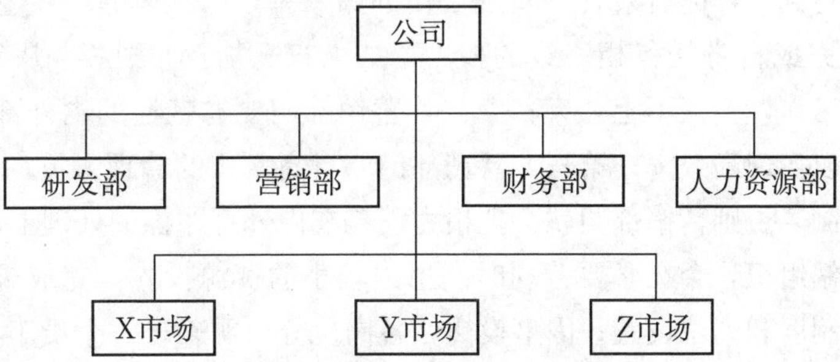

图 13－2　地区管理式组织

多元化大公司的组织结构会比较复杂，企业通常会使用事业部式的组织结构，如图 13－3 所示。企业的各职能部门可能设置在两个层面上，一个是公司层面，统筹整个公司某一职能的发挥；另一个是业务经营单位层面，专注于某一业务的职能发挥。业务经营单位层面的职能部门不但要接受子公司的领导，而且要接受公司层面相关职能部门的领导。在这种组织形式中，总公司和事业部下属营销部门在营销职责分工和管理权限划分上，有多种不同的组合（第 1 章第 2 节）。比如，总公司不设营销部，将营销职能全部下放到事业部；总公司设立小规模营销部，只起参谋作用；总公司设立职能强大的营销部，参与各事业部的营销策划及其执行和控制活动，并对营销策划或计划行使最终审批权。比较图 13－3 与图 1－14，容易发现两者有对应关系，实际上图 1－14 是按照图 13－3 的思路设计的。

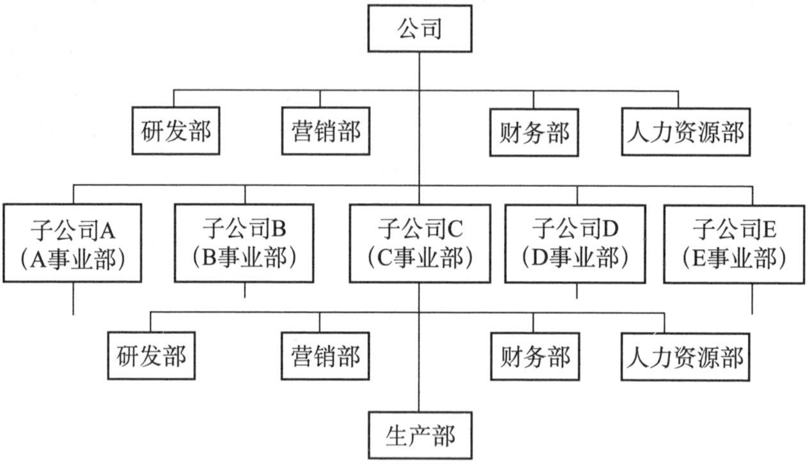

图 13－3　事业部式组织

由此可见，企业的发展战略不同，组织结构也会不同。企业营销组织的设计与选择，必须以企业的发展战略为主导，适应总体的组织结构及其变化。只有这样，企业的营销组织才能够很好地支持企业发展战略的实施。

（二）高效可控原则

组织效率是指组织在一定时间内和一定的资源投入下可以完成的工作量。它是衡量一个组织结构是否合理的重要标准。

营销部门要达到工作的有效性，实现工作的高效率，必须具备一些基本条件。第一，营销部门要有与完成自身任务相一致的权力，如人权、物权、财权、决策权、处理事务权，否则就无法工作，更谈不上效率；第二，营销部门要有畅通的内外部信息沟通渠道，否则营销管理难以实现高效率；第三，营销部门要有高素质的管理人员，责权利明确，各司其职，易于控制，否则营销部门就会把精力消耗在内外部摩擦的处理上，疲于应付。

效率高的营销组织，会在必要劳动时间里以较小的资源投入，完成规定的各项任务。它有合理的规章制度和岗位设置；因事设岗，各岗位分工明确；每个员工都清楚自己的责权利，各司其职；每件事情都有人负责，没有管理的死角。

（三）整体协调原则

设置营销组织需要遵循整体协调原则，涉及营销部门与企业外部环境的关系、营销部门与企业内其他职能部门的关系以及营销部门内不同岗位人员之间的关系。

营销部门要能够在协调企业与顾客之间的关系中发挥积极作用。企业的营销目的是为顾客创造价值。失去了顾客，企业也就失去了存在的资格和生存的条件。比竞争者更好地为顾客创造价值，满足顾客需求，是企业设置营销部门的目的所在。

营销部门要能够与企业内部的其他职能部门相互协调。营销部门通过掌握市场需求的动态变化引导企业的生产经营活动，通过识别、确认和评估市场上存在的需求和欲望，决定拟进入的目标市场。研发部门则根据目标市场的要求，有针对性地设计、研制和开发适销对路的产品。生产部门则负责设备、原材料的采购和供应，形成生产能力，管理作业流程，控制质量水平，按照要求生产市场需要的产品。此外，营销部门还担负着向顾客和潜在顾客推荐产品、引导购买、产品分销和货款收回的任务。财务部门要保证企业生产和营销所需要的资金，在各个职能部门、各个业务项目、各个流程环节之间进行资金分配，对资金的使用进行监督、管理，核算成本、收益。人力资源部门则通过对“人”这一资源的开发和使用，帮助实现企业目标。由此可见，没有了顾客，企业就会失去存在的价值。因此，无论是生产、研发还是财务、人力资源，都需要与营销部门协调配合。营销部门则要发挥主导作用，主动协调各个职能部门的活动，保证企业的竞争与发展战略能够顺利实施。

营销部门内部不同岗位人员之间，也要相互协调，以充分发挥每个人的积极性。不同岗位人员是营销部门发挥其职能作用的关键因素，他们的创造力影响着营销部门的活力和适应环境的能力。只有不同岗位人员之间相互协调，企业的营销管理才能在组织上具有弹性，灵活地应对市场环境的变化。

总之，营销部门应当做到：在面对顾客时，能够代表企业；在面对企业内部各个职能部门和其他员工时，又能代表顾客。同时，组织内部又具有足够的弹性，能够灵活地应对市场环境的变化。

二、岗位设置

营销组织岗位设置的目的，是使营销组织的各种活动有人负责，各有归属。因此，营销组织的岗位设置需要根据营销组织内部的活动进行，因事设岗。

营销组织内部的活动主要有职能性活动和管理性活动两类。职能性活动涉及市场调研、广告宣传、销售以及售后服务等具体的工作，管理性活动则是指渗透在整个或某项营销活动中的计划、组织、领导和控制活动。另外，还可以根据重要性把营销活动分为核心活动、重要活动和附属性活动。核心活动与企业营销战略的重点有关，企业在设置营销岗位时，首先要为核心活动设置岗位，然后围绕这一岗位依照重要性设置其他岗位。

营销组织的岗位设置涉及岗位类型、岗位层次、岗位数量以及各个岗位的权力、责任和它们在组织内的相互关系等内容。

营销组织的岗位类型有很多不同的划分方法，比如分为专业型与协调型。专业型岗位主要负责与自己专业相关的职能性活动，协调型岗位主要负责企业整个营销活动中的管理和协调活动。再如，营销岗位还可以分为领导型和参谋型。领导型岗位行使指挥权，领导、监督、指挥和管理下属人员；参谋型岗位则拥有辅助性职权，包括为企业提供咨询服务和对营销决策提出建议。另外，有的企业还会根据需要设置一些临时性的营销岗位，负责企业短期内某项特殊营销任务的完成，如某个项目小组的负责人。

岗位层次是指每个岗位在组织中地位的高低。在设置营销岗位时，要明确说明每一个岗位的直接领导和下属关系。比如，在地区管理式营销组织（见图 1－13）中，公司层面设置了营销副总经理，他是企业营销活动的最高领导，负责整个企业的营销活动；他的下面设置了 A，B，C，D，E 地区的营销经理，是他的直接下属。在这些地区营销经理之下，又设置了广告主管、市场调研主管、销售主管和售后服务主管等职能经理以及不同市场（如 X，Y，Z）的市场经理，各地区职能经理和市场经理都是各自地区营销经理的直接下属。在职能经理之间、市场经理之间以及职能经理和市场经理之间是平等的，没有上下级关系。

岗位数量是指企业在营销组织中设置岗位的数量。营销岗位并非越多越好，也不是越少越好。人员过多，岗位重叠，不但会增大企业营销方面的人力成本，还会出现责任不清、人浮于事的现象。人员太少，虽然会节约企业营销方面的人力成本，但是可能会出现疲于应付、得过且过的现象。营销岗位的合理数量应该与企业的发展战略、所采用的组织结构和营销岗位的层次相适应。

岗位的权力和责任的规定，需要在工作说明书上清楚列明。工作说明书应列明岗位的名称、主要职能、职责、职权以及此岗位与组织中其他岗位的关系。

三、人员配备

营销岗位确定以后，就需要为每个岗位配备人员。

配备人员第一步是招聘与选拔员工。企业在招聘人员前需要进行工作分析，准备工作描述，发现符合要求的潜在人员，从中筛选出合适的人员前来面试。工作分析的目的就是确认某个岗位最基本的职责，决定应聘人员的资格。工作描述包括岗位需要从事的工作性质以及公司对该岗位人员的业绩期望，如工作职责、任职条件、工作所要求的技能、工作对个性的要求等。筛选则是企业根据应聘者所提供的材料，结合工作描述挑选出合适人员的过程。

员工录用之后，还要对他们进行岗位培训，使其了解企业的文化、发展战略、作业规范和工作流程以及岗位的责任和权力。岗位培训既包括系统性的学习（如课程培训），也包括在职经验的积累（如在职培训）。

新员工接受培训之后，就可以上岗工作了。营销部门的工作也由此步入正轨，开始正常运转。

此外，在企业的营销活动中，一些临时性营销组织的人员配备也需要重视。临时性营销组织往往是企业为完成某项特殊任务而成立的，其成员多从企业现有的人员中抽调。要使其有效地发挥作用，企业必须使临时性营销组织的成员与其他成员之间保持协调关系。比如，由企业级别较低的人员做临时性营销组织的领导来管理来自企业高层的成员，就很难行得通。因此，即使是一个临时性营销组织，也要进行合理的人员配备。

四、营销组织调整

营销组织在发展过程中，由于企业外部环境的变化、企业的业务重组以及营销部门内部的员工冲突，经常需要调整。比如，企业由单一业务的公司发展为多元化的公司，企业的组织结构就会发生变化，营销部门的组织结构也需要跟着进行调整。相反，当业务收缩时，企业会砍掉一些业务，组织结构会变得简单一些，营销部门的组织结构也要跟着简化。

每一个组织中都存在程度不同的摩擦和冲突。如果营销组织存在某种固有的缺陷

(如管理宽度过大、层次太多、信息沟通困难、部门协调不够、决策缓慢等)，在运行之中常常引发较大的冲突，营销部门就要针对这种缺陷，调整组织结构，减少组织内部的冲突。

一些营销组织运转很长时间以后，可能会变得呆板、僵化和缺乏效率。此时，为了保持营销组织的活力，企业也需要对营销组织进行必要的调整。

第 2 节　营销实施

营销实施指的是营销方案实施过程中的组织、领导、激励、协调与控制活动，是把营销方案转化为具体行动的过程。企业的营销策划完成以后，要通过企业的营销部门组织实施。营销部门必须根据策划方案的要求，分配企业的人、财、物等各种营销资源，处理好企业内外部的各种关系，加强领导与激励，提高执行力，把营销策划的内容落到实处。营销实施的内容，主要包括营销活动的组织、领导和监控。

一、营销活动的组织

营销活动的组织就是通过责任人的落实、人员的调配与组合，明确每个营销活动参与人的职责范围，促使每个责任人都能够各司其职、相互配合，提高企业营销活动的执行力，完成企业的营销任务。

执行力是指企业员工贯彻企业战略意图，完成企业预定目标的操作能力。它是把企业战略规划转化成行为、效益和成果的关键。执行力包含完成任务的意愿、完成任务的能力和完成任务的程度三个方面。营销活动的组织就是把有意愿和有能力的人分配到合适的岗位，以保证营销任务的完成。因此，它对于提高企业营销活动的执行力非常重要。

有人将执行力归纳为一个公式：执行力＝马上做＋完成它＋有交代。[①] 营销活动的组织就是设法通过责任人的落实、人员的调配与组合做到这一点。第一，马上做，营销任务分配下来后，责任人应该立即行动起来，一方面认真思考"如何做"的问题，一方面开始着手执行；第二，完成它，营销任务必须在规定的时间内完成，不管面对的条件如何，都要尽自己的最大努力去做到最好；第三，有交代，营销任务在规定的时间内是否完成，完成了多少，在完成过程中出现了哪些问题，取得了哪些成绩，这些都要主动向上级领导汇报。

比如，示例 13－1 显示了某房地产公司营销活动的组织流程与任务分配，其中具体规定了企业营销活动的阶段、各阶段的任务和负责人。有了这样的组织流程与任务分配，企业的营销活动就可以"马上做＋完成它＋有交代"了，营销的执行力也就有了保证。

示例 13－1　某房地产公司营销活动的组织流程与任务分配

① 杜丽敏．执行力＝马上做＋完成它＋有交代．(2010-05-20)．http://www.chinavalue.net/Blog/360037.aspx.

二、营销活动的领导

营销活动的领导就是企业的营销管理人员为确保营销方案的顺利实施而进行的指挥、激励、协调和沟通活动。

指挥是使用命令、沟通、请求或说服等方式，发出指令，使某人做某事。营销管理者不但要发出指令，还要为执行者实施营销方案创造条件，并进行后续的跟踪检查，确保计划顺利实施。这就要求营销管理者下达的命令或指导性意见应该清楚明确，避免引起误解；完整可行，不遗漏重要的内容，也不难以执行。难以执行的命令或指导性意见可能会造成严重的后果，比如会使员工因为无法完成任务而情绪低落，甚至对营销管理者产生不满而导致离职倾向。

激励是指营销管理者对员工激发鼓励、调动其热情和积极性的行为。从心理学的角度看，激励是通过外部的某种刺激，激发人的内在动机，形成动力，从而增强和减弱人做某件事的意志和行为。激励的核心问题是动机能否被激发。通常激励的程度越高，人们的动机被激发得就越强烈，为实现目标而进行工作的积极性也越高。营销过程中，激励最常用的手段是鼓动、支持与奖励。当然，适当使用惩罚也是有必要的。前者是正向的激励，后者是负向的激励。设立恰当的报酬制度，是激励的一项重要内容。

协调是指营销管理者针对企业内外部出现的问题与矛盾，进行调解和解决的机制。营销方案的实施，涉及企业的各个部门，需要每一个部门的支持。另外，还涉及企业外相关群体的利益。如果处理不好这些关系，企业的营销方案就难以实施。营销管理者在出现矛盾与问题时，必须勇于承担责任，协调企业内外关系，妥善解决矛盾和问题。

沟通是指营销管理者向员工、其他部门或企业最高决策层传达感受、意见和决定。其目的是对员工、其他部门或企业最高决策层施加影响。当然，企业员工、其他部门或最高决策层也只有通过沟通，才能使营销管理者正确评估自己的领导活动，及时发现营销过程中存在的问题。另外，沟通还有利于营销管理者与员工、其他部门或企业最高决策层互通信息、联络感情、增强凝聚力、鼓舞士气、提高效率。

除此之外，营销管理者还要鼓舞引导员工齐心协力去实现企业的营销目标，这就是领导先行。领导先行包括两个重要的方面：第一，风险承担，即营销管理者要能够比其他的普通员工承担更大的风险和责任；第二，榜样，即营销管理者在危难之时要能够从容镇定地指挥，而在利益分配上要先人后己。

三、营销活动的监控

营销活动的监控是指营销管理者跟踪企业营销活动过程的每个环节，确保营销活动按照预期目标实施的一套监督与控制程序。监控是营销管理的一个重要职能，它与企业的营销计划密不可分。营销管理没有计划，将是盲目的。营销管理失去控制，计划实施的过程不被监督和约束，则很可能发生大的偏差。从某种意义上讲，计划本身就是企图对未来的活动加以规范，而规范就是一种控制。不过，控制并不一定完全服从于计划。计划在实际执行中可能会出现一些难以预料的偏差，有些可能是计划本身的问题，比如管理者对于计划赖以形成的前提判断有误。此时，控制应从实际情况出发，纠正计划本身的失误。本章第 3 节将详细介绍营销监控活动。

四、营销实施的方法

营销方案的实施可以分为模拟布局和分工实施两个阶段。[①]

(一) 模拟布局

营销方案在正式实施之前，需要进行演练或模拟布局。此时，营销管理者可以根据拟定的预算表与进度表，运用图像思考法，模拟出营销实施的过程与进度。鱼骨图是这一阶段可以采用的一个有用的工具。图 13－4 是一个营销方案实施的鱼骨图。

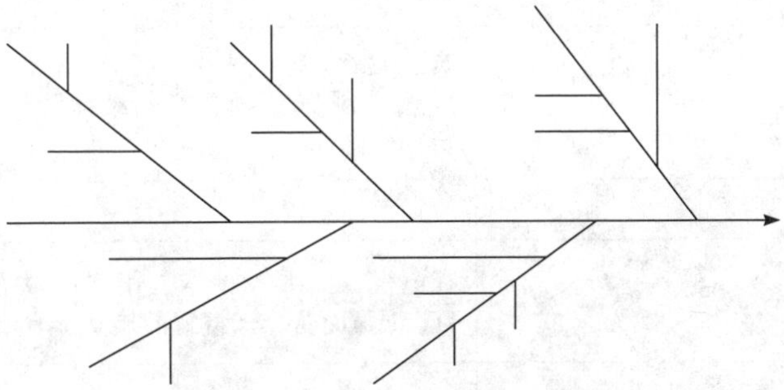

图 13－4　营销方案实施的鱼骨图

图 13－4 中的五条大枝是五个大的项目，大枝上的小枝是每一大项目中的子项目。将企业要进行的每一项营销工作或营销活动，按照时间顺序在鱼骨图上画出来。用这种方法，营销管理者在营销方案实施之前，就能比较清楚地了解一步完成之后下一步该做什么，便于营销管理者与下属沟通，使下属易于理解各自在整个营销方案实施中的位置和发挥的作用。比如，示例 13－1 中某房地产公司营销活动的组织流程就可以画成一个鱼骨图，其中的六个阶段就是六个大枝，六个阶段的每一项具体任务，就是小枝。

另外，也可以用表格的形式模拟布局或呈现营销方案的时间和活动安排。例如，表 13－1 所示的是用表格形式模拟的 DY 干脆面 idol 的营销推广安排。其中，idol 是小朋友喜欢的卡通形象，如圣斗士、机器猫、忍者神龟或孙悟空等。

表 13－1　DY 干脆面 idol 的营销推广安排

时间安排				活动安排
idol 显露推广期 第一个月（30 天）		产品上市期 第二个月（30 天）	推广转型期 第三个月（30 天）	
物品准备	随课本赠送以 idol 为主视觉的包书纸			公关活动

① 陈建平，杨勇，张建．企划与企划书设计．北京：中国人民大学出版社，2000：36-38.

续表

时间安排				活动安排
idol 显露推广期 第一个月（30 天）		产品上市期 第二个月（30 天）	推广转型期 第三个月（30 天）	
广告片拍摄与测试	产品广告片推出 idol 形象及产品名称	传递产品信息及促销内容	持续宣传，维持产品知晓度	电视广告
在少儿类报纸上开辟以 idol 形象为主持人的知识或益智游戏专栏		持续加强 idol 推广		报纸专栏
报纸广告准备与测试		在少儿类报纸投放广告，辅助产品宣传		报纸广告
		赞助冠名少儿栏目或独立制作专题栏目，辅助 idol 推广	持续辅助 idol 推广	电视专栏
		拉动产品销售		促销活动
		在电视、报纸等媒体上作软性报道，传达 DY 干脆面营养、益智的概念		软新闻
		加强 idol 及品牌推广	继续丰富网站内容，延续 idol 及品牌推广	网站

由表 13－1 可见，整个营销推广活动分为三个时期，即 idol 显露推广期、产品上市期和推广转型期，每期 30 天。安排的活动很丰富，涉及各种宣传媒体。各种活动在时间安排上相互衔接。有了这样的布局安排，营销活动就可以按部就班地进行了。

（二）分工实施

营销方案从模拟布局过渡到动手去做，就进入分工实施阶段。在这一阶段，营销管理者一方面要把各个岗位的任务详加分配、逐一落实；另一方面，要根据预算表与进度表，严密控制营销方案实施的预算及进度。营销管理者要调动、运用各种力量，组织、指挥与协调各个岗位的活动，努力达到和完成策划书规定的营销目标和营销任务。

这个阶段最重要的就是执行力。执行力强的企业可以把不完美的营销方案执行好，取得相对满意的效果；执行力弱的企业则可能使很好的营销方案落实不了，沦为纸上谈兵。

对于营销管理者来讲，提高执行力就是促使每一个在岗员工都做到“马上做＋完成它＋有交代”。要做到这一点，营销管理者需要综合运用四项执行技能：分配、监控、组织和影响。

分配技能指营销管理者根据营销任务，分配时间、资源和人员的能力。具体内容包括：（1）确定准备实施的活动；（2）决定完成每项活动所需的时间；（3）把活动进行分解，并使不同任务的完成在时间上相互衔接；（4）将完成每项活动的责任落实到具体的负责人。合理地分配时间、资源和人员，一方面可以提高员工的责任心，另一方面可以让员工对自己的任务及其完成时间做到心中有数。

监控技能，包括监督和控制两个方面。监督就是在任务落实到人之后，营销管理者要经常了解任务的完成情况，督促每个在岗员工按时完成任务。控制则是营销管理者根据控制标准对营销活动的执行情况进行监测、评价以及纠偏的过程（本章第 3 节）。一旦发现执行中的问题，一要纠正，二要帮助解决。

组织技能指营销管理者通过建立组织机构和协调机制，进行人员配置，使营销方案得以顺利实施的能力（本章第 1 节）。这里要特别注意利用非正式组织完成企业的营销任务。非正式组织往往是企业为了进行某一项特殊的营销活动而临时组建的营销队伍，如某个项目小组，主要由临时抽调的人员组成。

影响技能是指营销管理者影响他人把事情办好的能力。其中，有两点特别重要：一是先行，即领导要身先士卒，站在整个营销团队之前，鼓舞引导这个群体追随自己，齐心协力去实现营销目标；二是激励，即领导要善于发现营销人员在物质上和心理上的需要，采用有效的激励方法，调动其积极性，为实现企业的营销目标而努力工作。

五、营销方案实施中可能出现的问题

营销方案实施中可能会出现很多问题，阻碍营销方案的落实。常见的问题包括计划脱离实际、执行力差和责任不明确。

（一）计划脱离实际

企业营销计划人员在制定营销计划时，没有从客观实际出发，使得营销计划不可行，脱离实际。比如，营销计划的指标偏高，不可能实现；计划的前提条件与企业的实际不符，制定出来的营销方案脱离了企业的客观基础；长期计划与短期计划脱节，缺乏可操作性。如果发生这些情况，营销管理者必须对计划本身进行调整。

（二）执行力差

营销方案在进入分工实施阶段以后最重要的就是执行力。执行力的强弱，会使营销方案的实施结果有天壤之别。营销的执行力表现为多个不同的层次，如营销部门的执行力、营销各职能部门（如市场调研部、广告部、销售部或公关部）的执行力、营销管理者的执行力和某岗位员工的执行力等。营销的执行力是各个不同层次执行力的综合体现，任何一个层次的执行力出现问题，营销的执行力都会打折扣。

营销执行方面出现问题有多种原因。比如，企业内部的信息沟通不畅，企业营销人员的素质不高，营销人员的积极性没有得到充分发挥等，这些都可能使计划得不到有效的贯彻和执行。提高企业在营销方面的执行力，就是促使参与营销的每个层次的在岗员工力争做到“马上做＋完成它＋有交代”。

（三）责任不明确

在营销计划的制定和执行过程中，企业内部各个层次的管理人员担负着不同的职责。企业的高层管理者应制定正确的政策和制度，为企业的营销活动提供正确的营销观念。企业营销部门的管理者应根据公司的总体计划和基本的指导思想，制定科学的营销计划，并在营销计划的实施中发挥组织、领导和协调作用。基层营销管理人员（如促销部经理）则应根据企业整体的营销计划，制定本职能部门的营销活动方案，并组织落实。

如果各个层次的管理人员责任不清，不知道自己该干什么、不该干什么，营销方案的实施就会陷入混乱。此时，营销管理者需要做的就是运用分配和组织的技能，根据营销任务进行人员配置，将每项活动落实到具体责任人，明确每个营销活动参与者的职责范围，促使每个责任人都能各司其职。

第 3 节　营销监控

营销监控是指营销管理者跟踪企业营销活动过程的每个环节，确保企业营销目标按计划实现的活动或程序。营销监控是使企业营销方案得以有效执行的重要保证。它不仅有助于营销管理者及时发现计划执行中的问题，寻找解决方法，而且有助于企业在营销环境发生变化时及时调整营销方案，化解环境变化带来的威胁。

一、控制的内涵

在控制论中，控制被认为是为了改善某个或某些受控对象的功能，以信息为基础施加影响作用的行为过程。这一过程由以下四种基本要素构成（见图 13-5）：第一，标准，即系统的输入信息，指示控制要达到的目的；第二，受控对象，即控制系统施加影响作用的对象；第三，传感器，用于测量系统的输出信息，将其做必要的转换后返送回输入端；第四，控制器，用于将传感器传出的输出信息与输入信息进行比较，确定偏差，并通过控制信息的输入达成目标。

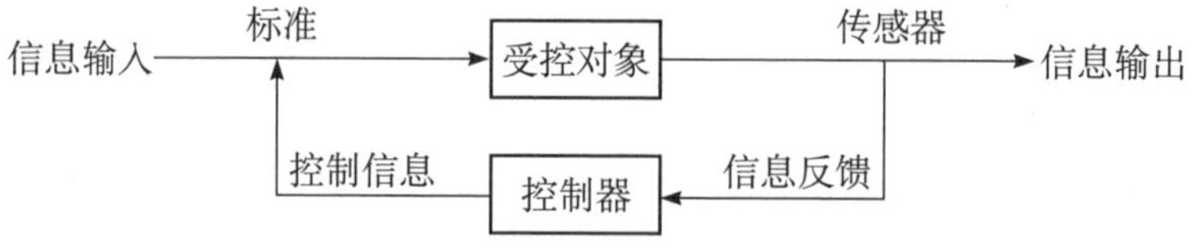

图 13-5　控制系统与控制过程

控制是一个信息反馈的过程——控制系统把信息输送出去，又将其作用结果返送回来与输入信息进行比较，并利用两者的偏差对信息的再输出施加影响，以达到预定的目的。

二、营销监控的程序

营销监控的目的在于纠偏，通过不断纠偏，最终实现企业的营销目标。营销监控的一般程序，可以分为设计控制标准、实际监测、偏差分析和提出纠偏措施四个步骤，如图 13-6 所示。这四个步骤连在一起，使营销监控成为完善企业营销活动的一个连续不断的过程。比较图 13-5 和图 13-6 可以看出，营销监控程序实际上是控制系统在营销管理中的具体应用。

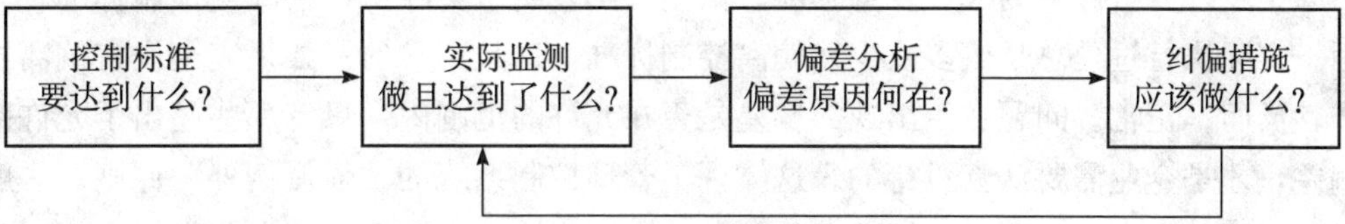

图 13-6　营销监控的程序

（一）设计控制标准

在营销管理中，控制标准是营销管理者希望企业的营销活动达到的状态或完成的任务。它们一般根据企业的营销目标确定，包括财务目标和非财务目标（第 3 章第 5 节）。不管是财务目标还是非财务目标，一旦作为控制标准使用，一定要设法将其量化，否则，不宜作为控制标准。因为只有能够量化的目标，才能够测量，也才易于比较。对于那些难以量化的非财务目标，可以采用在设置营销目标时使用的方法进行量化。

对不同营销活动的监控，控制标准的内容或重点会有所不同。有的可能比较重视最终的业绩，比如销售、销售促进与分销活动。对于这些活动需要采用财务目标进行监控，如毛利、销售额和投资收益率等。有的可能比较重视中间结果，比如广告宣传与公关活动。对于这些活动需要采用非财务目标中的品牌认知度和忠诚度等进行监控。还有的可能比较重视过程，比如营销渠道管理和关系营销。对于这些活动则需要采用非财务目标中的顾客满意度、渠道关系、顾客忠诚度等进行监控。

（二）实际监测

营销的控制标准为营销活动的检查评估提供了一个参照依据。对营销活动进行实际监测，就是收集反映营销方案实施情况相关数据或资料的过程。营销监控能否发挥应有的功能，这一步是关键。因为只有对营销实施情况有一个真实、及时、全面的了解，才能发现营销实施中存在的偏差，提出纠偏的对策。

监测的方法有很多，包括对销售业绩进行数据统计、对顾客进行问卷调查、在现场进行观测以及员工自评。

（三）偏差分析

收集到适用的数据或资料以后，就可以着手进行偏差分析了。这一步的目的在于发现营销方案实施中实际执行情况与控制标准之间的差距。偏差分析可以分以下四个步骤进行：

第一步，通过实际执行情况与控制标准的比较，发现哪里出现了偏差。由于营销监控的内容和标准很多，所以偏差可能出现在许多不同的方面。比如，偏差可能出现在营销效率方面——销售业绩不佳或营销费用太高，也可能出现在营销渠道方面——渠道冲突恶化、合作水平降低、投机行为增多等。

第二步，分析偏差的性质。偏差不一定都是坏的，有时可能是对企业有利的偏差。比如，营销效率好得出乎意料；企业与某合作伙伴的关系发展得太顺利了，超出了企业的预期。对于性质不同的偏差，营销监控的目的有所不同。对于不利的偏差，营销监控的目的重在纠偏，而对于有利的偏差，营销监控的目的重在找出原因，朝更有利的方向引导。

第三步，分析偏差的大小及容忍度。偏差大小表明了实际执行情况与控制标准之间的差距。实际执行过程总是或多或少地偏离控制标准，这是正常的；如果完全没有偏离控制标准，反而不正常。问题在于出现的偏差是否在允许的范围内。只有那些超出了允许范围的偏差，才是企业需要认真对待的。这体现了管理控制系统的“强调例外”原则。一般控制者对于那些发生在重要控制标准上的偏差，容忍度比较小，而对于那些发生在不太重要的控制标准上的偏差，容忍度比较大。

第四步，分析偏差形成的原因。这里要把问题的表象和问题的根源区别开。有时，看起来是销售业绩出现的偏差，实际上是营销渠道中的合作出现了问题。有时，看起来是营销渠道中的合作出现了偏差，实际上是企业的营销渠道政策伤害了合作者，合作者采用消极的态度应付；或者企业的营销渠道政策有漏洞，其他渠道成员借此进行投机活动。要找到偏差形成的根源，就要对数据和资料做进一步分析，有时还需要进行更深入的市场调研。只有找到了偏差形成的根源，才能对症下药，制定出切实可行又富有成效的纠偏措施。

（四）提出纠偏措施

根据偏差形成的原因，营销管理者提出纠偏措施。纠偏措施有两大类：

一类是修改或调整企业营销目标和营销战略，适应环境的变化。偏差有可能是因为环境变化而使企业以前制定的营销目标和营销战略不再适用，也可能是企业在制定营销目标和营销战略时，对未来环境过于乐观或过于悲观的估计所致，还可能是因为企业的营销政策设计不当，留下了太多的漏洞令投机者有机可乘。不管是哪种情况造成的，都意味着企业原有的营销目标和营销战略不再适用，需要做出修改或调整。随着营销目标和营销战略的改变，营销控制标准也需要做相应的修改或调整。

另一类是影响或指导企业的营销人员改变某些不当的行为，采用合理先进的工作方法，提高营销效率。如果偏差确属营销人员的行为不当所致，就要通过各种手段，施加影响，改变其不当行为。当然，如果偏差为一些营销人员的恶意投机行为所致，企业又无法通过重新设计营销政策解决这一问题，企业就要严厉地处罚。

三、营销监控的方法

营销方案的实施涉及企业所有的员工（包括生产线上的工人），因此营销监控相当复杂，需要采取多种不同的方法。常用的监控方法有年度计划控制、盈利能力控制、效率控制和战略控制，它们的特点如表 13－2 所示。

表 13－2　营销监控的方法

方法	负责人	目的	工具
年度计划控制	中高层主管人员	检查计划目标是否实现	销售差异分析、市场占有率分析、营销费用率分析、财务分析、顾客态度追踪分析
盈利能力控制	营销主管人员	检查企业的盈利点和亏损点	各地区、各细分市场、各渠道的盈利能力分析

续表

方法	负责人	目的	工具
效率控制	职能管理部门和营销主管人员	评价和提高营销费用支出的效率	推销人员、广告和促销人员的效率分析
战略控制	高层主管人员	检查企业是否最大限度地利用了市场机会	营销审计

（一）年度计划控制

年度计划控制是企业在一个财务年度结束后进行的绩效检查，其目的在于找出计划指标与实际完成情况之间的差距，提出改进的措施。控制工具包括销售差异分析、市场占有率分析、营销费用率分析、财务分析和顾客态度追踪分析等。

销售差异分析主要分析计划销售额和实际销售额之间的差异，以此来了解企业营销任务的实现情况，发现问题，及时解决。销售差异分析法可以按照产品类型、品种、品牌以及地区进行销售业绩分析。

市场占有率分析是通过分析企业产品的市场占有率在计划和实际之间的差异，发现企业营销中的问题。可以按照全部市场占有率（企业销售额占全行业总销售额的百分比）、可达市场占有率（企业销售额占企业所服务市场销售额的百分比）和相对市场占有率（企业销售额占市场领先竞争者销售额的百分比）等指标来进行分析。

营销费用率分析通过计算和比较企业各种营销费用占销售额的百分比来发现问题，进行控制。营销费用率可以细分为推销费用率、广告费用率、促销费用率、市场调研费用率、销售管理费用率等。营销管理者可以将以上各种费用率与历史、竞争者和计划相比，找出企业在营销费用支出上的问题。

财务分析通过对销售利润率、资金利润率、资金周转率以及现金流量指标的对比分析，确定企业的投入产出效率，找出计划和实际之间的差异，提出整改措施。

顾客态度追踪分析通过企业建立的顾客抱怨处理系统、顾客意见反馈系统以及市场调研系统收集信息，追踪顾客的态度变化情况，发现营销方案执行中存在的问题，及时采取措施加以解决。

（二）盈利能力控制

盈利能力控制通过测定不同产品、不同销售区域、不同顾客群体以及不同渠道的盈利能力，对营销方案的实施过程进行监控。盈利能力指标包括：（1）销售利润率，即企业利润与销售额的比率；（2）资产收益率，即企业所创造的总利润与企业全部资产之比；（3）净资产收益率，即税后利润与净资产之比；（4）资产管理效率，如资产周转率，即企业产品销售收入净额与资产平均占用额之比；存货周转率，即企业产品销售成本与存货（指产品）平均余额之比。

例如，某公司 X 产品 2019 年在苏州、无锡、常州三个城市的销售损益情况如表 13－3 所示。由表可知，该公司 X 产品在苏州的盈利能力最高，净利润和销售收益率均为第一，无锡次之，常州最低（亏损 11 万元）。

表 13-3 某公司 X 产品 2019 年各地区销售利润表 单位：万元

项目	地区			合计
	苏州	无锡	常州	
销售收入	400	450	300	1 150
销售成本	240	270	180	690
销售毛利	160	180	120	460
营销费用	120	151	131	402
推销费	50	80	60	190
广告费	40	40	35	115
物流费	30	31	36	97
净利润	40	29	−11	58
销售收益率	10.00%	6.44%	−3.67%	5.04%

通过这样的比较，营销管理者能够了解企业产品的盈利点和亏损点，经过进一步的分析，找出问题的根源，提出解决问题的方案。

（三）效率控制

效率控制是指通过对推销效率、广告效率、促销效率和分销效率的分析，实现企业对销售工作的有效控制。如果通过盈利能力分析，发现企业的某些产品在某些地区或细分市场效益不佳，那么问题可能出在推销、广告、销售促进和（或）分销的效率上。

推销效率即推销人员的效率。销售经理可以使用一些具体的指标考核和控制销售队伍，比如推销人员日均拜访客户的次数，每次访问的平均时间、平均收益和成本，每次访问的招待成本，每百次访问订货的百分比，每月新增或失去的顾客数，销售成本率等。通过这些指标，销售经理可以了解推销人员工作的努力程度和推销效率，发现问题所在，提出改进的方法。

广告效率控制是指通过对广告效果的测评，找出广告实施中存在的问题，提出提高广告效率的方法。测评内容包括各种媒体接触千名广告受众的成本、顾客对不同广告媒体的关注度、顾客在广告前后对企业产品的认知或态度变化、顾客接触广告后引起的询问次数。

促进效率控制主要是指对企业销售促进或营业推广的控制。营销管理者在企业销售数据的基础上，观察不同销售促进手段之间的成本与收益，了解各种方式的促销效果。测评内容包括因促销而增加的销售百分比、单位销售额的促销成本、赠券回收率、因示范引起的询问次数。

分销效率控制是指对企业的存货水平、仓库位置、运输方式、堆码方式和分销费用进行的控制。测评内容包括各分销渠道的业绩、存货控制、仓库位置、各种运输方式的效率。

（四）战略控制

战略控制是指营销管理者在营销实施过程中，通过不断评审和信息反馈，尽量使实际的营销工作与营销战略相符。战略控制是面向未来的控制，是在事件还未发生之前就对可能发生的事件进行的评估和纠偏。战略控制运用的主要工具是营销审计。

营销审计是指对企业的营销管理活动进行的系统性检查。它的目的是发现企业营销管理活动中存在的缺陷和盲点，对其进行战略性改进，提高企业整体的营销效率。

（五）其他控制方法

除了上面的营销控制方法以外，对营销实施的控制还可以根据营销方案实施的过程或阶段，分为项目考评、阶段考评、最终考评和反馈改进等。

1. 项目考评

营销方案的实施一般是分项目一步一步进行的，因此，每个项目完成以后都要对本项目和整个营销策划案进行回顾，判断项目的完成情况，及时发现和解决问题。当项目完成不理想时，营销管理者要先找出原因，然后提出解决问题的对策，必要时还要对整个营销方案做出调整。

2. 阶段考评

阶段考评一般是在一个标志性的项目完成以后进行。比如一个企业分三个阶段进行营销渠道网络的建设：第一，在本省布点；第二，在周边省区布点；第三，在全国各大区布点。其中，又分了很多小的项目。

当本省布点完成以后，标志着第一阶段的工作完成，营销管理者需要对这一阶段的工作进行回顾和总结，防止营销方案在实施过程中出现大的偏差。当然，阶段考核也可以按年度做，一个财政年度结束时，对全年的营销工作进行评估、总结。

3. 最终考评

最终考评就是对营销实施的结果进行分析，看营销方案的期望值与实际结果是否有差异。若发现较大的差异，必须重点研究，比如分析差异产生的原因，找出实施过程中的问题和改进方法，总结出营销策划方案以及实施的教训和启示等。一般而言，营销管理者应将营销实施结果的研究、分析做成营销策划结案报告书，提交上级或委托方，其中，要点是预测与结果的差异分析。

4. 反馈改进

对于营销管理者来说，营销方案实施的结果既意味着一项工作的结束，又意味着新的工作的开始。因此，结果出来以后，营销管理者还需要对营销方案的策划和执行过程进行总结，找出经验、教训和新的问题，向公司决策层汇报，即执行力中的“有交代”。在企业的下一次营销活动中，这些经验和教训就成为营销管理者宝贵的财富，有助于企业不断提高营销管理水平。

▶ 思考题

1. 企业的营销组织结构有哪几种？各有什么优缺点？
2. 企业营销组织设计要遵循哪些原则？
3. 营销组织岗位设置都包括什么内容？请举例说明。
4. 什么是营销实施？分为哪两个阶段？

5. 什么是执行力？营销策划的执行力表现在哪几个方面？
6. 你如何理解“执行力＝马上做＋完成它＋有交代”这一公式？
7. 什么是营销监控？营销实施监控的一般程序分为哪几步？
8. 常用的营销监控的方法有哪些？各有什么特点？
9. 分析书末案例11和案例12，回答案例后面的问题。

| 第 14 章 |

营销绩效评估

企业的营销绩效如何？是否达到了企业的营销目标？企业的营销目标或营销活动是否需要调整？这些问题关系到企业未来的生存与发展，也关系到企业未来营销战略的制定。另外，对企业的营销绩效进行客观的分析和评价，既是企业营销管理的重要内容，也是改善营销管理和提高企业效益的重要手段。因此，企业需要一套客观、公平、合理和易于操作的营销绩效评估体系。本章介绍营销绩效评估的内涵、营销绩效评估的指标体系和营销绩效评估的方法。

第 1 节　营销绩效评估的内涵

绩效（performance），也称业绩，是反映人们从事某一活动所取得的成绩或成果。绩效评估则是对以往经济行为进行评价的过程。绩效包含效果（effectiveness）和效率（efficiency）两个方面。效果是指目标的实现程度，而效率则是指达成目标的收益与成本之比。因此，绩效评估也涉及效果和效率两个方面。

一、营销绩效评估与营销目标

营销绩效是指企业营销方案实施后实现营销目标的程度以及营销活动的投入产出比，包括效果和效率两个方面。

营销绩效评估与营销目标密切相关。如前所述（第 3 章第 5 节），营销目标是企业进行各项营销活动欲得到结果的规范化表述。它一方面提出企业营销活动追求的结果；另一方面是营销部门为了实现企业的发展目标和竞争目标必须完成的任务。因此，企业的营销目标为企业的营销绩效评估提供了基础和依据。企业营销活动的绩效如何，首先要看是否实现了企业预期的营销目标。营销活动表面看起来再好，效率再高，如果不能实现企业的营销目标，也不能说企业的营销活动有好的绩效。

其次，营销目标的指标体系从根本上决定着营销绩效评估的指标体系。营销目标都有长期目标和短期目标以及财务目标和非财务目标之分。除了一些与发展目标、竞争目标表述相同的目标（如销售额、利润额和市场占有率）以外，营销部门还有一些重要的特有目标，如顾客满意度、顾客流失率、品牌忠诚度、广告有效到达率等。如果营销绩效评估的目的只是考核营销部门和营销人员的业绩，那么营销绩效评估指标必须与营销目标指标一一对应。只有在营销绩效评估的目的是为了发现对企业营销绩效影响较大的因素时，营销绩效评估指标才可以与营销目标指标不一致。

最后，企业需要根据营销绩效评估的结果修改或调整企业营销目标的指标体系。企业通过营销绩效评估，发现有些对企业营销绩效影响较大但企业在确定营销目标时忽略的因素，需要在未来确定营销目标时加入到目标指标体系中。相反，企业的营销绩效评估发现有些营销目标中的因素对企业营销绩效影响并不显著，就可以在营销目标体系中删除。

总之，企业的营销绩效评估不能脱离企业的营销目标。否则，企业就会讲一套做一套，奖罚不分明；企业的营销活动就会信号混乱，让人无所适从。

二、营销绩效评估的意义

客观、公正地评价企业的营销绩效，对于提高企业的营销管理水平，更好地利用各种营销资源，调动营销人员的积极性具有十分重要的意义。

第一，它可以帮助企业的高层管理者正确地了解和认识企业在营销职能上的优劣势，通过提高企业的营销能力，获得竞争优势。企业营销绩效评估的目的，是了解企业营销目标的完成情况以及在营销活动中的投入产出能力。这可以使企业的高层管理者及时掌握企业营销的实际状况，一方面验证企业的经营理念、营销目标和营销决策是否正确；另一方面认清企业在营销职能上的优劣势。如果发现营销活动中存在问题，可以及时调整或纠正，从而提高企业营销能力，获取竞争优势。

第二，它可以帮助企业加强对营销活动的控制和增强营销活动的计划性。营销管理者跟踪企业营销活动过程的每个环节，确保企业营销目标按计划实现的活动，其中一个重要目的是纠偏。通过不断纠偏，最终实现企业的营销目标。营销监控的标准与营销目标指标、营销绩效评估指标在本质上是相通的。对企业营销活动的实际监测，实际上也就是对企业的营销绩效进行评估。因此，营销绩效评估的结果实际上是企业对营销活动进行监控的一个重要的输入值，这个输入值会告诉营销管理者，企业营销的实际执行情况与营销目标或控制标准有没有偏差、偏差是多少。营销管理者由此来决定是否需要纠偏和如何进行纠偏。另外，通过定期的营销绩效考核和评价，企业可以掌握营销计划的落实情况，及时调整营销计划或改进营销计划的执行过程，保证企业营销计划顺利实现。

第三，它可以帮助企业的营销部门更好地利用各种营销资源，减少浪费。营销绩效评估需要对企业在营销活动上的人力、物力和财力等资源利用情况进行全面考评，分析各种营销资源的利用效率，使企业的营销部门认清营销绩效的关键驱动因素，挖掘潜力，找出完成企业营销目标的最佳途径。

第四，它可以帮助企业调动营销人员的工作热情，激发员工的创造力，提高营销执行力。通过营销绩效评估，对做得好的部门或员工给予表扬和奖励，对做得不好的部门或员工给予批评和惩罚，有助于推广企业的营销理念，调动员工的工作积极性，创造性地完成营销任务。

第五，它还可以帮助企业调动营销管理者的积极性，提高营销管理者的管理水平。客观、公正的营销绩效评估不但能够反映企业营销目标的完成情况，而且能够反映企业营销活动的效率以及营销活动中存在的问题。对于营销管理者来讲，这既是压力也是动力。在压力和动力的共同推动下，营销管理者会根据企业设置的评估指标努力提高自己的营销绩效。如果企业的评估指标设置合理，那么在努力提高营销绩效的同时，营销管理者也就提高了自己的管理水平。

这里要特别强调，以上的重要作用只有在企业设置的评估指标合理、评估过程客观和公正的前提下才能够达到。如果评估指标设置不合理，评估过程不客观、不公正，营销绩效评估的意义将大打折扣，对企业营销的作用可能适得其反。

三、营销绩效评估的内容

企业在早期的营销绩效评估中，通常是用一个或几个财务指标来反映企业营销的成果，比如销售额、销售费用、销售利润和利润率等。随着市场竞争的日益激烈以及人们对营销认识的不断深化，企业发现仅使用财务指标来评判企业的营销绩效是远远不够的。[①]财务指标仅能反映营销活动的财务结果，不能反映市场绩效，如市场占有率、顾客满意度、顾客忠诚度、顾客流失率等，而且这些市场绩效是营销财务绩效的前提。

因此，自 20 世纪 80 年代起，企业在营销绩效评估中呈现一种趋势：将财务绩效与非财务绩效同时纳入评估指标体系中，构成一个完整的评估体系框架。比如，图 14 - 1 描述了企业营销绩效的形成过程，可以作为企业营销绩效评估的一个框架。[②] 其中，营销投入包括企业投入在营销活动中的人、财、物等各种资源；企业营销效果包括销售量利润等直接产出和顾客忠诚度等间接产出；企业的营销效率是营销产出与投入比。

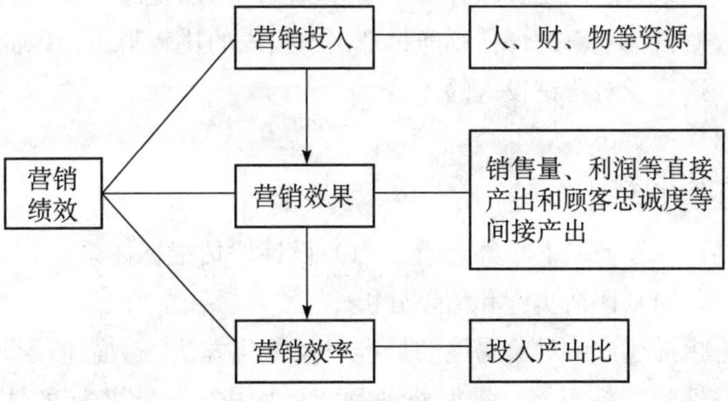

图 14 - 1　企业营销绩效形成

21 世纪以后，随着信息经济的发展，无形资产（如顾客资产、品牌资产、专有技术、人力资本等）在企业价值中所占的比重越来越大，但是这些无形资产并没有反映在企业的财务报表中，使企业难以判断其无形资产的结构与来源，也难以确切地知道营销活动在其中的贡献。学术界有许多研究主张将无形资产的一些因素纳入企业营销绩效的测评内容之中。[③] 比如，拉斯特等人（Rust et al.，2004）在识别营销活动短期和长期影响的基础上，

① 陈尚金．企业营销绩效评估体系构建与应用研究．长春理工大学学报（高教版），2009，4（10）．
② 陶敏．企业营销绩效评估．辽宁工程技术大学硕士学位论文，2006.
③ 黎小林，王海忠．营销绩效评估理论述评．广东商学院学报，2010（4）．

把企业的营销活动分为战略和行动两个方面，采用营销生产力链模型归纳出营销资产、市场地位、财务地位和企业价值等几种营销效果，如图14－2所示。[①]

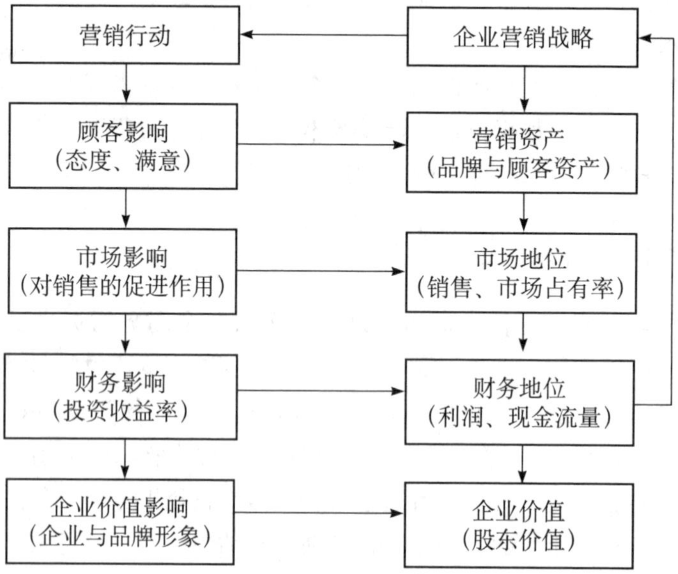

图14－2　营销生产力链

由图14－1和图14－2两个评估体系可见，企业对营销绩效的评估包括对营销效果和营销效率两方面内容。对营销效果的评估既包括销售量、利润等财务产出，也包括市场占有率、顾客满意度、顾客忠诚度、顾客流失率等市场产出以及品牌资产、顾客资产和企业形象等无形资产。对营销效率的评估则通过产出与投入的比较得出，因此，它不但涉及对营销效果的评估，还涉及对营销投入的评估。

四、营销绩效评估的程序

营销绩效评估可以按照以下步骤进行：（1）设计评估指标体系；（2）收集评估数据；（3）选取评估方法；（4）评估实施和结果分析。

评估指标体系指描述评价对象属性的标准以及量化方法。[②] 描述一个复杂对象（如企业的营销活动）属性的指标很多，需要将各种指标构成一个多指标的体系。在具体操作时，企业需要参考某一现成的指标体系（如某项研究建立起来的或企业以前使用过的指标体系），根据具体情况增减一些指标，经过检验之后确定自己的指标体系。在对每个指标进行说明时，需要指出其测量方法和数据来源。本章第2节将对营销绩效评估的指标体系进行详细说明。

评估数据既可能来自企业内部，如评估中用到的财务数据，也可能来自企业外部，如顾客满意度、忠诚度。前者的收集比较容易，后者则需要通过市场调查。对于需要通过市

① Rust R T，Ambler T，Carpenter G S，et al. Measuring Marketing Productivity：Current Knowledge and Future Directions. Journal of Marketing，2004，68（4）：76－89.

② 陈尚金．企业营销绩效评估体系构建与应用研究．长春理工大学学报（高教版），2009，4（10）．

场调查才能收集的数据，评估者需要运用市场调查与分析方法操作。

评估方法是指对指标测量结果进行计量的方法。因为用多指标体系无法直接比较不同评价对象（如一个企业不同时期的营销活动或几个企业同一时期的营销活动）的优劣，所以需要借助某种方法，将多指标体系转化成单指标体系进行比较。① 常用的营销绩效评估方法有层次分析法、多层模糊评价法、BP 神经网络法和数据包络法等。每种方法都各有优劣，无绝对的好坏，企业可以根据自己的情况进行选择。本章第 3 节将简单说明营销绩效的各种评估方法。

评估实施是将评估数据代入模型求解的过程。经过计算，评估者就会得到一些反映企业营销绩效的数据。在此基础上，评估者需要根据事前确定的规则，对企业的营销绩效做综合判断，并对评估结果做进一步分析，发现存在的问题，找出问题根源，提出解决方案。

第 2 节　营销绩效评估的指标体系

营销绩效评估的指标体系设计有一些不同的方法或依据，最有代表性的是平衡计分卡、关键成功因素法和目标管理法。下面是根据平衡计分卡开发营销绩效评估指标体系的例子。

平衡计分卡将影响企业绩效的关键因素分为财务、顾客、内部业务流程以及学习与成长四个方面。其中，财务指标是企业追求的结果，其他三个方面的指标是实现该结果的前因，它们共同构成了企业绩效的因果链。例如，企业要在财务方面获得较高的投资报酬率，就需要在顾客层面提高顾客的满意度和忠诚度；为此需要提高产品质量和内部运作效率；而要做到这一点，需要加大对员工的培养，提高员工的素质和工作技能。据此，有人设计了能够反映财务、顾客、内部业务流程以及学习与成长这四个方面的指标体系，如表 14－1 所示。② 再加入营销效率指标，就构成一个完整的营销绩效评估指标体系。

表 14－1　营销绩效评估的指标体系

要素	结构性指标	测量性指标
学习与成长	营销信息	营销信息系统完善程度
	营销员工	营销人员满意度 营销人员工作效率 在岗员工素质
内部流程	营销创新	新产品数量 新产品收益 新产品利润
	营销安全	营销安全度

① 秦康寿．综合评价原理与应用．北京：电子工业出版社，2003．

② 陶敏．企业营销绩效评估．阜新：辽宁工程技术大学，2006．

续表

要素	结构性指标	测量性指标
市场	顾客认知与行为	顾客满意度 品牌知名度 顾客忠诚度 新增顾客总数 顾客投诉
	中间商的评价	中间商满意度 中间商投诉
	市场竞争	市场占有率 顾客相对满意度
财务	营销财务评价	销售额 利润率 销售增长率 回款率
营销效率	营销产出	以上各要素
	营销投入	人员投入 财力投入 物力投入

这里需要注意，营销绩效评估指标体系不是唯一的。由于理念的不同，人们对营销绩效的认识不同，所以不同的管理者可能会采用不同的指标体系评估企业的营销绩效。比如，有人根据关系营销导向，加入顾客盈利率、顾客终身价值、交叉销售率、顾客维系率和顾客推荐率等，设计了基于关系营销的营销绩效评价指标体系①；有人根据绿色营销的概念，加入绿色效果指标，设计了绿色营销绩效评价指标体系②。另外，企业的特点不同，其营销绩效表现的方面也不同，这也要求有不同的指标体系来评估其营销绩效。因此，表 14－1 所显示的指标体系只能看作一个例证。在具体操作时，企业可以在这个指标体系的基础上，根据实际情况增减一些指标，经过检验后再确定自己的指标体系。

不同的指标体系没有绝对的好坏之分，其优劣的判断标准要看是否与企业的需要相符，是否遵循了营销绩效评估的原则——全面性与关键性相结合，定量考评与定性考评相结合，客观性与合理性相结合，可操作性强。

一、学习与成长指标

在企业的营销活动中，学习与成长贯穿始终。学习与成长的成果通过企业能力和员工的工作态度、工作效率得以体现。与企业营销相关的学习与成长指标，包括营销信息和企业营销员工两类指标，它们是企业获取财务、市场和内部流程成果的保证和推动力。

（一）营销信息指标

科学的营销决策与管理离不开营销信息。营销信息通过降低决策的不确定性或决策失

① 刘富强．基于关系营销的营销绩效评价指标体系研究．长春：吉林大学，2007.

② 魏明侠．绿色营销绩效评价指标体系的设计．科学学与科学技术管理，2002（4）．

误的可能性，降低决策风险，提高企业营销决策和管理的水平。为了保证企业营销决策的质量，尽量减少决策失误造成的损失，需要企业的信息系统收集营销信息，提供高质量的营销信息。因此，企业营销信息系统的完善程度体现着企业的营销管理水平和营销能力。

营销信息系统是指企业在营销管理过程中，系统且连续地收集、分析数据和资料，为决策者提供信息的专门程序。它由会计、情报、统计、数据库和营销调研等环节相互交织而成。由于缺乏客观的定量数据，所以营销信息系统的完善程度需要通过专家打分确定。指标值则由式（14－1）计算。

$$K=\frac{1}{m}\sum_{i}^{m}Q_i \qquad (14-1)$$

式中，K 为营销信息系统的完善程度指标；m 为参与评价打分的人数；Q_i 为第 i 个专家为企业营销信息系统完善程度打的分值，如按照 A，B，C，D，E 评定等级，A 为 1.0，B 为 0.8，C 为 0.6，D 为 0.4，E 为 0.2。

（二）营销员工指标

营销员工指标分为营销人员满意度、营销人员效率和在岗员工素质三个分指标。

营销人员满意度反映营销员工士气及其对工作和企业的态度。营销人员满意度越高，工作的积极性和创造性越高，主动参与企业的营销决策程度越高。该指标值可以通过员工满意度调查获得。比如，定期进行员工意见调查，或者随机抽取一部分营销人员调查，让他们根据自己对企业的感觉打分。最后，按照同样的思路，根据式（14－1）计算得出营销人员的满意度指数。

营销人员效率指标综合反映营销人员的知识、技能水平和工作的努力程度，可以根据每位员工给企业带来的收入、耗费的成本和时间进行计算。计算公式如下：

营销人员效率＝营销部门人均销售收入÷营销部门人均成本　　(14－2)

在岗营销人员素质可以通过营销员工学历结构、人均培训小时数等进行衡量。将学历结构得分和培训时间得分加权平均得出，权重可由专家根据企业的实际情况确定。比如，学历结构得分可以用式（14－3）计算，培训时间得分可以用式（14－4）计算。

学历结构得分＝大专以上的营销人员数量÷营销人员总数　　(14－3)

培训时间得分＝营销人员培训总小时数÷营销人员总数　　(14－4)

二、内部流程指标

企业营销的内部流程是指企业将产品或服务提供给顾客并被其所接受的活动过程。换言之，它是企业为顾客创造价值的流程，包括创新、运作和售后服务等环节。其中，最重要的是营销创新以及与其密切相关的营销安全。

（一）营销创新指标

营销创新是企业创新能力的一个重要体现。通过创造新的产品或服务（服务包括新的营销方法）满足市场未满足的需求，企业能够更高效地为顾客创造价值，获取竞争优势。

从便于操作的角度出发，营销创新可以用企业新产品的数量、收益和利润测量。这些数据可以从企业内部的销售数据中获得。

新产品数量是指一定时期内企业设计、生产和向市场推出的新产品数量。因为新产品的开发需要营销职能部门积极参与，在很大程度上反映企业对市场和竞争变化的适应性，所以新产品数量越多，企业的营销创新能力越强。

新产品收益反映企业开发新产品所带来的综合效益，既包括财务收入，也包括顾客满意、品牌价值等无形资产。

新产品利润不但能够衡量企业新产品开发的效果，还能够用来评价企业未来增长的潜力。新产品的利润越高，企业新产品开发的效果越好，越符合市场需求的方向，企业未来的发展前景越好。

（二）营销安全指标

创新就有风险。营销安全是评价企业营销内部流程风险大小的指标。营销安全包括很多内容，如市场需求变化带来的风险，品牌名称、品牌商标被仿冒、被侵害的风险，信息、产品、货币、促销、传播和服务在流动过程中可能出现中断的风险。营销安全无法设定具体的定量评价标准，不同的企业可以根据具体情况，将其分为不安全、基本安全、安全、很安全和非常安全，由专家打分测评，并按照营销信息系统完善程度的思路和方法根据式（14-1）计算得出。

三、市场指标

市场指标包括顾客认知与行为、中间商的评价和市场竞争等指标。

（一）顾客认知与行为指标

顾客认知与行为指标主要反映顾客对企业产品、服务或品牌的满意度、认知度、忠诚度和购买情况。

顾客满意度是顾客对企业产品、服务或品牌的肯定态度。顾客满意度的高低反映了顾客眼中公司产品、服务或品牌表现的优劣，通常用顾客满意度指数来测量。具体做法是：（1）对特定的顾客群体进行市场调查；（2）请被调查者分项目对企业的产品、服务或品牌打分，比如不满意0.2分，基本满意0.4分，满意0.6分，很满意0.8分，非常满意1.0分；（3）计算每个被调查者在各项目的平均得分；（4）按式（14-1）将每个被调查者的平均得分加总平均，即为消费者满意度指标值。该指标值越高，表示消费者对企业产品、服务或品牌的满意度越高，企业的营销效果越好。

顾客认知度从企业的角度看就是知名度，即企业产品、服务或品牌被顾客熟悉的程度，其中，最重要的是品牌知名度。品牌知名度是一个品牌在消费者心目中的认知强度，分为不知道、知道，不记得、记得，首选、次选、经常选、偶尔选、不选。品牌知名度的测量与消费者满意度类似。在其他条件相同时，品牌的知名度越大，消费者购买该品牌产品的可能性越大，企业的营销效果越好。

顾客忠诚度指顾客对企业产品、服务或品牌的长期信赖与重复购买行为。它是顾客满意不断强化的结果，可以分为多个层次，如情感性忠诚、意向性忠诚和行为性忠诚。情感性忠诚是顾客的一种偏爱；意向性忠诚是顾客的优先选择倾向；行为性忠诚则是顾客的重复购买行为。该指标值可以通过对企业现有顾客（如根据企业的客户资料随机抽样）的调查和统计分析得出，也可以根据企业的销售数据通过计算重复购买率得出。

新增顾客总数等于本期顾客总数减上期顾客总数。它用来衡量企业营销活动吸引或赢得新顾客的数量。新增顾客数量越大，企业的市场发展越快。相关数据可以通过企业销售部门获得。

顾客投诉或抱怨是因为对购买的商品不满意。它是企业营销效果的一个负向指标，可以由顾客投诉次数和顾客不满程度两个方面进行测量。其中，投诉次数可以由企业的客服记录直接获得，无投诉时得分为 1，投诉数量越多得分越低。顾客不满程度则可以分为稍有不满、不满、很不满、非常不满、强烈谴责。顾客投诉指标的分值是二者的加权平均（权重视情况而定）。

（二）中间商的评价

中间商是企业营销渠道的构成环节，包括批发商、零售商和其他类型的经销商。中间商的评价是指中间商对企业在产品、交货期、合作等方面的综合评价，通过中间商对企业的满意度和投诉表现出来。

中间商满意度即中间商对企业的满意程度，可以通过对中间商的调查和统计分析进行测量。具体做法与顾客满意度的测量相同，中间商满意度越高，企业的营销绩效越好。

中间商投诉由中间商对企业的不满引起，是企业营销效果的一个负向指标。中间商投诉指标也可以由中间商投诉次数和不满程度两方面测评，与顾客投诉指标值的计算方法相同。

（三）市场竞争指标

市场竞争指标是企业进行绩效评估的常用指标，包括市场占有率和顾客相对满意度。从市场竞争的角度评价企业的营销绩效，可以了解企业与主要竞争者之间的实力对比情况，确定企业在市场上的相对地位。

市场占有率也称为市场份额，是指在一定时期和一定的市场范围内一个企业产品或服务的销售量占该类产品或服务整个市场销售总量的比例。企业产品的市场占有率越高，表明企业的产品越有竞争力。市场占有率有绝对市场占有率和相对市场占有率两种测量方法。绝对市场占有率就是上面市场占有率的定义；相对市场占有率则是企业相对于最大竞争者的占有率。相对市场占有率大于或等于 100%，则表明这家企业就是市场最大占有者。相对而言，相对市场占有率更容易操作。只要知道市场中谁是最大的竞争者，然后把企业产品的销售量与最大竞争者该产品的销售量相比，就可以计算出来。要计算绝对市场占有率，必须知道整个市场上该产品的总销售量，这个数据只有通过市场调查才能得出。

顾客相对满意度是顾客将本企业与竞争者的产品和服务对比之后，对企业产品和服务的满意程度。该指标值也需要通过市场调查和统计分析得出。具体做法与顾客满意度的测量相同。只是在问卷题项的表述上，要将本企业与竞争者的产品和服务进行比较。比如，某企业的产品与竞争者相比，让你感觉不满意（0.2 分）、基本满意（0.4 分）、满意（0.6 分）、很满意（0.8 分）、非常满意（1.0 分）。

四、财务指标

企业是以盈利为目的的经济组织，以经济效益为中心，企业的营销行为最终指向财务目标，财务效果也是企业营销绩效的最终体现。企业采用最多的两项财务指标是销售额和利润率。此外，销售增长率和回款率也是大多数企业所重视的。

关于销售额、利润率和销售增长率的内涵和计算方法，前面讲解企业营销目标的确定时已经做过详细介绍。这里只说明回款率指标的测量。

回款率是指企业实收的销售回款与销售收入之比（式（14－5）），反映企业的销售转化为现金的效率，用于衡量企业真实的销售能力。销售后无法及时收回货款，会导致企业营销成本增加，减慢资金流动速度，使企业的资金安全面临风险。导致回款率低的原因是赊销。有时，企业的销售人员迫于销售压力，不得不答应一些大客户一定期限的赊账要求，这是正常交易中常有的情况。但是，回款率必须设一个安全界限，过低就危险了。该指标值越大，企业获得现金的能力越强，真实的销售能力越强。

$$\text{回款率}=\frac{\text{销售回款}}{\text{销售收入总额}}\times 100\% \tag{14-5}$$

五、营销效率指标

营销效率即营销产出与营销投入的比值（式（14－6））。由于营销活动是由市场调查、需求研究、产品开发、市场细分、产品定位、分销以及营销沟通等活动组成，各项活动之间又相互影响，所以很难计算每一项营销投入的产出。因此，营销效率指标依据营销的总投入和总产出计算二者的比率，不设其他分项的效率指标。

$$\text{营销效率}=\frac{\text{财务效果}+\text{市场效果}+\text{内部流程效果}+\text{学习与成长效果}}{\text{人员投入}+\text{财力投入}+\text{物力投入}} \tag{14-6}$$

营销的总产出，即财务、市场、内部业务流程以及学习与成长四个方面营销效果的总和，可以用简单平均或加权平均的方法计算。

营销的总投入则是指营销系统运转所需要的各种资源和要素投入，包括人、财、物三种。企业营销的人员投入就是企业所有营销人员数量的总和，包括市场调研人员、营销策划人员、销售人员、客服人员和其他营销人员。企业营销的财力投入主要指企业营销过程中所发生的各种费用，包括推销费用、广告及促销费用、运输费用、储存费用、营销财务费用、营销管理费用等。企业营销的物力投入是企业用于营销的设备和物资总量，如企业营销部门的仪器设备以及其他的固定资产等。这些数据都可以从企业内部获得。

第 3 节　营销绩效评估的方法

企业的营销绩效评估属于多指标综合评价问题。它可以是侧重于某一个方面的，如财务绩效评估、品牌资产评估和品牌竞争力评估；也可以是全面的，如营销绩效综合评估。

侧重于某一个方面的营销绩效评估只需要考虑上述营销绩效指标体系中的一类指标，如财务绩效评估只需要关注与销售额、利润额、营销费用等有关的指标。全面的营销绩效综合评估则需要考虑上述营销绩效指标体系中的每一类指标。

不管是侧重于某一个方面的营销绩效评估还是全面的营销绩效综合评估，都需要确定指标的权重系数。大多数企业在实际操作时，只是把多个指标依次列出，在分析比较后做出解释，似乎并没有给出各指标的权重系数。不过，在企业管理者心中，被列出的指标是有先后次序的。先后次序实际上就是权重系数的另一种表现形式。

如果只是依次列出多个指标进行比较，不将各个指标的结果进行综合，企业有时还是很难判断营销绩效的总体情况。比如，以财务绩效评估为例，一家企业的销售额、销售增长率和市场占有率很好，但是利润额、销售利润率和营销费用率较差，那么从总体上讲，它的财务绩效是好还是不好呢？如果不做综合判断，管理者只能根据自己的偏好顺序做出评估。但是，这样做公平、公正吗？确定指标的权重系数，目的是计算营销绩效各个指标的综合值，以便对企业营销活动的绩效做出公平、公正的评估。

权重系数的确定，有通过专家打分的主观赋权法，也有通过参数估计和非参数估计的客观赋权法，如表 14－2 所示。

表 14－2　多指标综合评价方法

类型	方法	适用范围
专家打分法	德尔菲法 层次分析法 古林法 多层模糊评价法	营销绩效指标数目较少，各指标的重要性易于区分，且相关度较低
非参数估计法	数据包络法（DEA）	在资源投入差异较大的各个经营单位或多个企业之间进行营销绩效比较和评估的情形
参数估计法	变异系数法 相关系数法 主成分分析法 熵值法 坎蒂雷赋权法 因子分析法 聚类分析法 灰色关联度 BP 神经网络法 多维标度法	营销绩效指标数目较多，各指标的重要性难于区分，且相关度不确定

资料来源：陶敏．企业营销绩效评估．阜新：辽宁工程技术大学，2006.

在评估营销绩效时，企业需要根据评价的对象和目的，选择使用这些方法。比如，数据包络法、因子分析法、熵值法等适用于对多个企业或多个单位的营销绩效评估；多层模糊评价法、BP 神经网络法等则适用于对单个企业的营销绩效评估。这里只介绍层次分析法、数据包络法和效果等级评估法。

一、层次分析法

层次分析法（analytic hierarchy process），简称 AHP 法，是一种定性与定量分析相结合的多准则决策方法。它将决策问题的元素分解成目标、准则、方案等层次，在此基础上进行定性分析和定量分析。如表 14－1 所示，营销绩效评估的指标体系本身就是一种分层系统，由要素、结构性指标和测量性指标组成。这与层次分析法处理决策问题类似，因此适合使用这种方法。

（一）建立递阶层次结构模型

应用层次分析法评价企业营销绩效时，首先要在深入分析评价问题的基础上，把评价对象按照不同属性自上而下地分解成若干层，同一层的诸因素从属于上一层的因素或对上层因素有影响。上一层次的因素作为准则对下一层次有关因素起支配作用。这些层次可以分为最高层、中间层和最底层三类。

最高层只有一个因素，它一般是分析问题的预定目标或理想结果，因此也称为目标层。在营销绩效评估中，它就是企业总的营销绩效。

中间层包含了为实现目标所涉及的中间环节，由若干层次组成，包括所需考虑的准则、子准则，因此也称为准则层。在营销绩效评估中，它们就是指表 14－1 中的要素和结构性指标。

最底层包括了为实现目标可供选择的各种措施、决策方案等，因此也称为措施层或方案层。在营销绩效评估中指表 14－1 中的测量性指标。

递阶层次结构中的层次数与问题的复杂程度和需要分析的详尽程度有关。每一层次中各因素所支配的因素一般不要超过 9 个，否则会给评估者进行两两比较带来困难。比如，表 14－1 在层次分析法中就可以看作一个层次结构模型。

层次结构模型还可以用图 14－3 和图 14－4 表示。其中，图 14－3 描述了营销绩效的总体层次框架，包括对二级指标的层次说明。比如，市场（B_3）这个二级指标由顾客认知与行为、中间商的评价、市场竞争三个三级指标构成。

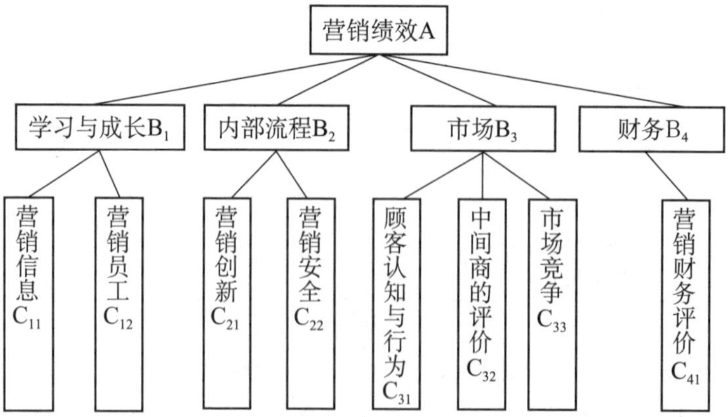

图 14－3　企业营销效果的层次结构

图 14－4 则是对市场（B_3）这个二级指标结构的层次说明。它由三个三级指标构成，而每一个三级指标又分为若干测量指标。比如，顾客认知与行为（C_{31}）由顾客满意度、知名度、顾客忠诚度、新顾客总数和顾客投诉等测量指标构成。实际上，以上二级指标中每一个指标的层次构成都可以这样来表示。具体指标的含义以及数据来源在第

2 节中做过说明。

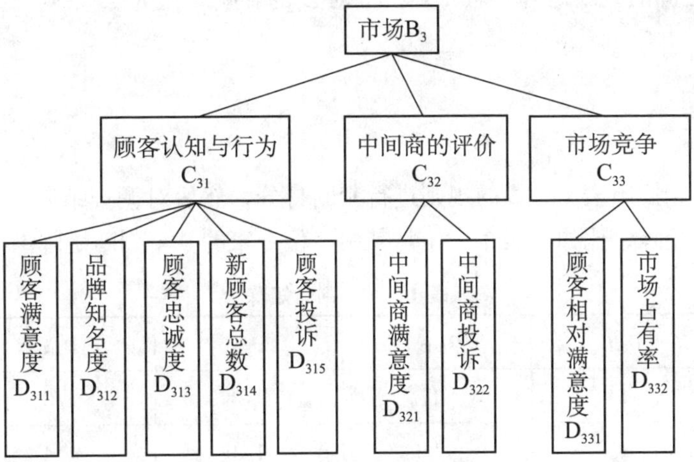

图 14－4　二级指标市场的结构

（二）构造各层次的判断矩阵

判断矩阵是层次分析法的基本信息，也是计算权重的重要依据。判断矩阵的建立，是以评估结构模型中上一级的某一因素作为评估准则，由专家采用判断尺度对本级的因素进行两两比较后所确定的本级评价指标的权重。表 14－3 是层次分析法的判断尺度。当然，赋值也可以是 2，4，6，8。它们表示指标 i 比指标 j 的重要程度介于表中两相邻判断尺度之间。

表 14－3　层次分析法的判断尺度

赋值	定义
1	对某一评估准则（即上一级的某一要素）而言，i 和 j 两个指标同样重要
3	对某一评估准则（即上一级的某一要素）而言，指标 i 比指标 j 稍重要
5	对某一评估准则（即上一级的某一要素）而言，指标 i 比指标 j 明显重要
7	对某一评估准则（即上一级的某一要素）而言，指标 i 比指标 j 重要得多
9	对某一评估准则（即上一级的某一要素）而言，指标 i 比指标 j 极端重要

在操作时，企业先组成评估小组，负责对企业营销效果层次体系中各指标之间的相对重要关系进行评估。专家根据判断尺度为每一个指标打分。比如，以顾客认知与行为（C_{31}）为评估准则判断顾客满意度、品牌知名度、顾客忠诚度、新增顾客总数和顾客投诉等测量指标的重要性。如果一个专家认为对于顾客认知与行为而言，顾客满意度和品牌知名度同等重要，那么相对于 D_{312}，他会为 D_{311} 打 1 分；相对于 D_{311}，他会为 D_{312} 也打 1 分。如果他认为顾客忠诚度比顾客满意度稍重要，那么相对于 D_{311}，他要为 D_{313} 打 3 分；相对于 D_{313}，他要为 D_{311} 打 1/3 分。

一般而言，要比较 n 个因子 $X=\{x_1, x_2, \cdots, x_n\}$ 对某个因素 Z 的影响大小，可以采取对因子进行两两比较的方法建立判断矩阵。具体方法如下：每次取两个因子 x_i 和

a_{ij}，以 a_{ij} 表示 x_i 和 x_j 对 Z 的影响大小之比，全部比较结果用矩阵 $A=(a_{ij})_{n\times n}$ 表示，则称 A 为 $Z\sim X$ 之间的判断矩阵。若 x_i 与 x_j 对 Z 的影响之比为 a_{ij}，则 x_j 与 x_i 对 Z 的影响之比应为：

$$a_{ji}=\frac{1}{a_{ij}} \tag{14-7}$$

请每一位专家按照表 14－3 的规则进行判断打分，然后对调查结果进行整理，得到每一位专家的判断矩阵。比如，表 14－4 是其中一位专家的一个判断矩阵。

表 14－4　判断矩阵

C_{31}	D_{311}	D_{312}	D_{313}	D_{314}	D_{315}
D_{311}	1	1	1/3	1/3	1/3
D_{312}	1	1	1/4	1/4	1/4
D_{313}	3	4	1	1/7	1/9
D_{314}	3	4	7	1	1/9
D_{315}	3	4	9	9	1

表 14－4 也可以转换成矩阵形式：

$$\begin{bmatrix} 1 & 1 & 1/3 & 1/3 & 1/3 \\ 1 & 1 & 1/4 & 1/4 & 1/4 \\ 3 & 4 & 1 & 1/7 & 1/9 \\ 3 & 4 & 7 & 1 & 1/9 \\ 3 & 4 & 9 & 9 & 1 \end{bmatrix}$$

（三）层次单排序及一致性检验

每一个评估者的判断矩阵建成后，都可以使用数值分析中求解特征值的方法，找出特征向量，求取各层级要素的权重。判断矩阵 A 对应于最大特征值 λ_{max} 的特征向量 W，经归一化处理（让矩阵内每一行各个因素之和等于 1）后，即为同一层次相应因素对于上一层次某个因素相对重要性的排序权值，这一过程称为层次单排序。

以上构造判断矩阵的办法虽然能够反映一对因子影响力的差别，但是综合全部比较结果时，却难免包含一定程度的非一致性。为了确定是否接受 A，需要对判断矩阵 A 进行一致性检验。所谓一致性检验，指两两比较的结果具有逻辑上的传递性。比如，“C_{31} 比 C_{32} 重要，C_{32} 比 C_{33} 重要，因此 C_{31} 比 C_{33} 重要”。在判断矩阵的构造中，并不要求各个判断之间具有严格的一致性，但是要求有大体的一致性。如果出现“C_{31} 比 C_{32} 极端重要，C_{32} 比 C_{33} 极端重要，但 C_{33} 比 C_{31} 极端重要”这样逻辑混乱的判断，判断的可靠性就值得怀疑，也是层次分析法不能接受的。为此，需要进行一致性检验，以判断是否有这种严重不合逻辑的判断发生。步骤如下：

第一，计算一致性指标 CI：

$$CI=\frac{\lambda_{\max}-n}{n-1}$$

第二，查找相应的平均随机一致性指标 RI，如表 14－5 所示。RI 的值是用随机方法构造 500 个样本矩阵，随机地从 1～9 及其倒数中抽取数字构造正互反矩阵，求得最大特征根的平均值 $\lambda'_{\max}$，并定义：

$$RI=\frac{\lambda'_{\max}-n}{n-1}$$

表 14－5　判断矩阵的一致性检验

n	1	2	3	4	5	6	7	8	9
RI	0	0	0.58	0.90	1.12	1.24	1.32	1.41	1.45

第三，计算一致性比例 CR：

$$CR=\frac{CI}{RI}$$

当 $CR<0.10$ 时，判断矩阵的一致性是可以接受的，否则应对判断矩阵作适当修正。

(四) 层次总排序及一致性检验

上面得到的是一组因素对其上一层中某因素的权重向量。我们最终要得到各因素，特别是最低层中各测量指标对于企业营销绩效的排序权重。总排序权重自上而下地将单准则下的权重进行合成。

设上一层次 A 层包含 A_1，A_2，…，A_m 共 m 个因素，它们的层次总排序权重分别为 a_1，a_2…，a_m。又设其后的下一层次 B 层包含 n 个因素 B_1，B_2，…，B_n，它们关于 A_j 的层次单排序权重分别为 b_{1j}，b_{2j}…，b_{nj}（当 B_i 与 A_j 无关联时，$b_{ij}=0$）。现求 B 层中各因素关于总目标的权重，即求 B 层各因素的层次总排序权重 b_1，b_2，…，b_n，有 $b_i=\sum_{j=1}^{m} b_{ij}a_j(i=1, 2, \cdots, n)$。

对层次总排序也需作一致性检验，检验仍像层次总排序那样由高层到低层逐层进行。这是因为虽然各层次均已经过层次单排序的一致性检验，各层对比较判断矩阵都已具有较为满意的一致性，但当综合考察时，各层次的非一致性仍有可能积累起来，引起最终分析结果较严重的非一致性。

设 B 层中与 A_j 相关因素的成对比较判断矩阵在单排序中的一致性检验，求得单排序一致性指标为 $CI(j)(j=1, 2, \cdots, m)$，相应的平均随机一致性指标为 $RI(j)$，则 B 层总排序随机一致性比例为：

$$CR=\frac{\sum_{j=1}^{m}CI(j)a_j}{\sum_{j=1}^{m}RI(j)a_j}$$

当 $CR<0.10$ 时，认为层次总排序结果具有较满意的一致性并接受该分析结果。

（五）综合评估结果及其分析

将计算出的权重系数代入下面的公式，经过计算，就可以得到营销绩效的综合评估值。

$$A=\frac{1}{k}\sum_{i=1}^{k}b_i x_i$$

式中，A 为被评估对象的营销绩效综合评估值；x_i 表示第 i 个指标经过标准化的评估值；b_i 表示第 i 个指标的权重系数；k 为评估指标的总个数。对 x_i 进行标准化的目的，是防止某个指标由于过大或过小而左右综合评估的结果。最简单的方法就是以某个指标中最大的值为100%，然后用这个值去除其他的值，再乘以100%。比如，三家企业的顾客满意度得分是25，32和21，那么这一指标的标准化评估值分别为78%，100%和66%。

由此可见，企业的营销绩效综合评估值是各个指标标准化评估值的加权平均数。综合评估值越大，企业的营销绩效就越好。评估类型可以按照评估得分进行划分，比如以0.85，0.70，0.55，0.40为分数界限，将评估结果分为优、良、中、低、差五种类型。评估结果既可以在企业之间进行横向比较，考察企业营销绩效的相对优劣，也可以与其历史表现进行纵向比较，考察企业不同时期营销绩效的变化趋势。

二、数据包络法

数据包络法也称为数据包络线分析（data envelopment analysis，DEA），它通过考虑多种投入（即资源）和多种产出（即服务）的关系，来比较提供相似服务的多个企业或多个经营单位之间的效率。

数据包络法是一个线性规划模型，不仅考虑产出，还考虑投入，其计算结果表示为在一定投入之下的产出。因为考虑了投入，所以比只考虑产出的绩效评估方法更公平。比如，一个跨国零售企业有许多商店，如果不考虑地区经济发展因素和每家店的开店时间长短而只看销售和利润指标，那么设立在经济欠发达地区和开店时间比较短的商店肯定吃亏。再如，在评估一个人或一个组织的科研绩效时，如果不考虑在人财物上的科研投入而只看发表了多少科研论文，那么对于那些科研投入少的个人和组织也是不公平的。此时，用数据包络法进行评估，就可以在很大程度上解决这个问题。数据包络法将各个单位的产出与投入进行对比，获得100%效率的单位称为相对有效率单位，效率评分低于100%的单位则称为低效率单位。由此，企业管理者就能够识别相对无效率的单位，衡量无效率的严重性，并通过对无效率和有效率单位的比较，发现提高效率的方法。

建立数据包络法线性规划模型的步骤如下：

第一步，定义变量。设 $E_k(k=1, 2, \cdots, K)$ 为第 k 个单位（如企业经营同类业务的子公司）的效率比率，这里 K 代表评估单位的总数；设 $u_j(j=1, 2, \cdots, M)$ 为第 j 种产出的系数（即第 j 种产出价值降低一个单位所带来的总产出下降比），这里 M 代表所考虑的产出种类的总数；设 $v_i(i=1, 2, \cdots, N)$ 为第 i 种投入的系数（即第 i 种投入价值降低一个单位带来的总产出下降比)，这里 N 代表所考虑的投入种类的总数；设 O_{jk} 为一定时期内由第 k 个单位所创造的第 j 种产出量；设 I_{ik} 为一定时期内由第 k 个单位所使用的第 i 种投入量。

第二步，建立目标函数和约束条件。数据包络法的线性规划目标是找出一组伴随每种产出的系数 u 和一组伴随每种投入的系数 v 可能的最高效率。目标函数如式（14－8）。

$$\max E_e=\frac{u_1O_{1e}+u_2O_{2e}+\cdots+u_MO_{Me}}{v_1I_{1e}+v_2I_{2e}+\cdots+v_NI_{Ne}} \tag{14-8}$$

式中，e 是被评估单位的代码。这个函数满足这样一个约束条件，当同一组投入和产出的系数（u_j 和 v_i）用于所有其他对比单位时，没有一个单位超过 100%或 1.0 的比率。约束条件如式（14－9）所示。

$$\frac{u_1O_{1k}+u_2O_{2k}+\cdots+u_MO_{Mk}}{v_1I_{1k}+v_2I_{2k}+\cdots+v_NI_{Nk}}\leqslant 1 \tag{14-9}$$

式中，$k=1, 2, \cdots, K$，且所有系数值都大于零。

第三步，线性规划模型变形。为了用标准线性规划软件求解，把受评估单位的投入总和调整为 1.0，式（14－8）就可以重新表述为式（14－10)，且满足约束条件式（14－11）和式（14－12)。

$$\max E_e=u_1O_{1e}+u_2O_{2e}+\cdots+u_MO_{Me} \tag{14-10}$$

$$v_1I_{1e}+v_2I_{2e}+\cdots+v_NI_{Ne}=1 \tag{14-11}$$

$$u_1O_{1k}+u_2O_{2k}+\cdots+u_MO_{Mk}-(v_1I_{1k}+v_2I_{2k}+\cdots+v_NI_{Nk})\leqslant 0 \tag{14-12}$$

式中，$k=1, 2, \cdots, K$；$u_j\geqslant 0(j=1, 2, \cdots, M)$；$v_i\geqslant 0(i=1, 2, \cdots, N)$。

线性规划模型建立起来以后，就可以应用电脑软件（如 DEAP 和 MyDEA2.1）求解目标函数，找出最优解。求解过程比较复杂，这里不做详细说明，有兴趣的读者可以参阅相关书籍。

如果一个被评估单位被认为是 DEA 有效的，那么它将具有这样的特点：“除非增加一种或多种新的营销投入，或减少某些种类的营销产出，否则无法再减少任何现有的营销投入量；除非增加一种或多种新的营销投入，或减少某些种类的营销产出，否则无法再增加任何现有的营销产出量。”① 因此，如果某个单位是 DEA 有效的，那么从生产函数角度讲，它既是技术有效的，也是规模有效的；否则，它或者不是技术有效的，或者不是规模有效的。

在使用数据包络法评估和比较不同企业的营销绩效时，根据实践经验，被评估企业的数量一般遵循式（14－13）给出的规则。

$$K\geqslant 2(M+N) \tag{14-13}$$

式中，K 为被评估的单位数量；N 为考虑的投入种类数；M 为考虑的产出种类数。

---

① 陶敏．企业营销绩效评估．阜新：辽宁工程技术大学，2006.

三、效果等级评估法

以上两种评估方法试图先将一些指标定量化，然后进行定量评估。然而，在历史资料不完备或缺乏数据分析人才时，这些方法可能并不好用。此时，就可以采用主观性更强的效果等级评估法，如表 14－6 所示。①

表 14－6　效果等级评估表及其评估规则

一、顾客宗旨

A. 管理部门是否认识到满足所选市场需求和欲求的重要意义？
0　管理部门赞成将现有产品与新产品推销给愿意买的人。
1　管理部门赞成以同样的效率为范围广泛的市场与需求服务。
2　管理部门赞成为其选定的市场需求和欲求服务，这些市场符合公司的长期发展和具有潜力。

B. 管理部门是否为不同的细分市场制定了不同的产品和营销计划？
0　没有；
1　做了一些。
2　尽量做了。

C. 管理部门在制定营销计划时，是否采用了整体营销观点？
0　否，管理部门注重向眼前的顾客推销服务。
1　采用了一些，管理部门虽然用大部分力量向眼前的顾客推销，但也考虑公司的各种长期机会。
2　是，管理部门采用整体营销观点，重视营销变革可能给公司带来的威胁和机会。

二、营销组织

D. 各主要的营销功能是否进行了有效整合？
0　没有，销售和其他营销功能没有整合，因而存在冲突。
1　多少有一点整合，但缺乏令人满意的协调与合作。
2　是的，主要营销功能进行了有效整合。

E. 营销管理部门与研发、生产、采购、物流和财务等部门相处是否融洽？
0　不好，营销部门对其他部门提出的要求不合理，因而存在抱怨情绪。
1　稍好，虽然各部门的很多活动为自身的利益服务，但部门之间的关系友好。
2　友好，部门之间进行有效合作，能根据公司最高利益处理问题。

F. 新产品生产过程组织得如何？
0　新产品生产过程组织混乱，管理差。
1　新产品生产系统形式上存在，但没有采用先进技术。
2　新产品生产系统结构完善，并配备了专业人员。

三、营销信息

G. 对顾客、影响购买的因素、营销渠道和竞争等方面的调查最近一次是什么时候？
0　若干年以前。
1　最近一年。
2　最近两个月。

H. 管理部门对不同的细分市场、顾客、地区销售潜力与盈利率了解程度如何？
0　一点也不知道。
1　知道一些。
2　知道很多。

I. 公司花费多少力量测定不同营销费用的成本收益？
0　几乎不用或完全不用力量。
1　用一点力量。
2　用相当大的力量。

---

① 屈云波．营销企划实务．北京：企业管理出版社，1997：506-531.

续表

四、战略导向 J. 编制正式营销策划方案的情况如何？ 0　管理部门很少做或不做正式的营销策划方案。 1　管理部门编制年度营销计划。 2　管理部门编制详细的年度营销计划和细致的长期计划。 K. 目前营销战略的质量如何？ 0　目前的战略不明确。 1　目前的战略明确，是传统战略的延续。 2　目前的战略明确，有创新精神，资料翔实，论据充分。 L. 应急考虑与策划方案做得如何？ 0　管理部门很少或没有应急考虑。 1　管理部门虽然没有正式的应急计划，但是有应急考虑。 2　管理部门考虑了重要的偶然事件，编制了正式的应急计划。
五、营销效率 M. 最高管理部门的营销思想向下属各个层次沟通与实现的程度如何？ 0　很差。 1　中等。 2　很成功。 N. 管理部门是否有效地运用了营销资源？ 0　没有，营销资源没有充分地运用于工作。 1　有一点，营销资源充足，但没有恰当地使用。 2　是的，营销资源充足，且被充分利用。 O. 管理部门对现场出现的新问题有无能力迅速而有效地做出反应？ 0　没有，销售和市场情报有点过时，因而管理部门反应慢。 1　反应较快，管理部门收到了大量最新的销售与市场情报，但反应时快时慢。 2　有，管理部门建立了能很快产生适时情报的快速反应制度。
总分 对各项加总得到总分，然后按照以下标准测定营销绩效水平：0～5，很差；6～10，差；10～15，中等；16～20，好；21～25，很好；26～30，优秀。

效果等级评估法以业务经营单位的营销经理以及其他经理为评估成员，让他们根据自己的观察和了解对被评估单位或企业从以上五个方面打分，评估组织者则将他们的分数平均加总，确定被评估单位或企业的营销效果等级。这种方法虽然主观性较强，但是简便易行。如果评估成员选择得当，评估结果也能很好地反映实际情况。

▶ 思考题

1. 什么是营销绩效？
2. 企业的营销绩效评估与企业的营销目标之间有什么关系？
3. 营销绩效评估的原则是什么？
4. 营销绩效评估的程序是什么？
5. 如何设计企业的营销绩效评估指标体系？
6. 根据平衡计分卡设计企业的营销绩效评估指标体系包括哪些方面？有什么优缺点？
7. 常用的营销绩效评估方法有哪些？你会使用吗？

案　例

案例 1　鲜乐美的 O2O 之路：生鲜食品的 O2O 真的不能做吗？

案例 2　“三鹿问题奶粉”事件

案例 3　反思巨人

案例 4　F 教授换车

案例 5　脑白金的营销因素组合

案例 6　北京老字号王麻子剪刀

案例 7　关于价格研究的一个小实验

案例 8　格力电器的渠道模式及其与国美的恩怨

案例 9　章鱼保罗

案例 10　老乡情谊

案例 11　如何让策划力转化为执行力

案例 12　RX 科技公司应该如何调整营销组织结构

第1版后记

没有想到，这本教材花了我两年多的时间。

自1985年始，我一直从事营销管理相关课程的教学与研究工作，教授过本科生、研究生、MBA、EMBA以及企业培训学员等各种层次的学生。有了这样的积累，本想编写一本教材是水到渠成的事情，然而，真正做起来时，却发现要真正把它做好，绝非易事。两年多来，我逐渐把手头上的研究工作停下来，专心地写这本书。最后半年，我已经基本不做其他的研究工作，只写这本书了。

依据近30年的教学经验，在此前所编教材和讲义的基础上，我重新思考了“营销管理”课程的体系。想的时候，觉得都想通了，但是写的时候，越写越觉得问题多。原来一些认为理所当然的内容，突然变得漏洞百出，怎么都没有办法说服自己写下去。有一段时间，甚至想过放弃。当然，也有柳暗花明的时候，那种快感也只有做学问的人才能体会到。

在这本书里，下面几处令我很困惑：第一，营销概念的界定以及营销与营销管理的关系问题；第二，企业发展战略、竞争战略和营销战略之间的衔接问题；第三，竞争者分析与SWOT分析的操作问题；第四，目标市场与营销因素组合之间的衔接问题；第五，营销与产品组合问题；第六，顾客价值与价格问题；第七，营销渠道中的跨组织管理与控制问题；第八，中国的人际关系与中国企业的关系营销问题。

比如关于第二个问题，我在教学过程中发现，学生们在做营销作业、写营销论文时，经常把制定营销战略和制定企业的发展战略、竞争战略混在一起，尤其是MBA、EMBA学员。这不但使制定营销战略的难度加大，而且会让人思路不清。实际上，营销管理只应该做营销管理的事情。营销管理做发展战略和竞争战略，显然是越俎代庖了。然而，学生会问：企业之前没有明确的发展战略和竞争战略，难道我们不应该制定吗？问得有道理，但是，如果这样，应该先制定发展战略或竞争战略，而不是制定营销战略，因为营销战略是在发展战略或竞争战略已经明确的基础上才制定的。也就是说，当一个企业的业务组合没有确定发展战略或者企业不知道它的一项业务应该获得怎样的竞争优势或竞争战略时，企业如何去确定其在某项业务上要通过什么营销活动获得竞争优势呢？这在逻辑上是讲不通的。

另外，企业的营销目标与其发展目标、竞争目标有什么关系？在实际工作中，企业在确定营销目标时，一定是从其发展目标、竞争目标中引申出来的，但是现有的营销教材都是只讲营销目标包括哪些内容，营销目标的确定要符合什么原则，而不讲营销目标与发展目标、竞争目标的联系。试想，营销部门不考虑企业的发展目标和竞争目标，如果制定出的营销目标与企业的发展目标和竞争目标矛盾怎么办？难道要让发展目标和竞争目标向营销目标调整吗？这在逻辑上也是讲不通的。

经过思考，我得出了这样的结论：制定企业的营销战略，要分析企业的发展战略和竞争战略，但不是去制定企业的发展战略或竞争战略。应将企业的发展战略和竞争战略作为背景来考虑，制定出有助于发展战略和竞争战略实现的营销战略。企业的营销目标要以企业的发展目标、竞争目标为根据或前提——在很多指标（如销售额和利润额）上，营销目标与发展目标、竞争目标没有区别，它们是发展目标和竞争目标在营销管理方面的具体体现或落实。营销部门的一些特有目标（如顾客满意度、顾客流失率、品牌忠诚度、广告有效到达率等）虽然与企业的发展目标和竞争目标没有一一对应的关系，但是因为能够帮助企业提高销售额、利润额、市场占有率和品牌价值等，因此有助于企业实现其发展目标和竞争目标。

再如第四个问题，现有的营销教材虽然也讲要根据企业的目标市场来选择和组合企业的营销因素，但是没有一个分析框架或工具能将两者逻辑清晰地衔接起来，让人感觉两者是断裂的，这使企业的营销因素组合缺乏依据。我曾遍查国内外各种营销管理教材和营销管理研究文献，一直没有找到让人信服的答案。

对此，本书提出一个确定营销因素组合方案的逻辑框架，将目标市场与企业的营销因素及其组合紧密衔接起来，使企业营销组合中的每一个要素都与企业的目标市场有逻辑上的内在联系。

对于上面八个问题，本书都有一些独立思考，虽然不能讲完美地解决了这些问题，但是提出了一些解决方案。希望我的努力能够得到大家的认可，能够推动营销管理理论在中国的发展。

如果你也有这些困惑，也想解决它们，那么这是一本你应该读的书；如果对于其中的一些问题，你有更好的解决方案，希望我们能够交流。

学无止境。尽管我下了很大的功夫，参考了大量的著作和学术论文，但是水平所限，错误在所难免，热忱欢迎各方面的批评和指教。

庄贵军

于古城西安大雁塔下

图书在版编目（CIP）数据

营销管理：营销机会的识别、界定与利用 / 庄贵军著. -- 3版. -- 北京：中国人民大学出版社，2021.4
高等学校经济管理类主干课程教材. 市场营销系列
ISBN 978-7-300-29205-2

Ⅰ.①营… Ⅱ.①庄… Ⅲ.①营销管理－高等学校－教材 Ⅳ.①F713.50

中国版本图书馆 CIP 数据核字（2021）第 055193 号

高等学校经济管理类主干课程教材·市场营销系列
营销管理
——营销机会的识别、界定与利用（第 3 版）
庄贵军　著
Yingxiao Guanli——Yingxiao Jihui de Shibie、Jieding yu Liyong

出版发行	中国人民大学出版社		
社　　址	北京中关村大街 31 号	**邮政编码**	100080
电　　话	010－62511242（总编室）		010－62511770（质管部）
	010－82501766（邮购部）		010－62514148（门市部）
	010－62511173（发行公司）		010－62515275（盗版举报）
网　　址	http://www.crup.com.cn		
经　　销	新华书店		
印　　刷	北京宏伟双华印刷有限公司	**版　　次**	2011 年 6 月第 1 版
开　　本	787 mm×1092 mm　1/16		2021 年 4 月第 3 版
印　　张	23.75 插页 1	**印　　次**	2025 年 8 月第 5 次印刷
字　　数	554 000	**定　　价**	59.00 元

中国人民大学出版社　管理分社

教师教学服务说明

中国人民大学出版社管理分社以出版工商管理和公共管理类精品图书为宗旨。为更好地服务一线教师，我们着力建设了一批数字化、立体化的网络教学资源。教师可以通过以下方式获得免费下载教学资源的权限：

★ 在中国人民大学出版社网站 www.crup.com.cn 进行注册，注册后进入“会员中心”，在左侧点击“我的教师认证”，填写相关信息，提交后等待审核。我们将在一个工作日内为您开通相关资源的下载权限。

★ 如您急需教学资源或需要其他帮助，请加入教师 QQ 群或在工作时间与我们联络。

中国人民大学出版社　管理分社

教师 QQ 群： 648333426（工商管理）　114970332（财会）　648117133（公共管理）
教师群仅限教师加入，入群请备注（学校 + 姓名）

联系电话： 010-62515782，82501868，82501048，62514760

电子邮箱： glcbfs@crup.com.cn

通讯地址： 北京市海淀区中关村大街甲 59 号文化大厦 1501 室（100872）

管理书社　　人大社财会　　公共管理与政治学悦读坊